SAMMLUNG GEOLOGISCHER FÜHRER

SAMMLUNG GEOLOGISCHER FÜHRER

Herausgegeben von MANFRED P. GWINNER

Band 57

GEBRÜDER BORNTRAEGER · BERLIN · STUTTGART · 1990

Das ostfriesische Küstengebiet
Nordsee, Inseln, Watten und Marschen

von

Hansjörg Streif

Direktor und Professor beim Niedersächsischen Landesamt
für Bodenforschung, Hannover

2. völlig neubearbeitete Auflage

Mit 48 Abbildungen im Text und auf einer Beilage
sowie 10 Tabellen

GEBRÜDER BORNTRAEGER · BERLIN · STUTTGART · 1990

ISBN 3-443-15051-9 / ISSN 0343-737 X
Alle Rechte, auch die der Übersetzung, des auszugsweisen Nachdrucks, der Herstellung
von Mikrofilmen und der photomechanischen Wiedergabe, vorbehalten.
© 1990 by Gebrüder Borntraeger, Berlin-Stuttgart
Printed in Germany by Tutte Druckerei GmbH, Salzweg-Passau
Satz: Hans Richarz Publikations-Service, Sankt Augustin
Einbandentwurf: Wolfgang Karrasch
Schrift: Garamond

Inhaltsverzeichnis

1.	Abriß der Forschungsgeschichte	1
1.1	Kartographische Grundlagen	5
1.2	Begleitendes Informationsmaterial	6
2.	**Landschaftliche Gliederung des ostfriesischen Küstenraumes**	8
3.	**Der tiefere Untergrund, Präkambrium bis Tertiär**	10
3.1	Präkambrium und Paläozoikum	10
3.1.1	Karbon	11
3.1.2	Perm	15
3.2	Mesozoikum	20
3.2.1	Trias	21
3.2.2	Jura	22
3.2.3	Kreide	22
3.3	Tertiär	23
4.	**Die eiszeitliche Schichtenfolge**	28
4.1	Altpleistozän und frühes Mittelpleistozän (qpa-qpm)	31
4.2	Elster-Kaltzeit (qe)	33
4.3	Holstein-Warmzeit (qhol)	40
4.4	Saale-Kaltzeit (qs)	45
4.5	Eem-Warmzeit (qee)	47
4.5.1	Mariner Faziesbereich	49
4.5.2	Fluviatiler Faziesbereich	54
4.5.3	Limnisch-semiterrestrischer Faziesbereich	55
4.6	Weichsel-Kaltzeit (qw)	56
5.	**Der Meeresspiegelanstieg im Weichsel-Spätglazial und Holozän**	64
5.1	Das Ausmaß des Meeresspiegelanstiegs	64
5.2	Ursachen und Auswirkungen verschiedener Komponenten der Meeresspiegelschwankungen	72
5.2.1	Langfristig wirksame geologische Faktoren	74
5.2.2	Wirkungsweise und Anteil klimatischer Faktoren	77
5.2.3	Einflüsse von Materialeigenschaften der Küstensedimente	81
5.2.4	Gezeiten und atmosphärische Einflüsse	82
5.3	Die Reaktionen des Menschen auf den Meeresspiegelanstieg	93
6.	**Die holozänen Sedimente – Abfolgen, Stoffbestand, Ablagerungsformen und Ablagerungsmilieu**	97
6.1	Deutsche Bucht	98

6.2	Ostfriesische Küstenregion	106
6.2.1	Das Relief der Holozänbasisfläche	108
6.2.2	Ostfriesische Inseln	110
6.2.2.1	Entstehung und Lagestabilität der Inseln	111
6.2.2.2	Sedimente und Ablagerungsprozesse	117
6.2.2.2.1	Große Tidesysteme, Seegaten und Riffbögen	118
6.2.2.2.2	Vorstrand und Strand der Inseln	126
6.2.2.2.3	Inseldünen	131
6.2.2.2.4	Hydrogeologie der Inseln	138
6.2.2.2.5	Inselschutz	140
6.2.3	Ostfriesische Watten und Marschen	150
6.2.3.1	Entstehung der Watten und Marschen	150
6.2.3.2	Sedimente und Ablagerungsprozesse	151
6.2.3.2.1	Wattablagerungen	152
6.2.3.2.2	Brackwasserablagerungen	164
6.2.3.2.3	Torfe und Mudden der Küstenregion	173
6.2.3.3	Stratigraphie des Küstenholozäns	179
7.	**Regionale geologische Beschreibung der Ostfriesischen Inseln**	185
7.1	Borkum	185
7.2	Lütje Hörn	190
7.3	Juist	191
7.4	Buise	200
7.5	Memmert	201
7.6	Bant – Burchana	203
7.7	Norderney	205
7.8	Baltrum	210
7.9	Langeoog	216
7.10	Spiekeroog	223
7.11	Wangerooge	230
7.12	Minsener Oog	241
8.	**Regionale Beschreibung der ostfriesischen Watten und Marschen**	243
8.1	Dollart und Emsmündung	243
8.1.1	Aufbau des tieferen Untergrundes	243
8.1.2	Pleistozäne Schichtenfolge	245
8.1.3	Holozäne Schichtenfolge in den Marschen und Watten	247
8.1.3.1	Die Flußlandschaft der Unterems	247
8.1.3.2	Die Marschen der Krummhörn	249
8.1.3.3	Die Buchtenwatten	255
8.1.4	Abriß der Siedlungsgeschichte	262
8.2	Die Marsch zwischen den Geestvorsprüngen von Norden und Esens	265

Inhaltsverzeichnis VII

8.3	Die Marschen der Harlebucht und des Wangerlandes	268
8.4	Die Marschen an Jade und Jadebusen	273
	8.4.1 Tieferer Untergrund	273
	8.4.2 Quartäre Schichtenfolge	277
	8.4.2.1 Schichtenaufbau im Wangerland und am Jadebusen	280
	8.4.2.2 Jadebusen und Jade	285
	8.4.2.3 Abriß der Siedlungs- und Deichgeschichte	289

9.	**Geologische Exkursionen**	**295**
9.1	Ostfriesische Inseln	296
	9.1.1 Borkum und Lütje Hörn	297
	9.1.2 Juist und Memmert	299
	9.1.3 Norderney	300
	9.1.4 Baltrum	302
	9.1.5 Langeoog	303
	9.1.6 Spiekeroog	304
	9.1.7 Wangerooge und Minsener Oog	305
9.2	Ostfriesische Marschen	307
	9.2.1 Westliches Ostfriesland mit Dollart und Leybucht	307
	9.2.2 Östliches Norderland, Harlinger Land, Harlebucht	316
	9.2.3 Die Marschen an Jade und Jadebusen	322

10.	**Schriftenverzeichnis**	**331**
Sachregister		353
Ortsregister		368

1. Abriß der Forschungsgeschichte

Die früheste schriftliche Schilderung des ostfriesischen Küstenraumes und der Lebensumstände seiner Bewohner geht auf PLINIUS den Älteren zurück. Er hat um 47 n.Chr. an einem Kriegszug gegen die Chauken teilgenommen und die gewonnenen Eindrücke sehr anschaulich im 16. Buch seiner Naturgeschichte wiedergegeben:

„In ungeheurem Andrang stürzt dort in einem Zeitraum von Tag und Nacht zweimal das Meer heran, breitet sich ins Unermeßliche aus und bedeckt einen ewig in der Natur strittigen Raum, so daß zweifelhaft ist, ob er dem Festlande angehört oder einen Teil des Meeres bildet. Hier haust ein ärmliches Volk auf hohen Hügeln oder auf Gerüsten, die von Menschenhand nach dem Stand der höchsten Flut errichtet sind. Auf ihnen bauen sie ihre Häuser, und sie sind Seefahrern ähnlich, wenn das Wasser alles ringsum bedeckt, Schiffbrüchigen dagegen, wenn es zurückgetreten ist. In der Nähe ihrer Hütten fangen sie bei zurückweichendem Wasser Fische, und es ist ihnen nicht vergönnt, Vieh zu halten und sich von Milch zu nähren, wie dies ihre Nachbarn tun. Ja, nicht einmal dem Wilde können sie nachstellen, denn weit und breit findet sich kein Gesträuch. Aus Seegras und Sumpfbinsen flechten sie Stricke, und aus diesen knüpfen sie die zum Fischfang nötigen Netze. Mit den Händen fischen sie Torfstücke auf, lassen diese mehr im Winde als an der Sonne trocknen und benutzen sie zum Kochen ihrer Speisen und zur Erwärmung ihrer vom Nordwind erstarrten Glieder. Als Getränk steht ihnen einzig und allein Regenwasser zur Verfügung, das sie in Gruben vor ihren Wohnhäusern auffangen."

Diese Darstellung gibt bildhaft die im Gezeitenbereich eines Wattenmeeres ablaufenden Prozesse wieder, beschreibt die Wurten als künstlich erhöhte Wohnplätze der damaligen Siedler, aber die geschilderten Lebensumstände entsprechen nicht den Erkenntnissen der modernen Marschen- und Wurtenforschung. Diese kennt keine im Gezeitenbereich angelegten Wurten und hat für die Zeit des PLINIUS reichhaltige Belege für Viehwirtschaft und Ackerbau in den Marschen. Diese offensichtlichen Widersprüche zwischen der Schilderung und dem archäologischen Befund mögen auf eine tendenziöse Berichterstattung zurückzuführen sein. Denkbar ist aber auch, daß PLINIUS einen uns bislang unbekannten, weit seewärts gelegenen Wurtentyp gesehen oder einen von Sturmfluten verheerten Küstenabschnitt beschrieben hat.

An herausragender Stelle unter den frühen geographischen Arbeiten stehen die 1595 gedruckte Karte und die dazugehörigen, 1616 veröffentlichten Erläuterungen des UBBO EMMIUS, die heute als Nachdrucke mit deutscher Übersetzung des lateinischen Originaltextes vorliegen (EMMIUS 1982). Diese Arbeiten des in Greetsiel geborenen und später als Rektor in Leer und Groningen tätigen Historikers, Geographen und engagierten Heimatforschers reichen inhaltlich weit über eine geographische Beschreibung des Raumes hinaus. Sie enthalten eine Fülle ins Detail gehender Darstellungen und interessante, teilweise amüsant zu lesende Erklärungen über Ursache und Wirkung von Naturvorgängen sowie über menschliche Eingriffe in den Naturhaushalt. Außerdem erstreckte sich das breit gefächerte Interesse dieses Forschers auf Schiffahrtsverhältnisse, Maßnahmen des Deichbaues und der Landesentwässerung, auf die Verbreitung der ackerbaulich oder durch Weidewirtschaft genutzten Flächen, auf bedeutsame profane und kirchliche Bauten sowie auf die wirtschaftliche Situation einzelner Gemeinden oder bestimmter Küstenabschnitte.

Ein Beispiel aus dem geologisch-geographischen Bereich mag dies erläutern. Im Zusammenhang mit der Entstehung des Dollart, für die er teilweise den „Zorn der Gottheit", vor allem aber „die Lage der Deiche und des Landes", die „natürliche Beschaffenheit des Bodens selbst" und schließlich „die Streitigkeiten der Parteien" verantwortlich macht, vermittelt EMMIUS (1982: 18 ff.) ein genaues Bild der räumlichen Verbreitung höher liegender Fluß-Uferwälle entlang der unteren Ems „aus einem dichten und fest zusammenhaltenden Boden" und den weiter landeinwärts und tiefer gelegenen Moorgebieten. Er beschreibt Landschaftselemente, die wir heute als Hochland und Sietland bezeichnen. Er erwähnt ferner das zeitweilige Aufschwimmen von Torfschollen oder großer und z.T. besiedelter Moorflächen bei Sturmfluten, wobei es, wie wir heute wissen, zur Bildung von Klappklei kommt. Schließlich erläutert er Maßnahmen, mit denen die Bauern versuchen, ein gleichmäßiges Aufschwimmen zusammenhängender Gebiete zu erreichen, um ein Überfluten der Felder mit Salzwasser zu verhindern.

Die mehr als 200 Jahre jüngere „Erdbeschreibung des Fürstenthums Ostfriesland und des Harlingerlandes" von ARENDS (1824: 9 ff.) enthält einige Hinweise auf die Verbreitung, Beschaffenheit und Entstehung der Böden. Dabei wird der als „Urboden" bezeichnete Sand vom „Moorboden" und den in der Marsch vorkommenden Sedimenten „Escher, Klei, Knick" und Darg" unterschieden. Im Vordergrund dieser Veröffentlichung stehen aber Beschreibungen der Ortschaften, ihrer Bauten sowie der Wirtschafts- und Sozialstruktur.

Den Versuch einer geologischen Beschreibung der ostfriesischen Marschen und der Wasser- und Schiffahrtsverhältnisse auf der unteren Ems unternahm von HORN (1862). In dem geologischen Teil seiner Abhandlung beschreibt von HORN (1862: 4 ff.) zutreffend die Schichtenabfolge der Marschen und das Milieu, in dem sich Torf („Darg") und tonig-schluffige Sedimente („Klei") gebildet haben. Er diskutiert die damals geläufigen Hypothesen der Küstenentwicklung und kommt zu dem Schluß, daß die Schichtenabfolge in den Marschen nur auf ein allmähliches Ansteigen des Mitteltidehochwassers (MThw) zurückgeführt werden kann.

Die Ursachen des Meeresspiegelanstieges konnte von HORN nicht aus seinem eigenen Anschauungs- oder Erfahrungsschatz erklären. Er stützte sich deshalb auf Argumente, die ihm der etwa 60 Jahre zuvor abgeklungene wissenschaftliche Streit zwischen den Neptunisten und Plutonisten bot. Dabei schlug er sich auf die Seite der Plutonisten, nach deren Lehrmeinung die Erde als ursprünglich glühender, bei der Abkühlung schrumpfender und erstarrender Ball entstanden ist. Diese Schrumpfungshypothese führte den sonst ausgesprochen kritisch abwägenden und sehr belesenen von HORN (1862: 22 ff.) zu Erklärungen, die heute fast kurios anmuten. Er ging davon aus, daß die Schrumpfungen an den eistragenden Polkappen relativ früh abgeklungen sind, in den polferneren Gebieten dagegen länger angedauert haben und schloß, daß der ostfriesische Küstenraum durch derartige Schrumpfungsprozesse unter den Meeresspiegel abgesunken sei.

Mit einer Veröffentlichung von SCHUCHT (1903) setzte die Phase moderner geologischer Küstenforschung ein, die ganz entscheidend von zwei herausragenden Forscherpersönlichkeiten geprägt worden ist, von Dr. h.c. HEINRICH SCHÜTTE (1863-1939) und Dr. h.c. DODO WILDVANG (1873-1940).

HEINRICH SCHÜTTE wurde im Raum Elsfleth in der Wesermarsch geboren, kam nach dem Tode seines Vaters achtjährig als Pflegesohn zu seinem Onkel ins Jeverland, wurde später Mittelschullehrer und Rektor in Oldenburg. Neben diesem beruflichen Werdegang befaßte er sich immer intensiver mit der erdgeschichtlichen Entwicklung der Marschen, Meeresbuchten und Flußmündungen des Jade-Wesergebietes. Zwischen der vorzeitigen Pensionierung 1924 und seinem Lebensende 1939 hatte SCHÜTTE eine reiche Schaffensperiode, in der umfangreiche Publikationen entstanden sind. Leitthema seiner Arbeiten war schon früh die Frage nach der „neuzeitlichen Küstensenkung" (SCHÜTTE 1908). Um diesem Problem näherzukommen, erwarb er sich das gesamte damals verfügbare wissenschaftliche Rüstzeug und entwickelte selbst neue Untersuchungstechniken und Arbeitsmethoden. Enge Zusammenarbeit mit dem geologisch interessierten Marinehafenbaudirektor Dr. h.c. KRÜGER, Wilhelmshaven, verhalf SCHÜTTE zu zahlreichen Bodenaufschlüssen durch Wattbohrungen und Seebaggerungen, die er zur Untermauerung seiner Arbeitshypothesen heranziehen konnte. Mit der sog. „Senkungskurve" publizierte SCHÜTTE (1934, 1935) die erste graphische Darstellung der Meeresspiegelschwankungen an der deutschen Nordseeküste. Er vertrat seine Befunde mit größtem Engagement in wissenschaftlichen Publikationen, Fortbildungsschriften für Lehrer und Küstenbauingenieure, aber auch in der Presse, so daß sie Anlaß zu breiten, auch recht polemisch geführten Diskussionen wurden und weit in die nachfolgenden Forschergenerationen, z.T. bis heute, weiterwirkten. Zahlreiche Ehrungen, unter anderem die Ehrendoktorwürde für Naturwissenschaften der Universität Hamburg, wurden SCHÜTTE zuteil.

DODO WILDVANG stammte aus einer ostfriesischen Handwerkerfamilie und wurde auf der Wurt Groß-Midlum in der Krummhörn geboren. Er begann als junger, heimatkundlich interessierter Lehrer zunächst damit, die Marschen des Dollart- und Emsmündungsgebietes zu untersuchen (WILDVANG 1911, 1915), dehnte später seine Arbeiten regional wie thematisch immer weiter aus und eignete sich die neuesten bodenkundlichen und botanischen Arbeitsmethoden an. Ab 1925, als WILDVANG wegen eines Gehörleidens seinen Lehrerberuf aufgeben mußte, widmete er sich als Mitarbeiter der Preußischen geologischen Landesanstalt, Berlin, ausschließlich der geologischen Aufnahme des ostfriesischen Raumes. Gegen Ende seiner Schaffensperiode konnte er auf die Kartierung von 27 geologischen Kartenblättern im Maßstab 1:25 000 und eine Vielzahl von Publikationen zurückblicken, unter denen die „Geologie von Ostfriesland" (WILDVANG 1938) besonders hervorzuheben ist. Aufgrund dieser Leistungen wurde er Ehrenmitglied mehrerer wissenschaftlicher Gesellschaften und 1940 Ehrendoktor der Universität Göttingen.

Den nach 1945 beginnenden jüngsten Abschnitt der Forschungsgeschichte haben zahlreiche Wissenschaftler unterschiedlichster Fachrichtungen mitgestaltet. Stellvertretend seien hier die geologisch-siedlungsgeschichtlichen Arbeiten von W. HAARNAGEL, die geologischen Kartierungen und sedimentologischen Untersuchungen von W. DECHEND und K.-H. SINDOWSKI, die bodenkundlichen Studien und die Landesaufnahme von W. MÜLLER sowie die Auswertung historischer Karten durch A.W. LANG und H. HOMEIER erwähnt.

1.1 Kartographische Grundlagen

Die diesem Führer zugrunde liegende geowissenschaftliche Literatur ist im Schriftenverzeichnis (Kap. 10) zusammengestellt. Wichtige Kartenwerke, auf die häufiger Bezug genommen wird, werden hier mit den im Text verwendeten Abkürzungen und Hinweisen auf den jeweiligen Herausgeber aufgelistet:

GÜK 500	Geologische Karte von Niedersachsen 1:500000.- Niedersächsisches Landesamt für Bodenforschung, Hannover (NLfB).
GÜK 200	Geologische Übersichtskarte 1:200000.- Bundesanstalt für Geowissenschaften und Rohstoffe, Hannover (BGR).
NATPOT	Geowissenschaftliche Karte des Naturraumpotentials von Niedersachsen und Bremen 1:200000.- NLfB.
GK 25	Geologische Karte von Niedersachsen 1:25000.- NLfB.
BSK 200	Bodenkundliche Standortskarte 1:200000.- NLfB.
BK 25	Bodenkarte von Niedersachsen 1:25000, bis 1967 Bodenkundlich-geologische Karte von Niedersachsen 1:25000.- NLfB.
HK 50	Historische Karte der Niedersächsischen Küste 1:50000.- Forschungsstelle für Insel- und Küstenschutz, Norderney.
WK 25	Wattkarte der Niedersächsischen Küste 1:25000.- Forschungsstelle für Insel- und Küstenschutz, Norderney.
TWK 25	Topographische Wattkarte der Niedersächsischen Küste 1:25000.- Niedersächsische Wasserwirtschaftsverwaltung.

Die im Text verwendeten Ortsbezeichnungen sind der Topographischen Karte 1:25000 (TK 25), der WK 25 und der TWK 25 entnommen, die Bezeichnungen der Bundes-, Land- und Kreisstraßen der Generalkarte 1:200000. Sofern im Text Kürzel für stratigraphische, petrographische und genetische Begriffe verwendet werden, stammen diese aus dem Symbolschlüssel Geologie (BARCKHAUSEN et al. 1975).

1.2 Begleitendes Informationsmaterial

Als begleitendes Informationsmaterial zu diesem Geologischen Führer werden die folgenden Bücher empfohlen. – Fachbegriffe aus dem Sprach- und Schriftgebrauch der Küstenregion erläutert das „Kleine

Küstenlexikon" von LÜDERS & LUCK (1976). Naturwissenschaftlich interessierte Laien, Studenten und Wissenschaftler der Fachrichtungen Biologie, Ökologie, Paläontologie und Geologie finden in dem von REINECK (1978) herausgegebenen Buch „Das Watt – Ablagerungs- und Lebensraum" ein sehr reichhaltiges und instruktiv dargebotenes Material über die Küstenregion. Zur Bestimmung der Muschel- und Schneckenfaunen von Nordsee und Wattenmeer eignen sich die Publikationen von ZIEGELMEIER (1962, 1966). Mehr auf die Bedürfnisse des interessierten Laien zugeschnittene Erläuterungen und Bestimmungshilfen bieten die Bücher von KOSCH, FRIELING & JANUS (1973): „Was find' ich am Strande?", von JANUS (1974): „Das Watt – Reiseführer für Naturfreunde" und von KUCKUCK (1967): „Der Strandwanderer", von JANKE & KREMER (1988): „Düne, Strand und Wattenmeer", QUEDENS (1988): „Strand- und Wattenführer Nord- und Ostsee" und CAMPBELL (1987): „Europas Küsten". Zusammenfassende Informationen zur historisch-morphologischen Entwicklung der ostfriesischen Küstenregion, zur Hydrologie und zu Küstenschutzmaßnahmen sowie statistische Angaben über Inseln und Sielorte enthält die von der FORSCHUNGSSTELLE FÜR INSEL- UND KÜSTENSCHUTZ (1970) herausgegebene „Reisefibel". Der Geographische Führer „Ostfriesische Inseln" von NIEMEIER (1972) beschreibt den Natur- und Kulturraum der Inselkette zwischen Meer und Land.

2. Landschaftliche Gliederung des ostfriesischen Küstenraumes

Die im vorliegenden Führer beschriebene Küstenregion erstreckt sich von der deutsch-niederländischen Grenze im Unterems-Dollartgebiet E-wärts bis zur Jade und zum Jadebusen sowie von der Nordsee bis an die Ostfriesisch-Oldenburgische Geest. Dieser Raum hat bis weit in die historische Zeit hinein eine komplizierte geologische und landschaftliche Entwicklung durchlaufen, die in den Landschaftsnahmen und z.T. auch in den Grenzen heutiger Verwaltungsbezirke zum Ausdruck kommt.

Die Region umfaßt folgende Teilgebiete: – Zwischen Dollart und unterer Ems erstreckt sich das **Rheiderland**, ein ursprünglich viel weiter nach W reichendes Gebiet, das großenteils dem Dollart-Einbruch zum Opfer gefallen ist. Östlich der unteren Ems schließt sich das **Mormerland** an, das auf die Ostfriesisch-Oldenburgische Geest übergreift und die Leda-Jümme-Niederung einschließt. Zwischen der N Dollartküste und der, ursprünglich bis zum Geestrand reichenden, heute weitgehend eingedeichten Leybucht, liegt die Landschaft **Krummhörn**. Sie war früher durch einzelne Wattbuchten, die Buchten von Wybelsum, Campen und Sielmönken, weiter untergliedert. Das **Brokmerland** erstreckt sich vom N-Rand der Leybucht bis an den Ostfriesisch-Oldenburgischen Geestrücken, an dessen NW-Ende die Stadt Norden liegt. NE und E dieses Geestrückens schließt sich **Norderland** an, mit den ehemaligen Wattbuchten von Hilgenriede, Nesse und Dornum. Das **Harlingerland** dehnt sich vom E-Rand der letztgenannten Bucht bis zur ehemals sehr ausgedehnten, heute aber vollständig eingedeichten Harlebucht. Sie bildete auch die Grenze zum **Wangerland** bzw. **Jeverland**, das sich bis an die Jade und den Jadebusen erstreckt.

Landschaftliche Gliederung des ostfriesischen Küstenraumes

Im Küstensaum zwischen offener Nordsee und der Geest lassen sich folgende Landschaftselemente unterscheiden:
- die Barriere-Inseln,
- das Wattengebiet und
- die Marschen mit ihren Randmooren.

Alle drei Landschaftselemente sind erst im Verlauf der letzten 7500 Jahre entstanden, einer, geologisch betrachtet, sehr kurzen Zeitspanne. Dennoch unterscheiden sie sich in ihrem inneren Aufbau, ihren charakteristischen Oberflächenformen und haben eine verschiedenartige Entstehungs- und Entwicklungsgeschichte durchlaufen. Diese hier angesprochenen Punkte bilden den Hauptgegenstand des Geologischen Führers. Da aber diese jüngste Entwicklung teilweise von langwirkenden erdgeschichtlichen Prozessen und alt angelegten geologischen Strukturen geprägt ist, wird auch der Ablauf der älteren Erdgeschichte kurz dargestellt.

3. Der tiefere Untergrund, Präkambrium bis Tertiär

Der tiefere Untergrund des ostfriesischen Raumes ist durch geophysikalische Messungen und durch Tiefbohrungen erkundet worden. Diese gehen fast ausschließlich auf Forschungsaktivitäten der Industrie zurück und dienten der Erkundung von Erdöl- und Erdgasvorkommen. ZIEGLER (1982) unternahm eine wissenschaftliche Synthese derartiger in West- und Mitteleuropa gewonnener Daten in einem geologischen Atlas. Er rekonstruierte für unterschiedliche Perioden der Erdgeschichte das Ablagerungsmilieu, die räumliche Anordnung und zeitliche Veränderung der Sedimentationsräume und die geologischen Formungsprozesse. Auf diesen Grundlagen und einer Reihe weiterer Publikationen, deren wichtigste in einer Auswahl zitiert werden, baut der hier wiedergegebene Abriß der präquartären Entwicklung der Küstenregion auf. Die in Tabelle 1 wiedergegebene Skala soll dabei einen Eindruck von der Grössenordnung geologischer Zeitabschnitte und der Dynamik geologischer Prozesse vermitteln.

3.1 Präkambrium und Paläozoikum

Anhand von magnetotellurischen Messungen, das sind Messungen, die Magnetfelder von Erdströmen benutzen, um den Schichtenaufbau des tiefen Untergrundes zu erkunden, konnten LOSEKE et al. (1979) nachweisen, daß der kristalline Sockel im ostfriesischen Küstenraum in 16 bis 18 km Tiefe liegt. Gegenüber den alten Schilden Skandinaviens und Grönlands, in denen die Tiefengesteine des Sockels als Granite und Gneise z.T. als 2000 m hohe Gebirge zutage treten, ist das Nordseebecken durch langdauernde und langsam ablaufende epirogenetische Bewegungen um

19 km abgesenkt worden. In der dabei entstehenden Senke lagerten sich im **Algonkium** zunächst grobklastische Sedimente ab, die im ausgehenden **Präkambrium** während einer Gebirgsbildungsphase verfaltet und stark metamorphisiert wurden.

Über diesen fossilleeren Gesteinen lagert, meist durch eine deutliche Schichtlücke abgesetzt, die paläozoische Schichtenfolge. Sie besteht an der Basis aus Schluffsteinen und Sandsteinen des **Kambrium**, die erste marine Fossilien enthalten. Darüber folgen Schiefer mit eingeschalteten Vulkaniten. Die Schichtenfolgen des **Ordovizium** und **Gotlandium** sind ebenfalls überwiegend als geschieferte Tonsteine ausgebildet. Im späten **Silur** und frühesten **Devon** wurden diese Ablagerungen im Zuge einer Gebirgsbildungsphase gefaltet, metamorph umgewandelt und als Caledonische Massive mit den oben genannten alten Schilden verschweißt. Diese Gesteine treten im N der Britischen Inseln, in den Ardennen und im NW Skandinavien zutage; unter der Nordsee liegen sie heute in 8 bis 10 km Tiefe.

Im **Mitteldevon** und **Oberdevon** wurden ganz überwiegend festländische Sandsteine und Tonsteine, aber auch Küsten- und Flachmeersedimente abgelagert. Die Oberfläche dieser, im Harz und im Sauerland anstehenden devonischen Schichten taucht nach Untersuchungen von STANCU-KRISTOFF & STEHN (1984: Taf. 1) im Küsten- und Nordseeraum auf 5,5 bis 7 km Tiefe ab.

3.1.1 Karbon

Während des **Unterkarbon** (ZIEGLER 1982: Beil. 9) lag die ostfriesische Küstenregion im Bereich der sog. „Kohlenkalkplattform" und gehörte zu einem weit ausgedehnten Meeresgebiet, in dem sich kalkige Sedimente abgesetzt haben.

Mit Beginn des **Oberkarbon** zog sich das Meer zurück, und über den karbonatischen Ablagerungen wurden feinkörnige klastische Sedimente

Tabelle 1: Altersabfolge, Stoffbestand und Rohstoffe der Schichtenfolge in Nordwestdeutschland.

Alter Mio. Jahre	Geologische Zeitskala			Gesteinsart, Rohstoffe u. erdgeschichtliche Prozesse
	Känozoikum	Jungtertiär	Quartär	Sand, Kies, Schluff, Ton, Torf u. Kieselgur; Eisvorstöße in Kaltzeiten, Meeresüberflutungen in Warmzeiten
2,5				
			Pliozän	Kies, Sand, Schluff, Ton u. Braunkohle; Flußablagerungen und Sumpfbildungen
			Miozän	Sand, Schluff u. Ton, Braunkohle am Niederrhein; z.T. marine, z.T. fluviatile u. terrestrische Ablagerungen
23				
		Alttertiär	Oligozän	Ton, Schluff u. Mergel, z.T. bituminös; marin
			Eozän	Ton, Kalksandstein, Tonmergel; marin mit vulkanischen Aschenlagen
			Paleozän	Ton, marin, lückenhaft verbreitet; in der Nordsee z.T. Öl führend
65				
	Mesozoikum	Kreide	Oberkreide	Kalkstein, Mergelstein, Zementrohstoffe; marin
			Unterkreide	Tonstein, Mergelstein, Sandstein, z.T. Öl führend, örtlich Eisenerz u. Kohle; marin z.T. litoral
141				
		Jura	Malm	N Niedersachsen, S Nordsee: Schichtlücke; S Niedersachsen Kalkstein, Mergelstein, Gips, örtlich Steinsalz; marin – terrestrisch
160 –				
			Dogger	N Niedersachsen, S Nordsee: z.T. Schichtlücke; an der Basis Tonstein, Sandsteinlagen, z.T. Öl führend
176 –				
			Lias	Dunkle Tone u. Tonsteine, in der Nordsee Öl führend; marin
195				

Alter Mio. Jahre	Geologische Zeitskala			Gesteinsart, Rohstoffe u. erdgeschichtliche Prozesse
	Mesozoikum	Trias	Keuper	Sandstein, Öl führend u. Tonstein, eingeschaltet Gips, Anhydrit u. Salz; terrestrisch – lagunär, Salzsümpfe; Phase intensiver Salzstockbildung
			Muschelkalk	Kalkstein, Mergelstein, Erdgas führend, eingeschaltet Salz; marin
230			Buntsandstein	Oben u. unten Tonstein, Gips-, Anhydritstein, in der Mitte Sandstein, z.T. Erdgas führend; terrestrisch
	Paläozoikum	Perm	Zechstein	Zyklische Bildung von Ton-, Kalk-, und Anhydritstein, Steinsalz u. z.T. Kalisalz; marines Flachwasser
285			Rotliegendes	Sandstein u. Tonstein, z.T. mit Anhydritbänken und Steinsalzlagen, Porphyr; terrestrisch, Salzsümpfe, z.T. vulkanische Tätigkeit
		Karbon	Oberkarbon	Ton- und Schluffstein, z.T. eingeschaltet Steinkohleflöze; Süßwasser-, Sumpf- u. Moorablagerungen; S Niedersachsen u. Harz Granit, Gabbro, Buntmetallerze, Grauwacke u. Tonschiefer
360			Unterkarbon	N Niedersachsen Kalkstein; marin S Niedersachsen Grauwacke, Tonschiefer, Kieselschiefer u. Diabas
		Devon	Oberdevon	Sandstein u. Tonschiefer, z.T. Kalkstein; festländisch, z.T. marin
			Mitteldevon	Tonschiefer, lokal Kalkstein; marin, Diabas, Buntmetallerz im Harz
408			Unterdevon	Sandsteine, Grauwacken, z.T. Kalkstein; festländisch u. marin

Alter Mio. Jahre	Geologische Zeitskala		Gesteinsart, Rohstoffe u. erdgeschichtliche Prozesse
438	Paläozoikum	Silur	Tonsteine, gefaltet und metamorphisiert
505		Ordovicium	Tonsteine, geschiefert, gefaltet und metamorph umgewandelt
600		Kambrium	(im tieferen Untergrund) Schluffsteine u. Sandsteine; marin darüber Schiefer mit Vulkaniten
	Präkambrium		Grobe Sedimente, fossilfrei, verfaltet u. stark metamorphisiert

abgesetzt. Dabei entstand im Namur eine bis 3000 m mächtige Abfolge aus Tonsteinen. Erst im jüngsten Abschnitt, dem Namur C, kam es auch zur Bildung von Kohle, wobei die Kohleflöze allerdings nur etwa 1% der ca. 900 m mächtigen Schichtenfolge des Namur C erreichen.

Im Westfal wurde ein 3000 m dickes Sedimentpaket aus Tonsteinen und Sandsteinen abgelagert, in dem eingeschaltete Kohleflöze 2 bis 4 % der Gesamtmächtigkeit ausmachen. Diese Schichtenfolge bildete sich im tropisch-feuchten Klima, wobei die tonig-schluffigen Sedimente überwiegend im stehenden oder langsam fließenden Süßwasser, die Kohlen dagegen in Mooren und Sümpfen entstanden sind. Eingeschaltete dünne und flächenhaft weit verbreitete Sandsteinlagen gehen auf zeitweilige Meeresüberflutungen zurück.

Die Schichten des Namur C und des Westfal A bis D werden wegen ihrer Kohleflöze als produktives Karbon bezeichnet. In ihnen geht im Ruhrgebiet sowie im Karbon-Aufbruch von Ibbenbüren der Steinkohlenbergbau um. Bei der Inkohlung organischen Materials entstehen nicht nur Steinkohlen, sondern es wird auch sehr viel Erdgas freigesetzt, das in jüngere Schichten einwandern und daraus z.t. gefördert werden kann. Für Europa ist das Karbon aufgrund seiner Bodenschätze die zur Energieversorgung wichtigste Formation der Erdgeschichte.

Im Stephan, dem jüngsten Zeitabschnitt des Karbon, verengte sich der marine Ablagerungsraum, wobei in der ostfriesischen Region nur feinklastische Küstenablagerungen mit marinen Sandeinschaltungen abgesetzt wurden. Kohlenflöze fehlen in dieser Schichtenfolge. An ihrer Stelle sind nur noch Wurzelböden ausgebildet (HEDEMANN & TEICHMÜLLER 1971: Abb. 5, HEDEMANN et al. 1984: 84), die den Beginn ariderer Klimaverhältnisse anzeigen. Während der nachfolgenden varistischen Gebirgsbildungsphase lag die heutige Küstenregion im Vorland des entstehenden Faltengebirges, sie wurde nicht von den Faltungsprozessen betroffen, sondern lediglich bruchtektonisch beansprucht.

3.1.2 Perm

Ablagerungen des **Rotliegenden** wurden bei Emden in ca. 3500 m Tiefe und 400 m Mächtigkeit erbohrt (STANCU-KRISTOFF & STEHN 1984: Taf. 1). N-wärts taucht die Oberfläche dieser Gesteine geringfügig ab, und die Mächtigkeit schwillt auf nahezu 2000 m an. Vulkanische Gesteine des Unterrotliegenden sind nach PLEIN (1978: Abb. 3) im Untergrund des ostfriesischen Küstenraumes kaum oder nur in geringer Mächtigkeit zu erwarten. Diese sauren bis basischen Vulkanite können jedoch im Zentrum des deutschen Nordseesektors ca. 500 m Mächtigkeit erreichen (STANCU-KRISTOFF & STEHN 1984: Taf. 1).

Die kontinentalen, unter einem Wüstenklima abgelagerten Sedimente des Oberrotliegenden sind im Raum Aurich ca. 500 m mächtig, im Gebiet von Wilhelmshaven 800 bis 1000 m und schwellen bei Helgoland auf fast 1500 m Mächtigkeit an (HEDEMANN et al. 1984: 103). Dort sind in die klastischen Ablagerungen auch Salzlager (Helgoland-Evaporite) eingeschaltet, die im wesentlichen aus Steinsalz mit wenigen Anhydritbänken bestehen. Diese Evaporite sind in flachen Wüstenseen und küstennahen Salzsümpfen (Sebkas) ausgeschieden worden, wobei diese in ihrer räumlichen Ausdehnung und ihrem Salzgehalt starken Schwankungen unterworfen gewesen sind. Rotliegend-Salze sind teilweise auch am Aufbau einiger Salzstöcke beteiligt.

Während des **Zechstein** lag das gesamte Gebiet im Bereich des sog. norddeutschen Hauptbeckens (RICHTER-BERNBURG 1972), einem Binnenmeer, in dem sich, bedingt durch wiederholte Erweiterung und Verengung der Verbindungswege zum Ozean, zyklisch gegliederte Sedimentfolgen abgesetzt haben. Diese Zyklen beginnen in der Regel mit einem bituminösen Schiefer oder mit Tonschichten. Darüber folgen Kalk- oder Anhydritsteine und schließlich Steinsalz- sowie z.T. Kalisalzlager. Im ostfriesischen Küstenraum hat man vier derartige Zyklen nachgewiesen (Werra-, Staßfurt-, Leine- und Aller-Serie); vermutlich reichen noch zwei weitere, aus der S Nordsee und Schleswig-Holstein bekannte Zyklen (Ohre- und Friesland-Serie), bis in diese Region.

Die ursprüngliche Dicke der Zechstein-Schichten dürfte bei ca. 1200 m gelegen haben. Diese Mächtigkeiten veränderten sich jedoch sekundär durch die Eigenschaft des Salzes, unter Gebirgsdruck ins Fließen zu geraten, seitlich und nach oben abzuwandern und sich lokal zu akkumulieren. Örtlich bleiben sog. Restkissen erhalten, in denen annähernd die ursprüngliche Salzmächtigkeit anzutreffen ist. In den Akkumulationzonen bildet das abgewanderte Salz zunächst Salzkissen, die ihre Hangendschichten mehr oder weniger stark aufbeulen und

Abb. 1: Erdgasfelder und Salzstrukturen zwischen Emsmündung und Außenjade nach JARITZ (1973, 1987) und GÜK 200, GÜK 500. Ausgesolte Kavernen zur Speicherung von Erdgas bzw. Mineralöl sind mit KE bzw. KM markiert. Die überwiegende Zahl der Salzstöcke und Salzmauern ist in der Trias durchgebrochen; spätere Durchbrüche erfolgten im Unteren und Mittleren Jura (Wangerooge, Mellum, Etzel u. Jaderberg), zwischen Oberjura und Unterkreide (Strukturzug Landschaftspolder-Kamperfehn, Strukturen Zwischenahn u. Oldenburg), in der Oberkreide (N-Teil Borkum) und im Känozoikum (Harle-Riff). Die Struktur Remels wird als Restkissen gedeutet, die Struktur Grabstede befindet sich im Entwicklungsstadium eines Salzkissens.

Präkambrium und Paläozoikum

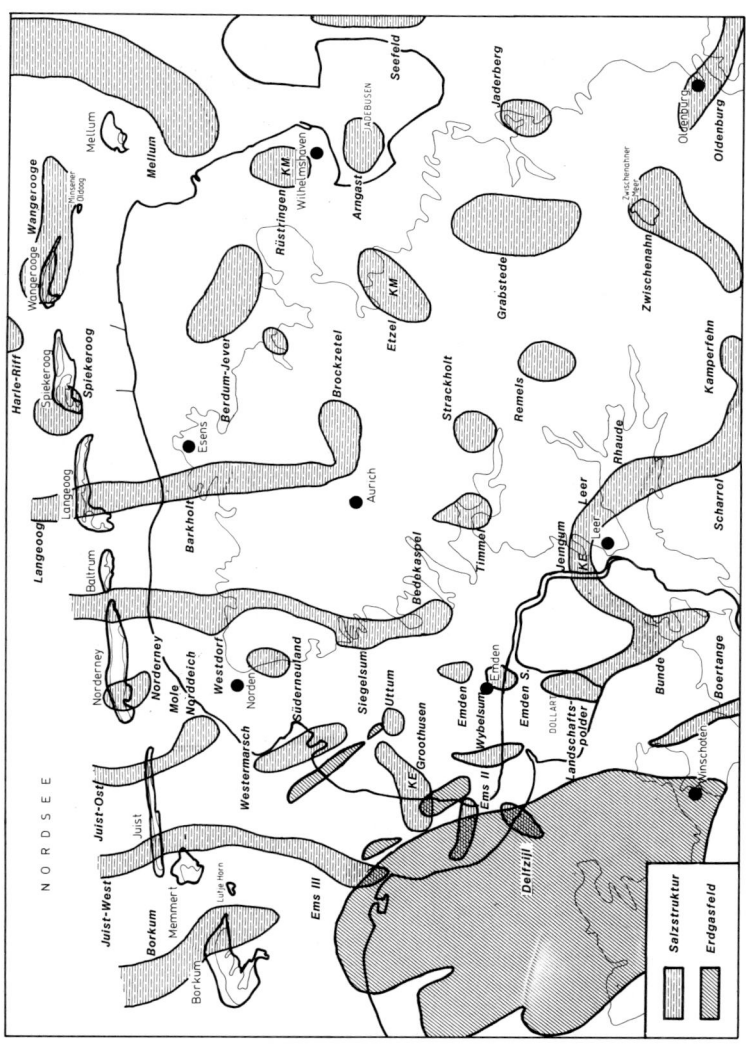

dabei dehnen. An Schwächestellen im Deckgebirge können die Salze auch nach oben durchbrechen und als pilzförmige Salzstöcke oder auch langgestreckte Salzmauern in die Deckschichten aufdringen. Abb. 1 gibt die Verbreitung der Salzstrukturen im Untergrund des Küstenraumes wieder.

Beim Durchbrechen der aufdringenden Salzmassen in der sog. Phase des Diapirismus, werden die über dem Salzstockdach liegenden Schichten angehoben, zerbrochen und z.T. stark deformiert. Gleichzeitig wird der Salzaufstieg im Diapir durch Abwandern von Salz aus dem Untergrund des Salzstock-Umfeldes kompensiert. Um den aufdringenden Salzstock herum bilden sich dabei sog. Randsenken, die mit mächtig anschwellenden Sedimentabfolgen verfüllt werden. Aus dem Alter und den Mächtigkeiten der Sedimentfüllungen in den Randsenken lassen sich Rückschlüsse über die Zeitabschnitte des Salzaufstieges (Phasen des Diapirismus) und über die Aufstiegsgeschwindigkeiten ableiten (JARITZ 1980, 1987). Die gesamten, bei der Entwicklung von Salzstöcken ablaufenden Bewegungen und Formungsprozesse werden mit dem Begriff Salztektonik (Halokinese) zusammengefaßt und sind in Abb. 2 schematisch dargestellt.

Dringen Salzstöcke so weit auf, daß sie mit Grundwasser führenden Gesteinsschichten in Berührung kommen, so können die Salze gelöst und als Sole abtransportiert werden, wodurch sich Hohlräume im Untergrund bilden. In der Folge solcher Lösungs- oder Subrosionsprozesse

Abb. 2: Entwicklung des Salzstocks Strackholt nach JARITZ (1987).
1.Entstehung eines Salzkissens im Buntsandstein (s), angezeigt durch geringere Buntsandstein-Mächtigkeit über der Struktur.
2.Fortgeschrittenes Kissenstadium kurz vor Durchbruch des Salzstocks.
3.Beim Durchbruch des Salzstocks nach dem älteren Keuper (k1) und durch Abwandern von Salz aus dem Umfeld entstehen Randsenken, die sich durch erhöhte Mächtigkeiten des jüngeren Keuper (k2) auszeichnen.
4.Weiteres Abwandern von Salz erzeugt erhöhte Lias-Mächtigkeiten (ju) in den Randsenken und schafft die heutige Form der Struktur.
5.Bei geringfügigen Nachbewegungen werden Kreide- und Tertiärablagerungen (kru, kro, t) schwach aufgewölbt.

Präkambrium und Paläozoikum 19

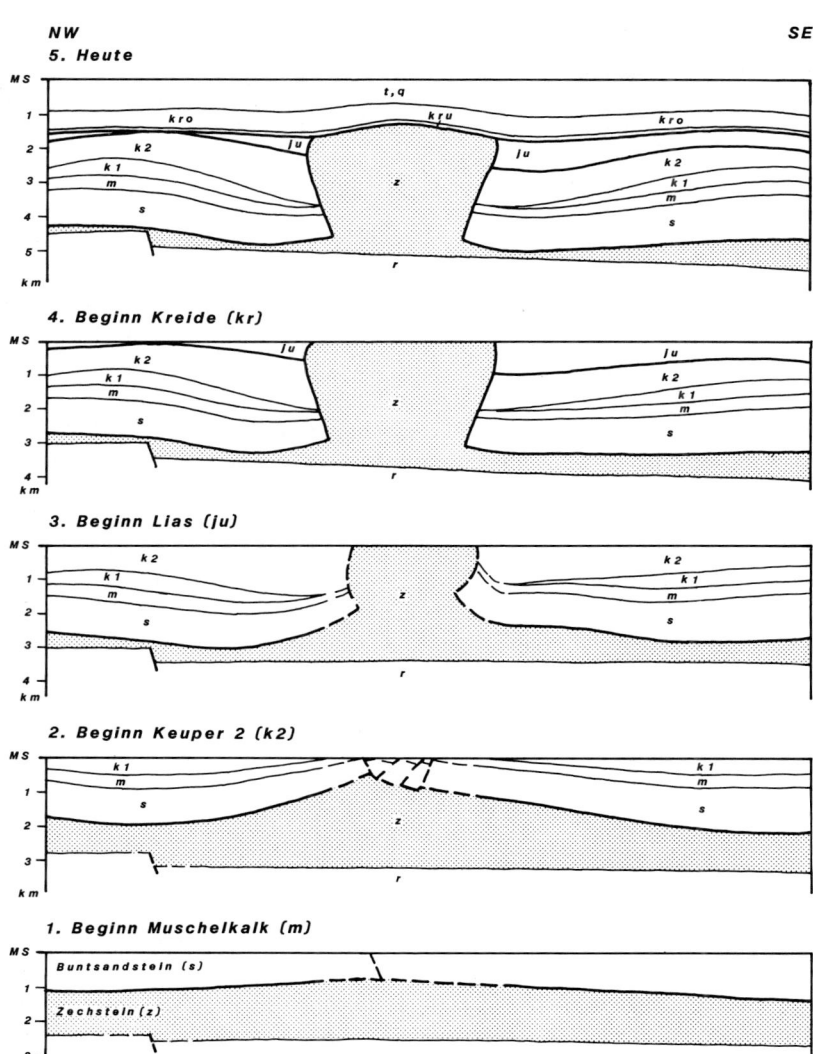

brechen gelegentlich die Deckschichten über den entstandenen Hohlräumen ein. Paust sich ein solcher Verbruch bis an die Erdoberfläche durch, so tritt er dort in Form von Bodensenken, sog. Subrosionssenken in Erscheinung. Dieser Prozeß ist mit dem Entstehen von Dolinen in Karstgebieten vergleichbar.

Augenfälligstes Beispiel einer Salzstruktur im norddeutschen Raum ist die Insel Helgoland (SCHMIDT-THOMÉ 1987). Dort sind durch salztektonische Bewegungen Schichten des Mittleren und Oberen Buntsandstein, die im weiteren Umfeld Helgolands in ca. 4000 m Tiefe liegen, aufgebeult und bis über den Meeresspiegel herausgehoben worden.

Die Salzstöcke sind seit langem von großer wirtschaftlicher Bedeutung. Bereits im Mittelalter hat man überall dort, wo von Salzstöcken salzhaltige Wässer (Sole) zur Erdoberfläche aufstiegen, mit der Salzsiederei begonnen. Auf diese Weise kamen Städte wie Lüneburg zu Wohlstand. Später wurden Solebohrungen abgeteuft, die bis heute Grundlage der chemischen Industrie z.B. im Raum Stade sind. Bei dem im vergangenen Jahrhundert begonnen Steinsalzbergbau in den Salzstöcken stieß man auf die Kalisalzflöze, die den Grundstoff einer für Niedersachsen bedeutsamen Düngemittelindustrie liefern. Neuerdings werden in den Salzstöcken durch gezieltes Aussolen von Steinsalz riesige Hohlräume (Kavernen von ca. 35 m Durchmesser und 650 m Höhe) geschaffen, in denen Erdöl, Raffinerieprodukte, Chemiegrundstoffe, Erdgas und Druckluft gespeichert werden. Für die Zukunft wird die Eignung von Salzstöcken zur Endlagerung radioaktiver Abfälle und anderer Sonderabfälle geprüft.

3.2 Mesozoikum

Die mesozoische Schichtenfolge ist, aufgrund der paläogeographischen Entwicklung, im Untergrund des ostfriesischen Küstenraumes nur unvollständig erhalten. Diese Zusammenhänge hat WURSTER (1968) beschrieben; neuere überregionale Darstellungen gehen auf ZIEGLER (1982) zurück.

3.2.1 Trias

Die Schichtenfolge des **Buntsandstein** ist unter ariden Klimaverhältnissen ganz überwiegend im festländischen Bereich entstanden. Der weitaus größere Teil der Sedimente wurde dabei von episodisch fließenden Flüssen in sehr flachen Becken abgelagert; Sedimentation und Umlagerung unter dem Einfluß von Wind waren nur unbedeutend. Zeitweilig kam es zu Meeresüberflutungen und durch Verdunsten des Wassers zur Bildung von Salz- und Gipslagern, sog. Evaporiten. Der Untere Buntsandstein umfaßt eine monotone Abfolge von Tonsteinen mit eingeschalteten anhydritischen Lagen. Der Mittlere Buntsandstein besteht demgegenüber aus mächtigen Sandsteinpaketen. Diese Sandsteine bilden z.b. auch den überwiegenden Teil der Felseninsel Helgoland. Unterer und Mittlerer Buntsandstein werden zusammen ca. 850 bis 900 m mächtig. Die Schichtenfolge des Oberen Buntsandstein zeigt deutliche marine Einflüsse. Außerdem treten zwei Salzlager auf, die durch ein Zwischenmittel aus Sand- und Tonsteinen voneinander getrennt werden.

Die überwiegend karbonatischen Gesteine des **Muschelkalk** sind in einem Flachmeer enstanden. Der Untere Muschelkalk umfaßt eine etwa 100 m mächtige Abfolge von Mergelkalksteinen, die im tieferen Teil schaumig porös, im oberen dicht und hart ausgebildet sind. Der Mittlere Muschelkalk ist 50 bis 100 m dick und wird aus Mergelsteinen bis Kalksteinen mit einer eingeschalteten Salinarfolge aufgebaut. Den Oberen Muschelkalk bilden ca. 50 m mächtige Ton- und Kalksteine.

Der **Keuper** umfaßt eine sehr wechselhaft aufgebaute Sedimentabfolge, die im festländischen Bereich entstanden ist. Es handelt sich um Ablagerungen von Flüssen und Binnenseen mit eingeschalteten Sedimenten von Lagunen, Salzsümpfen und küstennahen Flachmeerabsätzen. Im tieferen Teil der Schichtenfolge überwiegen Tone, Tonmergel, Kalksteine und Sandsteine. Darüber lagern Mergelsteine und zwei, durch eine Sandsteinlage getrennte Salinarfolgen. Den höchsten Teil bilden Sand- und Tonsteine. Die durchschnittliche Mächtigkeit des Keuper dürfte bei ca. 1000 m liegen. Da die Keuperformation aber ein erdgeschichtlicher Abschnitt mit intensivem Diapirismus war, d.h. ein Abschnitt, in dem zahlreiche Salzstöcke aufgestiegen sind, schwanken die Gesteinsmächtigkeiten zwischen 2200 und 800 m.

3.2.2 Jura

Die Sedimente des Unteren, Mittleren und Oberen Jura (Lias, Dogger und Malm) sind im Untergrund des ostfriesischen Küstenraumes nur in unvollständiger Abfolge erhalten.

Die Formation des **Lias** tritt nach BRAND & HOFFMANN (1963: Abb. 2) in diesem Raum in der sog. „Westfazies" auf, d.h. als dunkle Tone und Tonsteine, die im marinen Flachwassermilieu abgelagert worden sind und teilweise primäres Bitumen führen.

Die Schichten des **Dogger** sind an ihrer Basis meist tonig entwickelt und werden nach oben zunehmend sandig. Mit dem höheren Dogger beginnend, setzten Landhebungen im Bereich der Pompeckj'schen Scholle ein, die sich nachhaltig auf das Sedimentationsgeschehen auswirkten (JARITZ 1980: 390 f., Abb. 1). Ein vormals marines Gebiet, das sich von Bremen E-wärts bis Rostock, nach N bis zum Limfjord und nach NW bis ins Zentrum der heutigen Nordsee erstreckte, wurde tektonisch gehoben und landfest. In diesem Hebungsgebiet fand im Verlauf des höheren Dogger, des **Malm** und des **Wealden** keine Sedimentation statt. Im Gegenteil, ein ca. 700 m mächtiges Paket zuvor abgelagerter Schichten wurde abgetragen.

3.2.3 Kreide

Über der durch Erosion entstandenen, flächenhaft zu beobachtenden Schichtlücke (höherer Dogger bis Wealden) setzte die Sedimentation erst wieder in der Unterkreide mit einem neuerlichen Meeresvorstoß ein.

Ausbildung und Faziesverteilung der **Unterkreide**-Sedimente Nordwestdeutschlands wurden in einem paläogeographischen Atlas (BfB 1967) rekonstruiert. Daraus geht hervor, daß die Sedimente des Ober-Valangin in der Küstenregion nur lückenhaft verbreitet sind. Die flächendeckend vorkommenden Sedimente des Hauterive und des Barrême bestehen aus mittelgrauen bis dunkelgrauen und grünlichgrauen Tonmergelsteinen bis Mergelsteinen und erreichen zusammen ca. 75 m Mächtigkeit. Mit dem Apt vollzog sich nach KEMPER & ZIMMERLE (1978: 17) im Raum Helgoland sowie im Gebiet zwischen der Jade und Schleswig sowie im Niedersächsischen Becken gleichzeitig ein Umschlag in der Gesteinsausbildung. Danach wurden hellere und buntere, grau bis rötlich gefärbte Mergelsteine des Apt und des Alb sedimentiert, die zusammen durchschnittlich 30 bis 50 m Mächtigkeit erreichen.

Die Gesteine der **Oberkreide** sind als insgesamt ca. 650 m mächtige Abfolge karbonatischer Sedimente des marinen Flachwassers entwickelt. Die Ablagerungen der älteren Oberkreidestufen (Cenoman, Turon, Coniac, Santon und Campan) umfassen meist helle Mergel und Mergelkalke bis harte Kalksteine. Die des Maastricht kommen dagegen in der „Schreibkreidefazies" vor, d.h. als mürbe bis kaum verfestigte grauweiße bis weiße Kreidekalke und Kreidemergel mit meist über 95% Karbonatgehalt (EHRMANN 1986). Darin treten, in Lagen angeordnet, Konkretionen von Feuerstein (Flint) auf.

3.3 Tertiär

Die karbonatischen Gesteine der Kreide werden durch klastische Tertiärsedimente überlagert. Eine zusammenfassende Darstellung von Stratigraphie und paläogeographischer Entwicklung des Nordwesteuropäischen Tertiärbeckens hat VINKEN (1988) herausgegeben.

Danach ist das **Paleozän** im ostfriesischen Raum nur lückenhaft verbreitet und besteht aus Tonen mit kalkhaltiger Mikrofauna.

Im **Eozän** herrschten überregional Ablagerungsbedingungen eines Flachmeeres, und es entstand eine ca. 500 m mächtige Schichtenfolge, die in ihrem unteren Teil tonig ausgebildet ist. In diese grünlichen, meist Glaukonit und Glimmer führenden Tone und Tonsteine sind mehrere Bänkchen eines vulkanischen Tuffes eingeschaltet, der mit dem Vulkanismus in der irisch-schottischen Thule-Provinz bzw. mit Eruptionszentren im Skagerrak in Verbindung gebracht wird. Der mittlere

Teil der Eozän-Abfolge besteht aus Kalksandsteinen, der höchste aus Tonmergeln.

Die ca. 200 m mächtigen Schichten des **Oligozän** bauen sich aus Tonen und Ton- bis Mergelsteinen mit wechselnden Schluff- und Feinsandgehalten auf. Sie sind grau, z.T. dunkelgrau bis dunkelgrün gefärbt und partienweise bituminös und humos.

Zu Beginn des **Miozän** waren während der Vierland-Stufe Teile des ostfriesischen Küstenraumes trockengefallen. Nach paläogeographischen Arbeiten von ANDERSON (1964: Abb. 6) setzte marine Sedimentation hier erst wieder mit der Hemmoor-Stufe ein. Aufgrund stratigraphischer Studien in Schleswig-Holstein und in NE Niedersachsen kamen HINSCH & ORTLAM (1974) zu der abweichenden Auffassung, daß sich marine Einflüsse bereits in der unteren Vierland-Stufe mit der Sedimentation dunkelolivgrüner, fossilreicher, schluffiger Feinsande bemerkbar gemacht haben. Nach oben gehen diese Sande in den „Unteren Glimmerton" über, eine Fazieseinheit, die stratigraphisch den höheren Teil der Vierland-Stufe sowie die Hemmoor-Stufe umfaßt. In W-Niedersachsen beginnt die Reinbek-Stufe an der Basis mit Feinsanden des marinen Flachwassers, die nach E im Hamburger Raum in festländische Sumpf- und Seeablagerungen, sog. Braunkohlensande, übergehen. Diese Sande bilden einen charakteristischen Leithorizont, den die Erdölindustrie bei der Auswertung seismischer Untersuchungen zur Gliederung der jungtertiären Schichtenfolge im Nordseebecken nutzt. Die Sedimente des „Oberen Glimmertones", dunkelolivgrüne bis -braune Schluffe, schluffige Tone und Feinsande, kennzeichnen erneut Ablagerungsbedingungen des tieferen Wassers. Stratigraphisch umfaßt der „Obere Glimmerton" den höheren Teil der Reinbek-Stufe sowie die Langenfelde-, Gram- und Sylt-Stufe.

Mit dem Obermiozän zog sich das Meer allmählich zurück, und zunehmend bestimmten terrestrische Einflüsse das Sedimentationsgeschehen. HINSCH (1970: Abb. 2) rekonstruierte die paläogeographischen Veränderungen, die sich im Verlauf dieser Regression vollzogen haben. Danach gehörte der ostfriesische Küstenraum während der Gram-Stufe noch vollständig zum marinen Ablagerungsbereich, während der Sylt-Stufe hingegen nur noch der W-Teil zwischen Emden und Dornum.

Die Ablagerungen des **Pliozän** sind überwiegend sandig entwickelt, meist als kalkfreie, gelbe bis graugelbe und weißliche Sande mit Glimmer. Aufgrund der darin enthaltenen, mehr oder weniger stark zersetzten und gebleichten Feldspäte werden diese Ablagerungen als „Kaolinsand" bezeichnet. Der „Kaolinsand" ist nach WOLDSTEDT & DUPHORN (1974: 89) im N-deutschen Raum zwischen dem Emsland und Sylt sowie zwischen Schleswig-Holstein und der Odermündung weit verbreitet. Partienweise treten in den Sanden Feinkiese auf mit bis erbsengroßen, zumeist gut gerundeten Geröllen aus weißen, glasklaren, bläulichen, lavendelfarbenen, gelblichen, rötlichen und schwärzlichen Quarzen. Eingeschaltet kommen auch Braunkohlensande, tonig-schluffige humose Lagen und Braunkohlenflöze vor.

Pliozäne Sedimente wurden bereits von WILDVANG (1938: 21 ff.) in Schichtenverzeichnissen zahlreicher Bohrungen aus dem ostfriesischen Raum beschrieben. SINDOWSKI (1973: Tab. 3) stellte die Ergebnisse früher Pollenanalysen an diesem Material zusammen; eine moderne systematische palynologische Bearbeitung des Pliozän geht auf MEYER (1981) zurück. Er entwickelte an der Bohrung Wittmunder Forst ein palynologisches Standardprofil für die ostfriesische Region, dessen Vegetationsabschnitt I (165 – 146 m u.G.) dem Susterien, Miozän, die Abschnitte II, III und IV (146 – ca. 90 m u.G.) dem Brunssumien und die Abschnitte V, VI sowie VII (ca. 90 – ca. 62 m u.G.) dem Reuverien, beide Pliozän, der niederländischen Neogengliederung von ZAGWIJN (1959) entsprechen. Neben einer biostratigraphischen Korrelation mit den Niederlanden ermöglichen es die an der Bohrung Wittmunder Forst gewonnenen Befunde auch unvollständige, in den Räumen Leer-Emden-Aurich bzw. Wilhelmshaven-Jever-Esens erbohrte, pliozäne Sedimentfolgen zeitlich einzustufen.

Einen sedimentologischen, im wesentlichen auf Schwermineralanalysen abgestützten Vergleich des Pliozän von Sylt, mit dem Pliozän in der Bohrung Wittmunder Forst und im Groninger Raum der Niederlande unternahm BURGER (1986). Er stellte die in Bohrung Wittmunder Forst zwischen 62 und 136 m Tiefe erbohrten Schichten in die Mineralzone von Scheemda, die dem Brunssumien (unteres Pliozän) entspricht. Der Mineralzone von Nieuweschans ordnete er die zwischen

136 und 176 m angetroffenen Sedimente zu und korrelierte sie mit dem oberen Teil des Susterien (Miozän). Damit stimmen im oberen Profilteil der Bohrung Wittmunder Forst palynologische und sedimentologische Befunde gut überein, im unteren Teil dagegen weichen die Ergebnisse geringfügig voneinander ab.

Über Pliozänablagerungen im oberflächennahen Untergrund bei Wilhelmshaven berichtete zusammenfassend STREIF (1981, 1985). Sie wurden dort etwa 20 m unter Gelände in einem Brunnenschacht SSW des Marineobservatoriums (HÄNTZSCHEL et al. 1941), in Baugrundbohrungen für die Ölumschlagbrücke (LACKNER 1959) angetroffen und sind bei Baggerarbeiten zur Jadevertiefung angeschnitten worden (BEHRE 1978: 39), wobei das Baggergut größere Mengen von Bernstein zutage gefördert hat. Einzelne Sandgruben auf dem Ostfriesisch-Oldenburgischen Geestrücken sind ebenfalls in pliozänen Ablagerungen angelegt. Bereits WILDVANG (1938: 21 ff.) beschrieb Pliozän-Aufschlüsse bei Leer, Aurich, Friedeburg und im Raum Norden. Insbesondere im Umland von Leer werden diese Sande heute noch im Naßbaggerverfahren als Bau- und Füllsande gewonnen.

Weitere Aufschlüsse finden sich im Gebiet Zetel-Friedeburg, unter denen die Sandgrube bei Bohlenbergerfeld SW der K 437 besonders zu erwähnen ist. Dort treten (mündliche Mitteilung Prof. Dr. K.D. MEYER) an der SW-Wand der Grube (r 34 27 000, h 59 11 820) unter einer ca. 1,5 m dicken Deckschicht aus Pleistozänmaterial helle, fein- bis mittelkiesige Quarzsande mit feinsandig-schluffigen Lagen auf, in denen Wühlgefüge vermutlich mariner Organismen zu erkennen sind. Diese Bioturbationsstrukturen sprechen für eine zeitweilige marine Überflutung des Raumes im Pliozän. Ansonsten sind die Pliozänsedimente ganz überwiegend von Flüssen im festländischen, z.T. sumpfigen Milieu abgelagert worden.

In der Regel sind die Pliozänvorkommen Ostfrieslands von pleistozänen Ablagerungen überdeckt und treten nur in kleinen Arealen bis nahe an die Geländeoberfläche, so daß sie in den Blättern der GÜK 200 (CC 2310, CC 3102 u. 3110) nicht dargestellt, bzw. mit altpleistozänen Sedimenten zusammengefaßt worden sind. Die Mächtigkeit der quartären Deckschichten schwankt zwischen einem dünnen Sedimentschleier und maximal 300 m Schichtdicke. Diese Mächtigkeitsunterschiede gehen auf die unruhige Morphologie der Pliozänoberfläche zurück, die teilweise durch Stauchungen bei Vorstößen des quartären Inlandeises, vor allem aber durch Fluß- und Schmelzwassererosion modelliert worden ist.

4. Die eiszeitliche Schichtenfolge

Das **Eiszeitalter** oder **Quartär** (q) ist der jüngste, ca. 2,5 Millionen Jahre umfassende Abschnitt der Erdgeschichte, der sich in **Pleistozän** (qp) und **Holozän** (qh) gliedert. Charakteristisch für diese erdgeschichtliche Periode sind starke Klimaschwankungen mit einem wiederholten Wechsel von Kalt- und Warmzeiten, der sich nachhaltig auf die Ablagerungsprozesse ausgewirkt hat. In diesem Kapitel wird nur die pleistozäne Schichtenabfolge beschrieben. Dem Zeitabschnitt des Holozän, in dem sich die heutige Nordsee mit ihrem Küstensaum aus Inseln, Watten und Marschen entwickelt hat, ist Kapitel 5. gewidmet.

Die zeitliche Gliederung des **Pleistozän** (qp) ist in Tabelle 2 zusammenfassend dargestellt. Danach haben in NW-Deutschland im Altpleistozän und frühen Mittelpleistozän überwiegend terrestrische und fluviatile Ablagerungsbedingungen geherrscht. Im jüngeren Mittel- und im Jungpleistozän ist dagegen das nordische Inlandeis – aus Skandinavien und dem Ostseeraum kommend – wiederholt unterschiedlich weit in diesen Raum vorgestoßen (Abb. 3) und hat seinen geologischen Bau sowie seine Landschaftsformen geprägt. Die einzelnen Eisvorstöße haben meist gesetzmäßig aufgebaute Sedimentabfolgen hinterlassen, die Rückschlüsse auf Art und Ablauf der Transport- und Ablagerungsprozesse gestatten. Vor der Front des vorrückenden Eises schütteten die ins Vorland abfließenden Schmelzwässer sandig-kiesige glazifluviatile Sedimente, sog. Vorschüttsande, auf. Beim weiteren Vorrücken des Eises wurde darüber die an der Sohle des Gletschers ausgeschiedene, aus Ton, Schluff, Sand und Steinen bestehende Grundmoräne abgesetzt, die heute als kalkhaltiger Geschiebemergel oder verwittert und entkalkt als Geschiebelehm vorliegt.

Die Änderungen des Großklimas haben sich nicht nur direkt in Form der Eisvorstöße ausgewirkt, sondern auch indirekt über Veränderungen

Die eiszeitliche Schichtenfolge

im Eis-/Wasserhaushalt der Erde. Während der Kaltzeiten sanken die Temperaturen so weit ab, daß ein bedeutender Teil der Niederschläge als Schnee gefallen und in den Landgebieten höherer geographischer Breite als Inlandeis akkumuliert worden ist. Durch verringerten Rückfluß des verdunsteten und im Inlandeis gebundenen Wassers verkleinerte sich das Volumen der Ozeane, deren Spiegel zeitweilig über 100 m unter das heutige Niveau abgesunken ist. Umgekehrt schmolz in Warmzeiten das Inlandeis ab und verschob sich die Eis-/Wasserbilanz der Erde zugunsten des Wassers, so daß der Spiegel der Weltmeere zeitweilig geringfügig über dem heutigen Stand gelegen hat. Derartige, allein auf Änderungen des Eis-/Wasserhaushaltes der Erde zurückgehende Verschiebungen des Meeresspiegels werden als eustatische Meeresspiegelschwankungen bezeichnet.

Modellhaft läßt sich dies am Beispiel der heute in der Antarktis und in Grönland liegenden Eismassen erläutern. Insgesamt haben die Süßwasservorräte an der Erdoberfläche nach Abschätzungen von AMBROGGI

Tabelle 2: Altersabfolge, Ablagerungen und Prozesse im Quartär Nordwestdeutschlands und angrenzender Gebiete.

Alter, Jahre	Stratigraphie	Ablagerungen, Prozesse und Ablagerungsmilieu
	Holozän	Anstieg des Nordseespiegels: Ablagerung brackischmariner Sedimente; ab 7500 J.v.h. Entstehung der Ostfriesischen Inseln, Watten u. Marschen. Moorwachstum, Flußablagerungen, Flugsande u. Dünen.
– 10000		
	Weichsel-Kaltzeit	Kies u. Sand, z.T. Torfeinschaltungen; zwischen 23000 u. 15000 J.v.h. Eisvorstoß bis nahe Hamburg u. in den E-Teil Schleswig-Holsteins; in Ostfriesland periglaziäre Prozesse, Fluß- u. Windablagerungen.
– 115000		

Die eiszeitliche Schichtenfolge

Alter, Jahre	Strati- graphie	Ablagerungen, Prozesse und Ablagerungs- milieu
	Eem- Warmzeit	Marine Transgression: Meeres- u. Wattsedimente in der Küstenregion, Meeresspiegel-Höchststand bei (heute) ca. NN -7 m; Moorwachstum, Süßwassersedimente u. Bodenbildungen auf dem Festland.
− 125000		
	Saale- Kaltzeit	Im Warthe-Stadium u. im jüngeren Teil des Drenthe-Stadiums liegen die Eisränder zwischen Weser u. Elbe; Ostfriesland ist eisfrei, aber periglaziären Prozessen ausgesetzt. Beim Drenthe-Hauptvorstoß dringt das Inlandeis über das niedersächsische Flachland bis an die Mittelgebirge vor, bedeckt Teile Nordrhein-Westfalens, der Niederlande u. der Nordsee. Fluß- u. Schmelzwasserablagerungen: Kies, Sand u. Beckenton; Eisablagerungen: Geschiebemergel, Geschiebelehm, Ton, Schluff u. Sand mit Findlingen.
	Holstein- Warmzeit	Marine Transgression, beim Höchststand verläuft die Küstenlinie N der Ostfriesischen Inseln; tiefe Meeresbuchten reichen ins Unterweser- u. Elbegebiet sowie ins W Schleswig-Holstein; marine Sedimentation von Sand u. Schluff in einer fördenartigen Landschaft, Süßwassersedimente im Binnenland.
	Elster- Kaltzeit	Gegen Ende der Kaltzeit setzen Schmelzwässer Ton u. Schluff als „Lauenburger Ton" in tiefen, rinnenartigen Binnenseen ab. Beim weitesten Eisvorstoß ist Ostfriesland eisbedeckt; skandinavisches u. englisch-schottisches Inlandeis vereinigen sich in der Nordsee. Fluß- u. Schmelzwassersedimente: Sand und Kies; Eisablagerungen: Geschiebemergel, Geschiebelehm, Ton, Schluff, Sand mit Findlingen.
	Frühes Mittel- u. Altpleistozän	Mehrfach wiederholte Wechsel zwischen kalt- u. warmzeitlichen Klimaphasen, jedoch keine Eisvorstöße nach Nordwestdeutschland. In wärmeren Phasen Meeresvorstöße ins Nordseebecken, marine Sedimente des Cromerian, Waalian u. Tiglian. Überwiegend jedoch Fluß- und Deltaablagerungen, kiesige Sande u. Schluff, vereinzelt torfige Einschaltungen.
− ca. 2,5 Mio		

(1980) ein Volumen von ca. 37 Mio km³, was etwa dem zehnfachen Rauminhalt des Mittelmeeres entspricht. Hiervon sind im Inlandeis 30 Mio km³ gebunden. Allein auf die Antarktis entfallen hiervon 27 bis 28 Mio km³. Das ist etwa die Wasserspende aller Flüsse der Erde über einen Zeitraum von 1000 Jahren. Im grönländischen Inlandeis und in Gebirgsgletschern sind 2 bis 3 Mio km³ Wasser gebunden, der Rest von 7 Mio km³ entfällt auf Süßwasserseen und Flüsse.

Würde z.B. das gesamte antarktische Eis abschmelzen, ergäbe sich ein Meeresspiegelanstieg von ca. 58 m; aus dem grönländischen Eis ein zusätzlicher Anstieg von 8,5 m. Diese Zahlen sind allerdings von rein hypothetischer Bedeutung, denn die genannten Inlandeismassen sind äußerst stabil und bestanden z.t. schon lange, bevor das kühlere Klima des Eiszeitalters eingesetzt hat. Die quartären Meeresspiegelschwankungen gehen ganz überwiegend auf den wiederholten Auf- und Abbau von Inlandeis in Skandinavien und vor allem in Nordamerika zurück.

Die Entwicklung des Quartär im deutschen Küstenraum ist aufgrund der geschilderten Prozesse einerseits durch Eisvorstöße in den Kaltzeiten und andererseits durch Meeresüberflutungen während der Warmzeiten gekennzeichnet. Tabelle 2 stellt die zeitliche Gliederung dieses erdgeschichtlichen Abschnitts, die abgelagerten Sedimente und die dabei wirkenden Prozesse in zusammengefaßter Form dar. Allerdings liegen aus dem ostfriesischen Küstenraum nur Befunde über einen relativ kurzen Ausschnitt aus dem gesamten, ca. 2,5 Mio Jahre umfassenden Quartär vor. Zwischen dem jungtertiären Kaolinsand und den ältesten bislang bekannten Ablagerungen des Eiszeitalters klafft ein weite, mehr als 2 Mio Jahre umfassende Schicht- und Informationslücke.

4.1 Altpleistozän und frühes Mittelpleistozän (qpa-qpm)

Im **Altpleistozän** und **frühen Mittelpleistozän** (vor ca. 2,5 Mio bis 400000 Jahren) wechselten sich Phasen relativ kühlen Klimas mehrfach mit temperierten Phasen ab, in denen die Temperaturen ebenso hoch und eventuell sogar etwas höher gewesen sind als heute. Während der gesamten Zeitspanne wurden im Küstenraum die sog. präglazialen

Sande, fein- bis mittelkörnige Quarzsande abgelagert. Darunter versteht man ein Sedimentgemisch aus umgelagertem Kaolinsand und feinkiesigen, rötlichen bis bunten nordischen Komponenten die von Flüssen antransportiert worden sind. Nach SINDOWSKI (1973: 7) werden diese altpleistozänen Sande in der Küstenregion Ostfriesland 20 bis 50 m mächtig. Örtlich sind darin humose Partien und Braunkohleflöze eingeschaltet, die sich in Süßwasserseen und Sümpfen gebildet haben. Marine Einschaltungen sind darin bislang noch nicht angetroffen worden. Reine Partien dieser Sande werden in verschiedenen Sandgruben Ostfrieslands meist im Naßbaggerverfahren gewonnen und als Bau- und Füllmaterial genutzt.

WILDVANG (1938: 19 f., 31 und 40) veröffentlichte die unten aufgeführten pollenanalytischen Befunde über organische Schichten, die im Raum Hage (Bohrung IX, Flugplatz Hage: 38,00 bis 38,40 m u.G. und Bohrung XXVIa, Bahnhof Hage: 33,75 bis 38,10 m u.G.) an der Basis derartiger Sande erbohrt worden sind. Er stufte diese humosen Einschaltungen als „Interglazial bzw. Präglazial" ein.

	Bohrg. IX	Bohrg. XXVIa
Kiefer	20%	41%
Fichte	–	3%
Birke	14%	9%
Erle	54%	35%
Linde	–	1%
Eiche	6%	8%
Ulme	2%	3%
Weide	4%	–
Hasel	32%	5%
Gräser	–	9%
Torfmoose	10%	20%

Nach unpublizierten palynologischen Befunden von MEYER (1971) über Einzelproben aus drei Wasserbohrungen (Teufenbereich 34,5 und 40,4 m) handelt es sich um ein „altpleistozänes Interglazial". Eine später bei Hage niedergebrachte Forschungsbohrung (r 25 84 460; h 59 42 740) durchteufte von 38,00 bis 38,56 m einen Torf, der nach mündlicher

Auskunft von Dipl. hort. K.J. MEYER eine Pollenflora mit umgelagertem Neogenmaterial enthielt. Damit dürften die tiefliegenden Torfvorkommen bei Hage zwar mit einiger Sicherheit dem Altpleistozän zuzuordnen sein, aber eine eindeutige biostratigraphische Einstufung ist bislang nicht möglich.

In der S Nordsee sind die Sedimente des Altpleistozän und des frühen Mittelpleistozän als mächtige Abfolge von Delta- und Flachmeerablagerungen ausgebildet (CAMERON et al. 1988, LONG et al. 1988), die auf wiederholte Transgressionen und Regressionen hindeuten. Paläogeographische Rekonstruktionen von ZAGWIJN (1979: Abb. III-2 bis III-6) lassen vermuten, daß in warmzeitlichen Abschnitten des Altpleistozän die Nordseevorläufer des Tiglian (vor 2,1 bis 1,7 Mio Jahren), des Waalien (vor 1,3 bis 0,95 Mio Jahren) und des Cromerian (vor ca. 0,7 bis 0,4 Mio Jahren) von N und W her bis in den deutschen Nordseesektor hineingereicht haben. Sie sind dort aber noch nicht durch Bohrungen nachgewiesen worden. Nach Untersuchungen im englischen und niederländischen Nordseesektor zeigen die Faunen- und Florengemeinschaften nach dem Ende des Cromerian drastische Veränderungen, die einen Umschwung zu deutlich kühlerem Klima kennzeichnen.

4.2 Elster-Kaltzeit (qe)

Im späten Mittelpleistozän beginnend, verschlechterten sich die Klimaverhältnisse zeitweilig derart, daß das Inlandeis, von Skandinavien und den Britischen Inseln aus, wiederholt unterschiedlich weit in das Nordseebecken und die angrenzenden Flachlandgebiete vorgestoßen ist und dort Moränenablagerungen und glazifluviatile Sedimente hinterlassen hat.

Während der **Elster-Kaltzeit** erreichte ein erster Vorstoß des skandinavischen Inlandeises das niedersächsische Flachland, die Niederlande und die Nordsee. Gleichzeitig stieß das Eis aus dem englisch-schottischen Raum in die Nordsee vor. Die Randlage des Eises während dieser Kaltzeit ist in Abb. 3 dargestellt. Nach MEYER (1970) hat das Eis auch im Bereich des Ostfriesisch-Oldenburgischen Geestrückens Sedimente hinterlassen. In Aufschlüssen und Bohrungen wurden Schmelzwassersande, -kiese und Moränenablagerungen der Elster-Kaltzeit angetroffen und auf ihre Geschiebeführung untersucht. Beispielhaft ist nach MEYER (1970: 236) die Sedimentabfolge der Elster-Kaltzeit in der Bohrung am Mühlenberg, SW-Ecke des Blattes 2315 Zetel entwickelt:

– 1,9 m	Flugsand	
– 2,8 m	Geschiebelehm	Saale-Kaltzeit
– 17,6 m	„Lauenburger Ton", Schluff und Feinsand, kalkhaltig	
– 20,4 m	Geschiebelehm	Elster-Kaltzeit
– 28,4 m	Kiessand, glazifluviatil	
– 30,8 m	Grobsand, glazifluviatil	
– 66,1 m	Quarz-Fein- bis Mittelsand	Prä-Elster bis Pliozän.

Anhand dieser Bohrung und mehrerer, vor allem an der E-Seite des Ostfriesisch-Oldenburgischen Geestrückens gelegener Aufschlüsse bei Zetel, Jever und Esens konnte MEYER (1970: Abb. 1; Proben 5, 11, 12, 13, 14 und 15) belegen, daß beim Eisvorstoß der Elster-Kaltzeit nicht nur Schmelzwassersedimente, sondern auch eine typische dunkelgraue, sandige Grundmoräne abgesetzt worden sind. Diese Grundmoräne ist in den allermeisten Fällen kalkfrei, was nach mündlicher Mitteilung von Herrn Professor K.D. MEYER heute nicht mehr auf eine Oberflächen-Entkalkung, sondern auf eine Entkalkung durch Grundwässer zurückgeführt wird. Sowohl die Schmelzwassersande als auch die Moränenablagerungen führen eine charakteristische Geschiebegemeinschaft, die sich durch hohe Anteile norwegischer Gesteine (bis 25%) des sog. Oslo-Kristallin auszeichnet. Häufig kommen darin Rhombenporphyre vor, benannt nach den auffälligen rhombenförmigen Feldspat-Einsprenglingen, ferner Dala-Porphyre und Granite. Typisch ist die sehr starke Verwitterung dieser Gesteine.

Weitere Vorkommen von vermutlich elsterzeitlichem Geschiebelehm bei Wilhelmshaven und Hooksiel (GK 25, Blätter 2414 und 2314)

Elster-Kaltzeit (qe)

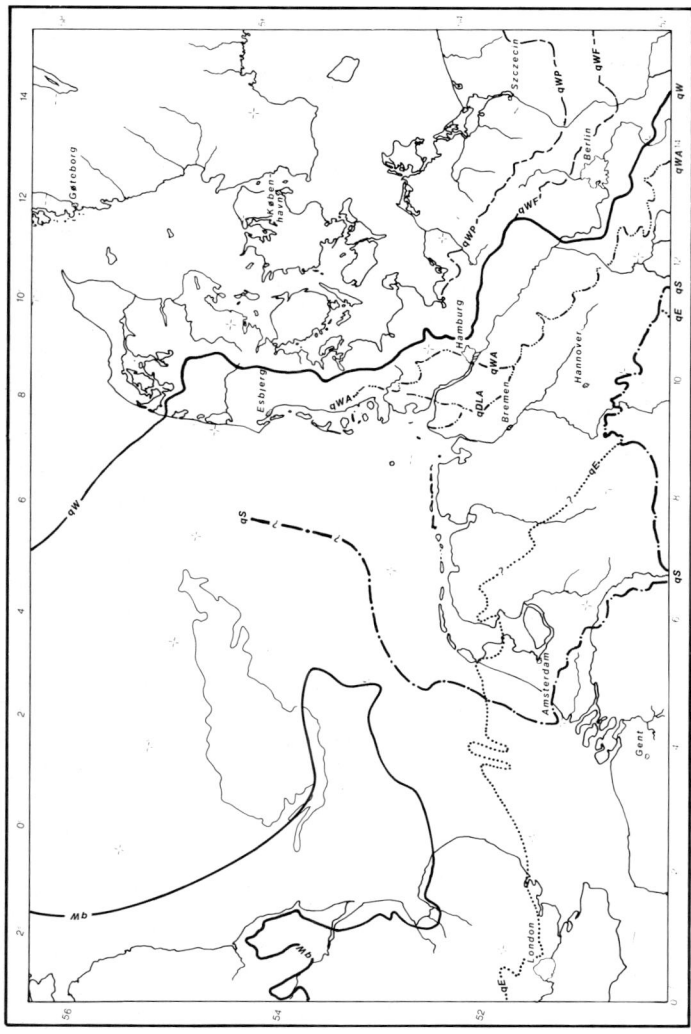

Abb. 3: Lage des Eisrandes in der südlichen Nordsee und den angrenzenden Gebieten während der weitesten Eisvorstöße der Elster- (E), Saale- (S) und Weichsel-Kaltzeit (W) nach der Internationalen Quartärkarte 1:2.500.000 (Blatt 6) und LIEDTKE (1969), ergänzt nach LONG et al. (1988). Dargestellt sind ferner Rückzugsstadien der Saale-Kaltzeit: Jüngeres Drenthe- (qDLA) und Warthe-Stadium (qWA) sowie Rückzugsstadien der Weichsel-Kaltzeit: Frankfurter Stadium (qWF) und Pommersches Stadium (qWP).

beschrieb STREIF (1981, 1985). Außerdem enthielt ein 4 km N von Wangerooge entnommener Vibro-Bohrkern (A 8, Block M 6) unter den wenigen nordischen Geschieben drei Rhombenporphyre, was als Hinweis auf ein elsterzeitliches Alter angesehen werden kann (LUDWIG et al. 1981). Aus Analysen der Feinkies-Fraktion zahlreicher Proben, die mit Bodengreifern entnommen worden sind, leitete BÄSEMANN (1979) eine weite Verbreitung elsterzeitlicher Sedimente am Grunde der Nordsee ab. Nach seiner Auffassung treten Sedimente der Elster-Kaltzeit im Bereich der Emsmündung, bei Borkum-Riff, NW Langeoog und N Helgoland auf, ferner in dem Areal zwischen Amrum, Amrum-Bank, Amrum-Grund, Nördlichem Grund und Sylt-Innengrund.

Seit den Untersuchungen von SCHUCHT (1908) gelten die als „**Lauenburger Ton**" (qL) bezeichneten Sedimente der ausgehenden Elster-Kaltzeit als wichtiger Leithorizont zur Gliederung des Pleistozän in Norddeutschland. Der Sammelbegriff „Lauenburger Ton" bezeichnet tonig-schluffige, teilweise auch feinsandige, oft feingeschichtete und kalkhaltige Beckensedimente, die in frischem Zustand dunkelgrau bis blaugrau, gelegentlich auch olivbraun gefärbt sind.

Der „Lauenburger Ton" füllt, zusammen mit anderen Sedimenten, meist tiefe, langgestreckt-rinnenartige Hohlformen aus. Anhand von Bohrergebnissen haben ORTLAM & VIERHUFF (1978) sowie KUSTER & MEYER (1979: Abb. 3, Kt. 1) Form und Dimension derartiger Hohlformen im Raum zwischen Weser und Elbe systematisch kartiert. Sie weisen ein weitverzweigtes Rinnensystem nach mit einzelnen über 100 km langen, 1 bis 4 km breiten und maximal über 400 m tief eingeschnittenen Rinnen, deren Flanken z.T. 70° steil geneigt sind. Die Rinnen haben ein im Längsverlauf gewelltes Sohlprofil mit Schwellen und Mulden, ganz im Gegensatz zu Flußtälern, deren Sohlen stets ein gleichsinniges Gefälle besitzen. Die Hohlformen sind zum überwiegenden Teil mit glazifluviatilen Sedimenten verfüllt, Moränenablagerungen spielen nur eine untergeordnete Rolle. Alle Befunde über Form und Füllung sprechen dafür, daß die Rinnensysteme weder vom Eis ausgeschürft, noch durch Flüsse eingeschnitten worden sind. Vielmehr sind diese Rinnen von Schmelzwässern ausgespült und ausgekolkt worden, die mit hohem hydrostatischem Druck unter dem Inlandeis abströmten. Für den ostfriesischen Raum liegt bislang zwar keine flächendeckende Aufnahme der Rinnensysteme vor, aber Bohrergebnisse bestätigen auch hier die Existenz 300 m tiefer, subglaziär angelegter Rinnen, die sich z.T. unter die Nordsee fortsetzen.

Beim Rückzug des Elster-Inlandeises wurden die noch unverfüllten Teile der Rinnensysteme zu Binnenseen. Schmelzwasserbäche und -flüsse frachteten, als Gletschertrübe suspendiert, tonig-schluffiges Material in diese Seebecken ein, das dort in z.T. großer Mächtigkeit als Beckenton und Beckenschluff – „Lauenburger Ton" – abgelagert worden ist. Bei saisonal schwankendem Zustrom der Schmelzwässer entstanden häufig millimetergeschichtete Sedimentabfolgen. Reichlicher fließende Schmelzwässer setzten im Frühjahr und Sommer eine gröberkörnige „Sommerlage", die im Herbst und Winter spärlicher fließenden Schmelzwässer eine feinkörnige „Winterlage" ab. Beide zusammen bilden eine Jahresschicht. Abfolgen derartiger, im Jahreswechsel rhythmisch geschichteter Sedimente werden als Rhythmite bezeichnet. In ihrer Entstehung und ihrem Aufbau sind die rhythmisch geschichteten Partien des „Lauenburger Tones" den jüngeren Warventonen Skandinaviens vergleichbar.

Pollenanalysen belegen, daß der „Lauenburger Ton" unter arktischen Bedingungen im Süßwasser abgesetzt worden ist. In einigen Bohrungen aus dem schleswig-holsteinischen und Hamburger Raum wurden auch Übergänge zu einem etwas milderen, boreoarktischen Klima nachgewiesen. Vielfach enthält der „Lauenburger Ton" allochthone Komponenten wie Braunkohlengrus, Pflanzendetritus, Mollusken- und Foraminiferenschalen aus Tertiärablagerungen, die vom Eis aufgearbeitet worden sind.

In Ostfriesland (GÜK 200: Blätter CC 2310 und CC 3110) sind kleinere Vorkommen von „Lauenburger Ton" (qL) bei Arle, Neuschoo, Holtgast auskartiert worden, ebenso bei Esens, Burhafe sowie in den Gebieten N bzw. S Middels und S Wittmund. Bei Marx, Neunenburg sowie zwischen Bockhorn und Varel tritt „Lauenburger Ton" in ausgedehnten Flächen zutage. Der Ton wurde früher in zahlreichen Ziegeleitongruben abgebaut und bildet auch heute noch die Rohstoffgrundlage einiger Ziegeleien. Der „Lauenburger Ton" setzt sich unter den Marschen, Watten und Ostfriesischen Inseln fort (GK 25: Blätter 2210, 2211, 2212 und 2213).

Auch aus der Nordsee wurden Sedimente vom Typ „Lauenburger Ton" beschrieben, allerdings ist ihre stratigraphische Einstufung dort nicht in allen Fällen gesichert. SINDOWSKI (1970) erwähnte Äquivalente des „Lauenburger Tones" N von Helgoland (Blöcke J 2 u. J 14: Bohrungen 7, 19) und N Wangerooge (Block L 5: Bohrung 22). Weitere Vorkommen beschrieben STREIF et al. (1983) vom NE-Ende der Doggerbank (Block B 8: Bohrg. 1a, 1b, 2, 3a und 3b). Hieraus entnommene Pollenproben zeigten nach MEYER (1983) bei z.t. sehr unterschiedlicher Sporomorphendichte und -erhaltung ein recht einheitliches Pollenbild. Darin dominierten Elemente einer jungtertiären Pollenflora mit *Nyssa, Sciadopitys, Sequoia* und diversen Sporen; außerdem kamen mesozoische Sporomorphen vor (u.a. *Classopollis*) sowie Pollen, die aufgrund ihres abweichenden Erhaltungszustandes dem Quartär zuzuordnen waren (*Pinus, Picea, Gramineae, Cyperaceae*). Ein solches Vegetationsbild entspricht dem kühlen Abschnitt eines Interglazials bzw. eines Interstadials mit einem hohen Anteil umgelagerter Tertiärsporomorphen. Gestützt wurde diese Interpretation durch das gleichzeitige Auftreten von Dinoflagellaten-Zysten (Bestandteil des fossilen marinen Planktons) und von Zellkolonien der Grünalge *Pediastrum* (Süßwasseranzeiger). Anhand der palynologischen Befunde könnten diese Sedimente mit einiger Wahrscheinlichkeit als „Lauenburger Ton" eingestuft werden. Die Zuordnung ist jedoch nicht gesichert.

Vergleichbare dunkelbraune bis graubraune Tone trafen LUDWIG et al. (1979: Tab. 2-3) in den Bohrungen 349 bis 351 (Block B 11) an, deuten sie als „vermutlich kaltzeitlich nicht marine Ablagerungen" und stuften sie mit Vorbehalten in die Saale- bzw. Weichsel-Kaltzeit. Die Mehrzahl der im Sediment enthaltenen Sporomorphen wurde als umgelagertes, aus Geschiebemergel und kaltzeitlichen Fluß- oder Beckensedimenten stammendes Material angesehen. Eine Untersuchung von Foraminiferen aus Bohrung 349 (STREIF et al. 1983) ergab hingegen, daß die Tone zumindest teilweise marinen Ursprungs sind. Dabei ist der untere Teil (Kernabschnitt 3,84 – 3,98 m), wie das Vorkommen von *Elphidium excavatum forma clavata* (36%), von *Cassidulina crassa*

(14%) und die Größe von *Protelphidium orbiculare* vermuten lassen, unter arktischen bis boreoarktischen Bedingungen abgelagert worden. Darüber (Kernabschnitt 3,13 – 3,28 m) dominierte in einer reicheren Foraminiferen-Gemeinschaft *Elphidium excavatum* (47%) mit auffällig vielen Exemplaren des *selseyensis*-Morphotyps neben *Ammonia batavus* (18%). Beides deutet auf ein wärmeres, boreales Klima hin. Demnach könnten diese Tone in der Übergangsphase vom Elster-Spätglazial zum nachfolgenden wärmeren Zeitabschnitt abgesetzt worden sein.

Im niederländisch-englischen Bereich der Nordsee (Blatt Indefatigable, Quaternary Geology sowie LABAN et al. 1984: 146, LONG et al. 1988) wurde anhand flachseismischer Untersuchungen ein komplexes System N-S-orientierter Rinnen auskartiert, das in seiner Morphologie und den Dimensionen vollständig den oben beschriebenen Rinnen auf dem Festland entspricht. Es handelt sich 0,5 bis 23 km breite und maximal 450 m tiefe Rinnen, die sich über 100 km Länge verfolgen lassen. Die als „Swarte Bank Formation (Elsterian)" bezeichneten Rinnenfüllungen bestehen an der Basis aus chaotisch gelagerten Rutschmassen aus Kies und Geschiebelehm, über denen Schmelzwassersande und Beckentone und -schluffe vom Typ „Lauenburger Ton" folgen.

Neben Geschiebelehmfunden werden flachseismisch nachgewiesene Strukturen von Eisstauchung sowie die Rinnensysteme als zusätzliche Indizien zur Festlegung der Verbreitungsgrenze des Elster-Inlandeises herangezogen. Daraus ergibt sich (LABAN et al. 1984: 146, CAMERON et al. 1987: 53, LONG et al. 1988: Abb. 3), daß das Eis während der Elster-Kaltzeit im Nordseebecken bis 52°20' nach S vorgestoßen ist und dort die größte Ausdehnung aller pleistozänen Vergletscherungen erreicht hat. Dabei verschmolzen die skandinavischen und englisch-schottischen Eismassen und bildeten zeitweilig eine geschlossene Eisfront, die sich von East Anglia über die S Nordsee hinweg bis in die Niederlande und nach Norddeutschland erstreckte. Die von dieser Eisfront ausgehenden Schmelzwasserströme sind aus dem eisfreien, südlichsten Teil der Nordsee nach SW zum Atlantik abgeflossen. In dieser Phase ist vermutlich durch die Erosionsleistung der Schmelzwässer der Ärmelkanal angelegt worden, eine Struktur, die bei allen späteren Meeresüberflutungen eine Schlüsselstellung für die Entwicklung im S Nordseebecken behielt.

4.3 Holstein-Warmzeit (qhol)

Mit fortschreitender Klimaverbesserung schmolz das Elster-Inlandeis ab. Gleichzeitig stieg der Meeresspiegel an und erreichte in der **Holstein-Warmzeit** einen Hochstand. Abb. 4 gibt den Küstenlinienverlauf zur Zeit des Meeresspiegel-Hochstandes dieser Warmzeit wieder.

Über die zeitliche Einstufung dieses Interglazials liegen widersprüchliche Befunde physikalischer Altersbestimmungen vor. SARNTHEIN et al. (1986: Tab. 2, 293 ff.) veröffentlichen Ergebnisse von sieben Uran/Thorium-Altersbestimmungen an Molluskenschalen, die aus marinen Holstein-Ablagerungen im Raum Hamburg und Schleswig-Holstein stammen. Drei ausgewählte Proben (SH 3, 10 und 13) lieferten Alter von mehr als 350000 bzw. 370000 Jahren v.h. und wurden mit dem $\delta^{18}O$ Stadium 11 der CARTUME- und SPECMAP-Zeitskala (HERTERICH & SARNTHEIN 1984) korreliert. Dagegen lieferten die von LINKE et al. (1986) veröffentlichten Ergebnisse von Elektronenspin-Resonanz-Altersbestimmungen an 27 Molluskenproben des marinen Holstein im Hamburger und Cuxhavener Raum für die verschiedenen Lokalitäten Alter von 195000, 218000 und 223000 (jeweils ± 25000) Jahren v.h. Sie wurden daher mit dem Stadium 7 der $\delta^{18}O$ Tiefseechronologie von SHACKLETON & OPDYKE (1973) korreliert. Diese Abweichungen machen deutlich, daß eine sichere Einstufung des Holstein-Interglazials mit Methoden der physikalischen Altersbestimmung zur Zeit noch nicht möglich ist.

Wie in Abb. 4 dargestellt, verlief die Küstenlinie des Holstein-Meeres (ZAGWIJN 1979: Abb. III-8) in den N Niederlanden und im Bereich der Ostfriesischen Inseln etwa parallel zur heutigen Küste. E davon reichten dagegen Buchten bis weit in den Unterelberaum, nach W-Mecklenburg sowie ins S und W Schleswig-Holstein. Über diese Region veröffentlichte GRAHLE (1936) seine klassischen Studien zur Paläogeographie und zu den Molluskenfaunen des Holstein-Interglazials. Eine moderne Zusammenfassung von Forschungsergebnissen über diese Warmzeit gab LINKE (1986) mit dem Exkursionsführer und den Kurzfassungen der Vorträge zum Holsteinsymposium heraus.

Der ostfriesische Küstenraum ist vom Holstein-Meer nur randlich

Holstein-Warmzeit (qhol)

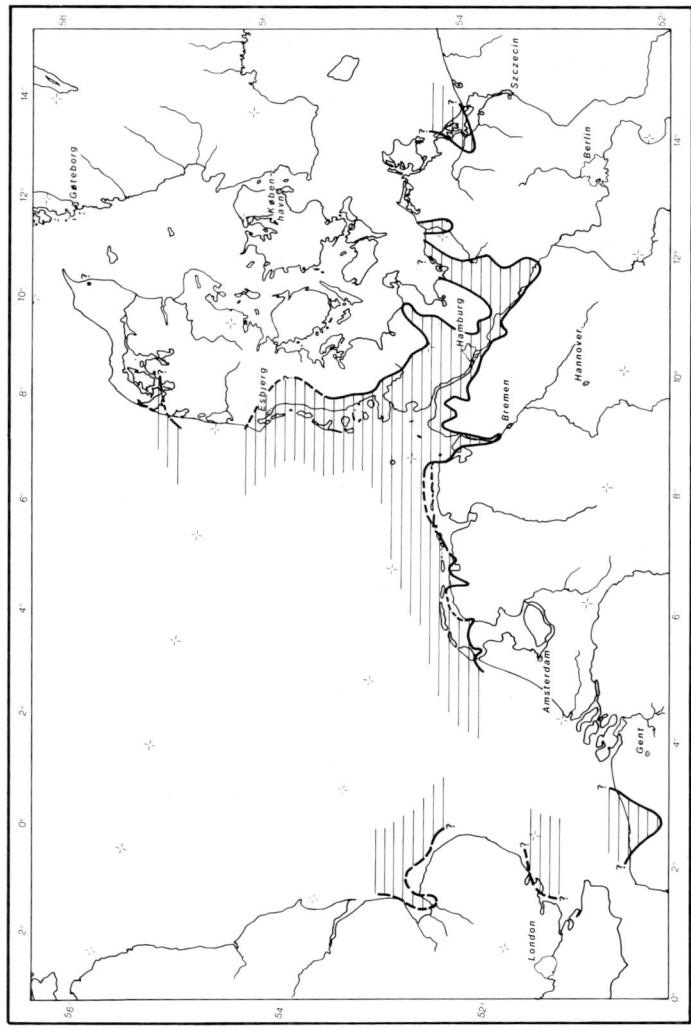

Abb. 4: Küstenlinie des Holstein-Meeres im südlichen Nordseegebiet zusammengefaßt nach WOLDSTEDT & DUPHORN (1974), ZAGWIJN (1979) und KNUDSEN (1986).

überflutet worden. Im Jadegebiet waren in den dreißiger Jahren in dem zwischen Wangerooge und Minsener Oldoog gelegenen Seegat der Blauen Balje Baggerproben aus 21 bis 28 m Tiefe entnommen und auf ihre Diatomeen-, Mollusken- und Pollenführung untersucht worden. Zusammengefaßt ergaben diese Befunde (STREIF 1985), daß dort innerhalb einer warmzeitlichen, wahrscheinlich in die Holstein-Warmzeit einzustufenden Abfolge von Süßwasserablagerungen eine Schicht von Brackwassersedimenten eingeschaltet ist.

SCHÜTTE (1935, Teil II: 6) beschrieb in der auf dem Grünland der Insel Mellum abgeteuften „Wattbohrung 35" zwischen 22,1 und 26,1 m unter NN fragliche Interglazialschichten mit Torf, Holz und Pflanzendetritus. Diese bislang nicht datierten humosen Schichten dürften nach STREIF (1985: 38) aufgrund der Tiefenlage und ihrer Beziehung zu den Begleitsedimenten in die Holstein-Warmzeit einzustufen sein; aber auch die von SCHRAPS (1962: 43 ff.) und SINDOWSKI (1979: 40 u. Abb. 39) getroffene Zuordnung zur Eem-Warmzeit ist nicht völlig auszuschließen. Auch Torfvorkommen unter dem NE-Teil des Voslapper Grodens sowie aus dem Bereich der Umschlaganlage Voslapper Groden sind aufgrund lithostratigraphischer Befunde in die Holstein-Warmzeit einzustufen (STREIF 1985). Weitere Hinweise auf semiterrestrische Bildungen der Holstein-Warmzeit gibt es im Raum Hage, wo nach unpublizierten palynologischen Befunden von MEYER (1972), ein in 10 bis 11 m Tiefe ausgebildeter Torf vermutlich im Elster-Saale-Interglazial entstanden ist. Fluviatile Holstein-Ablagerungen sind in der GÜK 200 (Blatt CC 3102) SW von Groningen als größeres zusammenhängendes Vorkommen auskartiert worden.

Aus dem deutschen Nordseesektor beschrieb SINDOWSKI (1970: 41, Block G 3: Bohrungen 1 und 3) schillführende Fein- und Mittelsande mit einer Faunengemeinschaft von Mollusken, die sandiges bzw. tonigschluffiges Substrat bevorzugt und die folgenden Arten umfaßt:

Abra alba WOOD
Arctica islandica LINNÉ
Astarte montagui DILLWYN
Cerastoderma edule LINNÉ
Dosinia exoleta LINNÉ
Macoma balthica LINNÉ
Spisula subtruncata DA COSTA

Von diesen Mollusken ist *Astarte montagui* eine Leitform der Holstein-Warmzeit, die in den marinen Ablagerungen der Eem-Warmzeit und im Holozän der Deutschen Bucht fehlt. Ökologische Auswertungen der Mollusken-, Foraminiferen- und Ostracoden-Assoziationen (GRAHLE 1939, WOSZIDLO 1962, LANGE 1962, HINSCH 1986 und KNUDSEN 1986) sowie der Pollenflora (MENKE 1970, HALLIK 1986) zeigen eine fortschreitende Erwärmung des Holstein-Meeres an. Vom arktischen Klima über boreale Verhältnisse stieg die Temperatur an und erreichte während des holsteinzeitlichen Klimaoptimums Maximalwerte, die denen in der heutigen S Nordsee vergleichbar sind.

Auch am NW-Abhang der Doggerbank (Block B 5: Bohrung 337) wurden Feinsande mit *Astarte montagui* angetroffen. Aufgrund palynologischer Untersuchungen haben LUDWIG et al. (1979: Tab. 1) die im Liegenden der Sande anstehenden Tone und Schluffe als „vermutlich kaltzeitliche nicht marine Ablagerungen" eingestuft. Sowohl die Feinsande als auch die Schluffe führen Foraminiferen, was eher für marine Ablagerungsbedingungen spricht (STREIF et al. 1983). In der Mikrofauna dominierten als Indikatoren arktischen Klimas *Elphidium excavatum forma clavata* und *Protelphidium orbiculare*; ferner kamen in den Feinsanden einzelne Individuen von *Elphidium asklundi, Elphidium bartletti, Elphidium groenlandicum, Elphidium ustulatum, Islandiella islandica* und große Individuen von *Bucella frigida* vor. Daneben traten in geringer Anzahl auch boreale Formen auf, wie *Ammonia beccarii, Elphidium albiumbilicatum, Elphidium incertum, Elphidium voorthuyseni, Elphidium williamsoni, Bulimina gibba/elongata, Bulimina marginata, Nonion barleeanum, Nonion germanicum* u.a. Der Gehalt an präquartären Formen war dabei gering. In die Sande eingeschaltete Schluffe und Tone (Kernabschnitt 0,48 – 0,54 m) enthielten neben o.g. arktischen und borealen Formen auch kleine und zartschalige Arten wie *Buliminella elegantissima, Aubignyna perlucida, Fissurina* sp. und andere.

Diese Faunengemeinschaft gestattet keine eindeutige Aussage über das Alter der in Bohrung 337 angetroffenen Schichten. Sie deutet aber auf Ablagerungsbedingungen hin, wie sie für beginnende oder auslaufende Warmzeiten typisch sind. Dabei macht das Vorkommen der

Foraminifere *Aubignyna perlucida* und der Muschel *Astarte montagui* eine Einstufung in die Holstein-Warmzeit wahrscheinlich.

In den englischen und niederländischen Nordseesektoren kommen marine Holstein-Ablagerungen – „Egmond Ground Formation" – im Bereich der Kartenblätter Flemish Bight und Indefatigable (Quaternary Geology) lückenhaft verbreitet in Tiefen zwischen 40 bis 80 m unter dem Meeresspiegel vor. Aus dem dänischen Nordseesektor ist marines Holstein bislang noch nicht bekannt.

Über den höchsten Stand des Meeresspiegels während der Holstein-Warmzeit liegen aus dem Umfeld der S Nordsee sehr stark divergierende Werte vor.- MITCHELL (1977: 173 ff.) schloß aus der in SE England weit verbreiteten und mehrfach datierten Strandterrasse des „Hoxnian Warm Stage" (Holstein), daß der Meeresspiegel bei +25 m gelegen hat. Aus dem fossilen Kliff bei Sangatte an der französischen Kanalküste leitete SOMMÉ (1979: 150 f.) einen Meeresspiegelstand von +10 m N.G.F. ab (N.G.F. = Nivellement Générale de la France, entspricht NN -0,27 m). Ferner konnektierte er die in molluskenführende Strandsande übergehende Strandplattform von Sangatte mit dem marinen Holstein des „Izenberge crag" der „Herzeele Formation", dessen Oberfläche bei +12 m N.G.F. liegt. Diese lithologische Einheit erstreckt sich bis Belgien, wo sie W von Ostende verbreitet ist (PAEPE & BAETEMAN 1979). Dabei blieb bislang allerdings ungeklärt, ob die Holstein-Vorkommen von Clacton on Sea/England und Herzeele/Frankreich zu einem nach SW reichenden Ausläufer der Nordsee oder zu einer nach NE gerichtete Ausbuchtung des Atlantik gehören (ZAGWIJN 1979: Abb. III-8 u. S. 40). Möglich ist auch – dies allerdings im Gegensatz zu GRAHLE (1936: 87) –, daß bereits zu dieser Zeit durch den Ärmelkanal eine Verbindung von der S Nordsee zum Atlantik bestanden hat.

Im festländischen Bereich der Niederlande wurden Ablagerungen des marinen Holstein nach van STAALDUINEN (1977) bei 25 m bis 40 m unter N.A.P. angetroffen (N.A.P. = Normal Amsterdams Peil, entspricht NN -0,02 m). An der ostfriesischen Küste treten Brackwassersedimente der Holstein-Warmzeit im Bereich der Blauen Balje zwischen Wangerooge und Minsener Oog in ca. 25 bis 28 m Tiefe auf. Im Hamburger Raum hat KOCH (1954: 13, Abb. 6) den Übergang vom marinen zum limnischen

Holstein im Tiefenbereich von NN +2,68 bis -55,8 m angetroffen. Diese große Schwankungsbreite ist zumindest teilweise auf nachträgliche Eisstauchungen zurückzuführen. Nach EHLERS & LINKE (1986: 69 ff. u. Abb. 2) liegt die Oberfläche des marinen Holstein in geschützter Rinnenposition um NN -13,5 bis -17 m. In Schleswig-Holstein sind die Holsteinvorkommen derart gestört, daß Rückschlüsse auf einen ursprünglichen Meeresspiegelstand kaum zu ziehen sind.

Die heute zu beobachtende unterschiedliche Höhenlage der genannten, ursprünglich annähernd im gleichen Niveau abgelagerten Sedimente des Holstein-Interglazials, geht auf nachträgliche Verformungen zurück. Ursache dieser Verformungen waren wahrscheinlich isostatische Ausgleichsbewegungen, die in Kapitel 5.2.2 gemeinsam mit weiteren Bewegungskomponenten diskutiert werden, die die Relativbewegungen zwischen Land und Meer beeinflussen.

4.4 Saale-Kaltzeit (qs)

Während der **Saale-Kaltzeit** stieß das nordische Inlandeis erneut vor und erreichte auf breiter Front den Rand der deutschen Mittelgebirge (Abb. 3). Nur in E-Niedersachsen und im S-Teil der DDR blieb das Saale-Eis etwas hinter der Verbreitungsgrenze des Elster-Eises zurück (LIEDTKE 1969, 1975). Der ostfriesische Raum wurde nur im frühen **Drenthe-Stadium** der Saale-Kaltzeit beim sog. Drenthe-Hauptvorstoß vom Eis überfahren, blieb dagegen bei jüngeren Vorstößen des Drenthe-Eises und im **Warthe-Stadium** der Saale-Kaltzeit eisfrei.

Das Eis des Drenthe-Hauptvorstoßes formte die eisgestauchten Moränenzüge von Itterbeck-Uelsen, Emsland (RICHTER et al. 1951, MEYER 1984: Abb. 337) und von Krefeld-Kleve, W des Rheins (SIEBERTZ 1984: Abb.1). Es bedeckte den N-Teil der Niederlande und schuf Stauchrücken, die sich von Nijmwegen über Arnhem, Rhenen, Amersfoort NW-wärts bis Hilversum erstrecken, sowie tiefe glaziale Becken im Raum Amsterdam-Haarlem (RGD 1986). Im niederländischen Nordseesektor wurde saalezeitlicher Geschiebelehm bis 40 km vor der Küste angetroffen. Zusammen mit Stauchungsstrukturen deuten diese Funde darauf hin, daß das Eis der Saale-Kaltzeit nicht über 4° ö.L.v.Greenwich nach W ins Nordseebecken vorgestoßen ist (LONG et al. 1988: Abb. 3). Das Eis hatte während der Saale-Kaltzeit im S Nordseeraum also eine erheblich geringere Verbreitung als während der vorausgegangenen Elster-Kaltzeit, und es bestand keine Verbindung zwischen dem skandinavischen und dem britischen Inlandeis (Abb. 3).

In Ostfriesland gibt es aus der Saale-Kaltzeit nur einen Geschiebelehm, der mit dazugehörigen Vorschüttsanden und -kiesen beim Drenthe-Hauptvorstoß abgelagert worden ist. Seine durchschnittliche Mächtigkeit schwankt zwischen 1 und 5 m, kann örtlich aber auch ca. 10 m erreichen. Das Material ist meist völlig entkalkt und graugrün bis bräunlichgrau gefärbt. Vorschüttsande und Geschiebelehm enthalten ein süd- und mittelschwedisch geprägtes Geschiebespektrum (MEYER 1970), wie es für das Drenthe-Stadium in NW-Deutschland üblich ist. Nachschüttsande des Drenthe-Hauptvorstoßes sind nach MEYER & STREIF (1977: 5 f.) in dieser Region praktisch nie nachzuweisen. Dies wird darauf zurückgeführt, daß das Inlandeis nicht zurückgeschmolzen, sondern in einer sog. Niedertau-Landschaft an Ort und Stelle „tot gefallen" ist. Die Schmelzwässer liefen dabei bevorzugt in Eisspaltensystemen ab und schnitten z.T. auch in die unterhalb der Gletschersohle anstehenden Ablagerungen ein. Auf solche Weise wurde das Eisspaltenmuster der freiwerdenden Landschaft als Talsystem aufgeprägt. Vermutlich sind bei diesem Prozeß bereits jene auffälligen Talzüge entstanden, die senkrecht zur Längsachse des Ostfriesisch-Oldenburgischen Geestrückens nach NNE bzw. SSW verlaufen.

Ablagerungen des Drenthe-Hauptvorstoßes nehmen, wie in der GÜK 500 und in der GÜK 200 (Blätter CC 2310, CC 3102 und CC 3110) dargestellt, große Teile des Ostfriesisch-Oldenburgischen Geestrückens sowie der W und S anschließenden Geestplatten ein und sind häufig in Gruben aufgeschlossen. Auch unter den Marschen, Watten und Inseln ist der Geschiebelehm in zahlreichen Bohrungen nachgewiesen (z.B. GK 25, Blätter 2210 und 2211). Er bildet dort jedoch keine durchgehende Geschiebelehmplatte, sondern ist vielfach durch jüngere Fluß- und Gezeitenrinnen zerschnitten.

Im jüngeren Abschnitt der Saale-Kaltzeit lag der Eisrand weit außerhalb Ostfrieslands (Abb. 3). Er verlief im jüngeren Teil des Drenthe-Stadiums (qDLA) aus dem Raum Cuxhaven-Altenwalde E von Weser und Aller nach SE. Während des Warthe-Stadiums der Saale-Kaltzeit (qWA) entstand ein weiterer Endmoränenzug, der sich aus dem Gebiet W von Hamburg durch die Lüneburger Heide und die Altmark bis E von Magdeburg hinzieht (LIEDTKE 1969, 1975).

Somit lag Ostfriesland im jüngeren Teil des Drenthe-Stadiums und im Warthe-Stadium im Vorfeld des Inlandeises und war einem Periglazialklima ausgesetzt. Unter diesen Bedingungen hat sich ein tiefgründig gefrorener Dauerfrostboden entwickelt, dessen Existenz durch Solifluktionsmaterial und Kryoturbationsstrukturen belegt ist. Gleichartige Klimaverhältnisse mit entsprechenden Ablagerungsbedingungen haben auch während der Weichsel-Kaltzeit geherrscht. Da es schwierig ist, die Periglazialbildungen und -prozesse beider Klimaphasen auseinander zu halten, werden diese zusammenfassend in Kapitel 4.6 beschrieben.

4.5 Eem-Warmzeit (qee)

Die **Eem-Warmzeit** wird mit der Stufe 5e der $\delta^{18}O$ Tiefseechronologie (SHACKLETON & OPDYKE 1973) korreliert und in die Zeitspanne von 125000 bis 115000 Jahre vor heute eingestuft. In dieser Phase verbesserten sich die klimatischen Bedingungen derart, daß sich während des Klimaoptimums im ostfriesischen Raum ein Hasel-Linden-Eibenwald und ein Hainbuchenwald entwickeln konnten. Dies verdeutlichen die vegetationsgeschichtlichen Abschnitte der Eem-Gliederung in Tabelle 3. Besser und detaillierter als für das vorausgegangene Interglazial, sind für die Eem-Warmzeit Ablagerungsräume und Ablagerungsbedingungen nachzuzeichnen. Aus diesem Grund werden im nachstehenden Text der marine Faziesbereich (Ablagerungen des Meeres), der fluviatile Faziesbereich (Ablagerungen von Flüssen) und der limnisch-semiterrestrische Faziesbereich (Ablagerungen von Seen und Mooren) getrennt betrachtet.

Tabelle 3: Vegetationsgeschichtliche Gliederung der Eem-Warmzeit nach SELLE (1962) und MÜLLER (1974) mit Angaben über die Dauer der einzelnen Abschnitte, Meeresspiegelverlagerungen nach STREIF (1990). Die Eem-Warmzeit entspricht der Stufe 5 e der Tiefseechronologie und wird in die Zeitspanne von ca. 125000 bis 115000 Jahre vor heute eingestuft.

SELLE (1962)	Vegetationsgeschichtliche Abschnitte	Dauer in Jahren	Meeresspiegel- verlagerungen
VI c,d	NBP-reiche Birken-Kiefern-Zeit		
VI b	Mäßig NBP-reiche Birken-Kiefern-Zeit		Rasche Regression
VI a	Fichten-Kiefern-Zeit Kiefern-Zeit		
V b	Kiefern-Fichten-Tannen-Zeit	2000 J.	
V a	Kiefern-Fichten-Hainbuchen-Zeit		Beginnende Regression
IV b	Hainbuchen-Fichten-Zeit	2000 J.	Stagnation
IV a	Hainbuchen-Zeit	2000 J.	
III c	Linden-Ulmen-Hasel-Zeit	1000-2000 J.	Langsamer Anstieg
III b	Hasel-Zeit	ca. 700 J.	
III a	Eichenmisch-wald-Hasel-Zeit	ca. 450 J.	Rascher Anstieg
II b	Kiefern-Eichen-mischwald-Zeit	ca. 450 J.	Nicht beobachtet
II a	Kiefern-Birken-Zeit	ca. 200 J.	
I	Birken-Zeit	ca. 100 J.	

4.5.1 Mariner Faziesbereich

Vom Zerfall des Saale-Eises ausgelöst, stieg das Eem-Meer, ein Vorläufer der heutigen Nordsee, an und überflutete die während der Saale-Kaltzeit trocken gefallenen Bereich des Nordseebeckens und randliche Gebiete Ostfrieslands. Die Küstenlinie des eemzeitlichen Meeresspiegel-Hochstandes im Bereich der südlichen Nordsee und den angrenzenden Gebieten ist in Abb. 5 wiedergegeben. Eine detailliertere Übersicht vom Küstenlinienverlauf und von der Faziesverteilung in Ostfriesland vermittelt Abb. 6.

SINDOWSKI (1973) untergliederte die eemzeitlichen marinen Ablagerungen in der Nordsee und der ostfriesischen Küstenregion anhand ihrer Ausbildung und ihres Fossilinhaltes in:
- kiesig-sandige Hochsee-Ausbildung mit *Arctica islandica* im Gebiet der S Nordsee;
- sandige Flachwasser-Ausbildung mit *Venerupis senescens* im Bereich der Ostfriesischen Inseln und in den seewärtigen Teilen der Watten sowie
- tonig-sandige Watt-Bildungen in den landwärtigen Teilen der ostfriesischen Watten.

Im deutschen Nordseesektor wurden marine Sedimente der Eem-Warmzeit an verschiedenen Lokalitäten angetroffen. SINDOWSKI (1970 a) fand sandige marine Ablagerungen in ca. 40 bis 80 m Tiefe (Block G 3: Bohrg. 1, 3; Block J 2: Bohrg. 7, 8; Block J 7: Bohrg. 17; Block H 15: Bohrg. 18). Außerdem beschrieben LUDWIG et al. (1979: 9) küstennahmarine Eem-Ablagerungen (Block K 2: Bohrg. 316) sowie limnische und brackische Schluffe und Tone (Block K 1: Bohrg. 97).

Schillführende, bis 20 m mächtige Mittelsande, als Strand-, Gezeitenablagerungen und marine Flachwassersedimente gedeutet und als „Eem Formation" bezeichnet, sind im englischen Nordseesektor in ca. 30 bis 55 m Wassertiefe weit verbreitet. Sie gehen im niederländischen Sektor in voll marine, fein- und mittelsandige Ablagerungen über, mit einem deutlich höheren Anteil mariner Mollusken als entsprechende Sedimente des Holstein und des Holozän (Blätter Flemish Bight und Indefatigable;

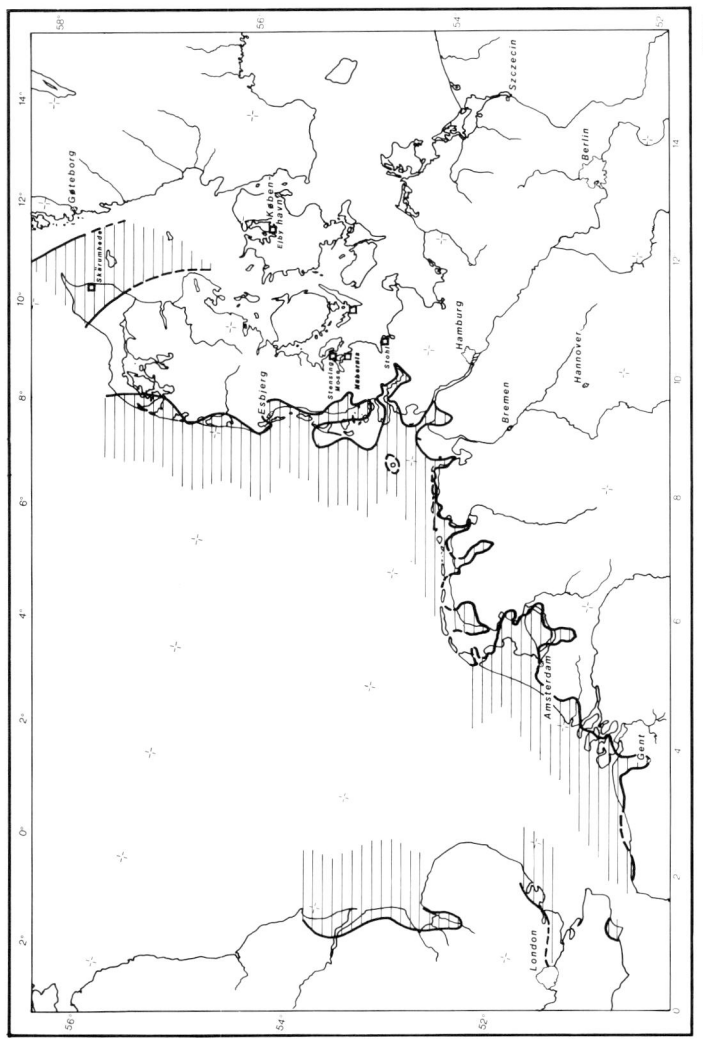

Abb. 5: Küstenlinie des Eem-Meeres im südlichen Nordseegebiet zusammengefaßt nach HÖFLE et al. (1979), KOSSAK & LANGE (1985) und KNUDSEN (1986). Isolierte Vorkommen von marinem Eem im W Ostseeraum sind durch Quadrate markiert und mit den Fundlokalitäten bezeichnet.

Quaternary Geology, CAMERON et al. 1984 a. u. b, LONG et al. 1988). Marine Eem-Ablagerungen fehlen nur im NW-Teil des niederländischen Nordseesektors, nahe der Doggerbank, sowie im extremen S (OELE 1971, JELGERSMA et al. 1979: 120). Im dänischen Nordseesektor wurden am NE-Ende der Doggerbank in den Erdgasfeldern Roar, Skjold und Dan eemzeitliche marine Flachwassersedimente in Tiefen zwischen 70 und 85 m unter dem Meeresspiegel erbohrt (KNUDSEN 1985: Abb. 8). Wegen der extremen Tiefenlage dieser Schichten wird die stratigraphische Zuordnung zum Eem-Interglazial teilweise jedoch auch angezweifelt.

Über den jüngsten voll marinen Ablagerungen der Eem-Warmzeit lagern im niederländischen und im britischen Nordseesektor graubraune, brackisch-marine schluffige Tone mit dünnen Sandlagen. Diese z.T. intensiv von Organismen durchwühlten Sedimente sind zu Beginn der weichselzeitlichen Regression in einem lagunären Milieu abgesetzt worden. Mit dem Absinken des Nordseespiegels unter -40 m war das Gebiet völlig vom Zustrom von Salzwasser abgeschnitten, und auf den Brackwassersedimenten lagerten sich limnische, d.h. im Süßwassermilieu gebildete Seetone ab. Die zur „Brown Bank Formation" zusammengefaßten Brackwassersedimente und limnischen Tone sind pollenanalytisch in die Zeitspanne vom ausgehenden Eem bis zur frühen Weichsel-Kaltzeit einzustufen. Die „Brown-Bank-Formation" kommt auf den Blättern Flemish Bight und Indefatigable (Quaternary Geology 1984) in Tiefen zwischen -30 bis -50 m flächenhaft sehr weit verbreitet vor (LABAN & CAMERON 1984).

Die Küstenlinie des Eem-Meeres verlief in Ostfriesland (Abb. 6) ähnlich wie heute (DECHEND 1954, SINDOWSKI 1965: Abb. 2, HÖFLE et al. 1985: Abb. 1). An der Unterelbe und im W Schleswig-Holstein war sie dagegen stärker gegliedert mit z.T. weit in den festländischen Raum hineingreifenden Buchten und Rinnen, wie z.B. an der Eider (KOSSACK & LANGE 1985: Taf. 1) und an der Treene (DITTMER 1951). Helgoland bestand als erheblich weiter ausgedehnte Insel und war möglicherweise über eine Landbrücke mit dem schleswig-holsteinischen Festland verbunden (BEHRE 1970).

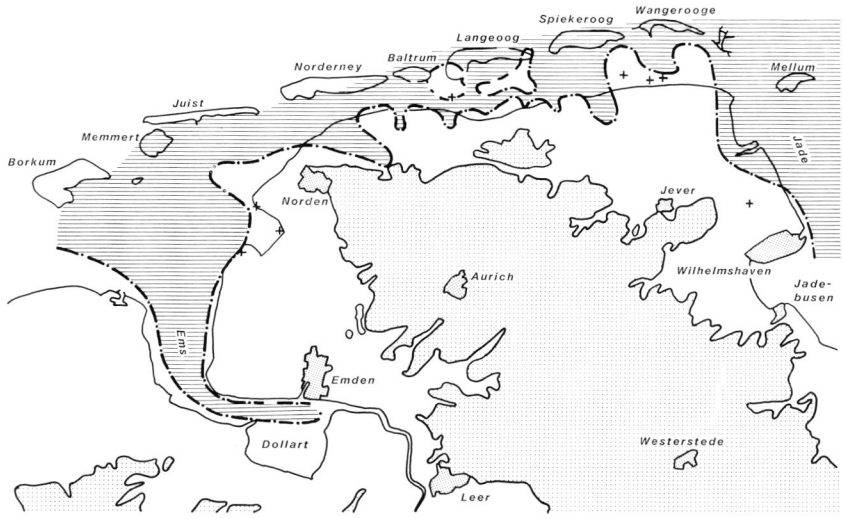

Abb. 6: Küstenlinienverlauf des Eem-Meeres im ostfriesischen Raum, umgezeichnet und ergänzt nach HÖFLE et al. 1985.

Die am tiefsten gelegenen Sedimente des Eem-Meeres wurden im ostfriesischen Küstenraum im Niveau um NN -35 m angetroffen (SINDOWSKI 1973: 15). Das transgredierende Meer arbeitete z.B. im Borkumer Watt saalezeitliche Sedimente auf und setzte diese, mit eemzeitlichen marinen Mollusken durchmischt, wieder ab. Diese basalen Sedimente werden im Tiefenbereich zwischen NN -26 und -12 m teils konkordant, teils diskordant von molluskenreicheren Sanden des marinen Flachwassers überdeckt. Als Leitformen der Eem-Warmzeit kommen darin die Muschel *Venerupis senescens* COCCONI und die Schnecke *Bittium reticulatum* DA COSTA vor. Darüber folgen zwischen NN -17 und -9 m Gezeitenablagerungen eines Schlickwatts (SINDOWSKI 1973: 16), die nach oben in Grodenschichten bzw. in Schilftorfe übergehen können. Die höchsten Vorkommen mariner Eem-Sedimente liegen in Ostfriesland heute bei ca. NN -7 m.

Für den Raum zwischen Ems und Elbe haben HÖFLE et al. (1985: Abb. 1) anhand älterer Vorlagen und eigener Untersuchungen eine paläogeographische Karte veröffentlicht. Diese Karte ist Grundlage der in Abb. 6 wiedergegebenen Paläogeographie des Eem-Meeres und seiner Brackwassergebiete in Ostfriesland. Eemzeitliche Brackwassersedimente kommen hier, jeweils in limnische Ablagerungen eingeschaltet, bei Emden (DECHEND & SINDOWSKI 1956), am S-Rand der Leybucht (BARCKHAUSEN & MÜLLER 1984) und bei Hooksiel an der Jade (STREIF 1985) vor. Diese Punkte markieren die weitesten Vorstöße des Eem-Meeres in den ostfriesischen Raum.

Die Abfolge von Küstensedimenten der Eem-Warmzeit zeigt keine Verzahnung von marin-brackischen Ablagerungen mit Niedermoortorfen, wie sie für holozäne Sedimentfolgen des Küstenraumes typisch ist. Dies spricht dafür, daß der Spiegel des Eem-Meeres stetig und ohne Stillstands- oder Oszillationsphasen in einem einzigen Transgressionszyklus angestiegen ist. Nach einer Kulmination in den Eem-Zonen IVb und V (Tabelle 3) ist der Meeresspiegel dann wieder rasch abgesunken und hat in der Eem-Zone VI bereits wieder unterhalb von NN -20 bis -30 m gelegen.

Untersuchungen an Mollusken, Forminiferen und Ostracoden (MADSEN et al. 1908, HECK 1932, DITTMER 1941, 1951, 1954, LAFRENZ 1963, HINSCH 1985, KNUDSEN 1985) sowie der Diatomeen- und Pollenspektren (BROCKMANN 1932, KÖNIG 1953, 1954, MENKE 1985) ergaben, daß die Eem-Transgression unter subarktischen bis hochborealen Klimaverhältnissen begonnen hat. Danach ist die Wassertemperatur angestiegen und hat während des Klimaoptimums der Eem-Warmzeit Werte erreicht, die denen der heutigen S Nordsee entsprechen.

Strandterrassen bzw. Verlandungsabfolgen, die den höchsten Stand des Eem-Meeres anzeigen, liegen heute im Randgebiet der S Nordsee in recht unterschiedlicher Höhenlage.- An der englischen E-Küste treten nach MITCHELL (1977: 177 f.) und JARDINE (1979: 163 ff.) marine Sedimente des „Ipswichian Warm Stage" (Eem) in den landwärtigen Teilen von Themseästuar und Wash bei +7 m O.D. auf, in den seewärtigen

Bereichen am Humber und in East Anglia bei +2 m O.D. (O.D. = Ordonance Datum, entspricht NN -0,219 m). In Belgien (PAEPE & BAETEMAN 1979: 144) liegt die Oberfläche mariner Eem-Sedimente im gesamten E-Teil der Küstenebene durchschnittlich 5 m unter Gelände; zur See hin taucht sie auf 20 m ab. In den Niederlanden ist die Oberfläche mariner Eem-Ablagerungen im W-Teil des Landes unterhalb von -8 m N.A.P. anzutreffen (JELGERSMA et al. 1979: 116 f.), in Groningen (ROELEFELD 1974: 14) unterhalb von -13 m N.A.P. (N.A.P. = Normal Amsterdams Peil, entspricht NN -0,02 m). An der deutschen Nordseeküste ergeben die zusammenfassenden Arbeiten von STREIF & KÖSTER (1978: 30 u. Abb. 1), BEHRE et al. (1979: 92 f.) und HÖFLE et al. (1985) für Niedersachsen durchschnittliche Werte um NN -9 m bis -7 m. Das am höchsten gelegene Vorkommen mit *Venerupis senescens* im ostfriesischen Raum wurde auf der Insel Juist (GK 2308 Juist Ost, Bohrung 64) bei NN -6,45 m angetroffen. In Schleswig-Holstein treten die höchsten marinen Ablagerungen nach GRIPP (1952: 99), DITTMER (1954: 77) und MENKE (1985: 24) an der mittleren Eider bei NN -5 bis -7 m auf. An der dänischen W-Küste kommt marines Eem bis auf die Höhe von Blåvands Huk vor (KONRADI 1976: Abb. 1) und streicht dort seewärts aus. Seine Oberfläche liegt um 7 bis 12 m unter dem heutigen Meeresspiegel, wobei die meist erosiv gekappten Profile nicht den Höchststand des Eem-Meeres anzeigen (KROG 1979: 76). Da die genannten Marken vom höchsten Stand des Eem-Meeres ursprünglich in annähernd gleicher Höhe gelegen haben, sind die heute zu beobachtenden Höhenunterschiede auf jüngere Verbiegungen zurückzuführen. Ausmaß und Ursachen dieser Deformationen werden in Kapitel 5.2.2 erläutert.

4.5.2 Fluviatiler Faziesbereich

Flußablagerungen der Eem-Warmzeit bestehen nach SINDOWSKI (1973: 14) aus grauen bis braunen Mittel- bis Feinsanden, die, häufig lagenweise angereichert, silifiziertes Pflanzenmaterial führen sowie dünne Schichten von humosem Ton oder Kies, unter dessen Geröllkomponenten schwarzer Feuerstein mit 50-60% und nordisches Kristallin mit 10-15%

vertreten sind. Die Flußsande wurden in zuvor angelegten Hohlformen abgelagert, wobei die Sedimentation im wesentlichen vor der Entstehung des eemzeitlichen Basaltorfes, also bereits in der Eem-Zone II (SELLE 1957), abgeschlossen gewesen ist. Die von unten nach oben abnehmende Korngröße der Flußsande bewertete SINDOWSKI (1973) als Anzeichen verlangsamter Strömungsgeschwindigkeit der Flüsse infolge von Rückstau durch den steigenden Meeresspiegel.

GUENTHER (1958) und SICKENBERG (1966) machten auf Funde von umgelagerten Backenzähnen des eemzeitlichen Waldelefanten *Palaeoloxodon antiquus* (FALCONERI) aufmerksam, die im Wattenmeer bei Memmert bzw. bei Borkum-Riff mit Fischernetzen vom Meeresboden aufgefischt worden sind. Diese Zähne sind vermutlich zusammen mit den Elefantenkadavern in den Unterlauf eines eemzeitlichen Flusses gelangt und eventuell sogar bis in das Eem-Meer verdriftet. Beim Zerfall der Kadaver sanken die Zähne zu Boden und sind dort, ohne nennenswerte Umlagerung, eingebettet worden.

4.5.3 Limnisch-semiterrestrischer Faziesbereich

Ablagerungen von Binnenseen und Mooren der Eem-Warmzeit kommen sowohl unter den marinen Eem-Sedimenten als auch über dem marin überfluteten Niveau vor.
Die an der Basis mariner Abfolgen auftretenden Torfe werden als Basaltorfe bezeichnet. SINDOWSKI (1973: 14) beschrieb aus dem Emsmündungsgebiet, dem Norderneyer und Spiekerooger Watt dünne eemzeitliche Basaltorfe aus Tiefen um NN -17 m. Der Beginn der Entwicklung dieser Erlenbruchwaldtorfe und Niedermoortorfe ließ sich pollenanalytisch in die Eichenmischwald-Hasel-Zeit, Eem-Zone III a (SELLE 1957) einstufen. Ausgedehnte Vorkommen von rein limnischsemiterrestrischem Eem sind aus dem Bereich der Leybucht bekannt (BARCKHAUSEN & MÜLLER 1984). Ein lokal eng begrenztes Vorkommen liegt bei Tidofeld, N Wilhelmshaven (STREIF 1981: 45 f.).
Aus dem Spiekerooger Wattgebiet beschrieb SINDOWSKI (1970: Tab. 8 u. 10) Eem-Torfe, die marinen eemzeitlichen Sedimenten auflagern. Ein

bei NN -9,1 m anstehender Torf ist zeitlich in das ausgehende Eem, Zone V (Selle 1957), ein weiterer, bei NN -17 m liegender Torf in die Zone VI (Selle 1957) oder in ein Interstadial der Weichsel-Kaltzeit zu stellen. Beide Torfvorkommen deuten auf ein rasches Absinken des Meeresspiegels nach dem eemzeitlichen Höchststand.

4.6 Weichsel-Kaltzeit (qw)

Als **Weichsel-Kaltzeit** wird die jüngste kaltzeitliche Klimaphase des Quartär bezeichnet. Die in Tabelle 4 wiedergegebene zeitliche Untergliederung der Weichsel-Kaltzeit in Weichsel-Frühglazial, Weichsel-Pleniglazial und Weichsel-Spätglazial wird vor allem für die beiden erstgenannten Abschnitte noch nicht einheitlich gehandhabt. Der jüngere Abschnitt der Weichsel-Kaltzeit läßt sich mit der physikalischen Methode der ^{14}C-Altersbestimmung (Radiocarbon-Altersbestimmung) zeitlich zuverlässig gliedern. Diese Methode gestattet es, routinemäßige Altersbestimmungen an organischen Bildungen bis etwa 30000 Jahre vor heute auszuführen (Geyh 1971). Da die ^{14}C-Jahre gegenüber den Sonnenjahren Abweichungen aufweisen, werden die Ergebnisse derartiger radiometrischer Altersbestimmungen in ^{14}C-Jahren vor heute (J.v.h. oder y.BP; Bezugsjahr 1950) angegeben.

Das Weichsel-Frühglazial (115000 bis ca. 56000 J.v.h.) war ein Zeitabschnitt kühlen Klimas mit einer besonders kühl geprägten Phase zwischen 75000 bis 65000 J.v.h. Im ostfriesischen Küstenraum war in diesem Zeitabschnitt vorwiegend eine subarktische Vegetation bis Tundrenvegetation entwickelt. In Phasen vorübergehender Wiedererwärmung, sog. Interstadialzeiten, war die Vegetationsdecke dichter, und z.T. konnten sich Wälder entwickeln. Nach Untersuchungen von Zagwijn (1975), Behre & Lade (1986: Abb. 12) und Behre (1989) entwickelte sich in den Interstadialen des Weichsel-Frühglazials – Amersfoort-, Brörup-Interstadial und Odderade-Interstadial – im NW-deutschen Raum jeweils eine Waldvegetation mit Birken, Kiefern und z.t. mit Fichten, Lärchen, Eichen und Hasel.

Weichsel-Kaltzeit (qw) 57

Tabelle 4: Gliederung der Weichsel-Kaltzeit zusammengestellt nach ZAGWIJN (1975), MENKE & TYNNI (1984), BEHRE & LADE (1986) BEHRE (1989) sowie nach Befunden der Tiefseechronologie.

Jahre v.h.			Stratigraphie, Klimaverhältnisse und Prozesse
Holozän			
− 10000			
11000		Jüngere Tundrenzeit	
	Spätglazial	Alleröd-Interstadial	Ausbruch des Laacher-See-Vulkans um 11200 J.v.h., Aschenablagerungen in Seen u. Mooren zwischen Rügen und dem Alpenvorland.
11800			
12200		Ältere Tundrenzeit	
13000		Bölling-Interstadial	
15000		Älteste Tundrenzeit	
		Phase maximaler Ausdehnung des skandinavischen Inlandeises; Eis dringt bei Hamburg bis nahe an die Elbe und in den E-Teil Schleswig-Holsteins vor. Ostfriesland bleibt eisfrei u. ist einem Periglazialklima ausgesetzt.	
23000			
	Hochglazial	Phase insgesamt niedriger Temperaturen und mit Polarwüsten- bis Tundrenvegetation, unterbrochen durch kühle Interstadiale mit Tundren- und Strauch-Tundren-Vegetation:	
		Denekamp-Interstadial	um 30000 J.v.h.
		Hengelo-Interstadial	um 35000 J.v.h.
		Moershoofd-Interstadial	um 40000 J.v.h
		Glinde-Interstadial	um 50000 J.v.h.
		Ebersdorf-Stadial	
		Oerel-Interstadial	um 55000 J.v.h.
		Schalkholz-Stadial	
70000			

(Leftmost label spanning the lower rows: Weichsel-Kaltzeit)

Jahre v.h.		Stratigraphie, Klimaverhältnisse und Prozesse
Weichsel-Kaltzeit	Frühglazial	
— 70000		Phase kühlen Klimas, überwiegend mit Tundrenvegetation, unterbrochen von wärmeren Interstadialen mit dichterer Vegetationsdecke, z.T. mit Waldbeständen: Odderade-Interstadial um 80000 J.v.h. Rederstall-Stadial Brörup + Amersfoort- Interstadial um 100000 J.v.h. Herning-Stadial
— 115000 Eem-Warmzeit		

Das **Weichsel-Pleniglazial** (ca. 56000 bis 15000 J.v.h.) zeichnete sich durch insgesamt niedrigere Temperaturen aus und durch eine Polarwüsten- bis Tundren-Vegetation. In den Interstadialphasen des Weichsel-Pleniglazials — **Oerel-, Glinde-, Moershoofd-, Hengelo-** und **Denekamp-Interstadial** — entwickelte sich nur eine Tundren bis Strauch-Tundren-Vegetation (BEHRE & LADE 1986: Abb. 12, BEHRE 1989).

Nach dem Denekamp-Interstadial folgte zwischen 30000 und 15000 J.v.h die kühlste Phase der Weichsel-Kaltzeit mit einem Höhepunkt um 18000 J.v.h. In dieser Zeitspanne breitete sich das skandinavische Inlandeis bis in den N-deutschen Raum aus (WOLDSTEDT & DUPHORN 1974: 46 f. u. Abb. 12). Seine Randlage ist in Abb. 3 dargestellt. Das Eis stieß im **Brandenburger Stadium** (qwB) erstmalig über die Ostsee vor und bildete Endmoränen, die im Raum zwischen Elbe und Warthe erhalten sind und sich von Havelberg über Brandenburg, Guben bis Lissa hinziehen. In Mecklenburg und Schleswig-Holstein wurden diese Moränen des ersten weichselzeitlichen Vorstoßes jedoch im **Frankfurter Stadium** (qwF) vom Eis überfahren. Die Moränen dieses zweiten Eisvorstoßes reichen bis nahe an Hamburg heran und durchziehen den

E-Teil Schleswig-Holsteins wie ein morphologisches Rückgrat von S nach N. Im **Pommerschen Stadium** (qwP) sowie bei den nachfolgenden Vorstößen blieb das Eis hinter diesen Randlagen zurück.

Auch während des Weichsel-Spätglazials (15000 bis 10000 J.v.h.) wechselten Phasen mit Tundrenvegetation mit Phasen wärmeren Klimas ab. Im **Bölling-Interstadial** (13000 bis 12200 J.v.h.) kam es erstmalig wieder zur Ausbreitung einer Waldvegetation mit Birken und z.T. Kiefern. Darauf folgten die **Ältere Tundrenzeit** (12200 bis 11800 J.v.h.) mit subarktischen Klimabedingungen, das **Alleröd-Interstadial** (11800 bis 11000 J.v.h.), in dem sich erneut eine Waldvegetation mit Birken und Kiefern ausbreitete, und als letzte Phase mit subarktischem Klima die **Jüngere Tundrenzeit** (11000 bis 10000 J.v.h.)

Über den Verlauf der Weichsel-Endmoränen im Bereich der Nordsee gibt es kontroverse Auffassungen. Die Endmoränen des Frankfurter Stadiums, die Schleswig-Holstein und das S Jütland als eine sehr deutliche morphologische Struktur von S nach N durchziehen, schwenken in Dänemark auf der Höhe des Limfjord nach W um und streichen in die Nordsee aus. Ihr Gegenstück an der englischen E-Küste sind die Endmoränen des „Devensian", die nach SHOTTON et al. (1977) S des Wash in die Nordsee ausstreichen. Im Küstenvorfeld von East Anglia kommt flächenhaft verbreitet eine dünne Decke von Moränenablagerungen vor, die ganz überwiegend Geschiebe aus dem höheren Paläozoikum und dem Mesozoikum E-Englands enthält und sich bis zum SW-Ende der Doggerbank verfolgen läßt.

VALENTIN (1957) nahm an, daß der ostenglische und der norwegische Gletscher während des Weichsel-Hochglazials im Bereich der Doggerbank zusammengestoßen sind. Im S der dabei entstandenen Eisfront soll sich nach dieser Hypothese ein Eisstausee gebildet haben, der, mit einer Überlaufhöhe von 35 m unter heutigem Nordseespiegel, durch den Ärmelkanal zum mittleren Atlantik abgeflossen ist. Im Gegensatz hierzu vermutete REINHARD (1974), daß die weitaus größten Teile der mittleren und S Nordsee bis auf einen schmalen Saum im E und eine breitere Zone im englisch-schottischen Schelfbereich eisfrei geblieben sind. Er postulierte einen Stausee mit einer Stauhöhe um 44 m unter dem heutigen Nordseespiegel und einem Überlauf zum Nordatlantik. Eine ähnliche Auffassung vertraten auch JANSEN et al. (1979: Abb. IV-53). Neuere systematische meeresgeologische Untersuchungen in den englischen und niederländischen Nordseesektoren (CAMERON et al. 1984, Blatt Indefatigable (Quaternary Geology), LONG et al. 1988) vermitteln ein anderes, besser abgesichertes Bild (Abb. 3). Danach war die gesamte S Nordsee während der Weichsel-Kaltzeit eisfrei. In der mittleren Nordsee bestand nach STOKER & LONG (1984) während des Weichsel-Pleniglazials ein flaches, teilweise ausgesüßtes, verbracktes Meer mit einer Decke aus See-Eis. Dieses Meer war von einem flachen Tundrengebiet umgeben und bildete den Vorfluter für die verwilderten Flüsse von gesamt NW-Europa. Die Vergesellschaftung von Dinoflagellaten-Zysten in diesen Meeresablagerungen zeigt an, daß während des Bölling-Interstadials warmes Wasser aus dem Atlantik in die Nordsee eingedrungen sein muß und während dieser Phase kein See-Eis vorhanden gewesen ist. Auch während der Jüngeren Tundrenzeit blieb die Verbindung zum Nordatlantik offen, und Packeis nahm nur geringe Flächen ein (STOKER & LONG 1984, LONG et al. 1988). Mit dem Beginn des Holozän nahm die Wassertiefe in der mittleren Nordsee sehr rasch zu und die Ablagerung mariner Sedimente kam nahezu vollständig zum Erliegen.

Aufgrund eustatischer Prozesse (Kapitel 5.2.2) war das deutsche Nordseegebiet während der gesamten Weichsel-Kaltzeit landfest. Der Meeresspiegel lag nach OELE & SCHÜTTENHELM (1979: 202) im Weichsel-Frühglazial über 50 m, im Weichsel-Hochglazial sogar 110 m tiefer als heute. Daher sind aus der Weichsel-Kaltzeit im deutschen Nordseesektor und dem angrenzenden Küstengebiet nur festländische Sedimente erhalten. Unter ihnen dominieren vom Wind abgelagerte Flugsande, Flußsande und -schluffe, und gelegentlich kommen auch dünne Torflagen sowie Süßwasserablagerungen von Binnenseen vor.

Ein morphologisch auffälliges, durch fluviatile Prozesse entstandenes Element der Weichsel-Kaltzeit ist das „Elbe-Urstromtal" (FIGGE 1980), ein Talsystem, über das außer der Elbe vermutlich auch Ems, Weser und Eider zur zeitweilig weit nach N zurückgezogenen Nordsee und zum Nordatlantik hin abflossen. Noch während der Weichsel-Kaltzeit und im frühen Holozän wurde das Tal teilweise mit Flußablagerungen verfüllt. Dieser Sedimentkörper entspricht in seiner Lage der fluviatilen weichselzeitlichen Niederterrasse im angrenzenden Festlandsbereich. Eine sichere Verknüpfung beider Einheiten ist jedoch noch nicht gelungen. Beim Vordringen der Nordsee im Holozän, wurden marine Sedimente im „Elbe-Urstromtal" abgesetzt, aber noch heute zeichnet sich die alte Hohlform z.T. am Grund der Nordsee ab. Sie bildet eine 30 bis 40 km breite Mulde, die W von Helgoland ansetzt und sich nach NW bis unter die Weiße Bank und zum Nördlichen Grund hinzieht.

Die eisfreien Regionen Norddeutschlands lagen im Weichsel-Hochglazial ebenso wie im jüngeren Teil der Saale-Kaltzeit (Kapitel 4.4) im Einflußbereich eines arktischen Klimas. Dabei entwickelte sich ein tiefgründig gefrorener Dauerfrostboden, der nur während sommerlicher Auftauphasen oberflächlich aufgetaut ist. In dieser Auftauzone entstanden typische Sedimente und Strukturen des periglaziären Ablagerungsbereichs. Da durch die periglazialen Prozesse der genannten kaltzeitlichen Klimaabschnitte gleichartige Sedimente und Strukturen entstanden sind, die meist ohne trennende Zwischenschichten übereinander liegen und teilweise ineinander greifen, werden diese hier zusammenfassend beschrieben.

Typische Strukturen des periglaziären Ablagerungsbereichs sind die sog. Eiskeile. Dies sind Reliktstrukturen von ehemals eiserfüllten Spaltensystemen im Dauerfrostboden, die von oben betrachtet Polygonmuster mit Kantenlängen von wenigen Metern bis zu einigen Zehnermetern bilden. Die Spalten entstehen durch ein Aufreißen des gefrorenen Bodens und erweitern sich, indem eindringende Luftfeuchtigkeit sich als Reif niederschlägt, mit dem Eiskern zusammenfriert und so den Eisdruck auf das umgebende Material erhöht. Beim späteren Ausschmelzen des Eiskerns bleiben im Sediment Strukturen zurück, deren Querschnitt sich keilförmig nach unten verjüngt. Charakteristisch für derartige Eiskeile sind ineinander geschachtelte und treppenartig gegeneinander abgesetzte Sedimentlagen. Solche Eiskeile sind regelmäßig in Pleistozän-Aufschlüssen des Ostfriesisch-Oldenburgischen Geestrückens zu beobachten; Einzelfunde sind auch aus der Nordsee bekannt geworden. So hat Vibro-Bohrkern 1715 (Block G 2) unter ca. 41 m Wasserbedeckung am Nordseeboden eine Eiskeilstruktur angetroffen (STREIF 1985 b: Abb. 2).

Noch häufiger sind die für Periglaziärgebiete typischen Kryoturbationsstrukturen und Fließerden. Kryoturbationsstrukturen entstehen in der Auftauzone des Dauerfrostbodens bei Durchmischungs- und Verformungsprozessen durch wiederholtes Tauen und Gefrieren der obersten Bodenschicht. Dabei gewinnt das Sediment ein verwürgtes oder durchgeknetetes Aussehen. Wenn beim Tauen wasserübersättigter Boden ins Fließen gerät, bilden sich Fließerden. Diese können schon bei sehr geringen Hangneigungen in Bewegung geraten und in einem tonig-schluffig-sandigen Sedimentgemisch auch Steine und z.t. sehr große Blöcke verfrachten. Durch spätere Windausblasung und Abspülung hat sich vielfach Kies- und Steinmaterial an der Geländeoberfläche angereichert. Auf diese Weise sind Steinsohlen bzw. die weitgehend strukturlose Schicht von Geschiebedecksand entstanden.

Flächenhaft sehr weit verbreitet kommen feinklastische Ablagerungen der Weichsel-Kaltzeit vor, die früher unter dem Sammelbegriff „Brauner Sand" zusammengefaßt worden sind. Diese teilweise über 10 m mächtigen, meist braun bis grau gefärbten Sedimente bestehen ganz überwiegend aus Feinsand, enthalten aber Lagen von Mittelsand bis Grobsand mit Kiesen und kleinen Steinen. Außerdem treten lagenweise angereichert Pflanzenhäcksel sowie dünne humose Tonbänder und gelegentlich auch Torfbänder auf.

Bei der geologischen Kartierung für die GÜK 200 (Blätter CC 2310, 3102 u. 3110) wurden die als „Brauner Sand" bezeichneten Sedimente in Ablagerungen des fließenden Wassers, Beckenbildungen und Windablagerungen unterschieden. Die fluviatilen Sedimente (w„f) sind auf Talsysteme und Geländehohlformen des Ostfriesisch-Oldenburgischen Geestrückens beschränkt. Sie werden mehrere Meter mächtig und setzen sich auch unter der Marsch fort, wo sie z.B. im Bereich Emden (BARCKHAUSEN & STREIF 1978: 27) beschrieben und von BARCKHAUSEN (1985: 35 u. Karte der präholozänen Sedimente) als weichselzeitliche Niederterrasse (qN) auskartiert worden sind. In enger räumlicher Beziehung zu diesen fluviatilen Ablagerungen stehen die in der GÜK 200 ausgeschiedenen, überwiegend schluffig-tonigen, z.T. feinsandigen

Stillwasser- und Beckensedimente (w,U,b). Flächenhaft am weitesten verbreitet sind vom Wind abgesetzte Sedimente. Sie bilden überwiegend dünne Decken aus Flugsand („S,a), typische Dünen („d) treten seltener auf und sind vermutlich zum größten Teil erst in der Nacheiszeit aufgeweht worden.

5. Der Meeresspiegelanstieg im Weichsel-Spätglazial und Holozän

Der Anstieg des Nordseespiegels setzte ein, als das Inlandeis nach dem Höhepunkt der Weichsel-Kaltzeit um 15000 J.v.h. abzuschmelzen begann. Noch während des Weichsel-Spätglazials (15000 bis 10000 J.v.h.) verlief die Nordseeküste N der Doggerbank. Eine schmale Bucht bestand im Bereich der Norwegischen Rinne und reichte bis ins Skagerrak. Der S Nordseeraum wurde erst in der Nacheiszeit (Holozän) vom ansteigenden Meer überflutet. Dabei entstand auch die heutige Küstenregion mit den Ostfriesischen Inseln, den Watten und Marschen. Diese Landschaftselemente sind geologisch betrachtet sehr jung und labil und wurden im Laufe ihrer Entstehung mehrfach umgestaltet, teilweise zerstört und verlagert. Die dabei wirkenden Gestaltungsprozesse dauern auch heute noch an, verlaufen jedoch – von einigen Sturmflutereignissen oder besonders exponierten Küstenbereichen abgesehen – so langsam, daß der Beobachtungszeitraum eines Menschenlebens kaum ausreicht, die Veränderungen wahrzunehmen.

5.1 Das Ausmaß des Meeresspiegelanstiegs

Die Entwicklung des ostfriesischen Küstenraumes hängt aufs engste mit dem generellen Anstieg des Meeresspiegels im Weichsel-Spätglazial und Holozän zusammen. Der Nordseespiegel dürfte, wie in Kapitel 4.6 dargelegt, vor 18000 Jahren etwa 110 bis 130 m tiefer gelegen haben als heute. Anhand von Wassertiefenkarten entwarf JELGERSMA (1979: Abb. V-11 u. 237 f.) hypothetische Küstenlinien für verschiedene Stadien des Weichsel-Spätglazials und veröffentlichte folgende Daten zum Stand des Nordseespiegels:

18000 J.v.h. Spiegelstand 130 m unter heutigem Niveau
12000 J.v.h. Spiegelstand 90 m unter heutigem Niveau
10300 J.v.h. Spiegelstand 65 m unter heutigem Niveau
Dagegen nahmen JANSEN (1976) und JANSEN et al. (1979: 179 ff.) einen Tiefstand der Nordsee bei 110 m unter dem heutigen Niveau zwischen 20000 und 15000 J.v.h. an. Danach sei der Nordseespiegel sehr rasch auf -45 m angestiegen und habe in der Zeitspanne von 12000 bis 9000 J.v.h. in diesem Niveau stagniert. Beide Auffassungen beruhen jedoch auf einer Reihe von Annahmen sowie auf Vergleichen mit Meeresspiegeldaten von der amerikanischen Atlantikküste und sind nicht unmittelbar auf meeresgeologische Befunde aus der Nordsee abgestützt.

Nach EISMA et al. (1981) stellten sich in den tieferen Partien der S Nordsee wahrscheinlich ab etwa 10000 J.v.h., sicher aber vor 8100 J.v.h. Brackwasserverhältnisse ein. Mit dem fortschreitenden Anstieg des Meeresspiegels entwickelte sich dieser Raum zwischen 8000 und 7000 J.v.h. zu einem Wattgebiet, und ab ca. 7000 J.v.h. herrschten nahezu im gesamten S Nordseegebiet voll marine Ablagerungsbedingungen.

Über den spätglazialen und frühholozänen Anstieg der Nordsee gibt es aus dem deutschen Nordseesektor keine Befunde. Dies liegt z.t. an den geringen Wassertiefen, die meist weniger als 45 m betragen und nur am NW-Abhang der Doggerbank in der äußersten Spitze des sog. Entenschnabels um 70 m erreichen. Zwar liegen aus dem Spätglazial vereinzelte pollenanalytische Daten vor, z.B. über Ablagerungen eines Binnensees der Jüngeren Tundrenzeit (LUDWIG et al. 1979, 1981). Sie besagen jedoch nur, daß der Nordseespiegel während dieses Zeitabschnittes tiefer als 38 m unter dem heutigen Niveau gelegen haben muß.

Zum Ablauf der mittel- und jungholozänen Überflutung (Tabelle 5) des Nordseebeckens gibt es eine Reihe von Veröffentlichungen von BEHRE & MENKE (1969), KOLP (1976), LUDWIG et al. (1979, 1981) und BEHRE et al. (1984), die eine zuverlässige Rekonstruktion des Meeresspiegelanstiegs von ca. -45 m auf das heutige Niveau ermöglichen. Mit diesem Anstieg einhergehend verschob sich die Küste ca. 250 bis 300 km landwärts, wobei sich der Verlauf der Küstenlinie, der Morphologie der „ertrinkenden" Landschaft entsprechend, ständig veränderte.

Tabelle 5: Vegetationsgeschichtliche Gliederung des Holozän mit ^{14}C-Altern vor heute, Klimaabschnitten nach FIRBAS (1949), Pollenzonen nach OVERBECK (1975) und Angaben zur Vegetation.

^{14}C-Alter v.h.	Klimaabschnitte nach FIRBAS (1949)		Pollenzonen OVERBECK (1975)	Vegetation nach Pollenspektren	Lithostratigraphische Gliederung BRAND et al. (1965)		
		X jüngerer Teil	XII	Kulturspektren		D IIIb	
							950
	Subatlantikum (Nachwärmezeit)		XI	Mischwälder, reich an Buchen u. Hainbuchen	Dünkirchen Unter- formation	D IIIa	Pewsum-Schichten
							1350
		IX älterer Teil				D II	
			X	Eichen-Mischwald mit Buchen, hasel- u. kiefernarm			2000
						D I	Midlum-Schichten
2600							3225
	Subboreal (Späte Wärmezeit)	VIII	IX	Eichenmischwald, haselreich	3500	D 0	
						C IV	4500 Dornum-Schichten
5000							
	Atlantikum (Mittlere Wärmezeit)	VII jüngerer Teil	VIII b	Eichen-Birken-Wälder, haselreich, kiefernarm	Calais Unter- formation	C III	5000
						C II	
		VI älterer Teil	VIII a	Eichen-Birken-Wälder, kiefernreich; Erlen- brüche, haselreich			6250 Baltrum-Schichten
8000					7800 ? – – – – – – – – – ?	C I	
	Boreal (Frühe Wärmezeit)	V	VII	Birken-Kiefern-Wälder, eichenreich, haselarm			
			VI	Haselreiche Kiefern- wälder			
9000							
	Präboreal (Vorwärmezeit)	IV	V	Birken-Kiefern-Wälder			
10000							

Die in der offenen Nordsee gewonnenen pollenanalytischen Befunde und ^{14}C-Daten zum Meeresspiegelanstieg sind in Abb. 7 in Form eines Zeit-/Tiefendiagrammes wiedergegeben. Dabei sind auf der Zeitachse ^{14}C-Jahre v.h. bzw. Pollenzonen nach OVERBECK(1975) aufgetragen, die Tiefenangaben sind auf Seekartennull (SKN) bezogen. Der Anstieg des Meeresspiegels ist durch eine Linie markiert, die zwischen den Proben aus dem limnisch-semiterrestrischen bzw. denen aus dem brackisch-marinen Milieu verläuft.

Die am Nordseegrund angetroffenen Sedimentabfolgen zeigen ausschließlich eine transgressive Überlagerung von tonig-schluffig-sandigen Sedimenten marinen Ursprungs über basalem Torf oder pleistozänen Ablagerungen, vielfach mit erosivem Kontakt. Der Meeresspiegel stieg in der Zeitspanne von 8600 bis 7100 J.v.h. zunächst sehr rasch von -45 m auf -15 m unter heutigem Nordseespiegel. Dabei betrug die durchschnittliche Anstiegsrate 210 cm pro 100 ^{14}C-Jahre. Sechs Kilometer N von Wangerooge erbohrte Sedimentkerne (HANISCH 1980) belegen, daß dieser Bereich um 7900 J.v.h. im Niveau um NN -24 m unter Brackwassereinfluß geraten ist und die Ostfriesischen Inseln in ihrer heutigen Position erst nach 7500 J.v.h. entstanden sein können. Mit diesem Entwicklungsprozeß einhergehend ist auch der holozäne Sedimentkörper im Untergrund der Watten und Marschen entstanden.

Die geschilderten Befunde aus dem deutschen Nordseesektor stehen im Widerspruch zu Vorstellungen, die KOLP (1974, 1975 und 1976) im Ostseeraum entwickelt und später auf Untersuchungsbefunde aus der Nordsee übertragen hat. Nach dieser Hypothese soll der Nordseespiegel stufenweise angestiegen sein, wobei Stagnationsphasen (Stillstandsphasen mit „initialen und finalen Pendelungen") wiederholt mit Phasen sehr raschen Anstiegs abwechselten. KOLP (1976: Taf. 1) unterschied im Gebiet S der Doggerbank vier Terrassenniveaus („-80, -60, -45 und -30 m Terrasse") und korrelierte diese mit Terrassensystemen des Ostseeraumes. Nur von der „-45 m Terrasse" in der Nordsee liegen Befunde zu Alter und Genese vor. KOLP interpretierte diese Verebnung als ein „ertrunkenes Haffsystem", dessen Uferlinie über eine Distanz von 200 Seemeilen zu verfolgen ist. BEHRE & MENKE (1969) untersuchten einen

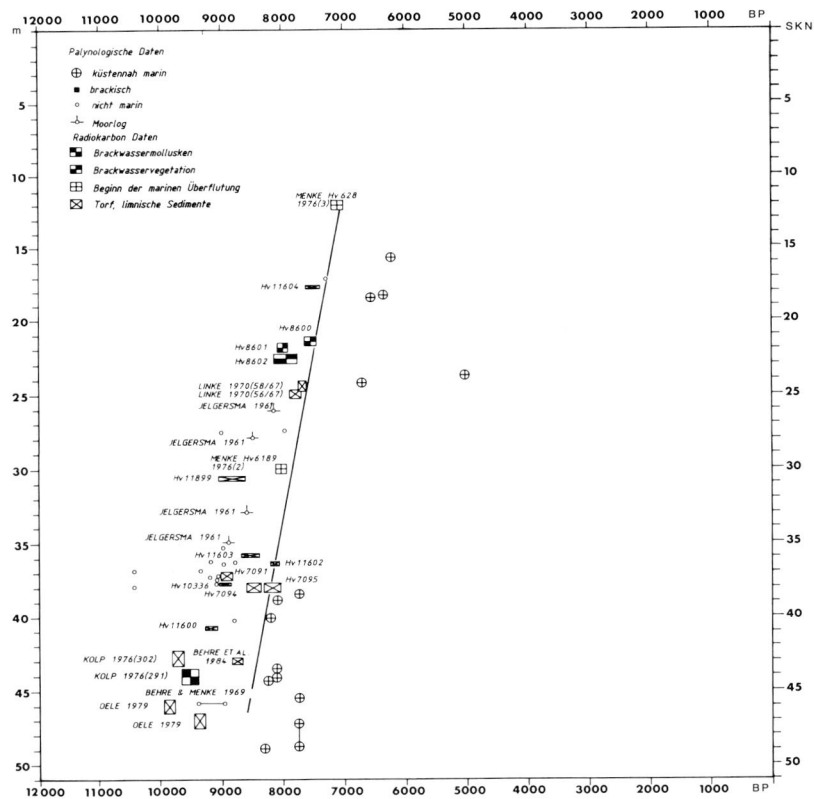

Abb. 7: Zeit-/Tiefendiagramm des Meeresspiegelanstiegs in der südlichen Nordsee nach LUDWIG et al. (1979), ergänzt durch neuere Daten und bezogen auf Seekartennull (SKN).

Bohrkern aus diesem Niveau. Dieser umfaßte an der Basis einen im Süßwassermilieu gebildeten Torf des jüngeren Präboreal, auf dem mit einer erosionsbedingten Schichtlücke marine Sedimente des mittleren Boreal lagern. Alle übrigen von KOLP unterschiedenen Terrassen sind undatierte Verebnungsflächen, wobei völlig offen ist, ob diese Verebnungen während der holozänen Transgression ausgeformt worden sind, oder ob es sich um Reliktstrukturen älterer Oberflächenformen handelt. Solange Alter und Genese dieser Formen unbekannt sind, kann die Morphologie kaum als Hinweis auf einen treppenartigen Anstieg des Nordseespiegels herangezogen werden.

Die Meeresspiegeldaten aus dem Bereich der Ostfriesischen Inseln, der Watten und Marschen sind in Abb. 8 als eine bandförmige Kurve des **Mitteltidehochwassers (MThw)** dargestellt. Diese Kurve beruht auf einer Computerauswertung von ^{14}C-Daten von PREUSS et al. (1981). Dabei wurden Daten von Basaltorfen sowie von „schwimmenden" Torfen (zwischen brackisch-marine Sedimente eingeschaltete Torfe) ausgewertet. Die Kurve zeigt für die Zeitspanne 6000 bis 5000 v.Chr. ebenfalls einen steilen Anstieg, der sich danach generell abschwächt. Im weiteren Kurvenverlauf sind zwischen 5000 und 4800 v.Chr., zwischen 3600 und 2800 v.Chr., sowie zwischen 1700 v.Chr. und 100 n.Chr. Abschnitte erkennbar, die sich durch einen besonders geringen Anstieg des Meeresspiegels bzw. durch Stagnation oder schwach rückläufige Tendenzen auszeichnen. Kurzfristige Meeresspiegelabsenkungen haben um 700 v.Chr. und um die Zeitenwende stattgefunden. Der jüngste, nur durch wenige Proben belegte Abschnitt der Kurve zeigt einen neuerlichen steilen Anstieg. Einzelproben von den Ostfriesischen Inseln (STREIF 1986) gestatten es, den Stand des MThw um 600 n.Chr. zwischen NN und NN +0,4 m einzugrenzen bzw. für die Zeitspanne von 1125 bis 1395 n.Chr. zwischen NN +1,20 bis +1,35 m. Somit hat das MThw um 1125 bis 1395 n.Chr. im Raum Wangerooge bereits ähnlich hoch gelegen wie heute.

Einen anderen Weg, die Wasserstandsänderungen an der deutschen Nordseeküste zu bestimmen, beschritt ROHDE (1975, 1977). Er wertete Sturmflutmarken aus, die zur Erinnerung an extreme Wasserstände und

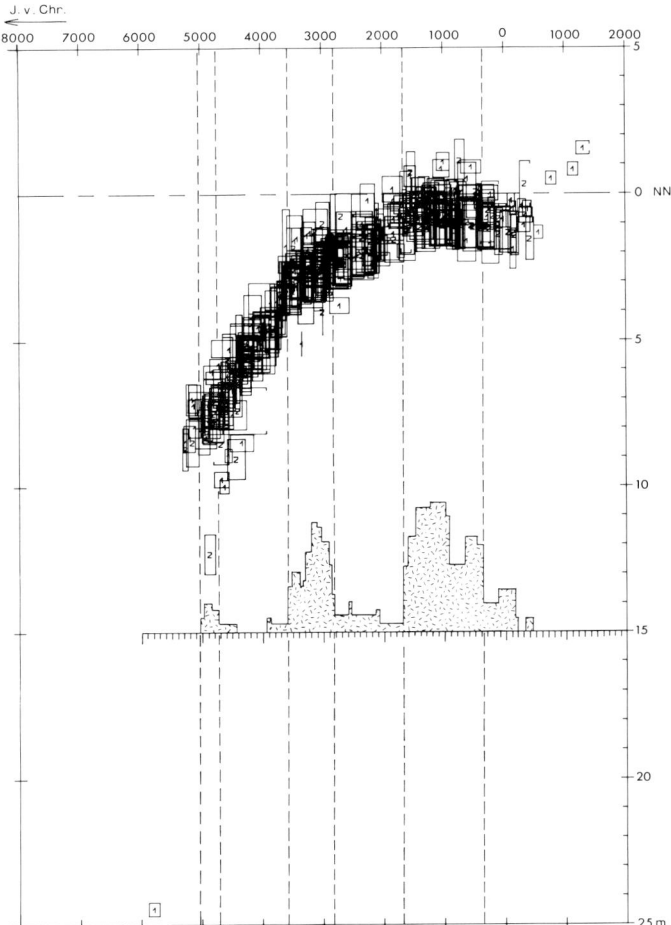

Abb. 8: Zeit-/Tiefendiagramm der Meeresspiegeldaten aus dem Bereich der Ostfriesischen Inseln, Watten und Marschen, basierend auf korrigierten ^{14}C-Daten. Aus der Vielzahl von Einzeldaten (Rechtecken) ergibt sich eine bandförmige Kurve des Meeresspiegelanstiegs. Der untere Teil des Diagrammes zeigt die Häufigkeitsverteilung von ^{14}C-Daten aus sog. schwimmenden Torfen.

verheerende Fluten an Bauwerken angebracht worden sind, und rekonstruierte daraus den Anstieg des Sturmflutspiegels während der letzten 300 Jahre. Außerdem untersuchte er den Anstieg des MThw an verschiedenen Pegeln, deren Meßreihen z.T. 150 Jahre zurückreichen. Beide Auswertungen ergaben einen parallelen Anstieg des Sturmflutspiegels und des MThw mit einer durchschnittlichen Rate von 25 cm/Jahrhundert. Aus diesen Befunden wäre zu folgern, daß das MThw um 1650 ca. 75 cm tiefer gelegen hat als heute. Da die Wasserstandsänderungen durch eine Reihe von Faktoren beeinflußt werden, sind die Ergebnisse der Pegelauswertungen nicht ganz so eindeutig, wie man es erwarten möchte. So wiesen LASSEN et al. (1984) durch den Vergleich von Nivellements nach, daß sich der Pegel Cuxhaven, eine wichtige Stütze der o.g. Pegelauswertungen, durch Setzungen (Kapitel 5.2.3) zwischen 1855 und 1955 um 26 cm gesenkt hat. Um diesen Setzungsbetrag bereinigt, ergäbe die Meßreihe des Pegels Cuxhaven nur noch einen mittleren Anstieg von 2,9 cm/Jahrhundert.

Die jüngsten Veränderungen der Wasserstände an 10 Nordseepegeln untersuchten FÜHRBÖTER & JENSEN (1985) und ermittelten folgende Durchschnittsbeträge für den Anstieg des MThw:
100 Jahre von 1884 bis 1983   25 ± 4 cm/Jahrhundert,
50 Jahre von 1934 bis 1983   32 ± 9 cm/Jahrhundert.
Aus einer Extrapolation des zwischen 1958 und 1983 registrierten Anstiegs auf eine Zeitspanne von 100 Jahren ergibt sich sogar eine Anstiegsrate von 64 ± 15 cm/Jahrhundert. Diese rein rechnerische Extrapolation darf aber nicht mit einer Prognose verwechselt werden. – Ähnliche Trends stellte BARNETT (1983) bei weltweiten Studien über Veränderungen des „mean sea level" (Mittlerer Meeresspiegel entspricht etwa dem Tidemittelwasser) fest. Danach ist der „mean sea level" der Weltozeane während der letzten einhundert Jahre mit einer durchschnittlichen Rate von 14,3 cm/Jh. angestiegen, während der letzten fünfzig Jahre mit einer Rate von 22,7 cm/Jh.

Bislang sind die Ursachen des beschleunigten Anstiegs während der letzten Jahrzehnte ungeklärt. Einerseits besteht die Möglichkeit, daß sich darin eine Klimaänderung abzeichnet, die möglicherweise auf den vom Menschen erzeugten Treibhauseffekt zurückgeht. Denkbar ist andereseits aber auch, daß es sich um eine kurzfristige natürliche Schwankung handelt. Solche Schwankungen hat es auch in Zeitabschnitten gegeben, in denen menschliche Eingriffe ins Naturgeschehen noch ein ganz unbedeutendes Ausmaß erreichten. Derartige kurzfristige Oszillationen sind dem säkularen Trend des Meeresspiegelanstiegs aufgesetzt und können ihn abschnittsweise vollständig überprägen.

Zur Zeit lassen sich die geologischen Befunde zum Meeresspiegelanstieg noch nicht lückenlos an die Auswertungen von Sturmflut- bzw. Pegeldaten anschließen. Außerdem ist bislang nicht geklärt, ob die mit unterschiedlichen Methoden gewonnenen Ergebnisse miteinander vergleichbar sind. Trotz dieser Vorbehalte ergeben sich Hinweise, daß das MThw zwischen 1395 und 1650 n.Chr. vorübergehend abgesunken und danach um rund 75 cm angestiegen ist (STREIF 1986: 40). Die genannte Zeitspanne deckt sich teilweise mit dem Klimaabschnitt der sog. Kleinen Eiszeit. Darunter ist nach FLOHN (1985) ein kühler, von 1550 bis 1850 dauernder Klimaabschnitt zu verstehen, der sich durch viele extreme Zirkulationsanomalien auszeichnet und Temperaturminima um 1640, zwischen 1680 und 1700 sowie um 1820 n.Chr. aufweist. Dieser Kleinen Eiszeit im engeren Sinne sind von 1310 bis 1330 n.Chr. sowie von 1425 bis 1460 n.Chr. dauernde Kaltphasen vorausgegangen, aber auch ein frühmittelalterliches Klimaoptimum mit einem wärmsten Abschnitt zwischen 900 und 1100 n.Chr. Ob hier Zusammenhänge zwischen den Wasserspiegelschwankungen und Temperaturänderungen bestehen, läßt sich anhand der wenigen bislang verfügbaren Meeresspiegeldaten nicht zuverlässig belegen.

5.2 Ursachen und Auswirkungen verschiedener Komponenten der Meeresspiegelschwankungen

Die oben beschriebenen und in den Abb. 7 und 8 wiedergegebenen Befunde über Veränderungen des Nordseespiegels bezeichnet der Geologe als **relative Meeresspiegelschwankungen**. Angaben über derartige Relativbewegungen besagen nur etwas über das Ausmaß, um welches sich Land und Meeresspiegel gegeneinander verschoben haben. In der Regel

Komponenten der Meeresspiegelschwankungen

setzen sich diese Relativbewegungen aus mehreren Bewegungskomponenten z.t. unterschiedlicher Richtung und Geschwindigkeit zusammen, die sich gegenseitig verstärken, abschwächen, aber auch aufheben können. Der beobachtete Trend und/oder der gemessene Betrag sagen dabei nichts über die Ursachen der Höhenänderungen aus.

Dennoch haben Aussagen über relative Meeresspiegelbewegungen größte praktische Bedeutung für die Küstenregion. Zum Beispiel kann ein relatives Ansteigen des Meeresspiegels neue Deichbau- und Entwässerungsmaßnahmen erforderlich machen, oder ein relatives Absinken des Meeresspiegels kann die Fahrwasserverhältnisse in den Flußmündungen nachhaltig beeinträchtigen. Aus der rein praktischen Sicht von Küsten- und Seebau sowie der Schiffahrt wäre ein relativer Stillstand des Meeresspiegels wünschenswert. Dieser ist aber in der Natur nicht oder nur vorübergehend gegeben. Die Ausführungen in Kapitel 5.1 haben verdeutlicht, daß Verschiebungen des Meeresspiegels sich nicht allein in geologischen Zeiträumen abspielen, sondern vielfach schon aus Pegelbeobachtungen über einige Jahrzehnte abzulesen sind.

Bei derart rasch ablaufenden Veränderungen stellen sich natürlich Fragen nach den Ursachen, der zeitlichen Dauer, der Amplitude und dem Trend von Meeresspiegelschwankungen. Antworten hierauf haben nicht allein akademisches Interesse, sondern sind erforderlich als Grundlage sachgerechter Entscheidungen über Baumaßnahmen im Küstenschutz und Strombau. Für langfristige Planungen reicht es nicht aus, schlicht festzustellen, der Meeresspiegel verhalte neutral zum Land, sinke auf das Land bezogen relativ ab oder steige dem Land gegenüber relativ an. Hierzu ist es vielmehr notwendig, kurzfristige Oszillationen des Meeresspiegels von langdauernden Prozessen zu unterscheiden und möglichst einzelne Bewegungskomponenten sowie deren Ursachen und gegenseitige Überlagerung zu erkennen. Hier bieten geologische Arbeiten einen Ansatz, um aus den in der Vergangenheit abgelaufenen Prozessen Rückschlüsse abzuleiten über Richtung und Ausmaß zukünftiger Änderungen.

5.2.1 Langfristig wirksame geologische Faktoren

Die geologische Entwicklung des Nordseebeckens ist nachhaltig von **epirogenetischen Bewegungen** geprägt worden (Kapitel 3.1 bis 3.3). Deshalb spielten in den frühen Arbeiten über das Küstenholozän Vorstellungen von langdauernden tektonischen Senkungen eine bedeutende Rolle. SCHUCHT (1903: 76) unterschied drei Phasen der Küstenentwicklung. In einer ersten Phase mit beginnender „säkularer Senkung" seien die „altalluvialen Schlickböden und Moore" entstanden. In der zweiten Phase mit „fortdauernder säkularer Senkung" sei die Marsch bis zu ihrem heutigen Niveau aufgehöht worden, und in der dritten Phase hätten sich lediglich Paläogeographie und Tideverhältnisse geändert, aber „Beweise für eine rezente Senkung" seien nicht zu erbringen. SCHÜTTE (1908: 437) vertrat zunächst die Ansicht, die „deutsche Nordseeküste befindet sich seit Jahrtausenden im Zustande langsamer, gleichmäßiger Senkung, die heute noch unvermindert andauert." Später entwickelte SCHÜTTE (1913, 1927) die Hypothese eines wiederholten Wechsels von Landsenkungs- und Hebungsphasen, die er (SCHÜTTE 1934, 1935: Blatt 7, Fig. a) schließlich in seiner sog. Senkungskurve präsentierte. Dabei stufte er die „Hebungen" und „Senkungen" zeitlich ein und quantifizierte ihr Ausmaß.

Tatsächlich ist das Nordseebecken infolge epirogenetischer Senkungsbewegungen seit Beginn des Algonkium (vor ca. 1000 Mio Jahren) um ca. 19 km abgesunken. Es wäre aber irreführend, aus diesen Werten eine mittlere Senkungsrate zu berechnen, da die Senkungsprozesse während dieser langen Zeitspanne zeitweilig durch das Auffalten von Gebirgen, regionale Landhebungen, durch Salztektonik und das Einsinken tektonischer Gräben nachhaltig überprägt worden sind. Einigermaßen zuverlässige Senkungsraten lassen sich erst für den jüngsten Abschnitt der Entwicklung ab Beginn des Tertiär berechnen. Epirogenetische Prozesse haben die Nordseeregion in Form eines flachen, weitgespannten Beckens in den Zeitspannen zwischen 60 und 13 Mio Jahre vor heute um maximal 1600 m, von 13 bis 2,5 Mio Jahre vor heute um maximal 800 m und in den letzten 2,5 Mio Jahre um weitere 300 m abgesenkt. Das entspricht zunehmenden mittleren Senkungsraten von 0,34 cm/Jh. bzw. 0,76 cm/Jh. und 1,2 cm/Jh. Da epirogenetische Senkungsprozesse über sehr lange Zeiträume wirken, ist anzunehmen, daß sie auch heute noch andauern. Auf den 10000 Jahre umfassenden Abschnitt des Holozän übertragen, errechnet sich daraus ein Gesamtbetrag epirogenetischer Absenkung von ca. 1,2 m. Der holozäne Meeresspiegelanstieg ist folglich nur zu einem ganz geringen Teil auf epirogenetische Prozesse zurückzuführen, der praktisch vernachlässigt werden kann. Die oben erwähnten Vorstellungen von SCHUCHT (1903) und SCHÜTTE (1934 und 1935) sind somit überholt und können nicht länger zur Deutung des Meeresspiegelanstiegs herangezogen werden.

Anzeichen **bruchtektonischer Bewegungen**, die sich auf holozäne Meeresspiegelstände ausgewirkt haben oder die holozäne Strandflächen vertikal versetzt haben könnten, sind von der S Nordseeküste bislang weder bekannt noch sind sie zu erwarten. Nach ZIEGLER (1982) entstanden bruchtektonische Grabenstrukturen in diesem Raum während der Trias, und Höhepunkte der Grabenentwicklung sind im Mittleren Jura sowie in der Kreide zu verzeichnen. Diese Prozesse klangen im frühen Paleozän aber aus. Danach blieben die Grabenstrukturen weitgehend inaktiv, und tektonische Bewegungen wirkten sich nur noch in der oben erwähnten weiträumigen Absenkung aus.

Wahrscheinlich haben **salztektonische Bewegungen** Einfluß auf Meeresspiegelschwankungen gehabt. So ist z.B. die Insel Helgoland (Kapitel 3.1.2) dadurch entstanden, daß aus dem Untergrund aufdringendes Salz mesozoische Gesteinsschichten um ca. 4000 m angehoben hat, so daß diese heute über den Meeresspiegel aufragen. Die seit dem Keuper nachgewiesenen salztektonischen Prozesse haben bislang nur zur Aufwölbung eines Salzkissens, nicht aber zu einem Durchbruch des Salzstocks geführt (BINOT 1988). Dies gibt begründeten Anlaß zu vermuten, daß sich Helgoland auch heute noch hebt. Die Raten des Salzaufstiegs schwanken nach JARITZ (1980: 401 ff.) während der Diapirphase zwischen 1 und 5 cm/Jahrhundert. Auf das 10000 Jahre umfassende Holozän übertragen, könnten salztektonische Bewegungskomponenten Hebungen von 1 bis maximal 5 m bewirken. Solche Beträge sind aber nur über Salzstöcken zu erwarten, die sich im Diapirstadium befinden. Umgekehrt können in den sog. Randsenken im Umfeld derartiger Diapire entsprechende Senkungsbeträge auftreten. SINDOWSKI & STREIF (1974: 14) vermuteten solche Senkungen im Umfeld der Salzstruktur Bunde-Jemgum-Leer an der unteren Ems. Sicher belegt ist diese Vermutung jedoch noch nicht. Ebenso gibt es aus dem ostfriesischen Raum bislang keine Anzeichen, daß sich **Subrosions-Prozesse** auf den relativen Meeresspiegelanstieg ausgewirkt haben.

Im Zusammenhang mit modernen Erdvermessungen per Satelliten hat man festgestellt, daß die Oberfläche des Meeres keine geometrisch exakte Kugelfläche ist, sondern Einmuldungen und Ausbeulungen aufweist. Seither wird diskutiert, ob auch **Deformationen des Geoids** Ursache von Meeresspiegelschwankungen sein können. Als Geoid bezeichnet man die Schwereausgleichsfläche der Erde. Sie verläuft im festländischen Bereich fast ausschließlich unter der Erdoberfläche, in den Meeresgebieten entspricht dagegen die Wasseroberfläche der Schwereausgleichsfläche. Und da die Massenverteilung in Erdkruste und Erdmantel unterschiedlich ist, zeigt die Meeresoberfläche über Gebieten hoher Erdschwere flache Aufwölbungen, über Gebieten geringer Schwere dagegen Einmuldungen. So hat die Satellitengeodäsie nachgewiesen, daß die Meeresoberfläche z.B. über dem Schwerehoch bei Papua Neuguinea auf +76 m aufgebeult, im Bereich geringer Erdschwere bei den Malediven (indischer Ozean) hingegen bis -93 m tief eingemuldet ist. Das Schwerefeld der Erde erzeugt somit unterschiedliche Meeresspiegelhöhen, die im Extremfall um ca. 170 m differieren.

Aufgrund dieser Tatsachen vermuten einige Forscher, daß Veränderungen des Schwerefeldes im Erdinnern die Höhenlage des Meeresspiegels maßgeblich beeinflußt haben können. Wenn sich Gebiete mit aufgebeulter oder eingemuldeter Meeresoberfläche im Laufe der Zeit verlagern würden, könnte dies lokal zu erheblichen Meeresspiegelschwankungen führen. Diese Vermutung ist zweifellos gerechtfertigt, aber es stellt sich die Frage nach der Geschwindigkeit, mit der solche Veränderungen des Schwerefeldes ablaufen können. Es darf als gesichert gelten, daß die geoidalen Prozesse etwa mit der Geschwindigkeit plattentektonischer Prozesse ablaufen. Dabei kommen Horizontalbewegungen der Lithosphärenplatten von 1-13 cm/Jahr und Vertikalbewegungen von 0,6 bis 1,0 cm/Jh. vor. Da das Nordseebecken plattentektonisch ein relativ ruhiges Gebiet ist, dürften hier Schwerefeldänderungen im Verlauf der letzten 10000 Jahre kaum zu Meeresspiegelschwankungen beigetragen haben, die über Dezimeterbeträge hinausgehen.

5.2.2 Wirkungsweise und Anteil klimatischer Faktoren

Auf die Bedeutung von Klimaschwankungen des Eiszeitalters bei der Entstehung und geologischen Entwicklung der Küstenregion wurde bereits hingewiesen (vgl. Kap. 4.-4.6). Dabei wurde erläutert, daß sich Klimaänderungen in unterschiedlicher Weise auf die Meeresspiegelbewegungen auswirken.

Als wichtigste klimatisch gesteuerte Komponente sind die **eustatischen Meeresspiegelschwankungen** zu nennen, das sind Spiegelschwankungen, die auf Änderungen im Eis-/Wasserhaushalt der Erde zurückgehen. Die Zusammenhänge zwischen Klimaänderungen und Veränderungen der Eis-/Wasserbilanz hat MACLAREN (1842) erkannt. Seine Hypothese über eustatische Meeresspiegelschwankungen fand bereits durch PENCK (1882) Eingang in die deutschsprachige geologische Fachliteratur. Dort blieb die Bedeutung eustatischer Prozesse aber sehr lange unterschätzt, bis DEWERS (1941: 354 f.) und HAARNAGEL (1950: 78 f.) ihr zu der angemessenen und heute noch gültigen Einschätzung verhalfen.

BLOOM (1971) untersuchte den Eishaushalt der wichtigsten Vereisungsgebiete auf der Nordhalbkugel (Alaska, nordamerikanischer und skandinavischer Eisschild) und stellte Änderungen der eisbedeckten Flächen bzw. der Eisvolumina im Verlauf der Zeit dar. Durch Vergleich dieser Befunde mit den Meeresspiegeländerungen, die EMERY (1969) an der amerikanischen Atlantikküste registriert hatte, kam BLOOM (1971: Abb. 4) zu folgendem Ergebnis. – Das Wasservolumen der Ozeane wuchs zwischen 18000 und 12000 J.v.h. ganz überwiegend aufgrund flächenhaft schrumpfender Vereisungsgebiete. Danach stieg der Meeresspiegel infolge abnehmender Eismächtigkeiten. Die gesamten zwischen

16000 und 8000 J.v.h. abgelaufenen Meeresspiegeländerungen zeigen so enge Beziehungen zu den Flächen- und Volumenveränderungen des Inlandeises auf der Nordhalbkugel, daß sie nahezu ausschließlich auf diese zurückzuführen und damit eustatisch bedingt sind. Andere Einflüsse müssen – sofern überhaupt wirksam – derart unbedeutend gewesen sein, daß sie nicht in Erscheinung treten.

Erst in der Zeitspanne nach 8000 J.v.h. weicht die Meeresspiegel-Anstiegskurve deutlich von den Kurven für Änderungen der Eisflächen und Eisvolumen ab. Auch nach dem vollständigen Abschmelzen des nordamerikanischen und skandinavischen Inlandeises um 6500 J.v.h. dauerte der Meeresspiegelanstieg weiter an. Für diesen Anstieg machte BLOOM (1971: 371) mehrere Einflüsse verantwortlich. Das Austrocknen großer Binnenseen (Great Basin USA, Kaspisches Meer, Aralsee etc.) soll einen Meeresspiegelanstieg um 0,1 m verursacht haben; dem Abschmelzen des Eises von Grönland und der arktischen Inseln wird ein Anstiegsbetrag zwischen wenigen Zentimetern und maximal 2,1 m zugeschrieben. Auf isostatische Landhebungen im Bereich der Hudson-Bay und in Skandinavien soll ein weiterer Anstieg um 1 m zurückgehen, und der verbleibende Rest von 3 bis 5 m wird aus dem Reservoir des antarktischen Eises bezogen. – Naturgemäß sind derartige quantitative Betrachtungen mit einer Reihe von Unsicherheiten behaftet, dennoch zeigt die Arbeit von BLOOM (1971), daß vom gesamten Meeresspiegelanstieg um ca. 110 m im Weichsel-Spätglazial und Holozän 94 bis 96 % auf eustatische und eisisostatische Prozesse zurückgehen. Nur 4 bis 6 % der Schwankungen haben ihre Ursache in Prozessen, die nicht vom Klima gesteuert werden. Diese Werte können auch auf den Bereich der Nordsee übertragen werden.

Der Begriff **isostatische Ausgleichsbewegungen** bezeichnet Hebungen und Senkungen, mit denen Erdkruste und äußerer Erdmantel auf Laständerungen reagieren. Je nachdem, ob die Be- oder Entlastungen durch Eis, Sedimente oder Änderungen der Wassersäule hervorgerufen werden, lassen sich eis-, sediment- oder hydroisostatische Bewegungen unterscheiden.

Die oben erwähnten eustatischen Prozesse haben nicht nur die Eis-/Wasserbilanz der Erde verändert, sondern waren gleichzeitig mit erheblichen Laständerungen verbunden. Die weltweit wirksame Absenkung des Meeresspiegels beim Aufbau des Inlandeises verringerte den hydrostatischen Druck auf den Meeresboden und führte dort vermutlich zu geringfügigen hydroisostatischen Hebungen. Umgekehrt erzeugte die Akkumulation mächtiger Inlandeismassen in den Eisschilden Nordamerikas und Skandinavien-Nordeuropas eine regional begrenzte, ganz erheblich erhöhte Auflast. Unter ihr senkte sich die Erdkruste flach muldenförmig ein, wobei das verdrängte Material des äußeren Erdmantels ins Vorfeld der vom Eis belasteten Zone auswich und diese aufbeulte. Beim Abschmelzen der Eisschilde kehrten sich die Prozesse um. Das vom Eis entlastete Gebiet hob sich, und gleichzeitig sank das aufgebeulte Vorfeld wieder zurück.

Die beschriebenen isostatischen Hebungen setzten beim Abschmelzen des Inlandeises zunächst mit sehr hohen Raten ein, nahmen danach aufgrund des viskoelastischen Verhaltens von Erdkruste sowie äußerem Erdmantel exponentiell ab und dauern mit erheblicher zeitlicher Verzögerung z.T. bis heute an. Dies mag ein Beispiel aus dem Ostseeraum verdeutlichen. Dort hat sich, wie hochliegende und schräg gestellte Strandterrassen des Ancylus-Sees zeigen, das Gebiet des Bottnischen Meerbusens in 9000 Jahren eisisostatisch um 280 m gehoben (ERONEN 1983). Obwohl die letzten Eismassen in W-Lappland bereits um 9000 J.v.h. abgeschmolzen sind, hebt sich dieses Gebiet heute noch um 9 mm pro Jahr und weist damit die höchste Hebungsrate von ganz Finnland auf. Derartige Raten summieren sich zu Beträgen, die z.B. an Küsten bereits im Beobachtungszeitraum eines Menschenlebens deutlich sichtbar werden.

Vom Hebungszentrum ausgehend nehmen die Hebungsraten nach außen hin langsam ab. So hebt sich die S-Küste Finnlands um 3 mm/Jahr, und die Nullinie der Hebungen, die sog. Forchhammersche Linie, durchzieht Jütland und den W Ostseeraum in einem flachen, von NW nach SE ziehenden Bogen. Sie verläuft vom Nissum-Fjord über das N-Ende des Kleinen Belt, die Insel Fünen, quert den Großen Belt und zieht sich am N-Rand der Insel Falster entlang. Diese Linie ist eine Gleichgewichtslinie, an der sich die Beträge der Landhebung einerseits und des Wasserspiegelanstiegs andererseits gegenseitig aufheben. S und

SW dieser Linie, also im gesamten deutschen Nordseeküstenraum, sind folglich isostatische Senkungen zu vermuten. Mit dem Ziel, die Einflüsse epirogenetischer, bruch- und salztektonischer sowie isostatischer Bewegungen geodätisch zu erfassen, wurden Küstennivellements zwischen 1928 und 1931 bzw. 1949 und 1955/59 durchgeführt. Für derartige Präzisionsnivellements wäre es wünschenswert gewesen, Referenzpunkte in den alten Festgesteinsaufragungen des Rheinischen Schiefergebirges festzulegen. Aus meßtechnischen Gründen war dies jedoch nicht sinnvoll, da die erhebliche Distanz zur Küstenregion auch größere Meßfehler mit sich gebracht hätte. Als Ausgangspunkt der Nivellements – den sog. Landes-Nivellementhauptpunkt – wählte man eine Lokation bei Wallenhorst, unweit Osnabrück, an der S-Flanke des Wiehengebirges. Dies ist das am weitesten N gelegene Vorkommen von salztektonisch unbeeinflußten mesozoischen Gesteinen. Hier legte man unterirdisch gegründete Referenzpunkte in pleistozänen Sanden an, die mit geringer Mächtigkeit Tonsteinen des Mittleren Jura auflagern. Bei den Untersuchungen über Höhenänderungen im Küstenraum wurden nicht die Oberflächen von Marschen, Watten und Inseln betrachtet, sondern nur Höhenänderungen, die an den im Pleistozän verankerten Rohrfestpunkten auftraten. Auf diese Weise konnten Einflüsse von Setzungen (vgl. Kap 5.3.3) auf die Meßergebnisse weitgehend ausgeschlossen werden.

Nach GRONWALD (1960) und DECHEND & GRONWALD (1961) ergaben Auswertungen wiederholter Küstennivellements von 1928 und 1931 bzw. 1949 und 1955/59 kein eindeutiges Bild systematischer Höhenänderungen. Streng genommen ist eine Senkung der Küstenregion in dem betrachteten Zeitraum von rund 20 bis 25 Jahren feinmeßtechnisch nicht nachweisbar. Die Meßungenauigkeiten der Nivellements vergrößern sich naturgemäß mit zunehmender Distanz vom Landes-Nivellementhauptpunkt Wallenhorst. Sie betragen ± 8 mm an der Weser, ± 9 mm an der Elbe und erreichen ± 11 mm an der dänischen Grenze. Die zwischen beiden Nivellements beobachteten Höhendifferenzen schwanken für den ostfriesischen Raum zwischen -1 und -33 mm und erreichen Durchschnittswerte von -18 mm auf den Inseln und von -9mm im Festlandsbereich. Die Höhendifferenzen sind in der Regel geringer als die Meßungenauigkeiten. Da aber ganz überwiegend negative Höhenwertsänderungen auftraten, läßt sich daraus dennoch die Tendenz einer ganz geringen, nach N zunehmenden Senkung ableiten.

5.2.3 Einflüsse von Materialeigenschaften der Küstensedimente

Auf die Bedeutung der **Setzung der Küstenablagerungen** hat erstmalig WILDVANG (1915, 1938) aufmerksam gemacht. Darunter versteht man die durch natürliche Prozesse oder auch menschliche Eingriffe hervorgerufene Sackung und Kompaktion der Sedimente. Dabei verringert sich das Volumen eines Sedimentkörpers unter Abgabe von Wasser bei gleichzeitiger Zunahme der Lagerungsdichte. Derartige Verdichtungsprozesse treten in feinkörnigen, tonig-schluffigen Sedimenten und organischen Bildungen wie Mudden und Torfen in besonderem Maße auf. Reine Sande zeigen dagegen kaum Setzungstendenzen, da sich bei diesen schon während der Ablagerung ein stabiles Korngerüst einstellt, das nur noch eine sehr geringe sekundäre Verdichtung zuläßt.

Natürliche Setzungen und menschliche Eingriffe haben die Oberflächenmorphologie der Marschenlandschaft in entscheidendem Maße geprägt. So sind die Höhenunterschiede zwischen dem Hochland am seeseitigen Außenrand der Marschen und den tief liegenden Sietländern in der Nähe des Geestrandes teilweise auf unterschiedliches Setzungsverhalten zurückzuführen. Aufgrund von Setzungen können sich Sedimentkörper, die von jüngeren Küstenablagerungen überdeckt sind, bis an die Marschoberfläche durchpausen. So setzen sich z.b. mit Sand verfüllte Rinnensysteme oder Prielränder weniger als die tonig-schluffigen Ablagerungen in ihrem Umfeld und zeichnen sich oftmals als ein mäandrierendes und verzweigtes System sog. Inversionsrücken an der Marschoberfläche ab.

Beträge natürlicher Setzungen lassen sich in geologischen Profilen auch aus dem gewellten Verlauf ursprünglich horizontal liegender Torfhorizonte ableiten. Auf derartige setzungsbedingte Deformationen von Torfhorizonten im Gebiet von Woltzeten, NW Emden, wies STREIF (1971: 12 u. Abb. 2) hin. Nach SINDOWSKI & STREIF (1974: 14) lassen sich durch Setzungen zwanglos auch die unterschiedlichen Höhenlagen gleichaltriger Wurtensohlen in der Krummhörn erklären, die früher als Hinweis auf tektonische Spezialsenkungen interpretiert worden waren. Das Ausmaß natürlicher Setzungen kann je nach dem Setzungsverhalten der unterschiedlichen Weich- und Lockersedimente im Küstenraum sehr stark variieren. Im Raum Emden sind natürliche Setzungen von 4,8 m innerhalb von maximal 2300 Jahren nachgewiesen worden. Folglich können Setzungen lokal einen erheblichen Anteil am Gesamtbetrag des relativen Meeresspiegelanstiegs ausmachen, wobei in der Regel auf kurze Entfernung sehr hohe Setzungsunterschiede auftreten.

Die mit dem Deichbau erforderlichen Maßnahmen künstlicher Binnenentwässerung haben die Setzungsprozesse verstärkt und teilweise die heute zu beobachtende tiefe Lage der sog. Sietländer mit verursacht. Außerdem kann die Auflast von künstlich aufgebrachtem Bodenmaterial (Deiche, Spülfelder) oder von Hochbauten Setzungen der unterlagernden Weichschichten in Gang bringen. Ein spektakuläres Beispiel hierfür sind die von WILDVANG (1938: 127) geschilderten Setzungen, die nach dem Bau des Lloyd Hotels in Emden innerhalb von 25 Jahren 35 cm erreichten. Berechnungen über das Ausmaß von Setzungen führten BENNEMA et al. (1954) durch und kamen zu dem Schluß, daß in Torfen maximale Setzungsbeträge von 90% auftreten können. Weitere bodenmechanische Beiträge über das Setzungsverhalten der Küstenablagerungen veröffentlichten BRANDT (1956) und REXHÄUSER (1968).

5.2.4 Gezeiten und atmosphärische Einflüsse

Die heutigen **Gezeitenverhältnisse** in der deutschen Bucht sind durch Tidewellen bestimmt, von denen eine aus der N Nordsee zwichen Schottland und Norwegen einschwingt, die andere durch den Ärmelkanal (Abb. 9, 10). Aus der Überlagerung beider Tidewellen und aus ihrer Resonanz mit den Küstenumrissen ergeben sich drei Bereiche ohne

Abb. 9: Tideverhältnisse in der Nordsee nach DHI (1966): Linien gleicher Tidehochwasser-Zeit und Lage der Amphidromiepunkte.

Komponenten der Meeresspiegelschwankungen 83

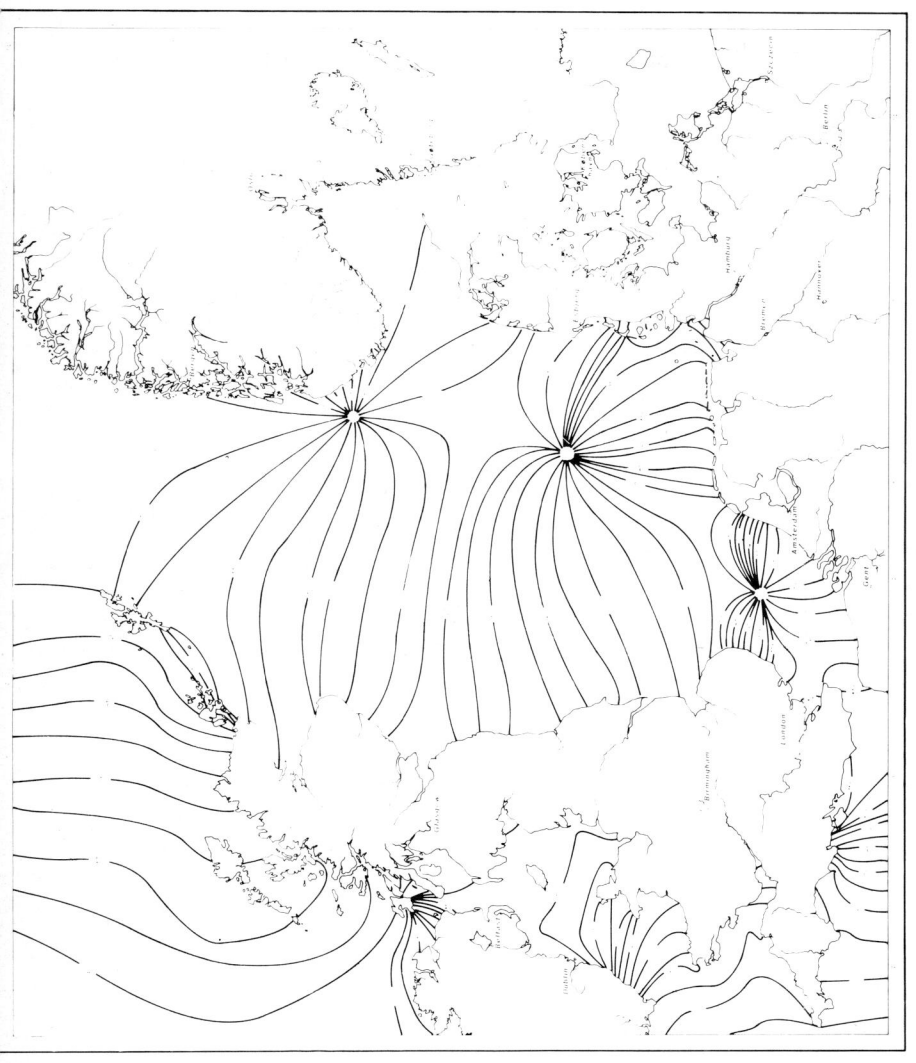

Tidehub, sog. Amphidromiepunkte (Abb. 9) Für das engere Gebiet der Deutschen Bucht haben SIEFERT & LASSEN (1985) die Tideverhältnisse eingehend untersucht.

Zusammenfassend lassen sich die Tidehübe (Thb) entlang der S Nordseeküste folgendermaßen beschreiben (Abb. 10): An der dänischen W-Küste N Nymindegab treten Mikrotiden (0-1 m Thb) auf, zwischen Blåvands Huk und Sylt niedrige Mesotiden (1-2 m Thb) und zwischen Sylt und Süderoog Sand, NW Eiderstedt hohe Mesotiden (2-3,5 m Thb). Mit Tidehüben von knapp über 3,5 m ist die Küstenzone im innersten Teil der Deutschen Bucht bereits dem Einflußbereich niedriger Makrotiden (3,5-5 m Thb) zuzurechnen. Von hier nehmen die Tidehübe nach W und SW allmählich ab. So liegt der Küstenabschnitt zwischen Wangerooge und Terschelling unter dem Einfluß hoher Mesotiden (2-3,5 m Thb), der Abschnitt von Vlieland bis zur Rhein-Maas-Mündung unter dem niedriger Mesotiden (1-2 m Thb).

Diesem Verteilungsmuster unterschiedlicher Tidehübe entsprechen charakteristische Ablagerungsformen des Küstensandes (STREIF 1986). Im Einflußbereich geringer Tidehübe an der niederländischen W-Küste besteht ein geschlossenes Strandwallsystem zwischen der Rhein-Maas-Mündung und Alkmaar. Mit zunehmendem Tidehub schließt sich daran eine Kette typischer Barriere-Inseln an, die sich von der Geestkerninsel Texel bis Wangerooge erstreckt. Diese Barriere-Inseln besitzen eine charakteristische langgestreckte, oft keulenartiger Form. Zwischen ihnen treten weit auseinander liegende große Gezeitenrinnen auf, an deren seewärtigem Ende meist ausgeprägte Ebbdeltas entwickelt sind. In der Zone

Abb. 10: Tideverhältnisse in der Nordsee nach DHI (1966): Linien mit gleichem Tidehub bei mittlerer Springtide.

Komponenten der Meeresspiegelschwankungen 85

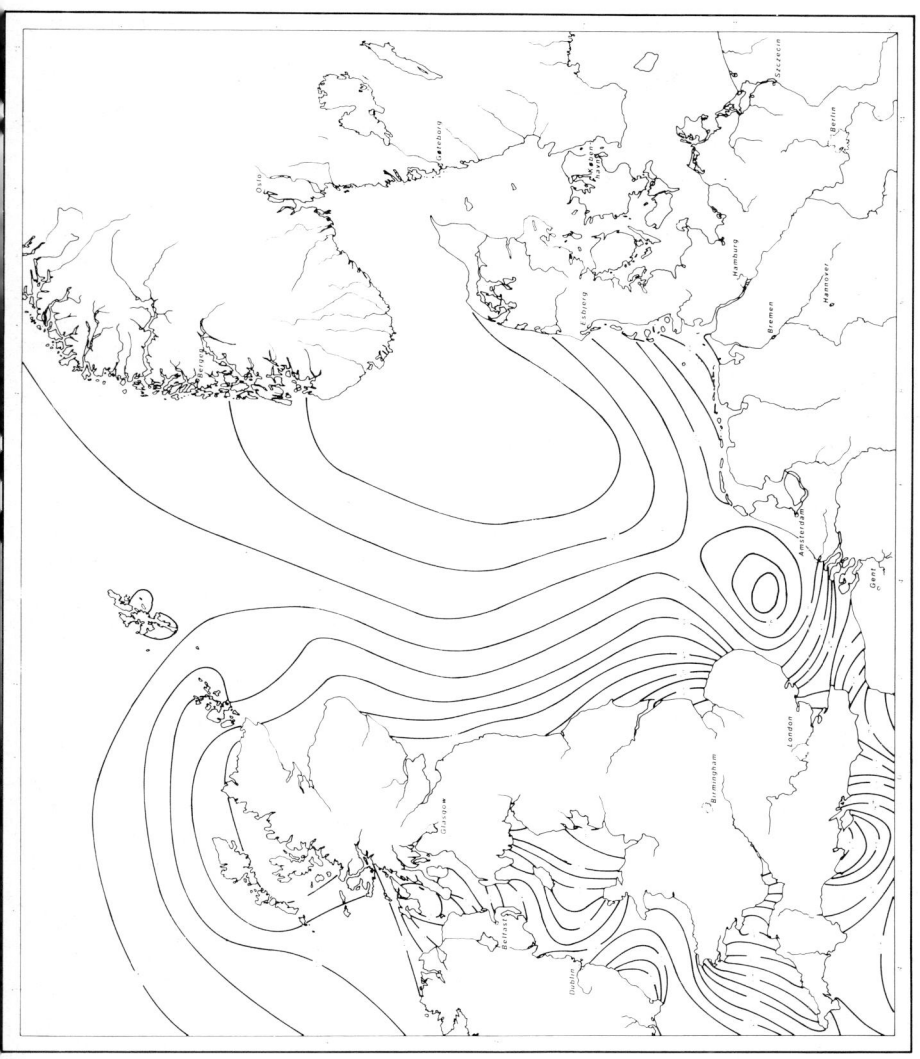

höchster Tidehübe im innersten Teil der Deutschen Bucht kommen zwischen Jade und Eider gedrungen sichelförmige, z.T. Dünen tragende Sandplaten vor (Mellum, Knechtsand, Scharhörn, Trischen, Tertius und Blauort), die durch zahlreiche Gezeitenrinnen ohne Flut- oder Ebbdeltas voneinander getrennt sind. Nördlich von Eiderstedt schließen sich die länger gestreckten Sandplaten des Süderoog- und Norderoogsandes an sowie die Geestkerninseln Amrum und Sylt. Mit den N-wärts abnehmenden Tidehüben treten erneut typische Barriere-Inseln (Rømø und Fanø) und geschlossene Strandwallsysteme im Bereich des Ringkøbing und Nisum-Fjords auf.

Da der spät- und postglaziale Meeresspiegelanstieg mit drastischen Veränderungen der Küstenumrisse, mit der Öffnung des Ärmelkanals und so mit dem Eindringen einer zweiten Tidewelle von SW einhergegangen ist, müssen sich die Amphidromiepunkte im Laufe der Transgression verlagert und die Tidehübe signifikant verändert haben. Einige geologische Hinweise für derartige Änderungen der Tidehübe im Mittel- und Jungholozän beschrieb STREIF (1986). Diese Befunde reichen jedoch nicht aus, um quantitative Aussagen über tidebedingte Wasserstandsänderungen für bestimmte Zeitabschnitte und Küstenbereiche zu treffen. Allerdings ist mit tideabhängigen Wasserstandsänderungen bis etwa 2 m zu rechnen und folglich ist anzunehmen, daß sich auch die Verteilungsmuster und die charakteristischen Formen, in denen der Küstensand abgelagert worden ist (geschlossene Strandwallsysteme, langgestreckt-keulenförmige Barriere-Inseln und gedrungen-sichelförmige Sandplaten), in Zeit und Raum verlagert haben.

Auch Eingriffe des Menschen haben sich auf die Tideverhältnisse ausgewirkt. Dies trifft vor allem für die Flußmündungsgebiete zu, die durch Strombauwerke und Vertiefungen der Fahrrinnen nachhaltig umgestaltet worden sind. Eindrucksvollstes Beispiel ist hier die Weser. Im Stadtgebiet von Bremen haben die 1887 begonnen und in sechs Ausbaustufen durchgeführten Strombaumaßnahmen den Tidehub an der Wilhelm-Kaisen-Brücke (Große Weserbrücke) von 0,16 m in Jahre 1882 auf 4,18 m im Jahre 1980 erhöht. Dies ist der höchste Tidehub an der gesamten deutschen Nordseeküste. Die Zunahme des Tidehubs geht hier vor allem auf eine starke Absenkung des Tideniedrigwassers und nur zu einem geringen Betrag von ca. 30 cm auf einen Anstieg des Tidehochwassers zurück (DIETZE 1983).

Die **atmosphärischen Einflüsse** auf den Stand des Meeresspiegels und auf die Küstengestalt werden am eindringlichsten durch die Auswirkungen von Sturmfluten belegt. Als Sturmfluten im hydrographischen Sinne bezeichnet man winderzeugte hohe Wasserstände an der Küste und in den Flußmündungen. Dabei sind – je nach Wasserstand über normalem Mitteltidehochwasser – leichte Sturmfluten (1,2 bis 2,3 m über MThw), schwere Sturmfluten (2,3 bis 3,0 m über MThw) und sehr schwere Sturmfluten (mehr als 3,0 m über MThw) zu unterscheiden. Nach diesen Kriterien kommt es heute durchschnittlich zwischen zehnmal pro Jahr und einmal in zwei Jahren zu leichten Sturmfluten. Schwere Sturmfluten treten alle zwei bis zwanzig Jahre einmal auf, sehr schwere Sturmfluten seltener als einmal in zwanzig Jahren.

Bei historischen Betrachtungen über Sturmfluten ist zu bedenken, daß hier in der Regel nur Schadensfluten überliefert wurden. Der Schadensumfang hängt aber nicht allein von der Höhe der Wasserstände ab, sondern auch vom Unterhaltungszustand der Deiche. Der erforderliche Küstenschutz war aber in Perioden wirtschaftlicher Not, bei instabilen politischen Verhältnissen oder mit einer durch Seuchen bzw. Kriege reduzierten Bevölkerung nicht zu gewährleisten. Deshalb dürften in solchen Zeitabschnitten bereits relativ niedrige Sturmflutwasserstände erhebliche Schäden bewirkt haben. Vielfach sind auch, vor allem in den älteren Berichten, die zeitgenössischen Angaben über Verluste an Menschenleben, Hab und Gut wenig wahrscheinlich, wenn man die damalige Bevölkerungsdichte in Betracht zieht.

Eine zusammenfassende Darstellung über die historischen Sturmfluten in der S Nordsee veröffentlichte WOEBKEN (1941), die Bedeichungsgeschichte des Gebietes zwischen Ems und Weser hat HOMEIER (1969) beschrieben und in Karten im Maßstab 1:25 000 dargestellt. Mit Sturmfluten und dem Küstenschutz zwischen Ems und Weser hat sich KRAMER (1984) befaßt. Aus diesen Unterlagen wurden die wichtigsten historisch überlieferten Sturmfluten zusammengestellt:

Die **erste Julianenflut** (17.02.1164) soll nach zeitgenössischen Angaben 20000 Menschenleben zwischen Rhein und Elbe gefordert haben.

Bei der **ersten Marcellusflut** (16.01.1219) wurde vor allem die niederländische Küste von Friesland bis Holland betroffen, wobei ca. 36000 Menschen ertrunken sein sollen.

Während der **Luciaflut** (14.12.1287) sind die Küstenniederungen entlang der gesamten Nordsee überflutet worden, und es sollen 50000 Menschen umgekommen sein. Nach REINHARDT (1979) hat diese Flut die Entstehung des heutigen Jadebusens eingeleitet; ältere Autoren vermuteten eine frühere Anlage ab 1164.

Die **Clemensflut** (23.11.1334) soll ebenfalls sehr viele Menschenopfer gefordert haben. Sie führte vor allem im östlichen Teil des Jadebusens zu erheblichen Schäden und zu einem ersten Durchbruch zwischen Jade und Weser (Heete-Rinne).

Die **zweite Marcellusflut** (16.01.1362) dürfte wohl die schwerste Sturmflutkatastrophe an der deutschen Nordseeküste gewesen sein. Zeitgenössische Berichte erwähnen 100 000 Opfer, was dieser Flut auch den Namen „Manndränke" eingebracht hat. Vor allem in Ostfriesland und in Nordfriesland kam es zu erheblichen Landverlusten. Im W-Teil des Jadebusens entstand das Schwarze Brack (12200 ha Landverlust), im E ein zweiter Durchbruch zur Weser (Ahne-Lockfleth-Rinne). Am Dollart kam es zu einem ersten Einbruch (63500 ha Landverlust). Marschengebiete an der Leybucht (65600 ha), an der Dornumer Bucht (6400 ha) und an der Harlebucht (68600 ha) gingen verloren.

In der **ersten Dionysiusflut** (9.10.1374) wurde vor allem Ostfriesland betroffen. Die Leybucht erreichte ihre größte Ausdehnung (Untergang von Westeel bei Norden).

Bei der **zweiten Dionysiusflut** (15./16.10.1377) wurde der gesamte Bereich zwischen Flandern und Weser betroffen. Deiche durchbrachen an vielen Stellen, und in der Stadt Norden schlugen die Wogen an die Mauern des Dominikanerklosters.

Bei der **Cosmas- und Damianflut** (26.09.1509) entstanden Schäden im Küstenabschnitt zwischen Holland und Weser. Bei Emden brach die Emsschlinge durch, es entstand die Insel Nesserland, und der vom tiefen Wasser abgeschnittene Hafen Emden verlor an Bedeutung. Der Dollart erreichte seine größte Ausdehnung. Am Jadebusen gingen im „Viertel

Bant" 31500 ha Land verloren, und die „Flut stand eine Tonne über alle Deiche".
Die **Antoniusflut** (16.01.1511) wird auch als große Eisflut bezeichnet, da die vom Sturm bewegten Eisschollen die Deiche zerstörten, weit ins Binnenland eindrangen und dort großen Schaden anrichteten. Mit dieser Flut erreichten die Zerstörungen am Jadebusen ihren Höhepunkt.
Nach der **dritten Allerheiligenflut** (31.10.1532), die sich vom Ärmelkanal bis Jütland auswirkte, gingen in Ostfriesland die Orte Osterbur und Ostbense unter.
Während der **vierten Allerheiligenflut** (1.11.1570) wurden im gesamten Küstensaum zwischen Flandern und Eiderstedt Marschengebiete bis tief ins Binnenland überflutet. Das Wasser drang im W Ostfriesland bis nahe Aurich vor. Eine Flutmarke an der Kirche von Suurhusen belegt einen Wasserstand von NN +4,40 m.
Mit der **Fastnachtsflut** (26.02.1625), die sich von der Maas bis Jütland auswirkte, kam es zu zahlreichen Ausdeichungen an Jade und Weser, und im Jeverland gingen 100 ha Land verloren.
Die **zweite Manndränke** (11.10.1634) hatte vor allem für die W-Küste Schleswig-Holsteins katastrophale Folgen. Sie forderte dort über 13000 Menschenleben, und zahlreiche Deichbrüche führten zu einer nachhaltigen Veränderung des Küstenverlaufs.
In der **Petriflut** (22.02.1651) entstanden Dünendurchbrüche auf Juist (Hammersee) und Langeoog.
Die **Martinsflut** (12.11.1686) brachte Deichschäden von Groningen bis ins Land Wursten (Unterweser). Im Norderland mußten 273 ha Land ausgedeicht werden.
Bei der **Weihnachtsflut** (24.12.1717) traten an der gesamten Nordseeküste zwischen Holland und Schleswig-Holstein Deichschäden und große Verwüstungen auf. An der ostfriesischen Küste und in Butjadingen mußten die Deiche auf großen Strecken mehrere hundert Meter rückverlegt werden. Überlieferungen berichten, daß insgesamt 10000 Menschenopfer zu beklagen waren, 9700 Pferde, 44000 Rinder, 36400 Schafe und 9800 Schweine verloren gingen, 4900 Häuser zerstört und 3400 beschädigt wurden. Allein in Ostfriesland sind 2752 Menschen umgekommen und 930 Häuser zerstört worden. Landverluste traten auf

an der Unterems (152 ha, Untergang von Bettewehr II), in der Krummhörn (253 ha), im Norderland (308 ha, Untergang von Itzendorf), im Harlingerland (14 ha) und Jeverland (196 ha). Eine Flutmarke in Dangast zeigt einen Wasserstand von NN +4,89 m an.
Die **Neujahrsflut** (31.12.1720) mit einem „Wasserstand höher als 1717" zerstörte die notdürftig geflickten Deiche, wobei an der Unterems und am Jadebusen je 14 ha ausgedeicht werden mußten.
In der **Februarsturmflut** (3./4.02.1825) wurden die älteren Wasserstände nochmals überschritten; eine Flutmarke in Dangast markiert einen Stand bei NN +5,26 m. Die nach 1717 erhöhten Deiche wurden überströmt und brachen an zahlreichen Stellen, so daß weite Bereiche der ostfriesischen Marsch bis an den Geestrand heran überflutet wurden. Baltrum und Wangerooge wurden stark betroffen und der Durchbruch von Spiekeroog eingeleitet. Der Flut fielen 800 Menschen zum Opfer. Ferner gingen 1200 Pferde, 21500 Rinder, 20000 Schafe und 2200 Schweine verloren.
Von der **Januarflut** (1./2.1.1855) wurde Wangerooge stark betroffen. An zwei Stellen durchbrachen die Dünen und wurden vollständig abgetragen, so daß der alte Westturm völlig frei auf dem Strand stand. Von 73 Wohnhäusern wurden 21 vollständig vernichtet und die übrigen meist stark beschädigt, so daß ab 1860 mit der Übersiedlung in den Ostteil der Insel begonnen wurde.
Die **Sturmflut** vom 5. bis 8.12.1895 brachte keine großen Überschwemmungen, aber auf Wangerooge wurde der ehemals durchgehende Stranddünenzug in drei Teilstücke zerrissen. Die Flut ist besonders bemerkenswert, weil bei einer stabilen Wetterlage der W-Wind rund 60 Stunden auf die Küste gerichtet war und über 6 Tiden hohe Wasserstände an den Deichen auftraten.
Während der **Sturmflut** am 13.03.1906 wurde vor allem der Küstenstrich von Holland bis zur Elbe betroffen. In Ostfriesland traten die höchsten Wasserstände auf, die z.T. über denen der Februarflut von 1962 lagen. Die Flutmarke von Dangast belegt einen Wasserstand von NN +5,35 m. Trotz dieser extremen Situation kam es nur zu kleinen Deichbrüchen und Überflutungen.
Am 1.02.1953 führte die **Hollandflut** in den Niederlanden zu zahlrei-

chen Deichbrüchen und großflächigen Überschwemmungen, die eine große Zahl von Dörfern und kleinen Städten in Mitleidenschaft zogen. Nur mit großen Anstrengungen konnte eine Überflutung der dicht besiedelten Region zwischen Rotterdam und Den Haag verhindert werden. Dennoch forderte die Flut 2100 Menschenleben. Während der **Flut** am 16./17.02.1962 blieben die Sturmflutwasserstände in Ostfriesland fast durchweg unter denen von 1906. An der Weser und vor allem an der Elbe traten hingegen Sturmflutwasserstände auf, die 45 bis 62 cm über den bis dahin beobachteten höchsten Tidehochwasserständen lagen. Verluste von 340 Menschenleben, vorwiegend im Hamburger Stadtgebiet, waren zu beklagen, und an der gesamten deutschen Küste wurden 400 km Deiche z.T. stark beschädigt.

Aus der jüngsten Zeit ist die **Sturmtidenkette** im November und Dezember 1973 zu erwähnen, die als schwerste Sturmflutserie dieses Jahrhunderts zu betrachten ist.

Ferner wurde die Nordseeküste am 3./4. und am 20./21. Januar 1976 von zwei sehr schweren Sturmfluten heimgesucht, die an der Unterelbe die bis dahin bekannten höchsten Tidehochwasserstände von 1962 noch übertrafen. Nur den nach 1962 ausgeführten Deichbaumaßnahmen war zu verdanken, daß diese Ereignisse keine großen Schäden angerichtet haben.

Bei dieser Vielzahl von Sturmfluten liegt es nahe, einzelne marine Ingressionen oder die gesamte paläogeographische Entwicklung des Küstenraumes mit Sturmflutereignissen in Beziehung zu bringen. Ohne Zweifel begünstigt ein erhöhter Wasserstand den Beginn mariner Überflutungen von Niederungsgebieten. So führte LÜDERS (1936) den seit 1890 zu beobachtenden Anstieg der Tidehochwasserstände an den Nordseepegeln auf eine erhöhte Strumflutäufigkeit zurück.

LINKE (1979, 1982) griff dieses Konzept auf und übertrug es auf geologische Befunde im Raum Sahlenburg-Scharhörn. Er deutete die dort angetroffenen kalkhaltigen klastischen Sedimente als Ablagerungen „sturmflutaktiver" Zeitabschnitte und die Torfe als autochthone Bildungen ruhiger, „sturmflutfreier" Perioden. LINKE (1982) übertrug diese Arbeitshypothese verallgemeinernd auf ähnlich aufgebaute Sedimentabfolgen an der gesamten deutschen Nordseeküste und schloß daraus auf eine größere Anzahl „sturmflutaktiver" Phasen z.B. 5600 bis 5500 v.Chr., 5400 bis 5000 v.Chr., 4500 bis 2800 v.Chr., unterbrochen durch fragliche „sturmflutfreie" Phasen von 4200 bis 3800 v.Chr. und 3400 bis 3100 v.Chr. Weitere „sturmflutaktive" Phasen vermutete er um 1400 v.Chr., zwischen 300 und 100 v.Chr., zwischen 200 und 600 n.Chr. sowie in der Zeitspanne von 900 n.Chr. bis heute. Ähnlich wie heute, soll das höchste Tidehochwasser (HHThw) in „sturmflutaktiven" Phasen ca. 3,5 m höher aufgelaufen sein als das MThw.

Gegen diese Auffassung gibt es hydrographische, klimatologische und geologische Gründe anzuführen. Von der o.g. hydrographischen Definition des Begriffes Sturmflut ausgehend, kann es in unseren Breiten keine im strengen Sinne „sturmflutfreie" Abschnitte gegeben haben. Bei dem saisonalen Klimagang ist davon auszugehen, daß durch starke Winde hervorgerufene Wasserstandserhöhungen im Sinne von leichten oder schweren Sturmfluten zu den normalen Wettereinflüssen während des gesamten Holozän gehörten. Denkbar sind Phasen mit erhöhter Sturmfluthäufigkeit oder mit besonders hoch auflaufenden Sturmfluten. Allerdings stellt sich dann die Frage, warum sich z.B. die paläoklimatologisch belegte Kleine Eiszeit mit besonders instabilen Zirkulationsanomalien oder das vorausgehende frühmittelalterliche Klimaoptimum (vgl. Kap. 5.1) nicht als „sturmflutaktive" bzw. „sturmflutfreie" Phasen abzeichnen.

Wenn LINKE (1982) von „sturmflutaktiven" Phasen spricht, so meint er Zeitabschnitte, in denen paläogeographische Veränderungen stattgefunden haben, und als „sturmflutfreie" Phasen bezeichnet er Zeitabschnitte ohne signifikante Faziesänderungen. Bei dieser Sicht der Befunde gilt es zu bedenken, daß der Schwellenwert, der überschritten werden muß, um geologisch faßbare Faziesänderungen zu erzeugen, unterschiedlich hoch liegt. Beispielsweise kann eine leichte Sturmflut in einem instabilen Küstenabschnitt deutliche paläogeographische Veränderungen hervorrufen, während eine Serie schwerer Sturmfluten in einem stabilen oder wenig exponierten Küstenabschnitt ohne merkliche Fazieswechsel abläuft. Außerdem erscheint es ausgesprochen schwierig, einen durch Sturmfluten eingeleiteten Fazieswechsel zuverlässig von einem Wechsel zu unterscheiden, der z.B. auf eine einfache Überströmung einer Barre, auf veränderte Sedimentbilanz, Verlagerung von Prielen, Erweiterung oder Verengung von Tiderinnen oder Tidebecken zurückgeht. Nur in sehr detailliert untersuchten Einzelfällen mag der gesicherte Nachweis zu führen sein, daß ein Sedimentwechsel (z.b. Klappklei) oder ein Fazieswechsel auf Sturmfluten und nicht auf andere hydrologische Prozesse zurückgeht. In pauschaler Form ist die von LINKE (1979, 1981, 1982) vertretene Hypothese vom Wechsel „sturmflutaktiver" und „sturmflutfreier" Phasen und deren paläogeographischer Bedeutung nicht haltbar.

5.3 Die Reaktionen des Menschen auf den Meeresspiegelanstieg

Wie die zusammenfassenden Arbeiten von HAARNAGEL (1950) und BEHRE (1985) belegen, hat der Mensch in dem sich wandelnden Naturraum an der Küste seit ca. 10000 bis 7000 J.v.h. seine Spuren hinterlassen. Einzelfunde aus dem Mesolithikum und der Bronzezeit belegen seine Anwesenheit im Bereich der heutigen Nordsee und in der Küstenregion. Aus der älteren, oder vorrömischen Eisenzeit kennt man zahlreiche Siedlungen, die zwischen 700 und 300 v.Chr. auf Uferwällen am Unterlauf der Flüsse angelegt worden sind. Danach brach diese Besiedlungphase ab, und die ehemaligen Wohnplätze wurden von Schlick überdeckt. Während der römischen Kaiserzeit breiteten sich zwischen 50 v.Chr. und 100 n.Chr. Siedlungen, von den Flußuferwällen ausgehend, flächenhaft über die Marsch aus. Dabei wurden die Wohnplätze als sog. Flachsiedlungen zu ebener Erde angelegt. In diesen frühen Siedlungsphasen bevorzugte der Mensch die natürlichen Erhebungen in der flachen Marschenlandschaft, um dort seine Siedlungen zu errichten, war aber ansonsten den im Küstenraum wirkenden Naturprozessen ungeschützt ausgesetzt.

Kurz nach der Zeitenwende begannen die Küstenbewohner damit, Wurten (Warften) aufzuschütten, jene morphologisch auffälligen, in der Marsch angelegten Wohnhügel. Zu diesem Zweck grub man im Umfeld der Siedlungen Boden ab und trug diesen schichtweise zu Hügeln auf, um die Wohnplätze höher zu legen und so vor Meeresüberflutungen sicherer zu machen. Da der systematische Bodenauftrag in Abständen wiederholt wurde, zeigen die Wurten in ihrem inneren Aufbau einen Wechsel von Auftragsschichten und Siedlungsschichten, die schalenartig den ursprünglichen Kern der Wurt überwölben. Die Siedlungsschichten enthalten Reste ehemaliger Bauten, wie z.b. Pfosten von Häusern, umgestürzte Flechtwände und Zäune, Bootsstege und Gräben, aber auch Keramik, Siedlungsabfälle und Mist aus der Viehhaltung. Die Auftragsschichten bestehen aus aufgeschüttetem, meist fundarmem Bodenmaterial, in dem z.T. noch einzelne ausgestochene Grassoden erkennbar sind. Die Erhöhung der Wurten ist also auf zweifache Weise vor sich gegangen. In gewissem Umfange haben sich die Wurtenbewohner auf ihren eigenen Abfällen „hochgewohnt", bedeutenderen Anteil am Aufbau der Wurten hat aber der künstliche und systematisch betriebene Bodenauftrag. Im Laufe der Zeit sind auf diese Weise mehrere Meter hohe Einzelhof- oder Dorfwurten entstanden. Ihre Untersuchung ist heute, wegen der guten Erhaltungsbedingungen, ein bevorzugter Gegenstand der archäologisch und siedlungsgeschichtlich ausgerichteten Marschen- und Wurtenforschung.

Die erste Phase des Wurtenbaus läßt sich anhand archäologischer Daten in die römische Kaiserzeit einstufen. Als auffällige Bauwerke in der flachen Küstenlandschaft hat der römische Geschichtsschreiber Plinius d.Ä. (vgl. Kap. 1) die Wurten beschrieben. Die erste Wurtenphase begann kurz nach der Zeitenwende und dauerte bis etwa 450 n.Chr. Danach brach die Besiedlung ab, und zwischen 450 und 700 n.Chr. klafft eine Siedlungslücke, in der die Marschen weitestgehend entvölkert gewesen sein müssen. Nach dem Ende der Völkerwanderungszeit siedelte man ab 700 n.Chr zunächst in einer zweiten Flachsiedlungsphase wieder zu ebener Erde auf der Marschoberfläche. Bald darauf begann man, in einer zweiten Phase des Wurtenbaus zwischen 750 und 1100 n.Chr., neue Wohnhügel zu errichten oder alte, zwischenzeitlich wüst gewordene Wurten erneut zu erhöhen. Wurten sind somit die frühesten von der Nordsee bekannten Baumaßnahmen, mit denen der Mensch sich gegen Überflutungen geschützt hat. Er wollte den im Küstenraum wirkenden Naturprozessen nicht länger passiv ausgesetzt bleiben, sondern

Die Reaktionen des Menschen auf den Meeresspiegelanstieg

versuchte, durch systematischen Bodenauftrag seine Wohnplätze über das Niveau der Meeresüberflutungen herauszuheben. Mit dem Deichbau setzte ab 1100 n.Chr. eine neue Entwicklungsphase ein. Dabei wurden zunächst meist niedrige und kleinere Gebiete umschließende Ringdeiche angelegt. Diese sicherten nicht nur die Wohnplätze, sondern schützten darüber hinaus auch die umliegenden Wirtschaftsflächen vor Überflutungen. Durch ein schrittweises Verbinden eingedeichter Gebiete entstand allmählich ein zusammenhängender Seedeich, der erst im 13. Jahrhundert vollendet war und als „goldenes Band" die gesamten Marschen umschloß. Mit dem Deichbau einhergehend mußte auch die Binnenentwässerung eingedeichter Gebiete über Siele und Schöpfwerke sichergestellt werden. Diese Binnenentwässerung führte teilweise zu starken Setzungen der Küstenablagerungen (Kapitel 5.3.3). Dadurch sackte die Marschoberfläche in manchen eingedeichten Gebieten erheblich unter ihr ursprüngliches Niveau ab, was bei späteren Deichbrüchen maßgeblich zur verheerenden Wirkung von Sturmfluten beigetragen hat. Nach Rückschlägen und z.T. erheblichen Landverlusten bei mittelalterlichen Sturmfluten, wurden ab dem 15. Jahrhundert große Gebiete durch systematische Eindeichungen wieder zurückgewonnen. Bis in die fünfziger Jahre dieses Jahrhunderts betrieb man Eindeichungen überwiegend, um landwirtschaftliche Nutzflächen zu gewinnen. Dagegen sind heutige Deichbaumaßnahmen teilweise darauf ausgerichtet, Flächen für Hafenerweiterungen und Industrieansiedlungen zu schaffen. Das Hauptziel besteht jedoch darin, die Linie des Seedeichs möglichst zu verkürzen, um so die Unterhaltungskosten für den Küstenschutz niedrig zu halten.

Im Industriezeitalter begann man mit der systematischen Vertiefung von Fahrrinnen zu den teilweise weit im Hinterland liegenden Häfen, mit dem Errichten massiver Küstenschutz- und Strombauwerke, dem Aufspülen von Polderflächen und dem Bau künstlicher Inseln im Wattenmeer. Dies hat z.T. zu drastischen Veränderungen der Tideverhältnisse (Kap. 5.3.4) geführt und zu einer Einengung des Stauraumes für die bei Sturmfluten auflaufenden Wassermassen. Der Mensch hat mit derartigen Maßnahmen nicht mehr allein auf Veränderungen der Naturvorgänge reagiert, sondern aktiv gestaltend und lenkend, teils aber auch unbewußt in die Naturvorgänge eingegriffen. Diese Eingriffe in den Naturhaushalt waren oft gravierend, und nicht alle kann man als geglückt bezeichnen. Manche heute und zukünftig erforderliche kostenaufwendige Unterhaltungs- und Schutzmaßnahme geht letztlich auf naturwidrige, das labile Gleichgewicht an der Küste störende Eingriffe des Menschen zurück. Ein Grundproblem all dieser Maßnahmen liegt darin, daß der Mensch in einem von Natur aus dynamischen System bestimmte Zustände fixieren will. Damit muß er zwangsläufig in Konflikt mit den natürlichen Prozessen geraten.

Wichtig ist ein weiterer menschlicher Einfluß, die Emission von sog. Treibhausgasen (CO_2 aus der Verbrennung fossiler Kohlenwasserstoffe, anthropogene Spurengase etc.) und von Aerosolen, die als Treibhauseffekt eine globale Erwärmung der Atmosphäre zur Folge hat. Dies kann zu einer Ausdehnung der Wassermassen in den Ozeanen und zu einem Abschmelzen der landgebundenen Eismassen in der Antarktis und Grönland und damit zur Überflutung weiter Küstenniederungen führen.

Wie in kaum einer anderen Landschaft ist im Küstenraum das Zusammenspiel zwischen einer dynamisch ablaufenden erdgeschichtlichen Entwicklung, sich ändernden Naturprozessen und zunehmenden Eingriffen des Menschen zu erkennen. Dabei vermitteln geologische Betrachtungen einen Eindruck vom Entstehen, von der Stabilität und der Gefährdung dieses wichtigen, zwischen der offenen Nordsee und dem Hinterland der Geest liegenden Natur-, Lebens-, Wirtschafts- und Erholungsraumes.

6. Die holozänen Sedimente – Abfolgen, Stoffbestand, Ablagerungsformen und Ablagerungsmilieu

Zur Beschreibung der Meeres- und Küstensedimente lassen sich Eigenschaften wie Korngrößenverteilung, Kornrundung und Sortierung heranziehen, ferner auch der Mineralbestand, Fossilinhalt und Sedimentstrukturen. Aus der Summe derartiger Merkmale und einem Vergleich mit den heute wirkenden Ablagerungsprozessen sowie den dabei entstehenden Ablagerungsformen können Rückschlüsse auf die früheren Ablagerungsbedingungen wie z.b. Wassertiefe, Strömungen, Seegangs-, Brandungs- und Gezeiteneinflüsse gezogen werden.

Den folgenden Ausführungen liegt die in Tabelle 6 wiedergegebene Korngrößeneinteilung zugrunde. Ergebnisse von Korngrößenanalysen werden in Form von Summenkurven dargestellt. Aus diesen lassen sich die Quartile Q_1 und Q_3 ablesen (Korngrößen der 25%- und 75%-Durchgänge) und die Sortierungsgrade (So=$\sqrt{Q_3/Q_1}$) nach Trask (1932) errechnen. Die Einteilung der Sortierungsgrade in Tabelle 6 folgt einem Vorschlag von Füchtbauer (1959). Weitere aus der Korngrößenverteilung zu ermittelnde Kennzeichen der Sedimente sind der Medianwert (Md) und das geometrische Mittel (G).

Tabelle 6: Korngrößenanalytische Parameter.

Korngrößeneinteilung		Sortierungsgrad	
Bezeichnung	$\varnothing$ in mm	So = $\sqrt{Q_3/Q_1}$	
Kies	> 2,0		
Grobsand	0,63 – 2,00	sehr gut	bis 1,23
Mittelsand	0,20 – 0,63	mittelmäßig	bis 1,74
Feinsand	0,063 – 0,20	schlecht	bis 2,0
		sehr schlecht	> 2,0
Schluff	0,002 – 0,063		

Die Beschreibung und Ausdeutung von Schichtungsmerkmalen und Lebensspuren in den Sedimenten orientiert sich eng an den Befunden meeresgeologischer und meeresbiologischer Arbeiten, die überwiegend von Forschern der Senckenbergischen Naturforschenden Gesellschaft durchgeführt und in zusammenfassender Form von REINECK (1978), REINECK & SINGH (1980) und SCHÄFER (1962) veröffentlicht worden sind.

6.1 Deutsche Bucht

Am Grund der offenen Nordsee treten holozäne Ablagerungen meist in geringer Mächtigkeit auf. Die weit überwiegende Zahl bisheriger Vibrobohrungen traf den pleistozänen Untergrund bereits in weniger als 6 m Tiefe unter dem Meeresboden an. Nur in Riesenrippelfeldern und in der wie eine Sedimentfalle wirkenden Struktur des Elbe-Urstromtales (FIGGE 1980) sowie im Helgoländer Schlickgebiet (AIGNER & REINECK 1982, HERTWECK 1983) wurden Holozänmächtigkeiten von über 15 m beobachtet. Die Bohrbefunde sind in der südlichen Nordsee bislang noch sehr lückenhaft, so daß die Morphologie der Holozänbasisfläche nur in ganz groben Zügen bekannt ist.

Ausgehend von dem überwiegend sedimentologisch begründeten Küste-Schelf-Modell von REINECK & SINGH (1980) entwickelte UFFENORDE (1982) anhand faunistischer und biofazieller Befunde ein Gliederungsschema und unterschied vier, für die S Nordsee charakteristische Sedimenteinheiten, die im folgenden kurz beschrieben werden:

Als **Organische Basalsequenz** (qhOB) werden die vor der Meerestransgression gebildeten Torfe, Mudden oder Ah-Horizonte zusammengefaßt, die in Mooren und Süßwasserseen entstanden sind bzw. sich als humoser Bodenhorizont auf älteren Sedimenten entwickelt haben. Im Verbreitungsbereich dieser Einheiten ist die pleistozäne Landoberfläche stellenweise am Nordseegrund erhalten geblieben und nicht durch marine Erosion abgetragen worden.

Das Milieu **küstennaher Stillwasser-Ablagerungen** (qhK1) ist gekennzeichnet durch fehlende bis geringe Wasserzirkulation und schwache Gezeiteneinflüsse, wie sie z.B. in geschützten Brackwasserlagunen typisch sind. Entsprechende Sedimente stammen aus einer frühen Phase der holozänen Transgression, in der sich erste Einflüsse von Salzwasser und Tidebewegungen auf das Sedimentationsgeschehen auszuwirken begannen. Häufig treten in derartigen Ablagerungen Gehäuse der kleinen Schnecken *Hydrobia stagnalis* und *Hydrobia ulvae* auf, gelegentlich auch kleinwüchsige Schalen der Muschel *Cerastoderma (Cardium) edule*. Weitere Eigenschaften derartiger Sedimente werden in Kapitel 6.3 beschrieben.

Am Grund der offenen Nordsee kommen brackisch-lagunäre Sedimente und Süßwasserablagerungen der qhK1 nur in geringer Verbreitung vor. Offenbar wurden sie im Zuge der fortschreitenden Transgression weitgehend erodiert und in die jüngeren Watt- und Meeresablagerungen eingearbeitet. Die erhalten gebliebenen Relikte liegen heute in unterschiedlichen Niveaus und vermitteln in groben Umrissen einen Eindruck der sich verändernden Küstenkonfiguration der „ertrinkenden" Landschaft im Verlauf der Überflutung.

Die **küstennahen Bewegtwasser-Ablagerungen** (qhK2) zeigen bewegtes Flachwasser sowie Einflüsse von Seegang, Brandung und Gezeiten an. Zu diesem Ablagerungsmilieu zählen Sedimente offener Watten, exponierter Platen und Rinnen sowie des Vorstrandes, sog. Küstensande oder Wandersande. Es handelt sich ganz überwiegend um hellbeige bis grau gefärbte Fein- bis Mittelsande. Häufig kommen darin feine Lagen von Torfdetritus und Pflanzenhäcksel vor, gelegentlich sind cm-dicke Schlufflagen eingeschaltet. Zu den charakteristischen Sedimentgefügen gehört hier Kleinrippelschichtung; vereinzelt kommen auch Großrippelschichtung und Flaserschichtung vor. Leitform der Muschelfauna ist in diesem Milieu *Macoma blathica*, seltener kommt *Cerastoderma (Cardium) edule* vor.

Das Auftreten der **küstenfernen Stillwasser- bis Bewegtwasser-Ablagerungen** (qhK3) deutet auf Sedimentation im tieferen Wasser hin. In dieser unter der Wellenbasis liegenden Zone findet Sedimenttransport und -ablagerung vorwiegend bei Stürmen statt, wobei Strömungs- und Suspensionsprozesse wirksam sind. Die in dieser Zone verbreiteten schluffigen Feinsande treten häufig in Schichtenpaketen auf. Diese beginnen über Erosionsdiskordanzen an der Basis mit einer Lage von

Muschelschill, gehen nach oben in laminierte Sande bzw. Sande mit Wellenrippelgefüge über und schließen oft mit einer Schlicklage ab. Derartige bei Stürmen entstandene Schichtenpakete liegen oft mehrfach übereinander und werden als Tempestit-Sequenzen (AIGNER & REINECK 1983) bezeichnet. Die Schillhorizonte entstehen bei Aufarbeitungsprozessen am Seegrund, wobei ein Teil des Sandes abtransportiert wird und die im Sediment lebenden Mollusken sich als Residualbildungen an der Basis des Aufarbeitungshorizontes anreichern. Solche Schille enthalten überwiegend parautochthone Mollusken wie die Schnecke *Turritella communis* sowie die Muscheln *Venus gallina, Corbula gibba* und *Cardium echinatum*. Zum Teil können aber auch allochthone, von höher gelegenen Wattflächen eingedriftete Formen vorkommen. Durch Aufarbeitung und Umlagerung hoch aufragender Pleistozänvorkommen können auch Mittelsande, Grobsande und Kiese als dünne, in die Feinsande eingeschichtete Lagen auftreten. Die Pakete laminierten Feinsandes bilden sich dagegen, wenn das Material aus Suspensionswolken abgesetzt wird.

Die voll marinen Sedimente der qhK2 und qhK3 sind in der südlichen Nordsee sehr weit verbreitet. Korngrößenverteilungen einiger typischer Sandproben aus diesem Bereich sind in Abb. 11 als Summenkurven wiedergegeben. Insgesamt lagern die beschriebenen Holozänsedimente am Nordseegrund nur als geringmächtige, z.T. lückenhafte Schicht auf Quartär- oder Tertiärablagerungen.

Eine komplette Holozänabfolge ist in Abb. 12 in Form eines synthetischen Bohrprofils dargestellt. Derart vollständige Abfolgen sind in Einzelbohrungen aber nur selten anzutreffen. Häufig fallen eine oder mehrere Schichten aus, d.h. sie sind primär nicht abgelagert oder später wieder erodiert worden. Offensichtlich ist die holozäne Meeresüberflutung mit flächenhafter Erosion und Umlagerung am Nordseegrund einhergegangen. Dabei wurden sandige Sedimente bevorzugt in Richtung Küste transportiert und dort in der marin-litoralen Übergangszone angehäuft. Unter den Einflüssen derartiger Erosions-, Umlagerungs- und Ablagerungsprozesse entstand im Küstensaum ein z.T. sehr mächtiger Sedimentkörper, der die Ostfriesischen Inseln sowie den Untergrund

Deutsche Bucht

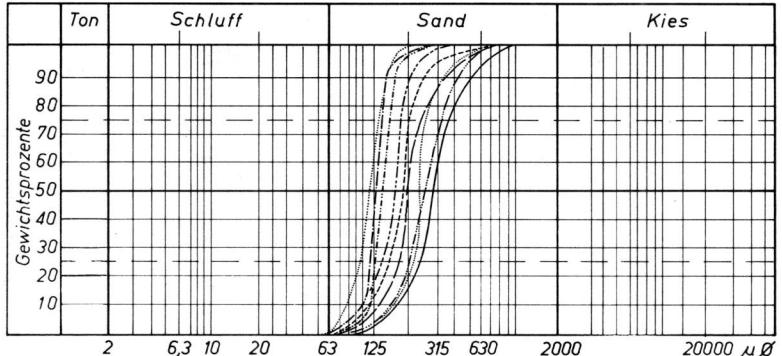

Abb. 11: Korngrößenverteilung typischer holozäner Meeressande vom Nordseegrund.

der Watten und Marschen aufbaut. Diesen Prozeß der Sedimentakkumulation in der Küstenzone hat HAGEMAN (1969) mit dem Begriff „bulldozzing" beschrieben. Das eingängige Bild, die transgredierende Nordsee habe die Küstensedimente wie mit einer Planierraupe vor sich hergeschoben, stellt die tatsächlichen Prozesse aber nicht ganz zutreffend dar. Die Akkumulation ist nicht in großen Schüben erfolgt, sondern im Einzelkorntransport und kontinuierlich, wobei die Körner rollend, hüpfend oder in Suspensionswolken auf die Küste zu transportiert wurden.

Eine Karte der **Sedimentverteilung** am Seegrund der Deutschen Bucht veröffentlichte FIGGE (1981). Sie zeigt große Areale sandiger Sedimente (Fraktion 0,063 bis 2 mm Ø: >20 Gew.-%) mit einem fleckenhaften Verteilungsmuster kiesführender Sande (mit Anteilen der Fraktion >2 mm Ø) im Bereich des Borkum-Riffgrundes sowie zwischen dem E-Rand des Elbe-Urstromtales und der W-Küste Schleswig-Holsteins. Summenkurven einiger typischer Nordseesande sind in Abbildung 11 wiedergegeben. Schluffig-tonige Sedimente (Fraktion <0,063 mm Ø: 5

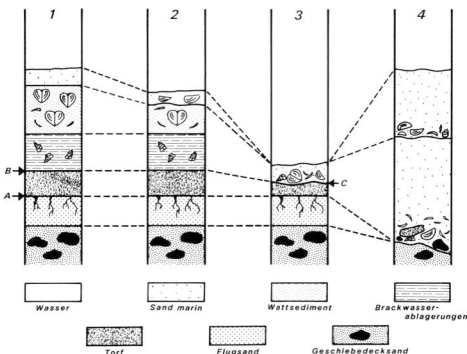

Abb. 12: Schematische Darstellung einiger typischer Bohrprofile vom Nordseegrund.
1. Idealisierte Schichtenabfolge vom terrestrischen Pleistozän zum marinen Holozän. Vollständiges Profil ohne erosionsbedingte Schichtlücken; Mollusken z.T. in Lebendstellung. Datierungen der Grenzen A und B liefern genaue Angaben über den Beginn der basalen Vertorfung bzw. deren Ende infolge einsetzender Brackwasserüberflutung.
2+3. Durch marine Erosion gekappte Profile. Beim Aufarbeiten unterschiedlich alter Schichten wurden z.B. Molluskenschalen aus Sedimenten verschiedener Ablagerungsmilieus ausgespült und zusammen in einem Aufarbeitungshorizont abgelagert. Datierungen der Grenze C liefern nur Aussagen zur Mindestdauer des Moorwachstums, geben jedoch kein exaktes Alter für den Beginn der Brackwasserüberflutung.
4. Bei diesem häufigsten Profiltyp in der Nordsee lagern holozäne Meeressande erosiv auf Pleistozän. Die marine Abfolge beginnt mit einem sandig-kiesigen Aufarbeitungshorizont, in den Steine aus dem Geschiebedecksand, Torfgerölle aus dem Basaltorf und Muschelschill aus Brackwasser-, Watt- und marinen Sedimenten eingebettet sein können. Der Schillhorizont im höheren Profilteil ist bei jüngeren Aufarbeitungsprozessen entstanden, wenn z.B. Sturmflutereignisse auf den Meeresboden eingewirkt haben.

Gew.-% bis 50 Gew.-%) kommen dagegen in einer Zone vor, die aus dem Raum Helgoland nach NW verläuft und sich dabei von ca. 30 km Breite SE der Insel auf ca. 80 km im Bereich der Weißen Bank erweitert. Die feinkörnigsten Ablagerungen (Fraktion <0,063 mm Ø: >50 Gew.-%) treten lokal eng begrenzt NW von Helgoland auf und in einem großen, zusammenhängenden Areal SE der Insel, dem sog. Helgoländer Schlickgebiet bzw. Schlickgebiet der inneren Deutschen Bucht. Die regionale Verteilung von **Schwermineralen** am Seegrund vor der niedersächsischen und schleswig-holsteinischen Küste untersuchten LUDWIG & FIGGE (1979) in einer lagerstättenkundlichen Studie. Als Schwerminerale bezeichnet man sämtliche Minerale mit einem spezifischen Gewicht >2,9. LUDWIG & FIGGE (1979) stellten die Beziehungen zwischen Schwermineralanreicherung und Sortierungsgrad bzw. dem Medianwert der Sedimente in Kartenserien dar. Danach sind Sande mit Schwermineralanteilen von mehr als 3 Gew-% im ostfriesischen Küstenabschnitt auf kleinere Areale vor Borkum, Juist und Spiekeroog beschränkt. Die Md-Werte dieser Sande schwanken zwischen 0,135 bis 0,162 mm, die So-Grade zwischen 1,10 und 1,22. Unter den durchsichtigen Schwermineralen dominieren Granat, Epidot und Hornblende. Daneben treten regelmäßig Turmalin, Zirkon und Staurolith auf, weniger regelmäßig auch Rutil, Disthen, Sillimanit, monokliner Augit sowie Orthopyroxen. Als wirtschaftlich interessante Wertminerale kommen Zirkon und Ilmenit mit 0,46 bis 0,62 Gew.-% bzw. 1,08 bis 1,54 Gew.-% im Gesamtsediment vor. Im regionalen Verteilungsmuster der Schwerminerale zeichnet sich das Vorfeld der Ostfriesischen Inseln dadurch aus, daß Granat gegenüber Epidot vorherrscht. In den weiter seewärts liegenden Bereichen um die Weiße Bank und am E-Rand des Elbe-Urstromtales überwiegt hingegen Epidot.

Ergebnisse systematischer Untersuchungen über Anreicherungen von **Schwermetallen und Nährelementen** (Tabelle 7) in Bodensedimenten und oberflächennahen Schichtenfolgen am Seegrund der Deutschen Bucht sowie in den Watten und Marschen haben SCHWEDHELM & IRION (1985) veröffentlicht und dabei ältere Befunde diskutiert. Ihre besondere Aufmerksamkeit galt den Schwermetallen (Tabelle 7: Zn, Pb, Cd, Cu, Ni, Fe und Mn) und den Nährelementen (P, N) in der Feinkornfraktion (<0,002 mm Ø). Die Untersuchungen ergaben, daß einige Elemente in den oberflächennahen Abschnitten der Profile z.T. erheblich angereichert sind gegenüber den natürlichen Gehalten (Backgroundwerten) in tieferen Profilabschnitten. Die Anreicherungen werden auf einen erhöhten Brenn- und Rohstoffverbrauch sowie auf den Einsatz von

Tabelle 7: Anthropogene Anreicherung und natürliche Gehalte (Backgroundwerte) von Metallen in den Watten und Ästuaren an der deutschen Nordseeküste. Ergebnisse von 63 Proben nach SCHWEDHELM & IRION (1985: 41). Die Gehalte an Cd und Cu sind je nach Aufschluß mit HNO$_2$ (a) und Königswasser (b) unterschiedlich hoch.

	Sylt			Nordfriesisches Watt			Watt zwischen Weser u. Elbe			Ostfriesisches Watt			Background Wert	Anreicherungsrate Ø
	min.	max.	Ø	min.	max.	Ø	min.	max.	Ø	min.	max.	Ø		
Zn	216	325	259	201	266	224	341	266	411	241	315	278	90	3,3
Pb	35	60	48	36	51	42	44	135	76	29	128	62	15	3,8
Cd(a)	0,16	0,58	0,34	0,10	0,27	0,16	0,15	0,82	0,37	0,16	0,40	0,24	0,10	2,8
Cd(b)	0,41	0,97	0,71	0,24	0,72	0,40	0,53	1,25	0,85	0,42	0,79	0,56	0,15	4,2
Cu(a)	21	35	28	24	30	26	29	46	35	18	31	26	13	2,0
Cu(b)	34	43	40	29	58	40	30	61	48	25	59	39	20	2,1
Ni	34	44	40	34	44	41	40	59	49	34	48	40	30	1,4
Fe	2,42	4,59	3,85	3,33	4,69	3,93	3,53	5,75	4,57	2,75	5,29	3,96	3,0	1,4
Mn	175	3058	953	500	1658	1098	972	2344	1562	313	1498	748	400	2,7

Chemieprodukten zurückgeführt. Beispielsweise erreicht das anthropogen angereicherte Zn in einer schmalen Zone vor der niederländischen, ostfriesischen und schleswig-holsteinischen Küste regelmäßig Gehalte von über 300 ppm, NW von Helgoland sogar bis >500 ppm, während die natürlichen Backgroundwerte nur 90 ppm betragen. In den äußeren Bereichen der Deutschen Bucht und im Seegebiet vor Nordjütland sind die Zn-Gehalte meist geringer und liegen unter 200 ppm. Die Schwermetallgehalte in der Deutschen Bucht sind durchweg etwas höher als in den Watten. SCHWEDHELM & IRION (1985) erklären diesen Befund damit, daß die eingefrachteten Schwermetalle in den Watten durch Prielverlagerung tiefer in den Untergrund eingearbeitet und ihre Gehalte somit „verdünnt" werden. Die Schwermetallkonzentrationen in den Watten sind regional unterschiedlich. Relativ niedrige Werte treten im Nordfriesischen Watt auf, höchste Werte zwischen Elbe und Weser, und mittlere Gehalte wurden im Wattgebiet zwischen Jade und Dollart beobachtet. Für den Eintrag der Schwermetalle in die Meeres- und Wattablagerungen wird vor allem das jahrelange Verklappen von Klärschlämmen in der Nordsee verantwortlich gemacht. Von der Schwermetallfracht der Flüsse wird dagegen angenommen, daß sie nur bis in die äußeren Bereiche der Ästuare gelangt.

Auch der erhöhte Eintrag der **Nährelemente** (P, N) seit Mitte dieses Jahrhunderts ist in den oberflächennahen Nordsee- und Wattsedimenten nachweisbar (SCHWEDHELM & IRION 1985). Er stammt aus Fäkalien, Düngemitteln und den seit den 50er Jahren zunehmend verwendeten polyphosphathaltigen Waschmitteln. Phosphor kann entweder direkt durch fluviatilen Transport oder auf dem Umweg über eine Verklappung in Sedimente gelangen. Es liegt dort gebunden vor als anorganisches Fe-, Al- und Ca-Phosphat oder in organischen Substanzen. Anthropogene Stickstoffverbindungen stammen vorwiegend aus der Landwirtschaft (Kunstdünger, Fäkalien), aus häuslichen und industriellen Abfällen sowie aus Verbrennungsprozessen und werden in hohem Maße über die Atmosphäre eingetragen. Die Nährelemente werden nicht endgültig in den Sedimenten festgelegt, sondern jeweils im Jahresverlauf wieder mobilisiert und dem Stoffkreislauf erneut zugeführt, so daß ihre Gehalte erheblichen saisonalen Schwankungen unterliegen.

6.2 Ostfriesische Küstenregion

Die ostfriesische Küstenregion wird von den großen Gezeitensystemen von Emsmündung und Dollart im W, von Jade und Jadebusen im E begrenzt. Zwischen diesen erstreckt sich eine Kette von Barriere-Inseln, die jeweils durch Seegaten voneinander getrennt, aber durch die vor den Seegaten liegenden Riffbögen miteinander verbunden sind. S der Inselkette breitet sich das Wattenmeer aus, das über die Seegaten und ein sich verzweigendes System von Baljen und Prielen im Gezeitenrhythmus von Salzwasser überflutet wird und wieder trocken fällt. Landwärts schließen sich die begrünten Vorländer und, durch den Seedeich hiervon abgetrennt, die Marschen an.

Die holozänen Schichtenfolgen der Küstenregion stellt Abb. 13 in einem von der Nordsee bis zum Geestrand reichenden schematischen geologischen Schnitt dar. Dieser Schnitt zeigt einen keilförmigen Sedimentköper, der am seeseitigen Rand der Inseln bzw. Watten größte Mächtigkeiten aufweist und landwärts meist spitz gegen den Geestrand ausläuft. Er umfaßt eine Vielzahl verschiedenartiger Sedimente, vom marinen Sand über Wattablagerungen, brackisch-lagunäre Sedimente bis zu Süßwasserablagerungen und Torfen.

Die jüngste geologische Entwicklung der Küstenregion wurde einerseits von dem Relief bestimmt, das die transgredierende Nordsee vorgefunden hat. Andererseits haben aber auch Tideströmungen, Brandung etc. im Zuge des Meeresspiegelanstiegs auf die jeweilige Küstenzone eingewirkt.

6.2.1 Das Relief der Holozänbasisfläche

Wie in Kapitel 4.6 erläutert, taucht der Ostfriesisch-Oldenburgische Geestrücken unter die Marschen, Watten und Inseln ab und setzt sich bis ins die Nordsee fort. Das Relief dieser ehemaligen Landoberfläche ist größtenteils von jüngeren Sedimenten überdeckt, zeichnet sich aber stellenweise, wie z.B. im Bereich des Borkum-Riffgrundes, auch im

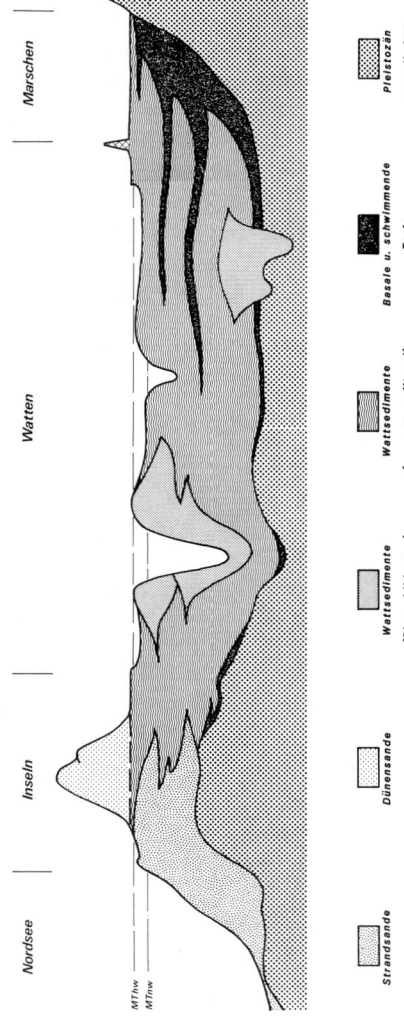

Abb. 13: Schematischer geologischer Schnitt von der Nordsee bis zum Geestrand mit den wichtigsten Sedimenteinheiten.

Relief des Seegrundes ab. In der offenen Nordsee ist das Relief der Holozänbasisfläche nur in sehr groben Zügen bekannt, da Bohrungen bislang nur in sehr großen Abständen niedergebracht worden und flachseismische Aufzeichnungen des Untergrundes noch nicht systematisch ausgewertet worden sind.

Für die Ostfriesischen Inseln, Watten und Marschen existieren hingegen verschiedene, anhand von Bohrbefunden konstruierte Isolinienpläne der Holozänbasisfläche, die in geologischen Kartenwerken (GÜK 200: Blätter CC 3102 Emden, CC 2310 Helgoland und CC 3110 Bremerhaven; GK 25: Blätter 2210 Langeoog West, 2211 Langeoog Ost, 2212 Spiekeroog, 2213 Wangerooge, 2314 Hooksiel, 2414 Wilhelmshaven, 2608 Emden West und 2609 Emden) sowie in Publikationen von REINHARDT (1958: Anl. 2) BARCKHAUSEN (1969: Taf. 3) und SINDOWSKI (1973: Abb. 4) veröffentlicht worden sind. Auf diesen Vorlagen beruht die in der Beilage (Abb. 14) wiedergegebene Konstruktion der Holozänbasisfläche.

Die Genauigkeit dieser Konstruktion gewinnt vom Außenrand der Inseln in Richtung auf den Geestrand stetig an Zuverlässigkeit, weil mit abnehmenden Holozänmächtigkeiten die Zahl der Bohrungen, die den gesamten holozänen Sedimentkörper bis zu seiner Basis durchdringen, zunimmt. Die Unterscheidung älterer Sedimente von Holozänablagerungen ist aufgrund von Strukturen und der Materialbeschaffenheit (vgl. Kap. 6.2.2.2) in der Regel unproblematisch. Vielfach sind auf der Pleistozänoberfläche Relikte fossiler Böden, meist humose Auflagen (Ah-Horizonte), Bleichhorizonte bzw. Ortstein- oder Orterdebildungen eines Podsols erhalten. Oft beginnt die Holozänabfolge auch mit einem sog. Basaltorf (vgl. Kap. 6.2.3.2.3). Nur im Bereich holozäner Rinnen, die z.T. in erheblichem Umfang aufgearbeitetes Pleistozänmaterial enthalten, können sich Schwierigkeiten bei der Abgrenzung ergeben.

Trotz mancher Unterschiede im Detail, zeigen die o.g. Isolinienpläne einheitliche Grundelemente. Am N-Rand der Inseln taucht der pleistozäne Untergrund relativ steil ab. Offenbar ist diese Zone besonders stark von mariner Morphodynamik überprägt worden. Die Zahl bisher vorhandener Bohrungen reicht jedoch nicht aus, um zu entscheiden, ob dort ein inaktives marines Kliff existiert, das heute unter Küstensand begraben liegt. Im Bereich der Inseln schwankt die Tiefenlage der

Holozänbasis z.T. auf sehr kurzer Distanz zwischen NN -5 und -35 m, wobei ein Muster N-S bzw. NW-SE gerichteter Eintiefungen zu erkennen ist. S der Ostfriesischen Inseln existiert ein hügelig-kuppiges Relief, das zum landwärtigen Rand der Marsch ansteigt und dort in die Oberflächenmorphologie der Geest übergeht.

Die im Relief der Holozänbasis erkennbaren **Rinnensysteme** sind zu unterschiedlichen Zeiten und von verschiedenartigen Prozessen geschaffen worden. Überwiegend handelt es sich um „ertrunkene" Flußtäler. Stellenweise ist die marine Überflutung dieser Täler so ruhig verlaufen, daß flächenhaft basale Torfe vorkommen, die sowohl ehemalige Hohlformen auskleiden als auch die dazwischen liegenden Erhebungen überziehen. In diesen Bereichen ist die ursprüngliche Landoberfläche unter den Küstenablagerungen unverändert erhalten geblieben. In anderen Gebieten haben Tideströmungen die Morphologie stärker umgestaltet, so daß der Zusammenhang zwischen dem ursprünglichen fluviatilen Entwässerungssystem und jungen Gezeitenrinnen weniger deutlich ist. In manchen, vorwiegend seeseits gelegenen Zonen wurde die Morphologie der Holozänbasisfläche ausschließlich durch Brandungs- und Gezeitenerosion geschaffen.

Sedimente marinen Ursprungs haben die Hohlformen anschließend wieder in unterschiedlichem Maße verfüllt. Beispiele vollständig plombierter Rinnen sind die Juister Doppelrinne und die Norderney-Hilgenrieder Rinne (SINDOWSKI 1973: Abb. 17 u. 21) sowie Rinnen im Untergrund Baltrums und Langeoogs (BARCKHAUSEN 1969: Taf. III). Der Mittel- und Ostteil der heutigen Insel Spiekeroog erstreckt sich über die inzwischen E-wärts verlagerte und teilweise verfüllte Harlerinne hinweg. Ob die tiefe Lage der Holozänbasis unter Wangerooge auf Gezeitenerosion einer sog. „Ur-Jade" zurückzuführen ist (SCHRAPS 1962: Abb. 26) oder durch Brandungserosion geschaffen worden ist, läßt sich nicht zuverlässig belegen.

Die heute aktiven Seegaten zeigen keine eindeutige Lagebeziehung zur Morphologie der Holozänbasis. Sie fallen z.T. mit alten Rinnenelementen zusammen (Westerems mit Randzelgat, Osterems), z.T. schneiden sie in Pleistozänhochlagen ein (Norderneyer Seegat, Wichter Ee und Accumer Ee, Otzumer Balje) und z.T. verlaufen sie innerhalb von

Holozänsedimenten über einer tiefliegenden und relativ ausgeglichenen Pleistozänoberfläche (Harle).

Die **Hochlagen von Pleistozän** haben ähnlich wie die Talsysteme den Vorstoß der transgredierenden Nordsee gelenkt, aber die Küstenentwicklung anhaltender beeinflußt als diese. Das gilt insbesondere für die Zeitspanne vom ausgehenden Boreal bis Ende Atlantikum, in der der Meeresspiegel von NN -40 auf -5 m angestiegen ist. Danach waren die Hochlagen bis auf spärliche Reste überflutet und haben kaum noch Einfluß auf Verlauf und Stabilität der Küstenlinie gehabt.

Die Morphologie der Holozänbasis (Abb. 14) zeigt unter den Inseln Borkum, Memmert und unter dem W-Teil von Juist größere Areale, in denen Pleistozänsedimente bis NN -10 m und lokal höher als NN -5 m anstehen. Noch höher reichen Pleistozänvorkommen im Wattgebiet S Juist, wo sie auf dem Kopersand bis NN -0,9 m reichen. Diese Vorkommen markieren die Verlängerung des nach N unter Marschen und Watten abtauchenden Ostfriesisch-Oldenburgischen Geestrückens. Jenseits der Inseln setzt sich dieser Rücken im Borkum-Riff fort. Weitere Pleistozänaufragungen über NN -8 m bzw. -10 m gibt es unter dem W-Kopf von Norderney sowie unter dem W- und E-Ende von Baltrum. Eine Geesthochlage mit NN -5 m existiert unter dem W-Kopf von Langeoog, Hochlagen um NN -10 m unter dem E-Ende Langeoogs und dem SW-Teil Spiekeroogs. Zusammen mit den Pleistozänhochlagen im Bereich von Ruteplate, Janssand und im Bensersieler Watt bilden diese Vorkommen die N-Verlängerung des Geestvorsprungs von Esens.

6.2.2 Ostfriesische Inseln

Die Holozänablagerungen im Bereich der Ostfriesischen Inseln lassen sich grob dreigliedern. Auf dem beschriebenen Basisrelief ruht ein 5 bis 35 m, im Mittel etwa 15 bis 20 m dicker Sedimentkörper, in dessen tiefstem Teil lokal Basaltorfe und Brackwassersedimente auftreten, der aber ganz überwiegend aus Meeres- und Strandsanden, z.T. auch aus Wattsedimenten besteht. Dieser gesamte Schichtenkomplex liegt unter

NN, und seine Schichtenabfolge läßt sich nur anhand von Bohrungen oder in den obersten Partien in tiefen Baugruben untersuchen.

Auf der relativ ebenen Oberfläche dieses Sedimentkörpers sind auf Juist, Langeoog, Spiekeroog und Wangerooge im Niveau zwischen NN und MThw dünne Schichtenpakete erhalten, in denen fossile Salzwiesen- und Anmoorbildungen mit Flugsanden wechsellagern. Diese Schichten haben sich ursprünglich auf der Wattseite der Inseln gebildet, werden aber heute z.T. durch Erosion an den Inselstränden freigelegt oder sind durch Bohrungen nachgewiesen. Als Ablagerungen des Supralitorals schließen die Salzwiesen- und Anmoorbildungen die marin geprägte Schichtenfolge nach oben ab.

Jüngste geologische Einheit der Inseln sind die maximal 25 m hohen Dünen, die aus ausgewehtem Sand unter der Wechselwirkung von Wind und Vegetation aufgebaut worden sind (Abb. 13 u. 16).

6.2.2.1 Entstehung und Lagestabilität der Inseln

Das in Kapitel 6.2.1 beschriebene Relief der Holozänbasis (Abb. 14) zeigt im Untergrund der Inseln Borkum, Juist, Norderney, Baltrum, Langeoog und Spiekeroog eindeutige Hochlagen von Pleistozän. Diese belegen, daß die Inseln in ihrer Entwicklung jeweils das Stadium von **Geestkerninseln** durchlaufen haben. Diese Bezeichnung verwendet man für Inseln, bei denen sich um einen morphologisch über die Wattoberfläche aufragenden Kern aus Pleistozän- oder Tertiärmaterial herum holozäne Küstensedimente anlagern. Derartige Verhältnisse sind heute auf Sylt, Föhr, Amrum und Texel zu beobachten. In Ostfriesland „ertranken" die Geestkerne im jüngeren Atlantikum und im Subboreal, d.h. sie wurden überflutet und von marinen Sedimenten überdeckt. Dabei wandelten sich die ursprünglichen Geestkerninseln zu den heutigen Barriere-Inseln um.

Der heutige Verlauf der Inselkette zeigt keinerlei Beziehung zur ursprünglichen Abdachung der Geest und ist ganz offensichtlich allein auf marine Morphodynamik zurückzuführen. Das alte Relief im Untergrund schließt ein generelles W-E-Wandern der Inseln aus, da in diesem Falle die Geestkerne in der Spur der verlagerten Seegaten tiefgehend abradiert sein müßte. Allenfalls die einheitlich tiefe Lage der Holozänbasis unter dem E-Teil von Spiekeroog und unter Wangerooge um NN -15 bis -20 m mag eventuell auf die Verlagerung einer Tiderinne zurückgehen. Bei allen übrigen Ostfriesischen Inseln können sich Rinnenelemente, die tiefer als NN -12 und bis NN -35 m eingeschnitten sind, nur um maximal 5 bis 6 km seitlich verlagert haben; meist sind diese Zonen sogar weniger als 3 km breit. Flachere, bis ca. NN -12 m einschneidende Rinnen mögen sich über größere Distanzen verlagert haben, aber wahrscheinlich liegen die tatsächlichen Beträge auch hier innerhalb des o.g. Rahmens. Auf derartige Rinnenverlagerungen gehen die historisch belegten Veränderungen zurück, wie sie für den Raum Juist, Buise und Norderney (BACKHAUS 1943: Abb. 22, 32, 47; HK 50: Bl. 5 u. 6) oder für Wangerooge (BACKHAUS 1943: Abb. 68; HK 50: Bl. 7) und in den Historischen Karten 1 : 50 000 der Forschungsstelle Küste dargestellt worden sind. Insgesamt scheinen die historisch belegten Veränderungen während der letzten 600 Jahre rascher abgelaufen zu sein als die geologisch belegten Veränderungen der letzten 7500 Jahre. Dabei ist nicht eindeutig zu klären, ob tatsächlich eine Veränderung der Dynamik eingetreten ist, oder ob sich nur die höhere zeitliche Auflösung der Prozesse auswirkt.

Aus der Kurve des Meeresspiegelanstiegs (Abb. 7 u. 8) läßt sich ableiten, daß die transgredierende Nordsee das Gebiet der Ostfriesischen Inseln um 8000 J.v.h. erreicht hat. Dies wird auch durch einen von HANISCH (1980) beschriebenen, 6 km N Wangerooge entnommenen Bohrkern belegt. Dieser Bohrkern durchteufte oben 0,67 m marinen Sand, der erosiv 2,13 m mächtige Brackwassersedimente überdeckt. Der Kern reichte nicht bis in den pleistozänen Untergrund, der aber nur wenige Dezimeter unter der erzielten Endteufe zu erwarten ist. Aus den Brackwassersedimenten ausgeschlämmte Schilfstengel und Schilfrhizome lieferten ^{14}C-Alter zwischen 7960 ± 205 und 7540 ± 80 J.v.h. Diese Daten belegen, daß das Vorfeld Wangerooges um 8000 J.v.h. im Niveau um NN -24 m von Brackwasser überflutet worden ist und daß sich die Ostfriesischen Inseln erst nach 7500 J.v.h. in ihrer heutigen Lage entwickelt haben können.

Ostfriesische Küstenregion

Die fortschreitende Überflutung der Geestaufragungen im Untergrund der Inseln läßt sich anhand palynologischer Daten über basale Torfe und Brackwassersedimente rekonstruieren. Die ältesten Basaltorfe bildeten sich unter reinen Süßwasserbedingungen im Präboreal, erste Brackwassereinflüsse lassen sich ab dem ausgehenden Boreal nachweisen. Die jüngste Überflutung hoch aufragender Geestkerne im Bereich der Ostfriesischen Inseln erfolgte im jüngeren Atlantikum, dauerte aber in den Wattgebieten noch bis ins Subatlantikum an. Diese Befunde werden im regionalen Teil des Geologischen Führers (Kap. 7) eingehender diskutiert.

Zwischen dem Untergang der höchsten Geestkerne und der Entwicklung vegetationsbestandener Barriere-Inseln klafft noch eine Beobachtungslücke. Der älteste bislang datierte Salzwiesenhorizont auf Juist ergab ein ^{14}C-Alter von 1965 ± 130 J.v.h. (STREIF 1986). Erst hiernach können durch das Zusammenwirken von Wind und Vegetation die Inseldünen entstanden sein. Ob die erwähnte Beobachtungslücke auf bestimmte Prozesse der Küstenentwicklung zurückgeht oder allein auf fehlende Informationen, kann zur Zeit nicht geklärt werden. Es ist zwar unwahrscheinlich, daß zwischen 5000 und 2000 J.v.h. keine Inseln im Bereich der ostfriesischen Inselkette bestanden haben, aber es gibt bislang auch keinen sicheren Beweis für deren Existenz. Lediglich für Langeoog konnte BARCKHAUSEN (1969: 259) wahrscheinlich machen, daß sich hier „gegen Ende des Bildungszeitraumes der Midlum-Schichten", frühestens also ab 3000 J.v.h., eine hochwasserfreie Sandplate entwickelt hat, aus der dann die heutige Insel hervorgegangen ist.

Die oben geschilderten Befunde vermitteln einen Eindruck von der **Lagestabilität der Inseln**, wobei zwei Bewegungsrichtungen getrennt zu betrachten sind. Zur Komponente der N-S-Verlagerung der Inseln sowie zur rückschreitenden Erosion an den untergegangenen Geestkernen liefern die oben erwähnten Bohrbefunde grobe Anhaltspunkte. Man kann daraus schließen, daß die Insel Wangerooge in den letzten 7500 Jahren um mindestens 6 km nach S verlagert worden ist. Da aber weder der genaue Verlauf der damaligen Küstenlinie, noch die Lagebeziehung der datierten Brackwassersedimente zu dieser Küstenlinie bekannt sind, ist auch ein erheblich höherer Betrag nicht auszuschließen. Im modernen

Küstenbau geht man von dem groben Richtwert aus, daß ein Ansteigen des Meeresspiegels um 1 m mit einer landwärtigen Verlagerung der Strandlinie der Inseln um 300 m einhergeht.

In Bezug auf die W-E-Verlagerung der Inseln unterschied SINDOWSKI (1963: 452) lagestabile Inseln (Juist, Norderney und Langeoog) von lagelabilen (Baltrum, Spiekeroog und Wangerooge). Als Unterscheidungskriterium benutzte er das Ausmaß, in welchem die Inseln sich von den Pleistozänhochlagen, ihrem „mutmaßlichen Entstehungszentrum", weg nach E verlagert haben. Die enge räumliche Beziehung einer Barriere-Insel zu Hochlagen des pleistozänen Untergrundes ist allein aber kein tragfähiges Kriterium für Lagestabilität, da sich der Übergang vom Stadium der Geestkerninsel zur Barriere-Insel je nach Höhe des Geestkerns zu ganz verschiedenen Zeiten vollzogen hat. Fundierte Aussagen über die Stabilität der Barriere-Inseln sind nur anhand datierter Relikte aus früheren Stadien der Inselentwicklung möglich.

Hinweise auf solche früheren Entwicklungszustände und auf die Verlagerung der Inseln liefern fossile Wattsedimente sowie Vegetationshorizonte von Salzwiesen, die auf Juist, Langeoog, Spiekeroog und Wangerooge vorkommen und im Zuge der Inselverlagerung von Dünen „überwandert" worden sind. Das ausgedehnteste Vorkommen solcher fossiler Watten hat BARCKHAUSEN (1969: Taf. VIII, 1) auf Langeoog auskartiert (Abb. 36). Dort nimmt die zwischen NN -0,2 und -0,6 m auftretende „Hydrobienbank" in den Umrissen der heutigen Insel ein zusammenhängendes 7,5 km langes und bis 2 km breites Areal ein. Der „Tönning-Klei" auf Wangerooge (SINDOWSKI 1969, Abb. 6), ebenfalls eine Wattablagerung, ist in einem 1,5 km langen und 0,8 km breiten Bereich erhalten. Relikte fossiler Salzwiesen sind weniger weit verbreitet. Die „Kleibank", eine Bildung des Inselgrodens, kommt nach BARCKHAUSEN (1969: Taf. VIII, 2.3) auf Langeoog in zwei Erosionsresten von 2 km² bzw. 1 km² vor, die „untere Moorerdebank" in einem noch kleineren Areal. Auf Wangerooge wurden einzelne Grodenrelikte über 1,5 km Strandlänge beobachtet (HANISCH 1980: Abb. 1), auf Juist über einen 1,2 km langen Strandabschnitt (STREIF 1986).

Die aus solchen Watt- und Grodenschichten abzuleitenden Beträge der N-S-Verlagerung von Wangerooge, Langeoog und Juist sind etwa

Ostfriesische Küstenregion 115

gleich groß. Die paläogeographische Karte von BARCKHAUSEN (1969: Taf. VIII) zeigt, daß Langeoog in den letzten 2000 Jahren um mindestens 2 km nach S „gewandert" ist. Geht man davon aus, daß die Insel auch während früherer Entwicklungsstadien an ihrer Seeseite Dünen getragen hat, so ist die Front dieser Dünen in etwa 400 Jahren um mindestens 500 m über den Inselheller (Inselgroden) nach S vorgerückt. Dieser Betrag darf aber nicht einfach mit einer entsprechenden Rückverlegung des Strandes gleichgesetzt werden. Die Strandlinie kann sich in dieser Zeitspanne um einen beträchtlich höheren, aber auch etwas geringeren Betrag nach S verschoben haben. Wangerooge ist in 1500 Jahren mehr als 2 km weit auf vormalige Wattgebiete „aufgewandert", und die S-Front seiner Dünen ist in 500 Jahren um mindestens 600 m über den früheren Inselgroden vorgerückt. Am W-Kopf von Juist haben die Haakdünen in 800 Jahren ein mindestens 1,2 km breites Salzwiesengebiet überwandert. Zum Ausmaß der W-E-Wanderung der Inseln liefern die spärlichen Relikte fossiler Inseloberflächen keine zuverlässigeren Aussagen als die o.g. Beträge über die Verlagerung der Gezeitenrinnen. Dennoch widerlegen die geschilderten Befunde einige ältere Hypothesen der Inselentstehung und -entwicklung, die auch aus wissenschaftshistorischen Gründen hier kurz erwähnt werden sollen.

PENCK (1894) entwickelte, ausgehend von einem Vergleich mit der Ostseeküste, die **Nehrungsinsel-Hypothese** und faßte die Ostfriesischen Inseln als Relikte einer „zerbrochenen Nehrung" auf. GRIPP (1944) benutzte ebenfalls die Begriffe „Nehrungsinsel" bzw. „Nehrungsinselreihe". Er betrachtete die Ostfriesischen Inseln jedoch nicht als Erosionsrelikte eines ehemaligen Strandwalls, sondern im Gegenteil als eine frühe Stufe einer kontinuierlichen Entwicklungsreihe, die von einer offenen Meeresbucht über ein „unreifes Watt" zu einem „reifen Watt" und schließlich zu einer „geschlossenen Nehrung" führt. Dieser Annahme widersprechen geologische Befunde. Sie zeigen ein gleichzeitiges Aufhöhen der Watten im gesamten ostfriesischen Raum an und geben keinerlei Hinweis für einen allmählichen Vorbau immer jüngerer Watten von W nach E. Die Begriffe „unreifes Watt" und „reifes Watt" sind mit genetischen Vorstellungen befrachtet und suggerieren einen Prozeß, der auch für die zukünftige Entwicklung der Deutschen

Bucht nicht zu erwarten ist. Sie sollten daher vermieden und durch die rein beschreibenden Begriffe „offenes Watt" bzw. „geschütztes Watt" oder „Rückseitenwatt" ersetzt werden. Dabei sei ausdrücklich betont, daß offene Watten und geschützte Watten keine unterschiedlichen Stufen einer Entwicklungsreihe darstellen, sondern eigenständige und charakteristische Landschaftsformen, die bei bestimmten hydrologischen und morphodynamischen Randbedingungen nebeneinander bestehen.

Mit seiner **Strandwall-Hypothese** vertrat LÜDERS (1953) die Vorstellung, daß sich die Inseln aus einem früher vorhandenen, langgestreckten und nur durch einzelne Baljen unterbrochenen Strandwall entwickelt haben. Eine ganz ähnliche Auffassung vermitteln die von OELE et al. (1979) herausgegebenen paläogeographischen Karten der S Nordseeküste für die Perioden um 7500, 5000 bzw. 2000 J.v.h. Sie zeigen langgestreckte Strandwallsysteme, die sich aus dem Raum W Amsterdam bis auf die Höhe der Emsmündung hinziehen. Diese Auffassung stellt einen engen Zusammenhang her zwischen dem Aufbau des Barriere-Systems und der gleichzeitigen Erhöhung der Watten. Sie gleicht damit in wesentlichen Teilen der hier vertretenen Auffassung. Einschränkend ist jedoch zu bemerken, daß die Annahme derartiger geschlossener Strandwallsysteme rein hypothetisch bleiben muß, da die transgredierende Nordsee sämtliche früheren Ablagerungsformen von Strandsand im heutigen Vorfeld der Inseln zerstört hat. Außerdem ist (vgl. Kap. 5.2.4) zu vermuten, daß auch während früherer Entwicklungsstadien der Nordsee in den einzelnen Küstenabschnitten unterschiedliche Tidehübe aufgetreten sind und folglich langgestreckte Strandwallsysteme, aber auch Barriere-Inseln und hochliegende Sandplaten gleichzeitig nebeneinander existiert haben.

Nach der von BARCKHAUSEN (1969) entwickelten **Platen-Hypothese** sind die Barriere-Inseln allein aus dem Kräftespiel von Strömungen, Seegang und Wind entstanden. Sie haben sich vom Entwicklungsstadium periodisch überfluteter Sandplaten, zu teilweise hochwasserfreien Strandwällen bis zum Endstadium Dünen tragender Inseln entwickelt. Dabei kommt dem Ausblasen von Sand aus dem Nassen Strand und der dadurch eingeleiteten Dünenbildung größte Bedeutung zu. Bei Langeoog soll sich der Übergang zu einer hochwasserfreien Plate zwischen 3000 und 2000 J.v.h. vollzogen haben. Diese Platen-Hypothese vermittelt eine zutreffende und heute allgemein akzeptierte Auffassung von der Entstehung der Ostfriesischen Inseln. Allenfalls wäre einzuwenden, daß die Hypothese in ihrer ursprünglichen Form die Bedeutung der Geestkerne für die Entwicklung der Ostfriesischen Inseln etwas unterbewertet hat.

6.2.2.2 Sedimente und Ablagerungsprozesse

Die heute im Küstenraum zu beobachtenden Ablagerungsprozesse und Ablagerungsformen bieten sich an, um aus den erbohrten Sedimentabfolgen Rückschlüsse auf das frühere Ablagerungsmilieu und auf verschiedene Stadien der paläogeographischen Entwicklung der Region zu ziehen. Entsprechend der vertikalen Zonierung sind im wesentlichen vier Ablagerungsräume zu unterscheiden:
- Das **Sublitoral** umfaßt die ständig von Salzwasser bedeckten Zonen am Vorstrand der Inseln sowie die zwischen den Inseln verlaufenden Seegaten und die tiefen, wattseitig anschließenden Gezeitenrinnen.
- Zum **Eulitoral** zählen die regelmäßig im Gezeitenrhythmus überfluteten und trockenfallenden Bereiche. Dazu gehört der relativ schmale Streifen des sog. Nassen Strandes an der Seeseite der Inseln. Ihm stehen in der Auftauchzone der Watten ausgedehnte Flächen gegenüber.
- Als **Supralitoral** werden die nur gelegentlich von Salzwasser bedeckten Partien des Trockenen Strandes auf der Seeseite der Inseln bezeichnet, denen auf der Wattseite der Inseln und an der Festlandsküste die Salzwiesen (Heller oder Groden) entsprechen.
- In der **Dünenregion** oberhalb dieser temporär überfluteten Zone finden Sedimenttransport und Ablagerung im Zusammenspiel von Wind und Vegetation statt.

Die Zusammenhänge zwischen den Ablagerungsräumen und den wirksamen Gestaltungsprozessen sind in Abb. 16 und 20 zusammenfassend dargestellt und werden in den nachfolgenden Kapiteln anhand einiger typischer Beispiele erläutert.

6.2.2.2.1 Große Tidesysteme, Seegaten und Riffbögen

Die ostfriesische Küstenregion wird von zwei großen Tidesystemen begrenzt. Von diesen war das Emsmündungssystem während des gesamten Holozän zur See hin offen. Jade und Jadebusen haben hingegen nur zeitweilig in ähnlicher Form wie heute bestanden und waren vorübergehend nahezu vollständig verlandet.

In der Emsmündung treten zahlreiche, sich überschneidende Elemente von Tiderinnen auf. W Borkum setzen Hubert Gat und Alte Ems bzw. Westerems und Randzelgat an, die nach S ins Doeke Gat bzw. Ostfriesische Gatje, den Dollart und das Emder Fahrwasser übergehen. Dieses zopfartige Rinnenmuster mit zahlreichen Stromspaltungen ergibt sich aus dem unterschiedlichen Speichervolumen sowie den verschiedenen Füllungs- und Entleerungszeiten, mit denen die schmale, schlauchartige Unterems bzw. das 110 km² große Buchtenwatt des Dollart auf die Tidewelle reagieren. Der mittlere Tidehub beträgt am Pegel Borkum-Südstrand 2,23 m und an der Emder Seeschleuse 3,04 m. Die bei Borkum pro Tide ein- und ausströmende Wassermenge beträgt im Mittel ca. 1000 Mio m³. An der engsten Stelle bei der Knock sind es noch ca. 180 bis 210 Mio m³, von denen ca. zwei Drittel auf den Dollart und ca. ein Drittel auf das Emder Fahrwasser entfallen. Den Formenschatz und die jüngsten morphologischen Veränderungen am Seegrund der Außenems zwischen Rottumeroog und Borkum beschrieb SAMU (1982).

Als Tiderinne des Jadebusens, eines Buchtenwatts von 177 km² Grösse, hat die Jade einen geradlinigen bis schwach geschwungenen Verlauf mit nur einer Nebenrinne, der Heppenser Rinne. Der mittlere Tidehub beträgt ca. 10 km NW Wangerooge bei der Ansteuerungstonne Jade 2,70 m und steigt im Bereich von Schillighörn auf 3,65 m bzw. am Pegel an der Ölpier Wilhelmshaven auf 3,70 m. An der engsten Stelle zwischen Wilhelmshaven und Eckwarderhörne strömt bei mittlerer Tide eine Wassermenge von 450 Mio m³ Wasser während der Flutphase in den Jadebusen ein und während der Ebbphase wieder aus (WETZEL 1975: 103 f.).

Mit den Sedimenten und ihren Ablagerungsformen am Grund der

Außenjade haben sich REINECK (1963) sowie REINECK & SINGH (1980) befaßt. Nach ihren Untersuchungen kommen dort 2,6 bis 10,6 km lange Sandkörper vor, deren Rücken bis etwa 5 m unter die Wasseroberfläche aufragen und die durch örtlich 15 m tiefe, z.T. in pleistozäne Ablagerungen einschneidende Rinnen voneinander getrennt sind. Unter normalen Tideverhältnissen erreichen die Strömungen in den Rinnen Maximalgeschwindigkeiten von 1,4 m/Sekunde, auf den Rücken sind sie erheblich geringer. Unter dem Einfluß dieser Strömungen verlagern sich die Sandbarren mit einer durchschnittlichen Geschwindigkeit von 115 m/Jahr. Durch Aufarbeiten von Pleistozän an der Rinnensohle einerseits und durch eingedriftete Mollusken von höher liegenden Watten andererseits, enthalten die Rinnensedimente wechselnde Anteile von Mittelsand, Grobsand, Kies und Molluskenschill. Diese können sich an der Rinnensohle örtlich zu Schillpflastern und Kieshorizonten anreichern. Als Transportformen des Sandes treten in den Gezeitenrinnen asymmetrische Riesenrippeln auf, die sich quer über die gesamte Rinnenbreite verfolgen lassen, und deren Steilhang jeweils in Richtung des dominierenden Flut- bzw. Ebbstromes weist. Die Länge der Riesenrippeln schwankt zwischen 250 und 930 m, ihre Höhe zwischen 1,7 und 5,5 m. Das Interngefüge ist durch Schrägschichtungsstrukturen gekennzeichnet. Die zwischen den Rinnen liegenden Sandkörper bestehen aus mittelsandigem Feinsand, der besser sortiert ist als die Rinnensande. Er weist überwiegend Kleinrippelschichtung auf. Häufig kommen als Lebensspuren halbmondförmige Verpressungsstrukturen vor, die der Seeigel *Echinocardium cordatum* in seinen Wühlbahnen erzeugt (SCHÄFER 1962: Abb. 183).

In den **Seegaten zwischen den Inseln** erzeugen Tideströme und Seegang sehr komplexe Transport- und Ablagerungsformen des Küstensandes. Dabei sind folgende Bereiche zu unterscheiden:
– der Riffbogen (Ebbdelta) am seewärtigen Ausgang der Seegaten,
– die engen und tiefen Gezeitenrinnen zwischen den Inseln und
– die Platen des Flutdeltas an der wattseitigen Verzweigung der Seegaten zu Baljen und Prielen.

Als **Riffbogen** bezeichnet man an der Nordsee ein System aus hochliegenden Sandplaten mit dazwischen liegenden flachen Rinnen, das sich vom E-Ende einer Insel bogenförmig nach N, E und SE bis zur nächsten, weiter E gelegenen und etwas nach N versetzten Insel hinzieht. Diese Riffbögen sind auf Wassertiefenkarten und Luftbildern deutlich zu erkennen. Sie fallen bei Ebbe teilweise trocken, sind aber auch bei Hochwasser sichtbar, da über den Untiefen verstärkt Brandung auftritt. Zur Entstehung der Riffbögen und zur Sandwanderung in dieser Zone entwickelten GAYE & WALTHER (1935) folgende Vorstellung. – Der an den Inselstränden generell E-wärts gerichtete Sandtransport wird durch die Seegaten unterbrochen. In gewissen Zeitabständen lösen sich die am E-Ende der Inseln akkumulierten Sande in Form einer Sandplate ab und wandern als solche über den Riffbogen nach E, so daß sie nach einigen Jahren den Strand am W-Ende der nächsten Insel erreichen. Diese Konzeption wurde in zahlreiche jüngere Veröffentlichungen übernommen und führte auch zur Vorstellung von einer periodisch wiederkehrenden Sandanlandung an den W-Enden der Inseln. Häufig wird in diesem Zusammenhang von „sieben fetten" und „sieben mageren Jahren" der Sandversorgung gesprochen.

Durch Kartenauswertungen versuchten HOMEIER & KRAMER (1957) erstmalig die Geschwindigkeit der „Platenwanderung" zu erfassen und ermittelten am Norderneyer Seegat über die Zeitspanne 1926 bis 1957 einen relativ konstanten Betrag von 405 m/Jahr ± 20%. Ähnliche Beträge veröffentlichten HOMEIER & LUCK (1971) für das Seegat der Accumer Ee (Baltrum – Langeoog) sowie LUCK & WITTE (1974) für die gesamte ostfriesische Küste. Seither ergaben sich jedoch einige Zweifel, ob Wanderwege und Wandergeschwindigkeiten „individueller" Platen oder von Platengruppen durch jährlich wiederholte Beobachtungen zutreffend zu erfassen sind. Gezielte Studien im Bereich des Harle-Riffbogens zwischen Spiekeroog und Wangerooge sprechen dafür, daß diese Vorstellung von einer „Platenwanderung" im W Teil des Riffbogens nicht zutrifft (HANISCH 1981). In gleiche Richtung weisen auch Untersuchungen von EHLERS (1984), der morphologische Veränderungen im Riffbogen der Accumer Ee anhand von Luftbildern im kurzen zeitlichen Abstand von nur 39 Tagen aufgenommen hat.

HANISCH (1981) unterschied im wesentlichen zwei Bereiche des Riffbogens, den W-Teil mit Sichelriffen und den E-Teil mit unregelmäßig geformten, meist dreieckigen Platen. Außerdem beobachtete er im Harle-Riffbogen eine streng zonierte und charakteristische Kornverteilung des Küstensandes. An den Inselstränden Spiekeroogs und Wangerooges, auf dem Kamm des Riffbogens sowie in der tief eingeschnittenen Seegatrinne kommen sehr gut sortierte Sande mit mittleren Korndurchmessern von 0,18 bis 0,24 mm vor. Am Außen- und Innenhang des Riffbogens sind dagegen unterhalb 2 m Wassertiefe (SKN) etwas feinere, ebenfalls sehr gut sortierte Sande mit mittleren Korndurchmessern von 0,13 bis 0,18 mm anzutreffen. Untersuchungen der Sedimentstrukturen und Transportkörper ergaben unterschiedliche Transportprozesse in den einzelnen Bereichen des Riffbogens.

Die Sichelriffe bilden im W-Teil des Riffbogens eine Serie schmaler, ca. 500 bis 1000 m langer, sichelförmig gebogener Sandbänke, deren konvexe Seite nach N bis NE weist. Diese Form täuscht eine gerichtete Verlagerung nach N bzw. NE vor. Die Untersuchungen haben jedoch ergeben, daß der Sandtransport hier bei ruhigen Wetterbedingungen im wesentlichen durch den Ebbstrom erfolgt, der den Sand in Form von Großrippeln seewärts verlagert. Die Umrisse der Sichelriffe sind durch Erosion bestimmt, die vor allem an den Rändern der flachen, zwischen den Riffen verlaufenden Rinnen ansetzt. Dadurch pendeln die Sichelriffe ungerichtet zwischen den Rinnen hin und her. Auch innerhalb der Rinnen wird der Sand vorwiegend in Form von Großrippeln verlagert; nur in der späten Ebbphase kann es zeitweilig zu Transport in Suspension und möglicherweise sogar zur Bildung von sog. „antidunes" kommen. Insgesamt wächst der Riffbogen bei ruhigen Wetterbedingungen seewärts und in die Höhe. Bei Sturm und starkem Seegang wird der Sand dagegen durch welleninduzierte Strömungen von See her wieder landwärts verlagert und der Riffbogen dadurch erniedrigt. Im Zusammenwirken der beschriebenen Prozesse durchwandert der Küstensand in sehr komplizierten Zickzackbewegungen die Zone der Sichelriffe nach E, wobei er wiederholt erodiert, resedimentiert und in verschiedenen Transportformen verlagert wird.

Die dreieckigen Platen bilden sich im E-Teil des Riffbogens in einer Zone, in der die Transportkraft des Ebbstromes nachläßt und Flutstrom sowie Seegang die dominierenden morphodynamischen Kräfte werden.

Hier bilden sich Platen in Form unregelmäßiger Dreiecke, deren Basis nach SE oder S zum W-Ende der folgenden Insel weist. Diese Platen werden SE-wärts zum Strand der nächsten Insel verlagert. Mit zunehmender Annäherung an den Strand verschmelzen die Platen und formen sich zu langgestreckten Vorstrand- und Strandriffen, bis sie vollständig an den Strand angeschweißt sind. Ein Großteil des anlandenden Sandes ernährt dabei den Strand, aber ein nicht unerheblicher Teil wandert in Strandprielen auch um die W-Enden der Inseln herum und gelangt somit erneut in das Seegat und den Sandkreislauf zurück. Den Vorgang einer Platenanlandung am W-Kopf von Norderney zwischen 1949 und 1955 veranschaulichten HOMEIER & KRAMER (1957). Nach REINECK (1960) sind für die Platenanlandung Brandungsschwallströme verantwortlich. Nur bei diesen, im E-Teil des Riffbogens ablaufenden Transportvorgängen, kann man folglich von Platenwanderung im Sinne von GAYE & WALTHER (1935) sprechen.

Die Morphologie der **Seegaten** wird durch die abfließende Ebbwassermenge sowie durch die Richtung der Baljen und großen Priele bestimmt, die sich, aus den Watteinzugsgebieten kommend, im Seegat bündeln. Die Watteinzugsbereiche werden im N durch die Strandlinien der Inseln, im S durch die Festlandküste und im W bzw. E durch die topographischen Wattwasserscheiden bestimmt. Diese Wattwasserscheiden setzen (vgl. Abb. 15) in der Regel im E-Teil der Inseln an und ziehen sich mit leicht geschwungenem Verlauf über die höchsten Geländepunkte zwischen benachbarten Priel- und Baljensystemen zur Festlandküste. Im Bereich dieser Wasserscheiden verlaufen auch die bei Niedrigwasser begehbaren Wattwanderrouten. Da die topographischen Wattwasserscheiden je nach Wind- und Strömungsverhältnissen sowohl von W wie von E überströmt werden können, sind sie nicht immer mit den hydrologischen Wattwasserscheiden identisch. Durch vorherrschende W-Winde werden z.B. mehr oder weniger große Wassermengen aus der Osterems über das Juister Watt E-wärts verdriftet, die dann durch das Norderneyer Seegat abfließen. Ähnliche Einflüsse wurden in geringerem Ausmaße auch für die Accumer Ee und die Otzumer Balje bestätigt.

Ostfriesische Küstenregion

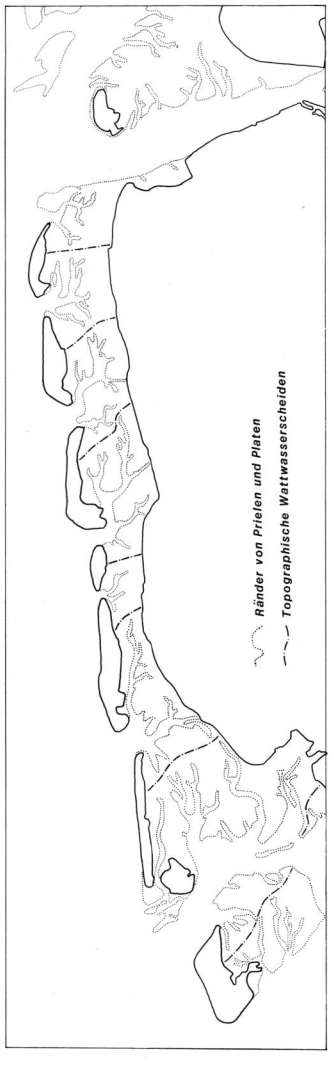

Abb. 15: Lage der topographischen Wattwasserscheiden.

Entsprechend der Richtung dominierender Priele und Baljen verlaufen auch die Seegatrinnen in einem Sektor zwischen NW- und NNE. Folglich liegen auch die Scheitelpunkte der vorgelagerten Riffbögen weiter im W (z.b. Accumer Ee) oder sind nach E verschoben (z.b. Norderneyer Seegat). Nach LUCK (1966) und Angaben der Topographischen Wattkarte wurden die in Tabelle 8 wiedergegebenen Daten über die ostfriesischen Seegaten zusammengestellt.

Die Seegaten schneiden z.T. tief in pleistozäne Ablagerungen ein (Norderneyer Seegat, Wichter Ee, Accumer Ee und Otzumer Balje), und verschiedentlich wurde vermutet, daß die Pleistozänsedimente die Lage von Seegaten stabilisieren. BARCKHAUSEN (1970: 17) nahm z.b. an, daß der erosionsbeständige „Lauenburger Ton" einer E-Verlagerung der Accumer Ee entgegenwirke, was jedoch nur im Sinne einer Verlangsamung zu verstehen ist. Daß auch dieses bindige und steife Material erodiert wird, belegt der geologische Schnitt A-B (BARCKHAUSEN 1970: GK 25, Blatt 2210), der deutliche Erosionsformen im „Lauenburger Ton" abbildet. Außerdem zeigt dieser Schnitt, daß die heutige Seegatrinne innerhalb z.T. mächtiger Holozänablagerungen verläuft.

Tabelle 8: Abmessungen der ostfriesischen Seegaten nach LUCK (1966) und den Blättern der TWK 25.

Lage	Seegat Name	Breite in Metern	Tiefe in Metern
Borkum/Juist	Osterems	3500	20
Juist/Norderney	Norderneyer Seegat	3500	25
Norderney/Baltrum	Wichter Ee	800	14
Baltrum/Langeoog	Accumer Ee	1800	19
Langeoog/Spiekeroog	Otzumer Balje	2200	21
Spiekeroog/Wangerooge	Harle	2500	32

Insgesamt erodieren die Gezeitenströme am Grund der tiefen Seegatrinnen weniger stark, als dies aufgrund von Rinnenformen und gemessenen, z.t. außerordentlich hohen Strömungsgeschwindigkeiten von 100 bis 150 cm/s zu erwarten wäre. So konnte REINECK (1963: 37) anhand einer dichten Besiedlung mit dem Bäumchenröhrenwurm *Lanice con-*

chylega nachweisen, daß in der tiefsten Zone des Norderneyer Seegats bei normalen Tiden keine hohen Strömungsgeschwindigkeiten auftreten und keine großen Sandmengen bewegt werden. Er schloß daraus, daß der überwiegende Teil des Sandtransports an den Rinnenflanken und nicht an der Rinnensohle verläuft. Ähnliche Befunde lieferten Bohrungen in der Harle-Rinne, die in 25 m Wassertiefe über pleistozänem Geschiebelehm frischen, unverfestigten Schlick antrafen bzw. Sedimente, die, bis 25 cm tief, dicht von Röhren des Wurmes *Lanice conchylega* durchsetzt waren. Außerdem förderten Greiferproben hier einen Sandkorallen-Stock von *Sabellaria spinosula* zutage. All diese Befunde sprechen für zumindest zeitweilig sehr ruhige Sedimentationsbedingungen unterhalb von ca. 20 m Wassertiefe. Wahrscheinlich sind Phasen der Erosion und Auskolkung am Grunde der tiefen Seegatrinnen nur auf Sturmfluten mit einem extremen Wasseraustausch zwischen Watt und Nordsee beschränkt.

Die heutigen Formen der Seegaten sind teilweise stark von den Buhnenbauten an den W-Köpfen der Inseln beeinflußt. Dies gilt für Borkum, Norderney, Baltrum und in besonderem Maße für Wangerooge. Dort wurde zwischen 1938 und 1940 mit der 1500 m langen „Strombuhne H" („Damm Buhne H"), dem bedeutendsten Buhnenbauwerk an der ostfriesischen Küste, die sog. Dove Harle durchdämmt, um ein weiteres Heranrücken des Seegats Harle gegen die Insel zu verhindern. Nach Untersuchungen von HANISCH (1981: Abb. 10) hat dieses Bauwerk den Durchflußquerschnitt der Harle nachhaltig verändert. Dieser Querschnitt, der sich von >8600 m² (im Jahre 1869) auf ca. 10000 m² (1911) und ca. 11000 m² (1930) vergrößert hatte, wurde auf ca. 7500 m² (1950 sowie 1978) eingeengt. Gleichzeitig verformte sich das breite, U-förmige Seegat mit einer Wassertiefe von ca. 22 m zu einer engen, V-förmigen Rinne, die sich 1969 auf die extreme Wassertiefe von 32 m eingeschnitten hatte. Dabei bildete sich der Steilhang der Seegatrinne am E-Hang unmittelbar vor der „Strombuhne H" aus, was mit größter Wahrscheinlichkeit auf Kolkwirkungen des Buhnenkopfes zurückzuführen ist. In natürlichen Seegaten liegt die steilere Böschung meist auf der W-Seite, am Prallhang der Ebbstromrinne.

Die **Flutdeltas** liegen an der wattseitigen Verzweigung der Seegaten und leiten über zum Verbreitungsbereich von Wattablagerungen. Diesen landseitigen Teil des Norderneyer Seegats haben NUMMEDAL & PENLAND (1981) untersucht und sehr komplexe Transportprozesse nachgewiesen. Auf engem Raum kommen dort nebeneinander Rippeln, Megarippeln und Sandwellen vor, wobei auf den Platen die in Richtung des Flutstromes orientierten Transportkörper gegenüber den Ebbstrom-orientierten etwas vorherrschen.

6.2.2.2.2 Vorstrand und Strand der Inseln

Als **Vorstrandbereich** bezeichnet man den unterhalb der Tideniedrigwasserlinie liegenden seeseitigen Abhang der Inseln (Abb. 13). In diesem Bereich tritt der Küstensand nach Untersuchungen von REINECK (1976) und CHOWDHURI & REINECK (1978) je nach Tiefenzone mit unterschiedlicher Korngrößenverteilung und in charakteristisch geformten Unterwasserriffen auf, den Vorstrandriffen, Sägezahn-Riffen und zungenförmigen Riffen.

Vorstrandriffe treten unmittelbar unter der Linie des mittleren Springtideniedrigwassers (SpTnw = Seekartennull = SKN) und bis ca. SKN -3 m auf. Meist liegen in dieser Tiefenzone zwei, häufig auch mehrere schmale und langgestreckte Riffe, die strandparallel oder extrem spitzwinklig zur Strandlinie verlaufen. Sie werden ca. 1 bis 1,5 m hoch und sind durch sog. Rifftäler voneinander getrennt. Vorstrandriffe entstehen in einer Zone, in der die vom Seegang erzeugten Wellen den Seegrund berühren, sich aufsteilen und brechen (Brecherzone). Dabei überströmen die eingetragenen Wassermassen die Riffe in Querrichtung.

Die höheren, um SKN 0 bis -1,2 m liegenden Vorstrandriffe werden regelmäßig vom grundberührenden Seegang erreicht und umgestaltet. Intensive Umlagerungsprozesse führen dazu, daß in dieser Zone sehr gut sortierte feinsandige Mittelsande und Mittelsande auftreten. Ihr Interngefüge zeigt laminierte Schichtung sowie Schrägschichtungen von Großrippeln und Riffstirnen, die jeweils senkrecht zum Strand einfallen. Aufgrund ungünstiger Lebensbedingungen für Bodenorganismen enthalten diese Sande selten Wühlgefüge. Die tiefer gelegenen Vorstrandriffe (SKN

-1,2 bis -3 m) werden nur bei Stürmen von der Wellenbasis berührt. Hier kommen feinkörnigere Sedimente vor, überwiegend mittelsandige Feinsande mit laminierter Schichtung und Kleinrippelgefüge. Wühlgefüge von Bodenorganismen sind erheblich häufiger als in den höheren Vorstrandpartien. In den Rifftälern reichern sich stellenweise Kies und Muschelschalen an.

Als Sägezahn-Riffe bezeichnete REINECK (1976) Strukturen, die im unteren Vorstrandbereich von Norderney, Langeoog und Spiekeroog in der Tiefenzone zwischen SKN -3 und -6 m vorkommen und auf topographischen Karten des Seegrundes gut zu erkennen sind. Diese Riffe treten in regelmäßigen Abständen von ca. 500 m nebeneinander auf, werden etwa 1 km lang und verlaufen von SW nach NE. Möglicherweise ist die Entstehung der Sägezahn-Riffe auf Ripströme zurückzuführen.

In noch größeren Wassertiefen zwischen SKN -9 und -20 m sind zungenförmige Riffe ausgebildet. Ihre Formen zeichnen sich meist weniger ab als die Sägezahn-Riffe, und sie sind rechtwinklig zu diesen in SE-NW-Richtung angeordnet. Beide Rifftypen sind nicht lagestabil, sondern verschieben sich unter dem Einfluß hydrodynamischer Prozesse.

Im Vorstrandbereich der Inseln Borkum, Juist, Norderney und Spiekeroog haben LUDWIG & FIGGE (1979: Taf. 9; vgl. Kap. 6.1) Areale auskartiert, in denen Schwermineralkonzentrationen mit Schwermineralgehalten von >3,0 Gew.% auftreten. Innerhalb des Schwermineralspektrums sind die Wertminerale Ilmenit und Zirkon mit relativ hohen Anteilen vertreten. Die höchsten Schwermineralkonzentrationen liegen in Wassertiefen oberhalb SKN -10 m in sehr gut sortierten Sanden mit Medianwerten zwischen 0,134 und 0,162 mm bzw. Sortierungsgraden zwischen 1,10 und 1,22. LUDWIG & FIGGE (1979) vermuteten, daß die Schwerminerale auch heute bei extremen Wetterlagen durch Seegang aus dem pleistozänen Untergrund aufgearbeitet und in den holozänen Sanden angereichert werden. Sie nahmen deshalb an, daß sich die sog. Schwermineralseifen im Vorstrandbereich bei einem Abbau regenerieren würden. Die Vorkommen sind aufgrund der derzeitigen Weltmarktpreise nicht bauwürdig. Ob ein wirtschaftlicher Abbau dieser Rohstoffreserven in Zukunft je betrieben werden kann, ist fraglich, da zuvor konkurrierende Nutzungsansprüche zwischen Bergbau, Inselschutz, Naturschutz und Touristik abgewogen werden müssen.

Im **Strandbereich** der Inseln sind die Zonen des Nassen und des Trockenen Strandes zu unterscheiden. Eng mit den Prozessen am Strand verknüpft ist auch die Genese der Dünen.

Als Nassen Strand bezeichnet man die Zone zwischen den Tideniedrig- und Tidehochwasserlinien (Abb. 16), die im Gezeitenrhythmus überflutet wird und trocken fällt. Ihre Obergrenze ist vielfach anhand von Flutmarken, den Spülsäumen, zu erkennen. Der Nasse Strand ist periodisch den Kräften von Seegang und auslaufenden Wellen ausgesetzt. Dabei wirken ähnliche Transport- und Ablagerungsprozesse wie in den oberen Partien des Vorstrandes. Während der Ebbphase fällt dieser Strandstreifen jedoch trocken, so daß zusätzlich Wind auf ihn einwirkt. Starker Wind ab Windstärke 7 Bft (ca. 50 km/h) vermag Sandkörner vom Nassen Strand loszureißen und als treibenden Sand über den Nassen und Trockenen Strand hinweg bis zu den Inseldünen zu verfrachten. Dabei bilden sich in Bodennähe Schleier von treibendem Sand.

Nach REINECK (1984) entstehen am Nassen Strand meist zwei Strandriffe mit landseitig verlaufenden Strandprielen. Die Riffe fallen flach zur See ein, haben einen breiten Kamm und eine steile, landwärts gerichtete Riffstirn. Ihr Interngefüge zeigt teilweise Schichtenpakete aus laminiertem Sand, die mit 4° bis 6° seewärts einfallen und häufig eingeschaltete Lagen von Schill enthalten. Diese Sandpakete entstehen bei Schwapp- und Rückschwapp-Bewegungen auslaufender Wellen. Im Bereich der Riffstirnen zeigt das Sedimentgefüge dagegen 18° bis 30° steil landwärts einfallende Strukturen.

Seegang verlagert die Strandriffe auf die Inseln zu, indem Wellen an der Seeseite der Riffe Sand erodieren, diesen über den Riffkamm hinweg transportieren und teilweise an der Riffstirn ablagern oder bis in den wassererfüllten Strandpriel verfrachten. Das in die Strandpriele eingeschwappte Wasser folgt diesen strandparallel über einige zehner bis hundert Meter und strömt dann, an Durchbruchstellen in den Riffen, wieder seewärts zurück. Hier erreichen die pulsierend verlaufenden, seewärts gerichteten Ripströme Strömungsgeschwindigkeiten von über 140 cm/sec.

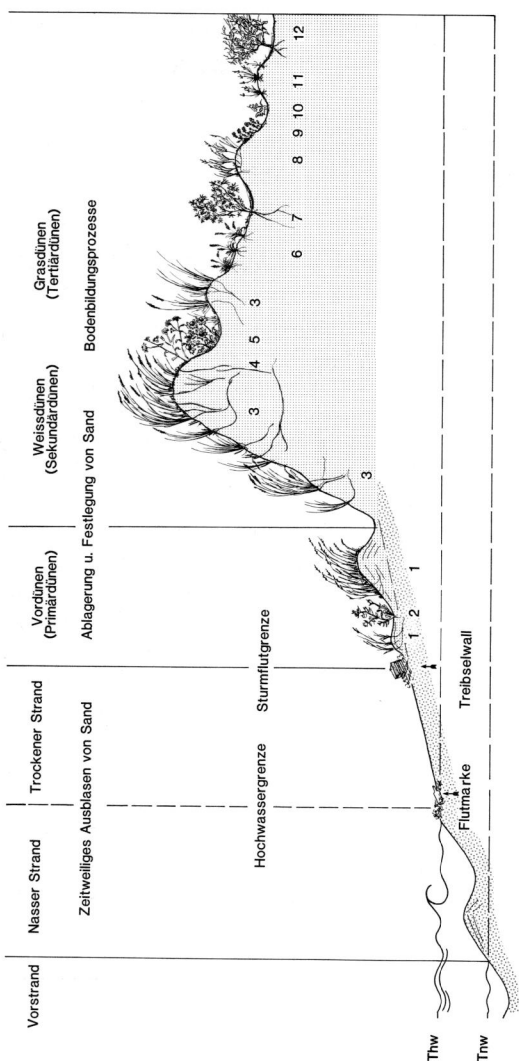

Abb. 16: Schematischer Schnitt vom Vorstrand durch die Inseldünen mit den in einzelnen Zonen vorherrschenden Bildungsbedingungen, charakteristischen Marken und Ablagerungsformen sowie einigen Vertretern typischer Vegetation: 1 = Dünenquecke, 2 = Kalisalzkraut, 3 = Strandhafer, 4 = Ackergänsedistel, 5 = Stranddistel, 6 = Weißliches Schillergras, 7 = Sanddorn, 8 = Sandsegge, 9 = Glockenheide, 10 = Tüpfelfarn, 11 = Silbergras und 12 = Moorbirke.

Da die Strandriffe nur unter normalen Ablagerungsbedingungen aufgebaut, bei stärkeren Stürmen hingegen eingeebnet werden, zeigt das Strandprofil im saisonalen Wechsel unterschiedliche Oberflächenformen. Strandriffe und Strandpriele sind überwiegend im Sommer zu beobachten, ausgeglichene und flach seewärts einfallende Strandprofile dagegen im Winter. Aufgrund dieser augenfälligen Erscheinungsformen wird häufig zwischen „Sommerstrand" und „Winterstrand" unterschieden.

Der Trockene Strand erstreckt sich von der MThw-Linie bis zum Fuß der Inseldünen (Abb. 16). Dieser Strandstreifen wird nur gelegentlich bei erhöhten Wasserständen überflutet, wobei auf dem Trockenen Strand die unterschiedlich weit gegen den Dünenfuß vorgeschobenen Treibselwälle aus leicht verdriftbarem Material (Pflanzendetritus, Tang, Holz, Plastik, Tauwerk etc.) als Sturmflutmarken zurückbleiben. Derartige Überflutungen lagern aber auch Schichtenpakete aus Sand ab, die sehr flach seewärts einfallen und durch extrem spitzwinklige Diskordanzen voneinander getrennt sind.

Die weitaus überwiegende Zeit wirkt Wind auf die Oberfläche des Trockenen Strandes ein, wobei hier Sand bereits ab Windstärken 4 bis 5 Bft (ca. 23 bis 30 km/h) ausgeweht wird. Dabei entstehen z.T. kolkartige Ausblasungswannen. Häufig reichern sich durch bevorzugtes Auswehen leichter Sandkörner auf der Oberfläche des Trockenen Strandes Schwerminerale an. Diese meist schwarz bis dunkelgrau und schwach rötlich gefärbten Residualbildungen können auf der Strandoberfläche bzw. dicht darunter als Einkornlagen, dünne Bänder oder gelegentlich auch als ein aus zahlreichen Schwermineraliagen bestehendes, 10 bis 20 cm dickes Paket auftreten. Derartige, als Strandseifen bezeichnete Schwermineralanreicherungen an der ostfriesischen Küste beschrieben TRUSHEIM (1935), LAMCKE (1938) und LÜTTIG (1974).

Die Korngrößenverteilung, Kornformen und Schwermineralgehalte von Strand- und Dünensanden der Ostfriesischen Inseln hat VEENSTRA (1982) systematisch untersucht. Er analysierte Probenserien, die während einer Phase gleichbleibend ruhigen Wetters (11.-22.07.1977) an der Niedrigwasserlinie, der Hochwasserlinie und von den Vordünen entnommen worden waren. Die in Abb. 17 wiedergegebenen Analysenergebnisse zeigen, daß die Sande einer Insel sich jeweils von denen der benachbarten Inseln unterscheiden. So sind die an der Niedrigwasserlinie entnommenen Sande auf Juist und Norderney gröber als entsprechende Sande auf Borkum; die Sande auf Langeoog, Spiekeroog und Wangerooge gröber als jene auf Baltrum. Die Korngrößen der an der Hochwasserlinie entnommenen Sande nehmen dagegen von W nach E generell zu. Einen gleichen Trend zeigen auch die Dünensande auf den Strecken Borkum-Norderney bzw. Baltrum-Wangerooge. In der Schwermineralfraktion der Sande überwiegt W Baltrum Granat. Nach einem abrupten Wechsel überwiegt hingegen E Baltrum Ilmenit gegenüber Granat. Aus der Summe dieser Befunde zog VEENSTRA (1982) den Schluß, daß der Küstensand zu einem ganz überwiegenden Teil aus dem Vorfeld der Inseln stammen muß und von dort durch N-S-Transport an die Strände verlagert wird. Dieses durch sedimentologische und mineralogische Befunde abgesicherte Ergebnis widerlegt die in der Literatur sehr häufig vertretene Auffassung von einer vorherrschenden W-E-Komponente des Sandtransports.

6.2.2.2.3 Inseldünen

Die Dünen der Ostfriesischen Inseln werden bis zu 25 m hoch und verleihen diesen zusammen mit markanten Bauwerken eine charakteristische Silhouette. Neben einigen Partien der Salzwiesen sind die Dünen die jüngsten Bauelemente der Inseln (Abb. 13, 16). Nach De JONG (1984) sind die Dünen auf den Westfriesischen Inseln erst ab dem 13. Jahrhundert n.Chr. entstanden. Zu einer ähnlichen Auffassung gelangte auch EHLERS (1986) für die Ostfriesischen und die Nordfriesischen Inseln. Er nahm zusätzlich an, daß die Dünenbildung kein kontinuierlicher Vorgang war, sondern mit sturmflutreichen Phasen im 13.-15. Jahrhundert, im 17. und zu Beginn des 18. Jahrhunderts sowie in der zweiten Hälfte des 19. Jahrhunderts einhergegangen ist. Für Juist konnte STREIF (1986) jedoch den Nachweis führen, daß dort Dünen bereits vor 1555 ± 160 J.v.h. bestanden haben.

Dünen konnten sich erst entwickeln, nachdem auf hochwasserfreien Platen eine spezielle Vegetation Fuß gefaßt hatte. Dabei wirkten in einem komplizierten Prozeß der Antransport von Sand durch Wind und das Festlegen von Sand durch Vegetation zusammen. Fehlt die spezifische Pioniervegetation, so kommt die Dünenentwicklung nicht über ein Anfangsstadium mit welligen Flugsanddecken oder niedrigen, sichelförmigen Strandbarchanen hinaus. Um die enge Wechselwirkung zwischen Vegetation und Dünenentwicklung herauszustreichen, gab van DIEREN (1934) seiner systematischen Studie den zunächst befremdlich klingenden aber zutreffenden Titel „Organogene Dünenbildung". Aufgrund ihrer Lage, der vorherrschenden Farbe und des Bewuchses werden Primärdünen (Vordünen, Queckendünen), Sekundärdünen (Weißdünen, Strandhaferdünen) und Tertiärdünen (Graudünen, Schwarzdünen, Grasdünen) unterschieden (Abb. 16). In einer Übersichtskarte haben DIJKEMA & WOLFF (1983: Blatt 3) die heutigen Landschafts- und Vegetationsverhältnisse auf den Ostfriesischen Inseln dargestellt.

Kleinstformen von Dünen entwickeln sich im Windschatten von Hindernissen jeglicher Art. Dort entstehen Wirbel, in denen die zum Sandtransport erforderliche Windgeschwindigkeit unterschritten wird, so daß sich ein Teil des äolisch transportierten Sandes absetzt. Solche „Sandfahnen" auf der Leeseite von Muschelschalen, Treibsel etc. sind am Trockenen Strand regelmäßig zu beobachten.

Als **Primärdünen** oder **Vordünen** (Abb. 16) bezeichnet man die niedrigsten, oft nur wenige Dezimeter, maximal 2 bis 3 m hohen Dünen im oberen Bereich des Trockenen Strandes. Sie entstehen dort, wo der angewehte Sand von der Dünenquecke (Strandweizen oder Binsenquecke

Abb. 17: Korngrößenverteilung an der Niedrigwasserlinie (A) der Hochwasserlinie (B) und im Vordünenbereich (C) der Ostfriesischen Inseln, umgezeichnet nach VEENSTRA (1982). Die gestrichelten Linien stellen Medianwerte, durchgezogene Linien die Quartile Q1 und Q3 dar. Die Befunde belegen, daß in erheblichem Umfang Material von See her auf die Strände eingefrachtet wird und der Küstenlängstransport von Sand eine untergeordnete Bedeutung hat.

Ostfriesische Küstenregion

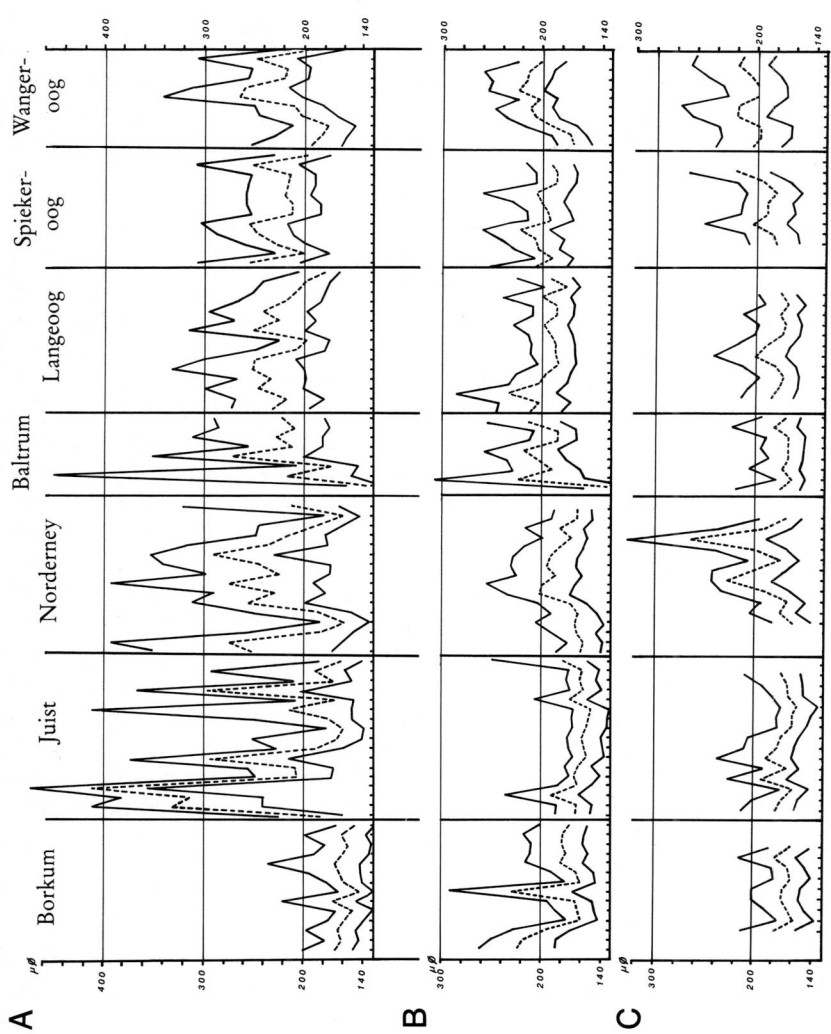

= *Agropyron junceum*) fixiert wird. Die oberirdischen Sprosse dieser Pflanze bilden schüttere Büschel, die im Winter absterben und folglich als Sandfänger keine sehr große und dauerhafte Wirkung besitzen. Mit den in verschiedenen Stockwerken angeordneten Wurzelstöcken kann die Pflanze aber einen für ihr Wachstum optimalen Salzgehalt um 1,6 bis 2,4% einstellen, höher konzentrierte Salzwasserüberflutungen überdauern und nach weitgehender Zerstörung der Primärdünen erneut austreiben. Die Dünenquecke bevorzugt neutralen bis schwach basischen, kalkhaltigen und feuchten Sand. Wichtig ist eine ständig ausreichende Versorgung mit Nährstoffen, vor allem mit Kalk aus fein zerriebenen Organismenschalen. Wird diese unterbunden, so beginnt die Dünenquecke zu degenerieren. Aus dem Nährstoff- und einem gewissen Salzwasserbedarf ergibt sich die Tatsache, daß die von Dünenquecken bestandenen Primärdünen nicht über ca. 2 bis 3 m Höhe erreichen. Sie liegen damit immer noch im Niveau hoher Sturmfluten und bleiben vollständig deren Angriffen ausgesetzt. Primärdünen bilden aber eine Grundlage, auf der weitere Dünenbildner Fuß fassen und so eine weitere Erhöhung einleiten können. Neben der dominierenden Dünenquecke kommen in diesem Bereich als salztolerante Arten das Kali-Salzkraut (*Salsola kali*), der Meersenf (*Cakile maritima*), die Strandmelde (*Atriplex littorale*) und die Keilmelde (*Atriplex hastata*) vor.

Wichtigste Pflanze der **Sekundärdünen** oder **Weißdünen** (Abb. 16) ist der Strandhafer (Schmaler Helm = *Ammophila arenaria*). Der Strandhafer hat zwar schmale, aber lange und dicht stehende Blätter, die im Winter nicht absterben. Er ist in besonderem Maße zum Fangen und dauerhaften Fixieren von Flugsand geeignet. Eine weitere wichtige Pflanze dieses Bereichs ist der Strandroggen (Breiter Helm oder Blauer Helm = *Elymus arenarius*). Er hat breitere, weniger dicht stehende Blätter, die im Herbst absterben, ist aber widerstandsfähiger gegenüber gelegentlichen Salzwasserüberflutungen. Erwähnenswert ist, daß diese Dünenbildner auf eine ständige Zufuhr frischen Sandes mit Kalk- und gewissen Salzgehalten angewiesen sind. Dadurch kommt es zum Höherwachsen der Dünenkörper, bei dem Sand sowohl von den oberirdischen Gräsern festgehalten als auch von den Wurzelstöcken durchdrungen und in gewisser Weise stabilisiert wird. Als weitere Helmart kommt im Dünenbau der Baltische Helm (*Ammocalamagrostis baltica*) zum Einsatz, der als Bastard nur vegetativ vermehrt werden kann. Neben den ausgesprochenen Dünenbildnern kommen auf Sekundärdünen auch die Ackergänsedistel (*Sonchus arvensis*), Stranddistel (*Eryngium maritimum*), Strandwinde (*Calystegia soldanella*), Strand-Platterbse (*Lathyrus maritimus*) und andere vor.

Die Sekundärdünen erreichen oft Höhen von über 10 bis 20 m und sind in etwa strandparallelen Dünenzügen angeordnet. Die vegetationsfreien, im Sonnenlicht oft blendend hellen Partien vor allem auf der Strandseite dieser Dünen führten zu der charakteristischen Bezeichnung Weißdünen. Bei günstiger Sandversorgung können nacheinander mehrere Wälle von Sekundärdünen aufwachsen, von denen aber jeweils nur der jüngste, seeseits liegende ausreichend mit frischem Sand versorgt wird. Auf der von der Sandzufuhr abgeschnittenen vormaligen Randdüne führt dies zu einer völligen Umgestaltung der Ernährungsbedingungen. Der Boden verarmt, und als erstes verschwindet daraufhin der Strandroggen. Der Strandhafer bleibt zwar, aber verkümmert und treibt anstelle der sonst dichten und dunkelgrünen Helmbüschel nur gelblich-grüne Sprosse, die großenteils nicht mehr fruchten. In dieser Zone vollziehen sich dann Übergänge zu den Tertiärdünen.

Der Bereich der **Tertiärdünen** oder **Grasdünen** (Abb. 16) ist von der Zufuhr neuer Nährstoffe weitestgehend ausgeschlossen, so daß der Boden zunehmend verarmt und versauert und sich eine angepaßte Vegetation einstellt. Aufgrund unterschiedlicher Entwicklungsstadien und Vegetationsdecken werden in dieser Zone Graudünen und Schwarzdünen unterschieden.

Flächenmäßig am weitesten verbreitet sind im Bereich der Graudünen Kleingras- und Buschgesellschaften mit den charakteristischen Vertretern Weißliches Schillergras (*Koeleria albescens*), Silbergras (*Corynephorus canescens*), Sandschwingel (*Festuca rubra*), Sandsegge (*Carex arenaria*) und Sand-Lieschgras (*Phelum arenarium*). Weitere charakteristische Pflanzen sind der Sanddorn (*Hippophae rhamnoides*), Kriechweide (*Salix repens*), das Ohrlöffel-Leimkraut (*Silene otites*). Solche Vegetationsbestände kommen auf den landwärtigen Dünenzügen und in den wellig-kuppigen Dünenlandschaften im Inneren der Inseln vor. Ein gewisses Endstadium der Dünenentwicklung ist mit den Schwarzdünen erreicht, wenn sich Bestände mit Krähenbeerenheide (*Empetrum nigrum*), Besenheide (*Calluna vulgaris*), Glockenheide (*Erica tetralix*) und Flechtenbewuchs einstellen. In typischer Ausbildung treten Schwarzdünen im Bereich alter Dünenkerne auf. Allerdings sind auch in diesen Zonen keine Podsol-Bodenprofile mit Bleichsand- und Ortsteinhorizonten entwickelt.

Durch Winderosion können Sekundär und Tertiärdünen angegriffen und remobilisiert werden. Von lokalen Verletzungen der Vegetationsdecke ausgehend bilden sich im Erosionsgebiet sog. Windmulden, die sich zu tiefen Ausblasungswannen erweitern und bis zum Grundwasserspiegel reichen können, der dann eine weitere Vertiefung unterbindet. Im Akkumulationsgebiet entstehen dabei neue, sich rasch verlagernde Dünen, sog. Wanderdünen. In typischer Form sind auf Norderney sowohl die Deflationswannen (Nordhelmbecken, Dünenbecken zwischen Leuchtturm und Postbake) als auch die Formen der inzwischen wieder festgelegten und bepflanzten Wanderdünen (Weiße Düne) zu beobachten.

Insgesamt sind die heutigen Dünen, und vor allem der geschlossene Randdünenwall der Inseln, sehr stark vom Menschen gestaltet. Ursprünglich waren die Dünenzüge viel lückenhafter und hatten z.T. breite Durchbrüche, sog. Schlopps oder Legden. Solche Durchbrüche existierten z.B. früher auf Juist im Bereich des Hammersees und auf Langeoog (Große u. Kleine Schlopp) bzw. sind heute auf Spiekeroog zwischen dem alten Dünenkern um das Dorf und den Dünen der E-Plate zu beobachten.

Abb. 18: Ausdehnung der Süßwasserlinsen auf den Ostfriesischen Inseln und Verlauf der Salz-/Süßwassergrenze im festländischen Bereich nach der Geowissenschaftlichen Karte des Naturraumpotentials von Niedersachsen und Bremen. In den eng schraffierten Bereichen ist nur der untere Teil des Grundwasserleiters versalzt, in weit schraffierten Bereichen ist der Grundwasserleiter vollständig oder fast vollständig versalzt.

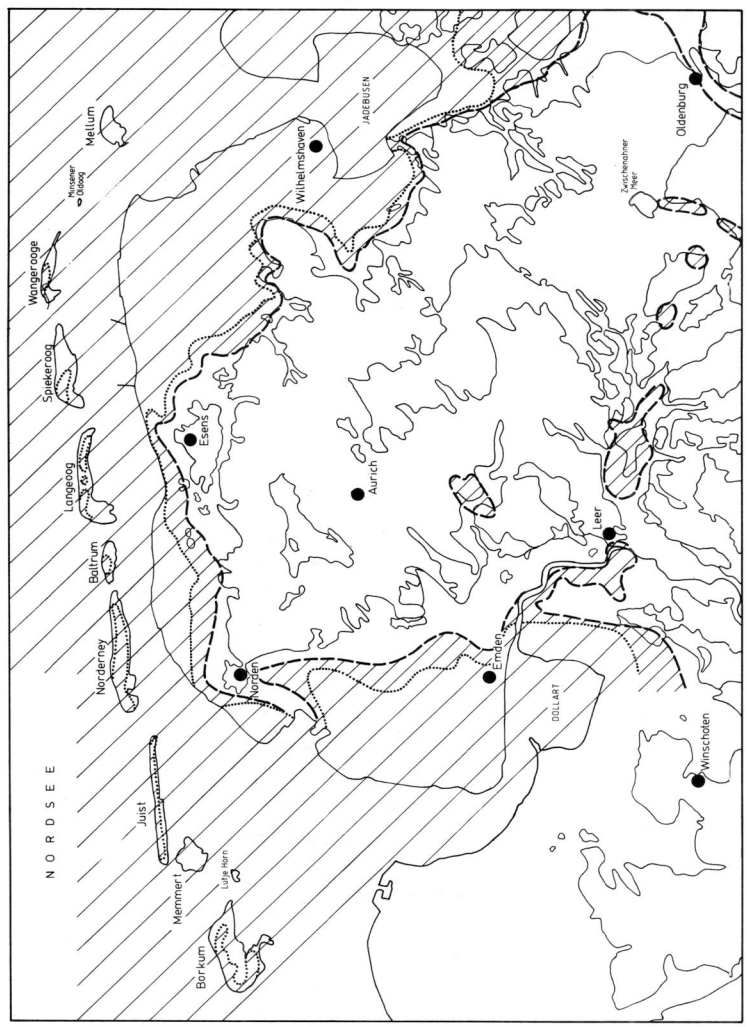

6.2.2.2.4 Hydrogeologie der Inseln

Im Untergrund der Ostfriesischen Inseln und in weiten Teilen der Watten und Marschen tritt versalztes Grundwasser auf (Abb. 18), das mit einer im allgemeinen recht scharfen Grenze, der sog. Salz-/Süßwassergrenze gegen die „süßen" Grundwässer des Binnenlandes angrenzt. Auf den Inseln, die keinen nennenswerten oberirdischen Abfluß besitzen, versickert ein hoher Anteil der Niederschläge und füllt insbesondere unter den Dünen Grundwasserreservoire mit Süßwasser auf. Das Niederschlagswasser hat ein geringeres spezifisches Gewicht als das versalzte Grundwasser und baut in den Dünensanden ein erhöhtes Druckniveau auf. Dadurch entsteht ein Süßwasserkörper, der – einem Eisberg vergleichbar – auf dem versalzten Grundwasser im tieferen Untergrund schwimmt und die Grenzschicht zwischen Salz- und Süßwasserkörper dem hydrostatischen Druck entsprechend einbeult.

Wegen ihrer typischen Form, die im Quer- und Längsschnitt einer mehr oder minder dicken Linse entspricht, werden solche Süßwasservorkommen auf den Inseln als **Süßwasserlinsen** bezeichnet (Abb. 19). Die Oberfläche des Süßwasserkörpers liegt, bei ausreichender Höhe der Dünen, im Zentrum des Einzugsgebietes bei ca. NN +1 bis +2 m. Die Basis der Süßwasserlinsen liegt durchschnittlich bei NN -30 bis -40 m (RÜLKE 1969, GERHARDY 1970), reicht aber auf Norderney bis NN -70 m. Der Rand der Süßwasserlinsen ist auf das Tidemittelwasser (ungefähr NN) eingestellt. In diesem Randbereich findet ein ständiger Abfluß von süßem Grundwasser zur Nordsee sowie zum Watt statt, der mit der Grundwasserneubildung aus dem Niederschlag in den Dünen im Gleichgewicht steht.

Süßwasserlinsen spielten neben dem in Zisternen gesammelten Niederschlagswasser lange Zeit eine entscheidende Rolle für die Wasserversorgung der Inseln und werden auch heute von Wasserwerken genutzt. Die natürlichen und sich ständig regenerierenden Süßwasservorräte der Süßwasserlinsen reichen bei den meisten Ostfriesischen Inseln aus, um den Trink- und Brauchwasserbedarf auch für den saisonalen Massentourismus zu decken. Lediglich Baltrum und Wangerooge sind über Rohrleitungen an Wasserversorgungsnetze des Festlandes angeschlossen.

Ostfriesische Küstenregion

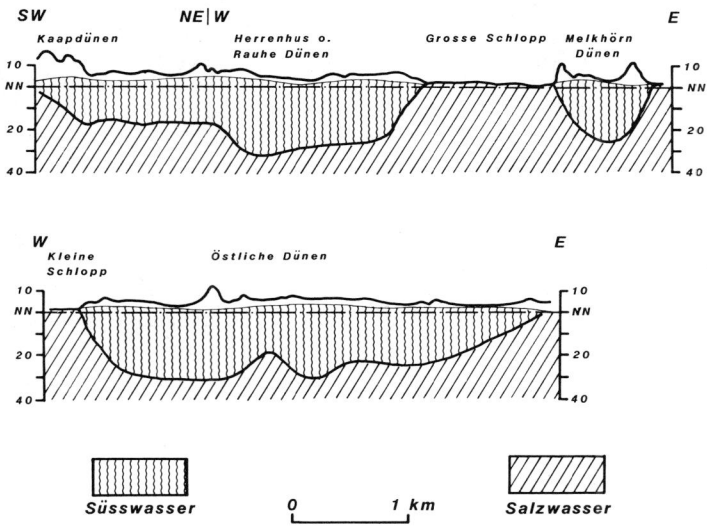

Abb. 19: Form und Ausdehnung der Süßwasserlinse auf Langeoog nach RÜLKE (1969) und GERHARDY (1970).

Der Spiegel der Süßwasserlinsen kann so hoch liegen, daß er in tiefen Dünentälern bis nahe unter die Oberfläche reicht und dort Vernässungszonen mit Niedermoortorf entstehen. Stellenweise liegt der Grundwasserspiegel so hoch, daß sich temporäre Süßwasserblänken oder auch dauerhafte, flache Süßwasserseen bilden. So sind z.B. auf Borkum in der Zeitspanne nach 1710 die Kiewietzdelle (ca. 1,5 km lang) und die Waterdelle (ca. 1 km lang) dadurch entstanden, daß sich neue Randdünenzüge gebildet haben und in der Folgezeit die Niederungen zwischen altem und neuem Dünenzug vernäßten. Auch auf Norderney erstreckt sich E der Weißen Düne und S der Nordstranddünen ein über 2 km langes versumpftes Dünental. Der Hammersee auf Juist, ein zwischen zwei Dünenzügen liegender Flachsee, ist unter Mithilfe des Menschen entstanden. Nach ERCHINGER (1987) hatten die Zerstörungen von 1662 einen 1,7 km langen Strandabschnitt zwischen dem W- und E-Teil der Insel derart erniedrigt, daß dieser bereits bei Springtiden von Salzwasser überflutet wurde. Erst über 200 Jahre später gelang es 1877 im S des „Hammer" eine geschlossene Dünenkette zu schaffen, und der N „Hammerdeich" konnte erst zwischen 1927 und 1932 durch Dünenbaumaßnahmen geschlossen werden. Danach sammelte sich in der am tiefsten liegenden Zone zwischen beiden Dünenwällen Süßwasser an, und es entwickelte sich der etwa 30 ha große, durchschnittlich 1 m tiefe Hammersee, der fortschreitender Verlandung durch Schilfröhricht (*Phragmites communis*) und das Schwarze Kopfried (*Schoenus nigricans*) unterliegt.

6.2.2.2.5 Inselschutz

Bei negativer Sandbilanz können einzelne Strandabschnitte zeitweilig so weit erniedrigt und verschmälert werden, daß Strandpriele dicht an den Dünenfuß heranrücken. Bei Sturmfluten hat das zur Folge, daß hoch auflaufende Wellen weitgehend ungebremst gegen den Dünenfuß anbranden, diesen erodieren, unterschneiden und so Böschungsrutschungen einleiten. Auf diese Weise werden in kurzer Zeit ganze Stranddünenzüge abgetragen. Randdünen werden wegen ihrer Schutzfunktion im niedersächsischen Deichgesetz ausdrücklich als Schutzdünen bezeichnet und müssen daher in ihrem Bestand gesichert und erhalten werden.

Den genannten Prozessen versuchte man ab etwa 1800 mit Buschbuhnen und Holzkonstruktionen entgegenzuwirken, und bereits in den Jahren 1857-58 begann man auf Norderney damit, in Massivbauweise ein Stück Längswerk zu errichten. Mit diesem ersten starren und massiven Bauwerk im mobilen Strandsand hatte man eine Richtung des Inselschutzes eingeschlagen, die zahlreiche Folgemaßnahmen nach sich zog und die heute nicht mehr umzukehren ist. Im Wettlauf mit den Naturprozessen war es auf Norderney bereits 1862 notwendig, das Längswerk zu verlängern und durch drei Buhnen zu ergänzen. Weitere Ausbaustufen folgten, und heute ist der W-Kopf der Insel durch 6 km lange, schwere Dünenschutzwerke und 32 Buhnen verbaut.

Beim Versuch die Strände und Dünen vor Abtrag zu schützen, wurden im wesentlichen drei Wege beschritten: der Bau von Buhnen im Vorstrand- und Strandbereich, das Errichten von Längswerken an der Nahtstelle zwischen Strand und Dünen sowie das Aufspülen von Sand in „unterernährten" Strandabschnitten. Die folgende, knapp zusammenfassende Darstellung der Inselschutzmaßnahmen beruht überwiegend auf den „Empfehlungen für die Ausführung von Küstenschutzwerken – EAK 1981" (Ausschuss „Küsten-Schutzwerke" 1981) sowie auf Veröffentlichungen von ERCHINGER (1986) und KUNZ (1987), die umfangreiche Hinweise auf einschlägige Literatur enthalten.

Der Bau quer zum Strand angeordneter **Buhnen** ist eine Schutzmaßnahme, die ursprünglich für den Flußausbau entwickelt, dann aber auch auf den Gezeiten- und Strandbereich übertragen wurde. In ihrer ältesten Form sind sie als Buschbuhnen ab 1818 von Wangerooge überliefert. Inzwischen hat man verschiedenartigste Bauformen mit unterschiedlichen Funktionen entwickelt:
– Strandbuhnen sollen flächenhaften Sandabtrag durch Wellen und Brandungsströmungen am Nassen und Trockenen Strand mindern. Die Köpfe dieser Buhnen reichen bis an die MTnw-Linie und fallen in der Regel trocken.
– Strombuhnen zielen darauf ab, den Strand gegen Erosion durch Längsströmungen sowie gegen das Heranrücken von Strandprielen zu schützen. Deshalb reichen ihre Buhnenköpfe bis in den oberen Vorstrandbereich.
– Unterwasserbuhnen sind Buhnenbauwerke, die z.T. weit bis unter die MTnw-Linie vorgebaut werden, um den Unterwasserhang (Vorstrand) der Inseln gegen Erosion zu sichern.

Die ersten Buschbuhnen hatten meist eine recht begrenzte Lebensdauer und wurden bald durch Einwand-Holzpfahlbuhnen ersetzt, wie sie z.B. noch am S-Strand von Borkum bestehen. Spätere Bauformen dieser Art sind Einwandbuhnen aus Holz, Stahlspundbohlen oder Stahlbetonbohlen. An den senkrecht stehenden Wänden dieser Buhnen kommt es zur Reflexion von Wellen und damit zu Turbulenzen sowie Erosionserscheinungen im Vorfeld. Mit beiderseits der Buhnen eingebauten Sinkstückvorlagen aus Faschinen und aufgetragenen Schüttsteinen versucht man dem entgegenzuwirken.

Großvolumigere Bauwerke sind Steinbuhnen. Sie wurden ursprünglich aus mehreren gerammten Pfahlreihen, einer Filterunterlage aus Faschinen, aufgeschüttetem Schotter und einer Deckschicht aus Quadersteinen oder Basaltsäulen hergestellt. Diese seitlich offenen, hohlraumreichen und inhomogenen Konstruktionen waren schadensanfällig. Bei der modernen Grundinstandsetzung solcher Buhnen werden zur seitlichen Fußsicherung dichte Spundwände, meist aus Bongossiholz, gerammt. Der sandige Buhnenkern wird mit einer seitlich fest eingebundenen Trennschicht aus robustem Kunststoff-Filtergewebe abgedeckt und darüber eine Ausgleichsschicht aus Schotter aufgebracht. Die Flanken der Buhnen werden mit Schüttsteinlagen bewehrt, die Oberfläche mit gesetzten Basaltsäulen oder Sandsteinquadern abgedeckt und beides anschließend mit einem kolloidalen Beton vergossen. Der fließfähige, schnell abbindende, wasserundurchlässige und seefeste, nach dem Colcrete- oder Prepakt-Verfahren hergestellte Beton dichtet das Bauwerk ab und umschließt die Steine, so daß ein Herausreißen aus der Buhnenoberfläche verhindert wird.

Steinbuhnen sind ca. 10 bis 20 m breit, verbreitern sich aber am Buhnenkopf oft zungenförmig. Ihre Querschnitte sind dreieckig bis trapezförmig mit Böschungsneigungen um 1 : 1,5 bis 1 : 3 und gelegentlich aber auch erheblich darunter. Vielfach haben sie auch ein mehr oder minder flach gewölbtes Profil. In unterschiedlichen Erhaltungszuständen sind derartige Steinbuhnen an zahlreichen Inselstränden zu beobachten. Dabei treten verschiedene Bauformen vielfach nebeneinander auf und kommen auch kombiniert in einem einzigen Buhnenbauwerk vor. Diese Vielfalt geht z.T. auf den Wandel in der funktionellen und konstruktiven Gestaltung der Buhnen zurück. Kombinierte Formen kamen häufig dadurch zustande, daß beschädigte Buhnenbauwerke nach dem jeweils aktuellen Stand der Technik und möglichst kostengünstig saniert werden mußten. Bauelemente und Baustoffe verschiedener Phasen des

Inselschutzes vermischten sich dabei im Laufe der Zeit zu der heutigen Bausubstanz.

Andere Bauformen sind sog. Kastenbuhnen mit zwei senkrechten Wänden aus Stahlspundbohlen oder Betonbohlen, deren Zwischenraum mit unterschiedlichsten Materialien verfüllt und deren Oberfläche mit einem Pflaster aus Basaltsäulen (z.b. N-Strand von Norderney) oder durch Betonplatten abgedeckt wird (z.b. S-Strand von Borkum). Zur Herstellung von Kastenbuhnen werden auch vorgefertigte kastenförmige Bauteile aus Stahlbeton in den Strand und Vorstrand eingebaut und anschließend mit Sand vollgespült bzw. mit Schotter sowie Beton- und Ziegelbruch aufgefüllt (z.b. S-Strand von Borkum).

Insgesamt haben die Buhnen ganz überwiegend defensive und konservierende Schutzwirkung, wobei mit diesen starren Bauwerken in einem Umfeld aus mobilem Küstensand allerdings eine Reihe negativer Nebenwirkungen wie Lee-Erosion und Kolkwirkung an den Buhnenköpfen etc. in Kauf zu nehmen sind. Im Laufe der Zeit wurden, mit Ausnahme von Langeoog, auf allen Ostfriesischen Inseln Buhnen errichtet, die vor allem die W-Köpfe der Inseln bewehren. Nur auf Juist sind die Schutzwerke von Sand bedeckt. Dort hatte man nach einer Phase negativer Sandbilanz 1913 damit begonnen, Strandschutzwerke nördlich des Ortes zu errichten, mußte die Arbeiten aber 1922 endgültig einstellen, da die Bauwerke übersandeten. Seit 30 Jahren sind diese nun völlig überdeckt, wobei die Buhnenköpfe 1 bis 2 m tief unter Sand liegen, während die Buhnenwurzeln und ein 1400 m langes Stück Deckwerk unter der inzwischen 17 m hohen Randdüne begraben sind. Das imposanteste Buhnenbauwerk der Ostfriesischen Inseln ist die 1938 bis 1940 errichtete „Strombuhne H" („Damm Buhne H") auf Wangerooge. Als Verlängerung der alten Buhne H, wurde dieses Bauwerk errichtet, um die Dove Harle, eine Nebenrinne des Seegats, zu durchdämmen und ein Heranrücken der Harle an den W-Kopf Wangerooges zu verhindern. Heute ragt die „Strombuhne H" als 1500 m lange Unterwasserbuhne in das Harle Seegat hinaus.

Längswerke sind strandparallel angeordnet und haben auf den Inseln vor allem die Aufgabe die Übergangszone zwischen Strand und Dünen, aber auch Häuser, Straßen und sonstige Anlagen gegen Erosion durch

Brandung, Strömung und Eis zu schützen. Sie verlaufen senkrecht zu den Buhnen und ergänzen diese in ihren Funktionen. Aufgrund der Bauweisen werden Strandmauern, Deckwerke und sonstige Längswerke unterschieden.

Strandmauern sind wandartige, selbsttragende Schwergewichtsmauern, die ohne Hinterfüllung standsicher sind und zur Sicherung von Steilkanten errichtet werden. Wegen der Steilheit dieser Konstruktionen, erzeugen brechende und reflektierte Wellen sehr starke Turbulenzen am Fuß der Strandmauern. Diese führen zur Erosion des Strandsandes und letztlich zu Unterspülungen, so daß das Bauwerk in seiner Standsicherheit gefährdet wird und unter dem Erddruck der geschützten Böschung bzw. unter der Beanspruchung von Wellenkräften kippen kann. Unterspülungen versucht man durch das Einrammen von Spundwänden an der Vorderkante der Mauern und durch Vorlagen z.B. aus gesetzten Basaltsäulen entgegenzuwirken. Am W-Kopf von Baltrum sind Reste einer solchen, 1921 bis 1925 erbauten, Strandmauer erhalten. Wegen ihrer Nebenwirkungen werden Strandmauern heute nur noch selten errichtet, wenn z.B. an zu schmalen Stränden flacher geneigte Deckwerke aus technischen Gründen nicht gebaut werden können bzw. wirtschaftlich nicht tragbar sind.

Als Deckwerke bezeichnet man Konstruktionen, die durch ihren Verbund und/oder ihr Gewicht Böschungen abdecken, also im Gegensatz zu den Strandmauern nicht selbsttragend sind. Erste Deckwerke wurden auf den Ostfriesischen Inseln 1857/58 auf Norderney errichtet. In dieser Frühphase entwickelte man zunächst meist steile Deckwerksbauten verschiedenster Form und häufig in ästhetisch ansprechender Gestaltung. Bekannt ist das „Norderneyer S-Profil", benannt nach seinem eleganten S-Schwung. Dieses Deckwerk besteht aus einer Betonschale, auf die ursprünglich ein Mauerwerk aus behauenen Sandsteinquadern, später eine Verblendung mit Klinkermauerwerk aufgebracht wurde. Große Teilstücke dieses z.T. über hundert Jahre alten Deckwerks sind an der Strandpromenade von Norderney erhalten, wurden dort aber im Fußbereich durch eine Vorlage aus Basaltsäulen und nach oben durch breite Betondeckwerke ergänzt. Ein weiteres Beispiel solcher älterer Formen ist die „Oldenburger Mauer", die als Teilstück den N-Strand

Ostfriesische Küstenregion 145

von Wangerooge schützt. Hier bildet eine Schale aus Dünensandbeton die Unterlage für ein konkaves, sich nach oben versteilendes Randprofil, das mit Klinkermauerwerk verblendet ist.

In jüngerer Zeit ist man von den steilen Profilen abgekommen und zu flacheren Deckwerken mit Böschungsneigungen meist unter 1 : 6 und mit möglichst rauher Oberfläche übergegangen. Dabei werden auf einem Unterbau aus Kies, Sand und Magerbeton abdeckende Schichten aus Asphalt- bzw. Betondecken gegossen und anschließend Schüttsteine aufgebracht bzw. Betonformsteine oder gebrochene Natursteine eingebaut. Die Rauhigkeit sog. Rauhdeckwerke wird auf verschiedenartige Weise erreicht. Bei Betonsteinpflastern baut man besondere Formsteine ein, die entweder Vertiefungen aufweisen oder mit Fortsätzen aus der Oberfläche der Decken herausragen. Gebrochene Natursteine werden so gesetzt, daß ihre Spitzen nach oben weisen und danach in Asphalt oder kolloidalen Zement- oder Kunststoffmörtel eingebunden. Bei der Gestaltung dieser Bauwerke stehen funktionelle, bautechnische und wirtschaftliche Gesichtspunkte im Vordergrund. Oft bleiben sie in ihrer ästhetischen Wirkung hinter den alten Konstruktionen zurück.

Von den sonstigen Längswerken sind aus baugeschichtlichen Gründen die Pfahlwerke zu erwähnen, die ab 1874/77 gebaut wurden. Ein Beispiel solcher Pfahlwerke ist als historisches Schutzwerk am SW-Strand von Baltrum erhalten. Auf einem Steindamm mit einer Kronenhöhe von ca. 1,5 bis 1,9 m über MThw stehen dort senkrechte Pfahlreihen, die durch Querbalken verbunden und nach hinten schräg abgestützt sind. In dieser Position erfüllt das Pfahlwerk nach wie vor seine Schutzfunktion. Ursprünglich hatte man solche Pfahlwerke aber auch in tieferen Niveaus errichtet. Dort brachen sie zwar die anlaufenden Wellen. Teilweise konnten Wellen jedoch zwischen den Pfählen durchschwingen, so daß auch hinter dem Pfahlwerk starke Wasserbewegungen mit Erosion auftraten. Deshalb war insbesondere bei hohen Sturmfluten die Wirkung solcher Schutzbauten gering.

Moderne Bauformen ähnlicher Wirkungsweise sind Tetrapodenwälle (Formkörperwerke), ein wallartig aufgeschichtetes Haufwerk aus schweren Betonformkörpern, meist sog. Tetrapoden. Diese Beton-Formkörper werden auf Nylongewebematten so abgesetzt, daß ein hohlraumreicher

Verband entsteht, der die Wellenreflexion stark reduziert, aber auch ein Durchschwingen von Wellen verhindert. Schließlich wurden auch Versuche unternommen, Strände mit sandgefüllten Kunststoff-Gewebeschläuchen gegen Abtrag zu sichern.

Inselschutz durch **Strandernährung** betreibt man an der ostfriesischen Küste seit 1951. Dabei werden Strandabschnitte mit negativer Sandbilanz durch künstliche Materialzufuhr erhöht, um z.b. die Gründungen massiver Schutzbauwerke zu schützen, Substanzverluste auszugleichen und den Bestand an Wohn- und Wirtschaftsgebäuden und sonstigen Anlagen zu sichern. Anfänglich füllte man früher zur reinen Schadensbehebung die Materialdefizite lediglich auf. In zunehmendem Maße geht man heute dazu über, unterernährte Strandabschnitte zur Schadensvorsorge rechtzeitig zu erhöhen, um eventuellen stärkeren Dünenabbrüchen vorzubeugen.

Das Verklappen von Sand im Vorstrandbereich wurde als Inselschutzmaßnahme weltweit erstmalig 1899 auf Norderney erprobt. Zu diesem Zweck baggerte man im „Schluchter", der W Zufahrt zum Norderneyer Seegat, 150.000 m^3 Sand und verklappte ihn vor dem W-Kopf der Insel. Zwischen 1906 und 1909 wurde die gleiche Maßnahme mit 500.000 m^3 Sand wiederholt. Heute werden bei diesem Verfahren Laderaumbagger (Hopperbagger) eingesetzt. Diese mit Saugpumpen ausgerüsteten Schiffe füllen im Entnahmegebiet ihre Laderäume mit Sand, fahren dann in die zu versorgende Zone und verklappen das Material, d.h. man läßt den Sand durch Bodenklappen rasch auf den Seeboden absinken. Ein Verklappen mit Hopperbaggern ist jedoch auf Wassertiefen von mehr als 6 m beschränkt. In der Praxis bedeutet das, daß nur die unteren Partien des Vorstrandes mit Material versorgt werden können, wo es komplizierten Transport- und Umlagerungsprozessen unterworfen ist (vgl. Kap. 6.2.2.2.2). Der Sand wird dort überwiegend seitlich oder seewärts verdriftet und gelangt in der Regel nicht oder nur zu einem sehr geringen Teil in die unterversorgte Strandzone. Eine gezielte Ernährung der oberen Vorstrandpartien oder des Strandes ist damit kaum möglich.

Die erste Strandaufspülung an der deutschen Küste wurde 1951/52 ebenfalls auf Norderney vorgenommen (ERCHINGER 1986). Dabei wurde das Material mit Eimerkettenbaggern im Watt gewonnen, in Schuten transiert und dann aus den Schuten heraus mit Spülern als Sand-Wasser-Gemisch durch Rohrleitungen auf den Strand gepumpt. Außerdem stellte man Versuche an, um die Eignung von Kies für die Strandernährung zu prüfen. Das mit LKWs in ein Buhnenfeld eingebrachte Kiesmaterial (17200 t) erwies sich als ungeeignet zur Strandstabilisierung, da es sich nicht mit dem natürlichen Strandsand vermischte, sondern in Nestern um Strandschutzwerke ansammelte.

Füllmaterial wird heute in der Regel im tieferen Vorstrandbereich, auf Riffbögen oder im Untergrund der Watten mit schwimmfähigen Saugbaggern entnommen und durch Rohrleitungen direkt von den Längswerken oder vom Dünenfuß her am Strand verspült. Eine andere technische Lösungen besteht darin, mit Hopperbaggern entnommenes Material vor einem sog. Grundsauger zu verklappen, der es dann erneut aufnimmt und in die Spülleitung pumpt. Ferner kann das Material an einer Übergabestation vom Hopperbagger in die Rohrleitung eingespeist werden. Die Wahl der jeweils wirtschaftlichsten Methode wird von zahlreichen Faktoren wie Transportdistanz, Wassertiefen, Brandungsverhältnissen bestimmt, aber auch von den Kosten für Bagger, Spüler etc. Beim Verspülen lagert sich gröberes Material bevorzugt in der Nähe des Spülkopfes ab, in der Regel also auf der Landseite des Spülfeldes, während feineres Material bis in die tieferliegenden Strandpartien gelangt. Durch das Errichten von strandparallelen Spüldämmen und ein schrittweises Verschieben des Spülkopfes kann man aber einen geschichteten Einbau von Grob- und Feinmaterial erreichen.

Auf den Ostfriesischen Inseln hat man die Strände im Spülverfahren meist flächenhaft erhöht. Nach ERCHINGER (1986) wurden auf Norderney bei sechs Aufspülungen in verschiedenen Strandabschnitten insgesamt 3.140.000 m^3 Sand eingebaut (1951/52: 1.250.000 m^3, 1967: 240.000 m^3, 1976: 400.000 m^3, 1982: 470.000 m^3, 1984: 410.000 m^3 und 1989: 370.000 m^3). Zusätzlich wurden auf Norderney 245.000 m^3 Sand E der Weißen Düne entnommen und mit Scrapern, Dumpern und LKWs in Buhnenfelder (1983: 64.000 m^3), bzw. am Übergang vom buhnenbewehrten zum unverbauten Strand (1981: 82.000 m^3, 1983: 99.000 m^3) eingebaut, um E der Kugelbake Schäden in der Randdüne zu reparieren. Die gesamte, zwischen 1951 und 1989 zur Auffüllung des Norderneyer

Strandes aufgewandte Menge beläuft sich somit auf 3.385.000 m³ Sand und ca. 9.000 m³ Kies. Auch zukünftig werden hier in Abständen Strandaufspülungen erforderlich sein, wobei die zu ergänzenden Mengen jeweils stark vom Seegang, den Sturmflut-Wasserständen und der Dauer der Sturmflut-Ereignisse abhängen.

Auf Langeoog wurden nach ERCHINGER (1986) drei Strandaufspülungen durchgeführt. Die erste Aufspülung (1971/72: 550.000 m³) kombinierte man mit dem Verlegen eines rasterförmigen Schutzwerkes. Dieses bestand aus sandgefüllten Zwillingsschläuchen aus robustem Kunststoff-Gewebe mit je 1 m Durchmesser. Aus den Schläuchen wurde in 50 bis 70 m Abstand vom Dünenfuß ein Längswerk errichtet und dieses mit 41 quer dazu verlegten Schläuchen (durchschnittlicher Abstand 60 m) an den Dünenfuß angeschlossen. Zusammmen mit dem in das Gitterwerk eingespülten Sand entstand vor den Dünen eine 50 bis 70 m breite Berme. Diese hielt erhöhte Tiden vom Dünenfuß fern und verringerte bei Sturmfluten die erodierend wirkende Kliffbrandung. Soweit dennoch kleinere Dünenabbrüche auftraten, wurde ein Teil des erodierten Sandes in den Gitterfeldern gefangen. Mit zwei weiteren Aufspülungen 1982 (130.000 m³) wurden verschiedene Ziele verfolgt. Einerseits durchdämmte man einen tiefen Strandpriel mit einer aufgespülten Sandbuhne und verschweißte so eine heranrückende Plate mit dem Strand, was die natürliche Sandanlandung nachhaltig förderte. Ferner wurde durch eine streifenförmige Aufspülung im oberen Strandbereich die Randdüne verstärkt. Auch bei der jüngsten Aufspülung 1984 (290.000 m³) hat man die gleichen Wege eingeschlagen.

Außerdem fanden Strandaufspülungen an der ostfriesischen Küste auf Borkum 1969/70 (50.000 m³), 1972 (150.000 m³), 1984 (795.000 m³) und 1987 (200.000 m³) statt, auf Wangerooge 1976 (360.000 m³), 1982/83 (1.300.000 m³), an der Jade 1975 (1.900.000 m³) und, als Deponie von Baggergut aus dem Jadefahrwasser, auf Minsener Oog 1975/79 (8.000.000 m³). Als vorteilhaft für Strandernährungen erwiesen sich Sande, deren Körnung etwas gröber ist als diejenige der natürlichen Strandsande.

Der Vorteil der Strandernährung liegt darin, daß diese Methode den natürlichen Verhältnissen an Sandstränden vollständig angepaßt ist und so, im Gegensatz zu starren Bauwerken, keine negativen Nebenwirkungen hervorruft. Deshalb gibt man heute überall dort, wo die künstliche Materialzufuhr beim Inselschutz eine Lösungsmöglichkeit bietet, der Strandernährung Vorzug vor massiven Bauwerken. Ein Problem bei wiederholten Strandaufspülungen kann aber dadurch enstehen, daß geeigneter Sand in der näheren Umgebung des zu versorgenden Gebietes allmählich knapper wird.

Der **Dünenschutz** konzentriert sich vorzugsweise auf die von See her angegriffenen Randdünen. Er bezieht aber auch Dünenareale im Inneren der Inseln ein, wenn dort ältere Dünen durch Wind abgetragen werden und sich Wanderdünen zu bilden beginnen. In ganz erheblichem Umfang haben menschliche Eingriffe Formen und Bestand der heutigen Inseldünen geprägt. Insbesondere die Geschlossenheit der seeseitigen Randdünen ist auf Maßnahmen des Dünenschutzes zurückzuführen.

Eine häufige und auf allen Inseln zu sehende Schutzmaßnahme ist die systematische Bepflanzung erosionsgefährdeter Dünenzonen, vor allem von sog. Ausblasungswannen oder Windmulden. Winderosion wurde früher überwiegend durch Beschädigungen der Vegetationsdecke infolge von Überweidung oder durch Viehtritt ausgelöst. In jüngerer Zeit hat die Belastung mancher Dünenabschnitte durch den Tourismus eine durchaus vergleichbare Rolle gespielt. Deshalb sind heute große Dünenareale für den freien Zugang gesperrt.

Weiterer Dünenschutz wird mit Buschzäunen, gelegentlich auch Latten- oder Drahtzäunen betrieben, die, in den höchsten Partien des Trockenen Strandes und auf den Primärdünen gesetzt, dem Sandfang dienen. Mit solchen Buschzäunen und durch maschinellen Antransport von Sand gelang es 1927-1932 auf Juist z.B., die geschlossene Dünenkette des sog. „Hammerdeichs" zu errichten. Gewissermaßen als Nebenprodukt ist der langgestreckte WNW-ESE-streichende Dünenzug am E-Ende Wangerooges entstanden, als man durch Buschzäune ein Versanden der ehemaligen Bahnlinie zum Ostanleger verhindern wollte und damit die Dünenbildung N der Bahnlinie förderte.

Völlig neu modelliert wurde die Front der Billdünen auf Juist (ERCHINGER 1987 b). Dort hatte sich die MThw-Linie zwischen 1960 und 1983 um 180 m nach S verschoben, die MTnw-Linie um 220

m. Gleichzeitig war der Dünenfuß um 110 m zurückgedrängt und die äußere Randdüne 1981 auf 1400 m Länge vollständig aufgerieben worden. Diese Lücke in der Randdüne wurde 1985 wieder geschlossen, indem man auf dem Billriff am W-Ende Juists 100.000 m³ Sand entnahm und mit Scrapern landschaftsgerecht einbaute. Dabei formte man einen künstlichen „Dünenkörper" mit einer Kronenhöhe von NN +8 m, der nur schwerlich von natürlichen Dünen zu unterscheiden ist.

6.2.3 Ostfriesische Watten und Marschen

Eine scharfe geographische Grenzlinie verläuft heute zwischen dem im Gezeitenrhythmus überfluteten Bereich des Wattenmeeres einerseits und den mit dichter Vegetation bestandenen Salzwiesen sowie den eingedeichten Marschen andererseits. Diese scharfe Grenze ist zwar teilweise natürlichen Ursprungs, wird aber heute in ihrer Lage und ihrer Ausbildung überwiegend von Küstenschutzmaßnahmen bestimmt. Vor Eingriffen des Menschen in den Naturraum bestanden sehr viel fließendere Übergänge zwischen beiden Zonen, und die Übergangszone vom Meer zum Land war räumlich nicht fixiert. Sie verschob sich vielmehr im Verlauf der holozänen Landschaftsentwicklung wiederholt und über weite Strecken landwärts bzw. seewärts. Dabei haben Meeresvorstöße, Sedimentations- und Verlandungsprozesse das gesamte Gebiet zwischen Inseln und Geest in solch einer Weise geprägt, daß es geologisch als Einheit zu betrachten ist.

6.2.3.1 Entstehung der Watten und Marschen

Ebenso wie die Ostfriesischen Inseln, sind auch die landwärts daran anschließenden Gebiete der Watten und Marschen erst im Verlauf der letzten 8000 bis 7500 Jahre unter dem Einfluß des ansteigenden Nordseespiegels entstanden. Dabei lagerten sich über dem Relief der Holozänbasis (Kap. 6.2.1) unterschiedliche Sedimentfolgen ab. Der schematische geologische Schnitt von Abb. 13 verdeutlicht den generellen Aufbau dieser Region.

Im seeseitigen Teil der heutigen Watten sind die holozänen Sedimentfolgen stark von marinen Einflüssen geprägt. Dort treten maximal ca. 20 m mächtige Wattablagerungen auf. Landwärts schließt eine Zone an, in der es zu einem ausgesprochenen Wechselspiel zwischen marinen, limnischen oder semiterrestrischen bis terrestrischen Einflüssen gekommen ist. Ausdruck dieser wiederholten Faziesänderungen sind die, im landwärtigen Bereich der Watten und im Untergrund der Marschen charakteristischen Wechselfolgen aus Torflagen und klastischen Sedimenten. In den durchschnittlich um 7 bis 10 m mächtigen Sedimentabfolgen treten Torfe als „Basaltorfe" unmittelbar über Pleistozänsedimenten auf, oder sie sind als „schwimmende" Torfe in klastische Sedimente marinen Ursprungs eingeschaltet. „Schwimmende" Torfe sind im seewärtigen Bereich meist dünn und treten als Einzellagen auf. Landwärts nehmen ihre Mächtigkeit und ihre Anzahl zu. Nahe dem Geestrand, im Bereich der Marschrandmoore, vereinigen sich „schwimmende" Torfe und Basaltorfe häufig zu einem durchgehenden, oft mehrere Meter mächtigen Torfpaket. In diese Randzone wurde kein klastisches Material eingefrachtet, und offenbar bestanden besonders günstige Bedingungen für Moorwachstum. Einerseits hob sich dort infolge des ansteigenden Meeresspiegels der Grundwasserspiegel und andererseits sammelte sich dort auch das von der Geest abströmende Oberwasser. Die in dieser Vernässungszone entstandenen sedentären, d.h. an Ort und Stelle gewachsenen, organogenen Abfolgen bilden ein Gegenstück zu den sedimentären, rein klastischen Abfolgen im seewärtigen Bereich.

6.2.3.2 Sedimente und Ablagerungsprozesse

Zur Einteilung und Bezeichnung der im Watt- und Marschenbereich erbohrten Sedimente verwendet der Geologe Begriffe unterschiedlichen Inhalts. So weist der Begriff „Wattsediment" z.B. auf Ablagerung im Gezeitenbereich hin, die Begriffe „Brackwassersediment" bzw. „Auenwaldbildungen" zielen auf charakteristische Salzgehalte bzw. Vegetationsbestände ab, und der Begriff „lagunäre Sedimente" beschreibt geographische Merkmale des Ablagerungsraumes. Bei dieser Terminologie werden hervorstechende Merkmale in der Regel etwas überbewertet, während weniger augenfällige Merkmale unberücksichtigt bleiben. Naturgemäß muß es bei derartigen Definitionen zu unscharfen Übergängen und teils zu Überschneidungen kommen.

Ein Großteil der im Untergrund von Watten und Marschen vorkommenden Sedimente kann direkt mit heute entstehenden Ablagerungen und deren Ablagerungsbedingungen verglichen werden. Dies gilt z.b. für fossile und rezente Wattsedimente. Bei anderen Ablagerungen ist ein solcher unmittelbarer Vergleich mit rezenten Gegenstücken zwar nicht möglich, aber das Ablagerungsmilieu läßt sich durch Vergleich mit ähnlichen Bildungsräumen rekonstruieren. So kann man z.b. die im Küstenholozän weit verbreiteten Schilftorfe trotz mancher Unterschiede zwanglos mit den rezenten Schilfbeständen in der Verlandungszone flacher Binnenseen vergleichen. Eine weitere Gruppe von Sedimenten ist jedoch ohne vergleichbares modernes Ablagerungsmilieu. Hier müssen die ursprünglichen Ablagerungsbedingungen allein aus Korngrößen, Schichtungsmerkmalen und den im Sediment enthaltenen organischen Resten abgeleitet werden.

6.2.3.2.1 Wattablagerungen

Die ostfriesischen Watten liegen im Schutz einer Kette von Barriere-Inseln und werden deshalb als geschützte Watten oder Rückseitenwatten bezeichnet. Die Sedimentation in diesem Raum ist ganz überwiegend von Tideströmungen und Salzwassereinflüssen bestimmt. Durch die Seegaten gelangt Meerwasser mit Salzgehalten von 2,7 bis 3,0 % in die Watten, das sich mit zusitzendem Süßwasser aus Flußmündungen, Sielen und Schöpfwerken zu Brackwasser unterschiedlicher Salinitätsgrade mischt. In den Seegaten treten Strömungsgeschwindigkeiten von 100 bis 150 cm/s auf, wobei der Ebbstrom in der Regel höhere Geschwindigkeiten als der Flutstrom aufweist. Die Strömungsgeschwindigkeiten nehmen in dem sich landwärts verzweigenden System von Baljen und Prielen ab, aber erreichen auch über den hochliegenden Wattflächen noch 30 bis 50 cm/s. Die Strömungsgeschwindigkeiten sind nicht gleichmäßig, sondern wachsen innerhalb jedes einzelnen Tidezyklus zweimal zu Maximalbeträgen an und gehen beim Kentern der Flut bzw. Ebbe jeweils auf Null zurück.

Unter diesen Einflüssen setzen sich in einzelnen Bereichen der Watten charakteristische Sedimente ab, wobei, je nach Überflutungsdauer, ständig wasserbedeckte (sublitorale), im Gezeitenrhythmus überflutete und trocken fallende (eulitorale) und nur bei extremen Wasserständen gelegentlich überflutete (supralitorale) Bereiche unterschieden werden (Abb. 20). Darstellungen der Sedimentverteilung in den ostfriesischen Watten enthalten die Blätter der GÜK 200, die das gesamte Gebiet abdecken, bzw. der GK 25, die nur für bestimmte Ausschnitte vorliegen.

Baljen und Priele gehören vollständig bzw. überwiegend zum Sublitoral der Watten. Diese Rinnensysteme schneiden z.T. tief in ältere holozäne und pleistozäne Schichten ein. Dabei werden an der Rinnensohle oft bindige und schwer erodierbare pleistozäne Sedimente oder holozäne Torfe, Tone und Schluffe freigelegt, die vielfach ausgekolkt und von Bohrmuscheln durchsetzt sind. Häufig bilden aufgearbeitete Reste solchen Materials am Grunde der Rinnen ein Sohlenpflaster aus Ton-, Torf- und Holzgeröllen, in dem auch Kies, einzelne Steine sowie von benachbarten Wattflächen eingefrachteter Muschelschill und Schlickgerölle vorkommen. Sandiges Pleistozänmaterial kann als Füllung vor allem tiefer Rinnenpartien in Lagen oder mehrere Dezimeter mächtigen Paketen auftreten. Das sehr schwach kalkige bis völlig kalkfreie Mittel- und Grobsandmaterial ist oft nur aufgrund seiner geringen Lagerungsdichte von anstehendem Pleistozän zu unterscheiden. Die übrigen Rinnensedimente bestehen überwiegend aus kalkhaltigen, oft schlecht sortierten Fein- bis Mittelsanden.

Am Grunde der Wattrinnen tritt nach DÖRJES (1978) insbesondere über festerem Untergrund eine charakteristische Fauna auf mit den Muscheln *Barnea candida, Petricola pholadiformis*, der Wellhornschnecke *Buccinum undatum*, dem Einsiedlerkrebs *Eupagurus bernhardus*. Auf sandigem Substrat kommt die Sandkoralle *Sabellaria spinulosa* vor, die von der Seenelke *Metridium senile* sowie den Polypenstöcken von *Sertularia cupressina* und *Laomedea flexuosa* besiedelt werden kann.

Mäandrierende Wattrinnen haben die Tendenz, sich seitlich zu verlagern. Dabei wird am Prallhang erodiert, und an der Rinnensohle sammelt sich, wie oben erwähnt, als Residualbildung grobes Material an, das vom Gleithang her durch feinere Sedimente überschichtet wird. Diese lagern sich in schräg vom Rinnenrand zum Rinnentiefsten einfallenden Schichtblättern ab, was REINECK (1958) als longitudinale Schrägschichtung beschrieb. Häufig streichen derartige Schichtblätter an der Wattoberfläche aus, wo sie durch ihre Schrägneigung und einen bogigen Verlauf auffallen. Regelmäßig kommen in den Gleithangsedimenten Rutschungen vor mit Scherflächen und Gleitfalten. Longitudinale Schrägschichten, Scherflächen sowie Gleitfalten sind auch in Bohrkernen aus dem Untergrund der Marschen bekannt (STREIF 1971: 14, Taf. 1) und wurden zum Nachweis fossiler Rinnen herangezogen.

Während die großen Gezeitenrinnen zwischen den Inseln relativ ortsfest sind (vgl. 6.2.2.1), verlagern sich Baljen und vor allem die kleineren Priele mit ihren Verästelungen sehr stark. Durch Kartenvergleiche wies REINECK (1958) nach, daß innerhalb von 68 Jahren 58 % einer Wattfläche durch wandernde Priele umgearbeitet worden sind. LÜDERS (1934) stellte in sandigen Sedimenten überraschend hohe Raten der Prielverlagerung zwischen 25 und 100 m/Jahr fest, und TRUSHEIM (1929) beobachtete in feinkörnigen Sedimenten eine Verlagerungsrate von 25 m/Jahr.

Auf den im Gezeitenrhythmus überfluteten **Wattflächen** lagern sich – je nach Exposition, Wassertiefe und Überflutungsdauer – verschiedenartige Sedimente ab. Die seeseitigen Bereiche sind dem Seegang und starken Tideströmungen ausgesetzt. Auf der Landseite kann sich Seegang wegen der geringen Überflutungshöhe und -dauer nur schwach und über kurze Zeit auswirken. Letzteres gilt auch für Tideströmungen. Daraus ergibt sich ein charakteristisches Verteilungsmuster von Sedimenten im eulitoralen Bereich der Watten.

Anhand zahlreicher Korngrößenanalysen stellte SINDOWSKI (1973) fest, daß Wattsedimente ganz überwiegend aus den Fraktionen Feinsand, Schluff und Ton bestehen. Wie aus dem Dreiecksdiagramm (Abb. 21) erkenntlich, treten diese nur in bestimmten Mischungsverhältnissen auf. Im selben Diagramm ist auch die Einteilung der Wattsedimente nach REINECK & SIEFERT (1980) verzeichnet. Die mineralogische Zusammen-

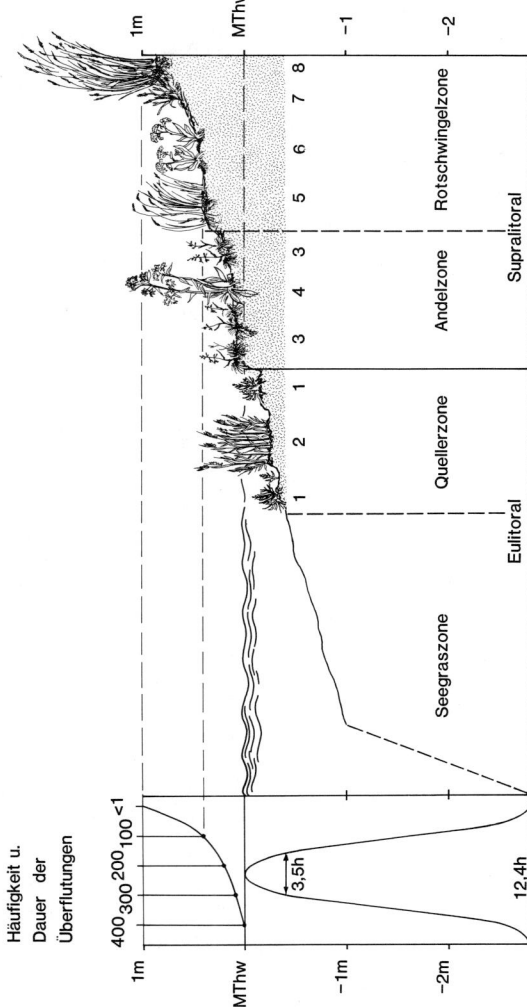

Abb. 20: Je nach Höhenlage über MThw, Überflutungshäufigkeit pro Jahr und Überflutungsdauer pro Tide (ERCHINGER 1987 a) bilden sich im oberen Gezeiten- und Salzwiesenbereich charakteristische Vegetationszonen heraus, von denen einige typische Pflanzen wiedergegeben sind. - Quellerzone (1 = Queller, 2 = Englisches Schlickgras), Andelzone (3 = Andel, 4 = Strandaster) und Rotschwingelzone (5 = Rotschwingel, 6 = Strandflieder, 7 = Meerstranddreizack, 8 = Dünenquecke).

setzung von Wattsedimenten hat van STRAATEN (1955) eingehend untersucht und in einem Konzentrationsdiagramm (Abb. 22) zusammenfassend dargestellt.

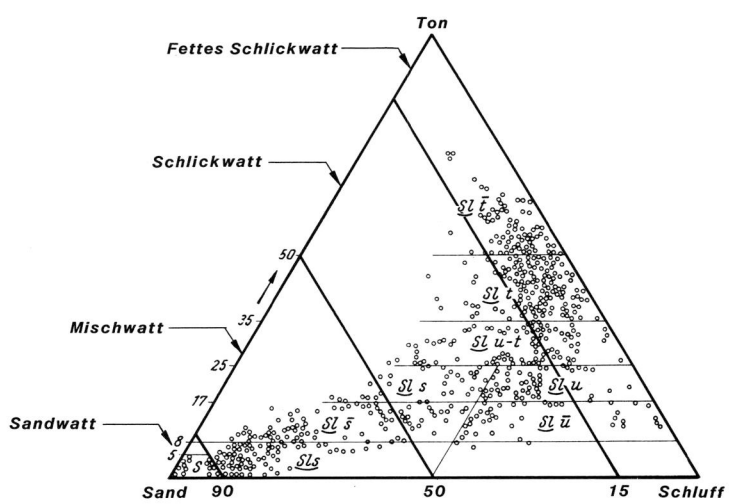

Abb. 21: Dreiecksdiagramm mit der Einteilung der Wattsedimente entsprechend ihrer Prozentanteile an Sand, Schluff und Ton nach SINDOWSKI (1973) sowie mit der Bezeichnung nach REINECK & SIEFERT (1980).

Wattsedimente sind durchweg kalkhaltig, wobei die Karbonate Calcit, Aragonit und Mg-Calcit überwiegend biogenen Ursprung haben und in der Schluff-Fraktion angereichert auftreten. Neben den im Sediment fein verteilten detritischen Karbonaten kommen Kalkschalen von Mollusken vor, die meist umgelagert und in den Schichtenverband eingeregelt sind, z.T aber auch in Lebendstellung angetroffen werden. Pflanzliche Großreste sind vereinzelt als Holz- und Torfgerölle in Wattsedimenten enthalten. Detritus von Seegras und aufgearbeitetem Torf reichert sich bevorzugt in der Schluff-Tonfraktion an. Vielfach kommen bei Flaser- und Kleinrippelschichtung Detrituslagen gemeinsam mit feinen Stacheln des Seeigels *Echinocardium cordatum* vor, wobei das organogene Material ehemalige Rippeltäler auskleidet.

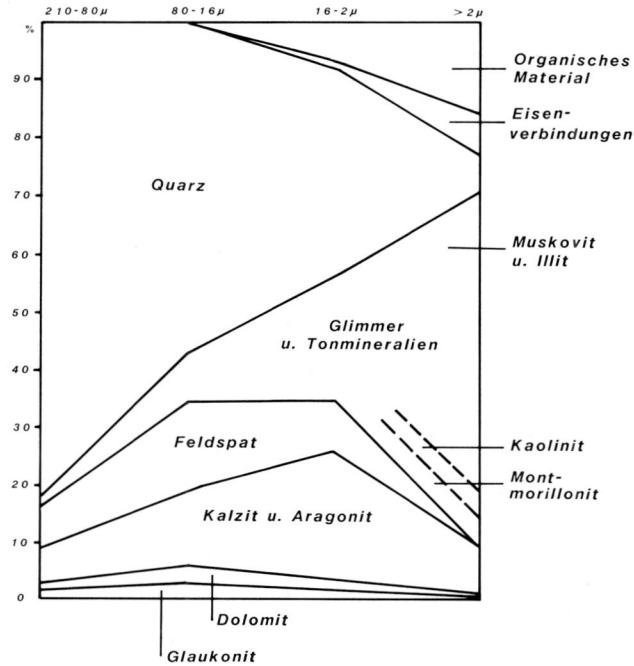

Abb. 22: Mineralogische Zusammensetzung von Wattsedimenten nach van STRAATEN (1955), die eine deutliche, von der Korngröße abhängige Verteilung bestimmter Minerale erkennen läßt.

Wichtiges diagnostisches Merkmal der Wattsedimente sind bimodale Schichtungsformen, die auf die wechselnden Richtungen des Tidestromes zurückgehen. Charakteristisch sind ferner das regelmäßige neben- und übereinander Vorkommen verschiedener grob- und feinstrukturierter Sedimenteinheiten sowie die oft dichte Besiedlung und starke

Bioturbation. Beide nehmen in der Regel vom feineren zum gröberen Sediment hin ab.

Ablagerungen der **Sandwattfazies** kommen in der Regel flächenhaft weit verbreitet und in relativ großer Mächtigkeit vor. Die Oberfläche derartiger Sedimente ist meist rauh und bildet beim Begehen kaum Fußabdrücke ab. Charakteristisch ist eine sehr gute Sortierung des durchweg kalkhaltigen Materials, wobei die Feinsandfraktion mit 90 % vorherrscht, Schluff und Ton 0-5 % und Mittelsand 0-10% ausmachen. Gelegentlich treten schlechter sortierte Sande mit Kiesanteilen auf, die meist erhebliche Anteile aufgearbeiteter älterer Sedimente enthalten. Häufigste Gefügeart im Sandwatt ist nach REINECK (1978: Tab. 3) Kleinrippelschichtung mit 54 %, untergeordnet treten Flaserschichtung (13 %) und Großrippelschichtung (5 %) auf. Entschichtete Sedimente machen 12 % aus, die Bioturbation ist gering.

Derartige Sedimente bilden sich im seewärtigen Teil der Watten, der unter dem Einfluß von Seegang und Strömungen besonders häufig umgelagert wird und haben gewisse Ähnlichkeit mit Strandsanden. Die Umlagerungsprozesse führen zu einer guten Sortierung des Materials und verhindern die Sedimentation feiner Kornfraktionen. Durch Umlagerungen und ein geringes Nahrungsangebot bieten die Sandwatten relativ ungünstige Lebensbedingungen für Bodenorganismen. Sie sind die arten- und individuenärmste Zone des Wattenmeeres.

Sandwatten sind durch typische sandliebende (psammophile) Lebensgemeinschaften gekennzeichnet. Nach SINDOWSKI (1973) und DÖRJES (1978) treten dort unterhalb MTnw und bis etwa NN Ablagerungen mit Fließsandcharakter auf, die von einer nahezu ausschließlich aus Würmern bestehenden Lebensgemeinschaft besiedelt werden. Charakterform ist der Rote Sandwurm (*Scoloplos armiger*), ein versteckt lebender, vagiler Polychaete, nach dem die Lebensgemeinschaft als *Scoloplos armiger*-Siedlung bezeichnet wird. Seltenere Begleitformen sind die Borstenwürmer *Nephthys hombergi*, *Nereis diversicolor* und *Pygospio elegans*, ferner der Bäumchenröhrenwurm *Lanice conchilega*.

Die höhere, um NN liegende Zone der Sandwatten mit geringerer Umlagerung und fester gelagertem Material wird neben *Scoloplos armiger* auch von erwachsenen Exemplaren des Pierwurmes oder Sandköderwurmes (*Arenicola marina*) besiedelt. Dieser Wurm lebt in 20 bis 30 cm tief reichenden U-förmigen Röhren. Ein Ende der U-Röhre ist zu einem flachen Trichter erweitert, am anderen Ende liegen die bis 3 cm hohen Kothäufchen aus dünnen Sandwürsten. Auf der ebenen Wattoberfläche bilden sie auffällige Zeugen von der verborgenen Freß- und Wühltätigkeit des Wurmes.

Die **Mischwattfazies** ist meist durch leicht schmierige Oberflächen gekennzeichnet, in die man beim Gehen maximal knöcheltief einsinkt, dabei aber nicht festklebt. Typisches Sediment dieser Zone ist kalkhaltiger bis stark kalkhaltiger Feinsand (Anteil 90 bis 50%) mit Schluff- und Tongehalten zwischen 5 und 50%, wobei Schluff und Ton in einem Mengenverhältnis von etwa 2 : 1 vorkommen. Dominierende Schichtungsform ist die Wechselschichtung mit Wechsel-Grobschichtung (24%) und Wechsel-Feinschichtung (18%). Untergeordnet treten auch Flaserschichtung (13%), Linsenschichtung (9%) und dickere Lagen aus sandigem Schlick (7%) auf. Bedingt durch die höhere Besiedlungsdichte steigt der Anteil entschichteter Sedimente in der Mischwattfazies auf ca. 21 % an.

Unter den Mollusken bildet *Cerastoderma (Cardium) edule* lokal die individuenreichste Population der Mischwatten. Beim Barfußgehen kann diese unmittelbar unter der Sedimentoberfläche siedelnde Muschel das Gefühl erzeugen, als ob man in eine Art „Erbsensuppe" trete. Charakterform des Mischwatts ist jedoch die 3 bis 4 cm tief im Boden lebende *Macoma balthica*. Schalen von *Cardium* und *Macoma* werden häufig umgelagert sowie in Lebendstellung in Bohrkernen aus dem Untergrund der Watten- und Marschen angetroffen. Eine Begleitart der Molluskenfauna ist die 15 bis 30 cm tief siedelnde *Mya arenaria*, die aber fossil kaum Bedeutung hat, da sie erst im 15. Jahrhundert wieder in den Nordseeraum eingewandert ist. Sie kann allenfalls dazu herangezogen werden, das Höchstalter junger Wattsedimente festzulegen. Gelegentlich sind Schalen abgestorbener *Mya*-Exemplare zu beobachten, die in hoher Anzahl in Lebendstellung aus der Wattoberfläche herausragen. Sie sind Indiz für einen flächenhaften Abtrag der Watten, der so rasch abläuft, daß die Muschel ihn nicht durch tieferes Eingraben kompensieren kann. An Würmern treten in dieser Zone neben *Arenicola marina* die

Borstenwürmer *Nephthys hombergi, Nereis diversicolor* und *Heteromastus filiformis* auf. Kiefer von *Nereis* sind erhaltungsfähig und wurden in subrezenten Wattsedimenten mehrfach beobachtet (STREIF 1971: 36).

Sedimente der Mischwattfazies sind im Untergrund der Watten und Marschen am weitesten verbreitet. Sie nehmen, was die sedimentologischen, hydrodynamischen und ökologischen Prozesse angeht, eine vermittelnde Stellung zwischen Sandwatt und Schlickwatt ein. Entsprechend fließend sind die Übergänge zu diesen benachbarten Faziesbereichen.

Rezente Ablagerungen der **Schlickwattfazies** haben eine glänzendseidige und wenig tragfähige Oberfläche. Typisch ist ihre weiche und bindig-schmierige bis halbflüssige Konsistenz und ein thixotropes Verhalten. Beim Begehen kann man über knietief einsinken, wobei einen das Material saugend festhält. Schlick besteht aus tonig-schluffigem Material (Korngrößen im wesentlichen unter 0,063 mm Ø), ist kalkhaltig und enthält hohe Anteile fein verteilter pflanzlicher und tierischer Reste sowie von Porenwasser. Durch kolloidales $FeS \cdot n\, H_2O$ ist das Material häufig intensiv schwarz gefärbt.

Schlick sammelt sich in Bereichen geringer Wasserbewegung in den landwärtigen und nahe der MThw-Linie gelegenen Partien des Wattenmeeres. Schlickähnliche, feinkörnige Sedimente setzen sich auch im küstenfernen, marinen Stillwasser ab (vgl. Kap. 6.1). Bei der Entstehung von Schlick spielen Flockungsprozesse in der Brackwasserzone der Ästuare eine bedeutende Rolle. Die anorganischen Komponenten des Schlicks werden dort sowohl durch Flüsse aus dem Hinterland als auch durch Seegang und Gezeitenströmungen vom Meer her eingefrachtet. Aus den gleichen Liefergebieten können karbonatische und organische Sedimentanteile stammen. Aber auch auf den Watten selbst wird Schlick neu gebildet aus dem lokalen Materialangebot von kalkschaligen Organismenresten und pflanzlichem Detritus. Insbesondere Muschelbänke der Miesmuschel *Mytilus edulis* sind als Schlickproduzenten und Schlickfallen bekannt. *Mytilus* produziert leicht zerfallende Kotpillen, und außerdem hält ein Gespinst von Byssusfäden, mit denen die Muscheln am Boden haften, das Feinmaterial fest. Beides führt dazu, daß die Muschelbänke z.T. auf dicken Schlickpaketen ruhen und Feinmaterial auch in ihrem Umfeld angereichert ist. Für die Fixierung des Schlicks an der Wattoberfläche sind zahlreiche andere Wattorganismen verantwortlich, die durch Produktion von Kotpillen sowie als mechanische Schlickfänger und durch Abscheiden schleimiger Substanzen einer Remobilisierung des abgelagerten, feinkörnigen Materials entgegenwirken. Unter den Muscheln ist die in 5 bis 10 cm Bodentiefe siedelnde *Scrobicularia plana* die Leitform der Schlickwattfazies. Weitere charakteristische Oberflächensiedler sind die Schnecken *Hydrobia ulvae*, *Hydrobia stagnalis* und *Littorina littorea*. Die Gehäuse der beiden erstgenannten Schnecken verdriften sehr leicht und z.T. über weite Strecken, so daß sie umgelagert in völlig anderen Faziesbereichen vorkommen können. Zu den Würmern des Schlickwatts gehören Jungformen von *Arenicola marina* sowie die Borstenwürmer *Nephthys hombergi*, *Nereis diversicolor* und *Heteromastus filiformis*.

Durch Wasserabgabe und frühdiagenetische Prozesse entstehen aus dem Schlick feinkörnige, schlecht sortierte, kalkhaltige Ablagerungen mit einem Sandanteil von weniger als 50%. Dominierende Gefügeart der Schlickwattfazies sind dicke Lagen bis Bänke aus Schluff und sandigem Schluff mit feiner Sandstreifung und ohne erkennbare interne Schichtung. Der Anteil entschichteter Sedimente macht um 40% aus. Hohe organische Anteile und eine an der Luft aufhellende, intensive Schwarzfärbung durch Fe-Sulfide sind charakteristisch. Sedimente der Schlickwattfazies sind im Untergrund der Watten und Marschen weit verbreitet. Häufig werden sie gemeinsam mit anderen Sedimenten unter dem Sammelbegriff Klei zusammengefaßt. Dieser unscharf definierte Begriff leitet sich von „kleben" ab und bezeichnet im Sprachschatz der Küstenbewohner, aber auch in der Ingenieurgeologie, feinkörnige und bindige Sedimente unterschiedlicher Genese.

Die Bildungen der **Vorlandfazies** entstehen in dem nur gelegentlich und bei extremen Wasserständen überfluteten Supralitoralbereich der Watten (Abb. 20). Hierzu gehören die Vorländer, Salzwiesen, Heller oder Groden auf der Wattseite der Ostfriesischen Inseln sowie an der Festlandsküste. Die Vegetationsbestände dieser Bereiche wurden in einer Übersichtskarte von DIJKEMA & WOLFF (1983: Blätter 3 u. 4) erfaßt.

Bereits im obersten Eulitoralbereich, ab etwa 50 cm unter MThw, setzt die Verlandungszone der Watten ein (Abb. 20). Als typische Pionierpflanze kommt dort der Queller (*Salicornia* spec.) vor, ein Halophyt, der Salzwasser zum Leben braucht und meist lockere Bestände bildet. Daneben tritt das Reisgras (*Spartina townsendi*) auf, ein Bastard, der um 1870 an der südenglischen Küste für Zwecke des natürlichen Küstenschutzes gezüchtet wurde. Nach einigen wenig erfolgreichen Anpflanzungsversuchen um 1927 breitete sich *Spartina* an der deutschen Küste auf natürliche Weise aus. Die Pflanze bildet dichte, horstartige Bestände mit Durchmessern bis 5 m. Ihre Wirkung als Schlickfänger wird aber dadurch gemindert, daß die Pflanze im Winter abstirbt.

Als Andelzone bezeichnet man den zwischen MThw und MThw +35 bis +40 cm liegenden Bereich der Salzwiesen, der noch relativ häufig von Salzwasser überflutet wird (Abb. 20). Namengebend ist das Andelgras (*Puccinellia maritima*). Daneben kommt in dieser Zone noch die Strandaster (*Aster tripolium*), Strandflieder (*Limoneum vulgare*) und das Milchkraut (*Glaux maritima*) vor. In höheren Lagen sind Grasnelke (*Armeria maritima*), Meerstrands-Wegerich (*Plantago maritima*), Löffelkraut (*Cochlearia anglica*), Strandmelde (*Atriplex litorale*), Salzmelde (*Suaeda maritima*) und der Meerstranddreizack (*Triglochin maritima*) verbreitet. Insbesondere die letztgenannte Pflanze spielt wegen ihrer erhaltungsfähigen Wurzelstöcke in der Küstengeologie eine bedeutende Rolle zur Festlegung des MThw-Niveaus während früherer Phasen der Küstenentwicklung (SCHÜTTE 1939).

Diese Pflanzengesellschaft leitet über zur Rotschwingelzone. Dieser höher liegende Bereich der Salzwiesen zwischen 40 und 100 bis 120 cm über MThw wird nur noch bei Sturmfluten von Salzwasser überschwemmt. Namengebend ist der Rote Schwingel (*Festuca rubra*). Daneben kommen Salzbinse (*Juncus gerardi*), Strand-Beifuß (*Artemisia maritima*) und Strand-Grasnelke (*Armeria maritima*) vor.

Bemerkenswerte Vorkommen zusammenhängender, natürlicher Salzwiesen existieren auf der E-Plate Spiekeroogs. Auch auf anderen Ostfriesischen Inseln sind große ungenutzte Salzwiesenbestände anzutreffen, teilweise werden sie extensiv zur Rinder- und Schafweide genutzt. Aus Gründen des Inselschutzes wurden Teile der Inselgroden eingedeicht und somit ihrer natürlichen Entwicklung entzogen. Aber auch außendeichs liegende Bereiche wurden baulich verändert. Auf Borkum hat man Grabensysteme, sog. Grüppen, angelegt. Auf Juist, Norderney und Langeoog wurden die Grüppen durch buhnenartige, oft in rechteckigen Feldern angelegte Konstruktionen, sog. Lahnungen, ergänzt. Sie bestehen aus doppelten Pfahlreihen, zwischen die Buschwerk eingebunden wird. Grüppen wie Lahnungen dienen dazu, die Schlickablagerung am Rande und auf den Salzwiesen zu fördern.

Die Salzwiesenbestände an der ostfriesischen Festlandsküste sind insgesamt stärker vom Menschen geprägt als auf den Inseln. Hier hat man z.t. massive Betonlahnungen errichtet und örtlich systematisch Vorlandgewinnung betrieben. Stellenweise findet z.t. intensive Weidewirtschaft statt, und z.t. werden die Salzwiesen gemäht. Dennoch bleibt festzustellen, daß in der ostfriesischen Küstenregion große Bereiche mit naturnahen Salzwiesen bestehen. Ziel der Nationalparkverwaltung Niedersächsisches Wattenmeer ist es, die laufende Nutzung der Salzwiesen zu extensivieren und langfristg sogar einzustellen. Wie dieses Vorhaben mit den konkurrierenden Nutzungsansprüchen der Landwirtschaft, des Tourismus etc. und mit Aufgabenstellungen des Küstenschutzes vereinbar ist, wird sich erst in einigen Jahren abzeichnen.

Ablagerungen des Salzwiesenbereichs bilden Wechselfolgen aus schluffig-sandigem bzw. tonig-schluffig-sandigem Material mit wellig verlaufenden Schichtgrenzen. Lagenweise ist darin organische Substanz angereichert und das Material insgesamt meist stark durchwurzelt. In der Regel sind die Sedimente kalkhaltig. Gelegentlich können dünne Lagen von Schill auftreten, in denen Gehäuse der kleinen Wattschnecke *Hydrobia ulvae* z.T. schichtbildend angereichert ist. Ausnahmsweise können Mollusken wie z.B. *Mya arenaria* (HECHT 1930) auch in Lebendstellung vorkommen. Dies geschieht, wenn Mollusken im Watt freierodiert, durch Brandung auf die Grodenoberfläche geworfen werden und dort, oberhalb ihres eigentlichen Lebensraumes, in Pfützen kurzfristig überleben.

Sedimentiert wird im Bereich der Vorländer nur bei erhöhten Wasserständen, vielfach nur bei Sturmfluten (Abb. 20). Dabei wirken im über MThw gelegenen Bereich episodisch wiederkehrend marine Einflüsse, und unter erhöhter Strömungs- und Wellenenergie setzen sich sandig-schluffige Sedimente auf der begrünten Landoberfläche ab. Deshalb werden die sedimentär-sedentären Bildungen der Vorlandfazies häufig auch als Sturmflutschichten bezeichnet. Heute geht Sedimentation auf den Salzwiesen häufig mit Erosion an den Grodenkanten einher, d.h. die Aufhöhung ist mit Flächenverlusten verknüpft. Dabei entsteht die sehr scharfe Grenze zwischen Eulitoral- und Supralitoralzone der Watten. Ob diese scharfe Grenzlinie auch in früheren Phasen der Küstenentwicklung bestanden hat oder erst beim Einengen der Vorländer durch den Deichbau ausgeprägt wurde, ist unsicher.

Die klastischen Komponenten der Vorlandfazies werden jeweils in sehr kurzen Zeitspannen abgesetzt, überwiegend entwickelt sich eine Grünlandvegetation auf der Landoberfläche. Aus diesem Grunde zeigen die hier abgelagerten Sedimente Übergänge zu Bodenbildungen der Marschen.

6.2.3.2.2 Brackwasserablagerungen

Heute ist die Ablagerung von Brackwassersedimenten an der deutschen Nordseeküste im wesentlichen auf die Salz-Süßwasser-Mischungszone in den Ästuaren großer Tideflüsse wie Elbe, Weser und Ems beschränkt. Dort herrschen Ablagerungsbedingungen, die nachhaltig von Strombau- und Küstenschutzmaßnahmen beeinflußt sind. Weitere Brackwassergebiete liegen in den Randzonen der Watten, wo süßes Oberflächenwasser aus der Marsch durch Siele und Schöpfwerke eingeleitet wird bzw. süßes Grundwasser von der Geest oder aus den Inseldünen zusitzt. Diese räumlich stark eingeengten Brackwasserzonen zeichnen sich durch Salzgehaltsänderungen mit steilem Gradienten aus.

Über lange Zeitabschnitte des Holozän bestanden völlig andere Ablagerungsbedingungen im Küstenraum. Ausgedehnte, z.T. weitgehend ausgesüßte und flache Brackwassergebiete mit geringem Tidehub spielten eine paläogeographisch höchst bedeutsame Rolle. An der gesamten S Nordseeküste gibt es kein rezentes Gegenstück, das zum aktuogeologischen Vergleich mit diesem Ablagerungsmilieu herangezogen werden könnte. Allein aufgrund des Stoffbestandes, des Fossilinhalts und der

Ablagerungsformen läßt sich das ursprüngliche Milieu rekonstruieren. Daraus ergibt sich, daß ein weit auseinandergezogenes Übergangsgebiet bestanden hat, dessen seewärtige Bereiche noch deutlich vom marinen Sedimentationsgeschehen geprägt waren, das landwärts aber bis in den Süßwasser-Gezeitenbereich von Flüssen bzw. bis zu Binnenseen und Mooren der Marschrandzone gereicht hat.

HILTERMANN (1966) verglich verschiedene ältere Systeme zur Einteilung natürlicher Wässer aufgrund des Gesamtsalzgehaltes (S) und entwickelte eine neue, für Sedimente geeignete Klassifizierung des Brackwasser- und Salinarbereichs. Salinarwässer – Nekrosalinar >270 ‰, Hypersalinar 160-270 ‰ und Hyposalinar 40-160 ‰ Gesamtsalzgehalt – kommen im deutschen Küstenraum nicht vor. Die Salinitätsstufen für Meeres- und Brackwasserablagerungen nach HILTERMANN (1966) sowie die bodenkundliche Einteilung der Sedimente für die BK 25 sind in Tabelle 9 zusammengefaßt.

Tabelle 9: Einteilung des Ablagerungsmilieus von Sedimenten nach dem Gesamtsalzgehalt (S).

Gesamtsalz-gehalt in ‰	HILTERMANN 1966		BK 25
30 – 40	euhalines	Meer-	See-
18 – 30	brachyhalines	wasser	marsch
10 – 18	pliohalines		
5 – 10	mesohalines	Brack-	Brack-
3 – 5	miohalines	wasser	marsch
0,5 – 3	oligohalines		
0,2 – 0,5	infrahalines	Süß-	Fluß-
0 – 0,2	–	wasser	marsch

Bei den **Brackwassersedimenten** des ostfriesischen Küstenraumes handelt es sich um feinkörnige, überwiegend schluffige, teilweise feinsandige und tonige, schwach kalkhaltige bis kalkhaltige Ablagerungen, die ganz überwiegend aus vom Meer eingefrachteten Sinkstoffen hervorgegangen sind. Sie bildeten sich unter ständiger Wasserbedeckung im Flachwassermilieu weitgehend abgeschnürter Brackwasserbuchten bei stark gedämpftem marinen Einfluß. Charakteristischerweise fehlen in diesen Sedimenten bimodale Schichtungsformen, was auf geringe Tideeinflüsse schließen läßt. Häufig kommen ungeschichtete bis eben geschichtete Sedimente vor. Offenbar waren winderzeugte Wellen in diesem Milieu für Transport und Ablagerung der Sinkstoffe verantwortlich, wobei die Remobilisierung von Sedimenten am Grund der flachen Buchten eine erhebliche Rolle gespielt haben dürfte.

In der spärlichen Makrofauna des Brackwassermilieus treten Kümmerformen von *Scrobicularia plana* auf, außerdem ist *Hydrobia stagnalis* zahlreich vertreten. Pflanzliche Reste kommen meist als fein verteilter, z.T. auch lagenweise angereicherter Pflanzendetritus vor. Seltener sind Rhizome, Wurzeln und Stengel des Simsenröhrichts, unter denen die leicht bestimmbaren, knollig verdickten Rhizome der Meersimse *Bolboschoenus (Scirpus) maritimus* typisch sind. Rezente Bestände dieser Simse kommen in der Verlandungszone am S- und E-Rand des Dollart vor. Vergleichbare fossile Bestände haben BARCKHAUSEN & STREIF (1978) und BARCKHAUSEN (1984) durch Bohrungen im Raum zwischen Rysum und Emden nachgewiesen.

Als **lagunäre Sedimente** bezeichnet man tonige bis schluffige Ablagerungen, die in ihren tonigen Partien fast durchweg kalkfrei, in den schluffigen Partien gelegentlich auch schwach kalkhaltig sind. Nach Untersuchungen von STREIF (1971) enthalten diese Sedimente 35 bis 70 % Ton, 30 bis 65 % Schluff und maximal 5 % Feinsand. Die dort angetroffenen Kornverteilungen sind in Abb. 23 in Form von Summenkurven dargestellt. Die Farbe lagunärer Sedimente wechselt zwischen grau, grünlichgrau und braun. Bimodale Schichtungsformen fehlen vollständig, sofern überhaupt erkennbar, dominiert horizontale Schichtung. Vielfach wird diese aber nur durch schichtig eingebetteten Pflanzendetritus und daran angelagerte Fe-Sulfid-Aggregate angezeigt.

Sedimentfolgen mit Ablagerungen der lagunären Fazies wurden von STREIF (1971) eingehend beschrieben und anhand von zahlreichen Bohrungen im Unteremsgebiet, der Krummhörn (BARCKHAUSEN & STREIF 1978, BARCKHAUSEN 1984) sowie im Raum Wilhelmshaven (STREIF 1981,

1985) auskartiert. Kalkschalige Makrofossilien sind darin von recht untergeordneter Bedeutung. Vereinzelt ist das hornige Periostracum von Molluskenschalen fossil erhalten, während die Kalkschalen selbst durch frühdiagenetische Kalkzehrung aufgelöst worden sind. Kalkschalige Mikrofaunen zeigen aber an, daß Kalkzehrung nicht den gesamten Faziesbereich betroffen hat. In der Mikrofauna lagunärer Sedimente sind vereinzelt die Foraminiferen *Ammonia beccarii, Cribrononion articulatum* und *Nonion depressulum* vertreten. Sie repräsentieren eine artenarme Wattfauna, wobei unklar ist, ob die Formen tatsächlich am Ablagerungsort gelebt haben oder aber mit den Sinkstoffen eingeschwemmt worden sind. An Ostracoden kommen *Cyprideis torosa, Cytheromorpha fuscata, Semicytherura cf. striata, Candona angulata* und *Cytherura gibba* vor, d.h. alle echten Süßwasser-Gattungen und typische marine Formen fehlen. Nach Analysen von BENDA (1971) enthalten die lagunären Sedimente Diatomeenfloren, die für fast reines Süßwasser (<0,5 ‰ Salzgehalt) bzw. für oligohalines Brackwasser (0,5 bis 3 ‰ Salzgehalt) charakteristisch sind.

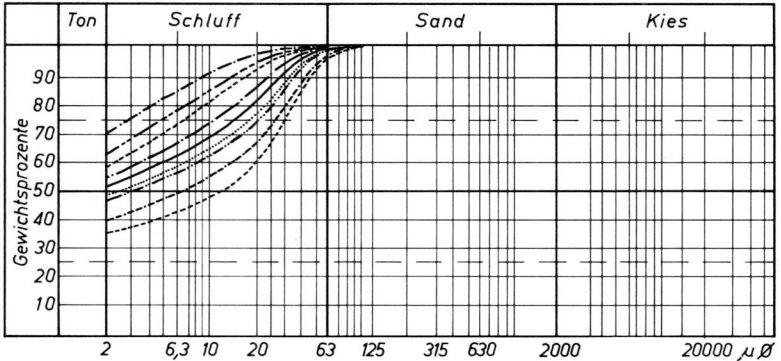

Abb. 23: Korngrößenverteilung typischer lagunärer Sedimente aus STREIF (1971).

Eine gewisse Schichtigkeit der lagunären Sedimente täuschen auch die häufig zu beobachtenden Rhizome des Schilfrohres vor. Diese ursprünglich etwa daumenstarken Wurzelstöcke sind durch Setzung der Sedimente blattartig zusammengepreßt. Das Schilfrohr (*Phragmites communis*) ist die Charakterpflanze der lagunären Fazies. Seine Reste sind in Form von Rhizomen, Wurzeln, Stengeln und gelegentlich auch Blättern im Sediment erhalten. In unterschiedlicher Häufigkeit belegen sie z.t. schüttere Bestände von Einzelpflanzen, z.t. aber auch dichte, zu Niedermoortorf überleitende Schilfbestände im lagunären Ablagerungsmilieu. Die lagunäre Fazies nimmt somit eine vermittelnde Stellung zwischen der Brackwasserfazies, dem limnischen Milieu (Mudden) und sedentären Bildungen semiterrestrischer Moore (Niedermoortorfe) ein. Diese Zwischenstellung kommt auch durch die Lage lagunärer Schichten in geologischen Profilen (Abb. 41, 46 u. 47) zum Ausdruck. Ablagerungen der lagunären Fazies sind ganz überwiegend subaquatisch im stark ausgesüßten Brackwasser mit Salzgehalten unter 10 ‰ und bei geringen Tidehüben entstanden.

Schilfreiche Varianten lagunärer Sedimente werden volkstümlich oft als Darg bezeichnet. Dieser Begriff taucht gelegentlich auch in der Ingenieurgeologie und in der geologisch-bodenkundlichen Literatur auf. Der Terminus Darg ist leider nur unpräzis definiert. Meist bezeichnet er stark von Schilfrhizomen, -wurzeln und -stengeln durchsetzte tonig-schluffige Sedimente. Gelegentlich, vor allem in der älteren küstengeologischen Literatur, wird der Begriff Darg aber auch für sämtliche Torfvarietäten der Küstenregion, einschließlich Hochmoortorf, gebraucht.

Die üppigsten Bestände von *Phragmites communis* finden sich in der Küstenzone heute im Süßwasser-Tidebereich auf nährstoffreichem und schlickigem Substrat (ELLENBERG 1978). Am Jadebusen tritt Schilfröhricht in schmalen, streifenartigen Beständen im Tiefenintervall zwischen 26 cm unter und 72 cm über MThw auf (SCHEER 1953). Dagegen müssen in früheren Stadien der Küstenentwicklung offensichtlich riesige Areale mit unterschiedlich dichten Schilfbeständen existiert haben, in denen sich tonige bis tonig-schluffige Sedimente unter ständiger Wasserbedeckung abgelagert haben.

Ein den großen fossilen Brackwasserlagunen entsprechendes Milieu gibt es heute nicht mehr. Die geologischen Kartierungen ergaben, daß die lagunären Fasiesräume etwa ab der Zeitenwende immer stärker eingeengt worden sind. Bereits WILDVANG (1911) hat im Unteremsgebiet den Faziesumschlag vom sog. „fluviatilen Alluvium" zur „marinen Schlicktondecke" beschrieben und diesen scharfen Wechsel auf eine „prähistorische Katastrophe" zurückgeführt. Vergleichbare und etwa gleichzeitige Fazieswechsel vollzogen sich auch in anderen Küstenabschnitten Ostfrieslands. Spätestens im 13. Jahrhundert, als eine geschlossene Deichlinie bestand, waren lagunäre Sedimentationsräume an der ostfriesischen Küste vollständig verschwunden. Die Ursachen dieser Veränderungen sind noch unklar. Offensichtlich wurden sie ursprünglich durch natürliche Prozesse, eventuell Änderungen des Tidehubs oder der Sturmfluthäufigkeit eingeleitet und erst später durch menschliche Eingriffe in den Naturhaushalt verstärkt.

Sedimente der **Auenwaldfazies** nehmen im Untergrund von Watten und Marschen keine so großen Flächen ein wie die lagunären Ablagerungen. In ihrer Verbreitung sind sie an den Unterlauf mäandrierender Flüsse und an Ästuare gebunden, denen sie beiderseits folgen. Daraus ergeben sich streifenförmige Verbreitungsmuster der Auenwaldfazies im Küstenraum. Die Grundsubstanz der Ablagerungen besteht aus Ton und Schluff, meist ohne Sandanteil. Sie ist zum überwiegenden Teil kalkfrei, teilweise aber auch schwach kalkig bis kalkig. Partienweise sind die Ablagerungen schwach humos bis stark humos, wobei in den stärker humosen Partien, die vielfach große Ähnlichkeit mit Mudden besitzen, sehr häufig leuchtend blaue Vivianitflecken auftreten. Die Sedimente sind meist nur undeutlich geschichtet, oft schmutzfarben mit wechselhaften grünlichgrauen, grauen bis braunen Farbtönen. In dieser feinklastischen Matrix kommen zahlreiche makroskopisch erkennbare Holzreste vor, und zwar in Form autochthoner Wurzeln und Stubben, überwiegend aber auch als allochthone Stämme, Äste und dünne Zweige, die vielfach in Drifthorizonten angereichert sind. Des weiteren treten Kiefernzapfen, Haselnüsse, Eicheln und Erlenfrüchte auf, häufig sind Blattabdrücke sowie Blattreste von Weiden und Erlen erhalten. Partienweise durchsetzen Rhizome und Wurzeln von *Phragmites communis* die Sedimente.

Ablagerungen der Auenwaldfazies sind entlang der Unterems flächenhaft weit verbreitet (BARCKHAUSEN & STREIF 1978, BARCKHAUSEN 1984). Mit der Vegetation dieses Milieus befaßte sich BEHRE (1979, 1985) eingehend und wies anhand zahlreicher Holzanalysen eine vertikale Zonierung der Auenwaldfazies nach (Abb. 24). Die am tiefsten gelegene Zone ist durch einen Bestand aus Schilfröhrichten und Weidengebüsch gekennzeichnet. Darüber folgt die untere Weichholzaue, beginnend mit Weidengebüsch, ferner Baumweiden und Erlen. Die höchste Stufe bildet die obere Hartholzaue mit Eschen, Ulmen und an den trockensten Standorten auch Eichen.

Geologisch wird dieser höchste Ablagerungsbereich als **Uferwallfazies** bezeichnet. Die alten Uferwälle bilden sich teilweise auch heute noch als morphologisch hoch gelegene Bereiche in der Marsch ab. Häufig sind auf diesen Rücken perlschnurartig Siedlungen angeordnet, wie z.B. im Rheiderland und Mormerland. Nach Kartierungen von BARCKHAUSEN (1984) bilden die Sedimente der Uferwallfazies einen schmalen und relativ hoch gelegenen Saum beiderseits der Unterems, bzw. begleiten das E-Ufer der alten Emsschlinge zwischen Borßum und Emden (vgl. Kap. 8.1.3.1). Auch in der Baugrube für die Große Seeschleuse waren derartige Ablagerungen aufgeschlossen. Charakteristisch sind tonig-schluffige, untergeordnet auch feinsandige, kalkfreie bis schwach kalkhaltige Sedimente. In ihnen kommen überwiegend autochthone Hölzer in Form von Wurzeln und Stubben vor, verdriftete Reste von Stämmen, Ästen und Zweigen sind dagegen seltener. Auffällig ist die türkisgrüne Farbe der Sedimente und ihr krümeliges bis schwach prismatisches Gefüge, das durch Bodenbildungsprozesse entstanden ist. Die türkisgrüne Farbe kommt dadurch zustande, daß ursprünglich im durchlüfteten Oberboden gebildete, gelblich bis rötlich gefärbte Fe-Oxide durch das Ansteigen des Grundwasserspiegels allmählich in ein reduzierendes Milieu gerieten und dabei in die grünlich gefärbte zweiwertige Form des Eisens überführt worden sind. Häufig treten in Sedimenten der Uferwallfazies auch Sideritkonkretionen auf.

Die Auenwaldfazies kennzeichnet topographisch tief gelegene Partien der Flußauen, in denen recht komplexe Ablagerungsbedingungen dicht nebeneinander herrschen. In den eigentlichen Auenwäldern fand Sedimentation nur periodisch statt; im subaquatischen Milieu stehender

Ostfriesische Küstenregion

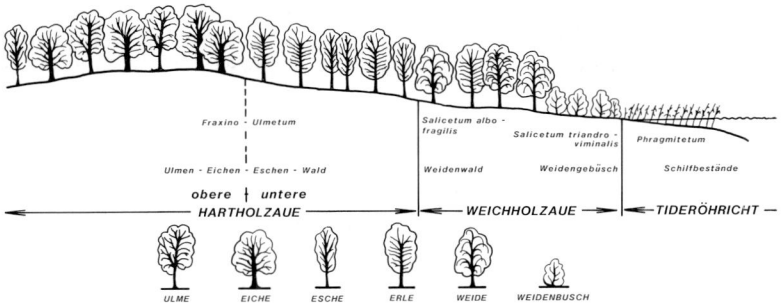

Abb. 24: Vertikale Zonierung der Vegetation im Bereich von Auenwäldern und Uferwällen der Küstenniederung nach BEHRE (1985).

Altwässer und langsam strömender Flüsse dagegen permanent. Feinklastische Sinkstoffe wurden ganz überwiegend mit dem Tidestrom von See her eingefrachtet, zu einem geringeren Teil vom Oberwasser der Flüsse. Die Uferwallfazies entwickelte sich in den höher liegenden Partien und ist enger an den unmittelbaren Uferbereich der Flüsse gebunden. Zwischen den Uferwällen war der Fluß relativ festgelegt, und auf den Wällen kam es nur bei extremen Wasserständen zur Sedimentation feinklastischen Materials. Bei Flußhochwässern oder durch Rückstau bei Sturmfluten wurden die Uferwälle überströmt und durch Sinkstoffe aufgehöht. Stubben dort stockender Baumbestände wurden dabei einsedimentiert, so daß sie auch nach dem Absterben der Bäume erhalten blieben, während die oberirdischen Teile der Pflanzen verrotteten bzw. abtransportiert wurden.

Auch für die Auenwald- und Uferwallfazies gibt es im ostfriesischen Küstenraum keine modernen Gegenstücke. Nur an der Unterelbe existieren im Bereich von Pagensand und Bishorster Sand noch Relikte von Auenwäldern des Süßwasser-Gezeitenbereichs. Die hoch liegenden Flußuferwälle waren zur Bronzezeit, vorrömischen Eisenzeit und bis in die römische Kaiserzeit bevorzugte Siedlungsräume des Menschen (vgl. Kap. 5.3). Dabei wurde bereits ein Großteil der natürlichen Waldbestände vernichtet und in Ackerland umgewandelt. Die Bedeichung schnitt die entwaldeten Uferwälle dann auch von der periodischen Sedimentzufuhr bei extremen Wasserständen ab, so daß heute nur noch die schmalen Streifen der Deichvorländer durch Sinkstoffe aufgehöht werden.

Als **Humusdwog** oder **Dwog** bezeichnet man fossile Bodenbildungen, die in den Bohrprofilen häufig in den obersten 2 m unter Gelände vorkommen. Meist handelt es sich um dünne, dunkelbraun bis schwarz gefärbte Lagen aus fast immer kalkfreiem, häufig fein durchwurzeltem Material, das gelegentlich Krümelgefüge aufweist. Derartige Dwöge entwickelten sich aus begrünten Marschoberflächen, die bei einer jüngeren Überflutung durch eingefrachtete Sinkstoffe überdeckt worden sind. Von den Böden bleiben Relikte der ursprünglichen Vegetationsdecke in Form dünner humoser Schichten erhalten. Diese fossilen A_h-Horizonte treten an Aufschlußwänden und in Bohrkernen als markante dunkle Linien in Erscheinung, was zu der volkstümlichen und auch in der älteren geologischen Literatur gebräuchlichen Bezeichnung „Schwarze Schnur" oder „Blauer Strahl" geführt hat. Dwöge bildeten sich vorwiegend in den feuchten Niederungen der Sietländer. Dort gibt es auch Übergänge zu Niedermoortorfen. Flächenhaft weit verbreitete Dwoghorizonte deuten nach MÜLLER (1962) und BEHRE & STREIF (1980) auf ein vorübergehendes Absinken den MThw hin (vgl. Kap. 6.2.3.3)

Der Begriff **perimarines Milieu** wurde von HAGEMAN (1969) in die geologische Literatur eingeführt, in der Folgezeit aber vollständig umgedeutet. In seiner ursprünglichen Definition bezeichnete der Begriff „perimarin" weder einen bestimmten Sedimenttyp noch eine spezifische Fazieseinheit. Er diente vielmehr der Beschreibung eines Ablagerungsraumes („perimarine area"), in dem sich der Rückstau des ansteigenden Meeresspiegels zwar noch ausgewirkt hat, in dem marine oder brackische Sedimente selbst jedoch fehlen. Als Ablagerungsbereich stellte sich HAGEMAN (1969) eine vermoorte, von Flußrinnen und Uferwällen durchzogene Niederungslandschaft vor. Die dort abgelagerten Schichtenfolgen sollten durch mächtige sedentäre Torfe, dünne, schichtweise eingelagerte und flächenhaft weit verbreitete fluviatile Tone sowie durch schmale und z.T. mächtige sandige Rinnenfüllungen mit määndrierendem Verlauf gekennzeichnet sein. Es handelt sich folglich um einen Sammelbegriff, der verschiedene Sedimente und Fazieseinheiten zusammenfaßt.

In der Praxis wurde der Begriff „perimarin" inhaltlich völlig aufgeweicht und zu einer verschwommenen Bezeichnung für verschiedenste Sedimente und sedentäre Bildungen der Übergangszone zwischen Brackwasser- und Süßwassermilieu, Auelehmen und Mooren abgewandelt. Diese unspezifische Bezeichnung sollte vermieden und die einzelnen lithologischen Einheiten sollten durch solche Begriffe bezeichnet werden, die ein Ablagerungsmilieu zutreffend beschreiben, wie z.b. Auenwaldfazies oder lagunäre Fazies.

6.2.3.2.3 Torfe und Mudden der Küstenregion

Im Küstenraum treten verschiedene Torfvarietäten auf, die im semiterrestrischen Milieu von Niedermooren bis Hochmooren entstanden sind. Daneben kommen auch Mudden, Sedimente von Süßwasserseen, vor.

Torfe haben sich ab dem Weichsel-Spätglazial teilweise völlig unabhängig vom Stand des Meeresspiegels in feuchten festländischen Bereichen entwickelt. Mit dem fortschreitenden Anstieg des Meeresspiegels vernäßte aber insbesondere die Übergangszone zwischen Küstenniederung und Geestrand, was dort zu einem intensiven Moorwachstum führte. Bei beginnender Brack- oder Meerwasserüberflutung starben die Moore ab und wurden von tonig-schluffigen und z.t. sandigen Sedimenten marinen Ursprungs überdeckt. Nach dem Bildungsbereich und Einflüssen von Brackwasser unterschieden LANGE & MENKE (1967) zwischen „Basaltorf" („Basalmoor") und „Basistorf" („Basismoor"). Der Terminus Basaltorf ist ein allgemeiner und rein deskriptiver Begriff für alle Moorbildungen, die im Küstenraum auf pleistozänen oder älteren Sedimenten entstanden sind und ihrerseits durch klastische Sedimente marinen Ursprungs überlagert werden (Abb. 13). Damit wird lediglich die Lage des Torfes innerhalb der Sedimentabfolge, nicht aber seine Genese beschrieben. Als Basistorf bezeichneten LANGE & MENKE

(1967) hingegen solche Moorbildungen, die unter dem direkten Einfluß von Brackwasser und erhöhter Nährstoffzufuhr entstanden sind. Diese auf den ersten Blick spitzfindige Unterscheidung ist wohlbegründet und notwendig für Betrachtungen über Meeresspiegeländerungen. Während Basaltorfe nur Mindestalter der Meeresüberflutung liefern, können in Basistorfen beginnende Brackwassereinflüsse und Eutrophierungserscheinungen mit palynologischen Untersuchungsmethoden exakt festgelegt und datiert werden. Deshalb liefern ^{14}C-Daten aus derartigen Horizonten die zuverlässigsten Angaben für den Meeresspiegelanstieg.

Niedermoortorfe decken ihren Nährstoffbedarf aus dem Grund- und Oberflächenwasser. Sie stehen damit in den Küstenniederungen auch stets in einer relativ engen Beziehung zum Stand des Meeresspiegels und werden deshalb teilweise als Anzeiger für Überflutungs- oder Verlandungsfolgen oder zur Rekonstruktion früherer Meeresspiegelstände herangezogen.

Im Küstenraum ist **Schilftorf** oder **Phragmitestorf** die am weitesten verbreitete Niedermoortorfvarietät. Sie besteht aus einem dichten Filz von Würzelchen, Rhizomen und Halmresten des Schilfrohres (*Phragmites communis*). Auffällig darin sind vor allem die ursprünglich etwa daumendicken, durch Setzung blattartig zusammengepreßten Rhizome. Durch ihre Größe, eine glänzende Oberfläche und im frischen Torf strohig gelbe Färbung sind die Schilfrhizome nicht zu übersehen, dunkeln aber an der Luft rasch nach. Begleitpflanzen in diesem Milieu sind die Teichbinse (*Scirpus lacustris*), das Schneidried (*Cladium mariscus*) und Großseggen (*Carex*).

Die ökologische Spannweite von *Phragmites communis* ist groß. Nach SCHEER (1953) reicht sie im brackischen und tidebewegten Milieu von 26 cm unter bis 72 cm über MThw. Die Nährstoffansprüche der Pflanze reichen nach OVERBECK (1975: 88) von eutraphent bis mesotraphent. Die Schilfrhizome treten in Röhrichtgesellschaften von Binnenseen bis ca. 1 m Wassertiefe auf, sind jedoch auch in telmatischen Großseggenbeständen und selbst in Bruchwaldtorfen anzutreffen. Heute sind Schilfbestände im Gezeitenbereich der ostfriesischen Küstenregion nur in schmalen Randstreifen von Dollart und Unterems verbreitet

(DIJKEMA & WOLFF 1983: Blatt 3 u 4). Ferner gibt es Schilfbestände in der Verlandungszone flacher Marschrandseen, wie z.b. vom Großen Meer, Loppersumer Meer und Hiewe an der W-Abdachung des Ostfriesisch-Oldenburgischen Geestrückens. Dagegen bestanden während des Holozän in der Küstenniederung weit ausgedehnte und dichte Schilfwälder. Am Aufbau basaler Torfe ist Schilftorf nur in geringerem Umfang beteiligt, er überwiegt aber in den „schwimmenden" Torfen (Abb. 13). Schilftorf bildete sich vorzugsweise in den Verlandungszonen flacher Lagunen (vgl. Kap. 6.2.3.2.2). In diesem Milieu gibt es auch fließende Übergänge von Schilftorf zu schilfreichen lagunären Brackwassersedimenten und Mudden. Typisch für diese Zone ist toniger Schilftorf, sog. Darg. Als Verlandungsbildungen überdecken Schilftorfe in regressiver Überlagerung oft riesige Areale, in denen zuvor klastische Sedimente marinen Ursprungs abgelagert worden sind. Umgekehrt werden Schilftorfe in transgressiver Überlagerung auch von klastischen Sedimenten überdeckt (Abb. 25). Die Entstehung solcher, in die klastischen Sedimente eingeschalteter Torfe läßt sich zeitlich zwischen 5000 v.Chr. und ca. 400 n.Chr. eingrenzen (vgl. Kap. 5.1, Abb. 8). Danach schrumpften die Schilfbestände, ähnlich wie die Brackwasserlagunen, auf ihre heutigen Verbreitungsräume zusammen. Auch hier haben zunächst natürliche Prozesse, eventuell Veränderungen des Tidehubs, den ökologischen Wandel eingeleitet, und erst später wurde die Entwicklung durch menschliche Eingriffe in den Naturhaushalt verstärkt.

Seggentorfe sind in den Holozänabfolgen weit verbreitet. Sie treten stets in Vergesellschaftung mit Schilftorfen auf, zeigen aber ein weiter fortgeschrittenes Stadium der Verlandung an. Charakterpflanzen dieses Bereiches sind vor allem Großseggen, von denen meist ein dichter Wurzelfilz von *Carex rostrata, Carex stricta* etc. erhalten ist. Darin kommen weitere, mit Seggen vergesellschaftete Sumpfpflanzen vor. Auffällig sind hier vor allem die fossil erhaltungsfähigen, glänzend roten bis braunen, linsenförmigen Samen des Fieberklees (*Menyanthes trifoliata*). Mit fortschreitender Verlandung treten neben den Großseggen auch zunehmend Kleinseggen und Braunmoose auf.

Bruchwaldtorfe, die an den zahlreichen, in einer stark zersetzten humosen Grundmasse liegenden Holzresten leicht zu erkennen sind, überwiegen in den Basaltorfen des Küstenholozäns. Die Holzreste stammen meist von Erlen, untergeordnet auch von Birken und Kiefern. Häufig enthalten Basaltorfe auch sandige Einlagerungen, die z.t. unregelmäßig verteilt, z.t. aber auch in mm-dicken Lagen eingeschichtet sind. Dies deutet darauf hin, daß zu Beginn der basalen Vermoorung Pleistozänsedimente stellenweise über die Mooroberfläche herausgeragt haben müssen, und von dort klastische Komponenten in das Moor eingeweht oder eingeschlämmt worden sind. Etwas seltener treten Bruchwaldtorfe in „schwimmenden" Torflagen auf. Sie wurden im Unteremsgebiet bereits von WILDVANG (1911), ferner von STREIF (1971), BARCKHAUSEN & STREIF (1978) und BARCKHAUSEN (1984) beschrieben. Aus dem Raum Wilhelmshaven berichteten SCHÜTTE (1931), HAARNAGEL (1950), BEHRE (1978) und STREIF (1981, 1985) über Bruchwaldvegetation im sog. Oberen Torf von Wilhelmshaven (Abb. 46). Dort schließt ein flächenhaft weit verbreiteter Bruchwaldhorizont eine Verlandungsabfolge mit Niedermoorvegetation nach oben ab.

Hochmoortorfe decken ihren Nährstoffbedarf ausschließlich aus Niederschlagswasser. Dabei entwickeln sich oligotrophe Moostorfe, in denen vor allem verschiedene Torfmoose (*Sphagna*) vorherrschen. Häufig, meist lagenweise angereichert, kommen auch faserige Büschel vor aus zersetzten Blattscheiden des Wollgrases (*Eriophorum vaginatum*). Aufgrund ihres Aussehens werden diese Faserbündel volkstümlich auch als Bullenfleisch bezeichnet.

Hochmoortorfe bilden sich in der Küstenregion stets oberhalb des MThw, haben also im Gegensatz zu Niedermoortorfen keine direkte Beziehung zum Meeresspiegel. Nach Untersuchungen von BEHRE & STREIF (1980) und BEHRE (1986) können sie teilweise aber indirekt als Anzeiger für Meeresspiegelschwankungen herangezogen werden. In den ausgedehnten Niedermooren der Küstenregion können Meeresspiegelabsenkungen die Zufuhr nährstoffreicher Grund- oder Oberflächenwässer zeitweilig unterbinden. Infolge solcher hydrologischer Veränderungen kommt es dazu, daß der Nährstoffbedarf der Niedermoorvegetation nicht mehr gedeckt werden kann. Bei hinreichend hohen Niederschlägen hat dies einen raschen und weitflächigen Umschlag von Niedermoor-

zu Hochmoorvegetation zur Folge. Solche regionalen Umschläge von Niedermoor- zu Hochmoortorf in den Marschrandmooren des Rheiderlandes und Jadebusengebietes sind ein Indiz für kurzfristige Meeresspiegelabsenkungen und darauf bezogene Spiegelabsenkungen des Grundbzw. Oberflächenwassers.

Als **Klappklei** bezeichnet man dünne Schichten toniger bis tonigschluffiger, z.T. kalkhaltiger Sedimente, die in Torfe der Küstenregion eingeschaltet sind. Sie entstehen, wenn bei Sturmfluten Seewasser bis an den Rand der Torfmoore heranreicht und unter dem Auftrieb des Salzwassers Torfpakete an Schwächezonen vom Rand her aufreißen und teilweise aufschwimmen. Zwischen den festliegenden unteren und den aufschwimmenden oberen Teil des Torfes dringt suspensionsbeladenes Meer- oder Brackwasser ein und verweilt dort bis der Wasserspiegel wieder auf sein normales Niveau sinkt. Dabei setzt sich die Suspensionsfracht ab und bleibt in der Fuge zurück, wenn das aufgeschwommene Torfpaket wieder in seine ursprüngliche Position zurückklappt. Von dem beschriebenen Vorgang eines auf- und zuklappenden Torfpaketes leitet sich der anschauliche Begriff Klappklei ab. Da sich bei der Klappklei-Bildung jüngere, eingefrachtete Sinkstoffe innerhalb einer älteren Torfschicht absetzen, spricht man auch von „innerer Sedimentation". Besteht einmal eine solche Klappkleilage, so wirkt sie wie eine Trennfuge, an der der Torf bei vergleichbar hohen Wasserständen immer wieder aufreißt. Dabei kann ein mehrschichtiges Klappkleipaket entstehen, in dem sich einzelne Sturmflutereignisse jeweils als makroskopisch erkennbare Einzellagen mit gradierter, von unten nach oben feiner werdender, Schichtung abbilden.

Am Rand solcher Torfmoore bilden sich häufig Erosionskliffs aus, an denen bei Sturmfluten größere Torfschollen (sog. Dargen) abbrechen und z.T. weit verdriften. Diese Vorgänge (vgl. Kap. 8.4) sind zusammen mit dem Aufschwimmen des Torfes und der Klappklei-Bildung im gesamten Nordseegebiet nur noch an einer einzigen Stelle zu beobachten, im Sehestedter Außendeichsmoor am E-Ufer des Jadebusens (KÜNNEMANN 1941, BEHRE 1978).

Zahlreiche fossile Klappkleie sind durch Bohrungen im Küstenraum nachgewiesen. Charakteristisches Kennzeichen solcher, in der Regel nur wenige Zentimeter bis maximal 2 Dezimeter mächtiger Klappkleilagen ist eine stets sehr scharf ausgeprägte Obergrenze. An ihr lassen sich Torf und Klei wie an einer Sollbruchstelle leicht voneinander lösen, wobei auf der Kleioberfläche gelegentlich Abdrücke von Pflanzenresten erkennbar werden. Auch die Unterseite von Klappkleilagen ist meist scharf. Gelegentlich kann sie aber auch etwas verwaschen aussehen, wenn Sinkstoffe in vertikale und horizontale Risse und Wurzelkanäle eingedrungen sind. Kalkgehalt und fehlende Durchwurzelung sind weitere Indizien für Klappkleigenese. Ton und Schlufflagen, die in vergleichbarer Dicke normalsedimentär auf der Oberfläche von Mooren abgelagert und anschließend wieder von Moor überwachsen wurden, sind dagegen stets durch Huminsäuren sekundär entkalkt und in der Regel auch intensiv durchwurzelt.

Als **Mudden** bezeichnet man humose Sedimente, die unter ständiger Bedeckung durch Süßwasser in Binnenseen abgelagert werden. In den Sedimentabfolgen des Küstenraumes zeigen Mudden meist enge Beziehungen zu basalen und „schwimmenden" Torfen. Die bislang im ostfriesischen Küstenraum nachgewiesenen Mudden sind durchweg kalkfrei und aufgrund ihrer organischen Komponenten als Feindetritus- bis Grobdetritusmudden zu bezeichnen (MERKT et al. 1971).

Feindetritusmudden sind feinkörnige Sedimente, deren Komponenten auch mit der Lupe nicht zu bestimmen sind. Ihre Konsistenz ist im frischen und feuchten Zustand seifig-schmierig, im entwässerten Zustand stückig fest. Grobdetritusmudden bestehen vorwiegend aus deutlich erkennbaren und meist schwach zersetzten Pflanzenresten. Dabei gibt es auch Übergänge zu Torfmudden mit hohen Anteilen aufgearbeiteten und umgelagerten Torfmaterials, in denen Blattreste von Sphagnen oft lagenweise angereichert sind. Grobdetritusmudden bilden sich heute noch in Marschrandseen wie z.B. dem Großen Meer. Dort ist am E-Ufer stellenweise ein niedriges Erosionskliff in Torf eingeschnitten. Winderzeugte Wellen erodieren an diesem Kliff, wobei das abgetragene Torfmaterial mit dem rückströmenden Wasser im See verteilt und vorzugsweise in einem windgeschützten Streifen am W-Ufer als Grobdetritusmudde sedimentiert wird (vgl. Kap. 8.1.3.2).

Klastische Komponenten der Schluff- und Tonfraktion sind in den

Mudden selten und gehen auf kurzfristige Überflutungen des Gebietes durch Brackwasser zurück, bei denen Sinkstoffe marinen Ursprungs in die Seen eingefrachtet worden sind. Solche tonige Mudden wurden in zahlreichen Bohrungen nachgewiesen und treten vorzugsweise am Übergang von lagunären Sedimenten zu Schilftorf auf. Sandige Mudden entstehen nur dort, wo die Seen direkten Kontakt zum pleistozänen Untergrund haben, so daß Sand am Seegrund erodiert und in die organischen Sedimente eingearbeitet wird. Rezente Vorkommen derartiger sandiger Mudden gibt es z.b. im Großen Meer, in dessen E-Hälfte am Seegrund pleistozäne Sande anstehen. Entsprechende fossile sandige Mudden sind auf den basalen Teil der holozänen Schichtenfolgen beschränkt.

6.2.3.3 Stratigraphie des Küstenholozäns

Die im Untergrund der Watten und Marschen weit verbreiteten Wechselfolgen aus klastischen Sedimenten und Torfen (Abb. 13) reizten schon von Beginn der geologischen Küstenforschung an dazu, die Küstenablagerungen zeitlich zu gliedern. WILDVANG (1911, 1915) betrachtete die klastischen Sedimente als Ablagerungen von „Überflutungsperioden", SCHÜTTE (1913, 1935) ordnete sie sog. „Senkungsphasen" zu; umgekehrt sah man die Torfe als Bildungen von „Festlandsperioden" bzw. „Hebungsphasen" an. In der Folgezeit entstanden zahlreiche, ebenfalls auf diesen Wechselfolgen aufbauende litho-, bio- und chronostratigraphische Gliederungssysteme, d.h. Gliederungssysteme, die entweder auf der Materialbeschaffenheit, dem biologischen Inhalt oder dem absoluten Alter der Ablagerungen beruhen. Zum Teil wurden sogar etwas fragwürdige Versuche unternommen (SINDOWSKI 1968), die Holozängliederung aus den Wechselfolgen heraus auf rein klastische Sedimentfolgen zu übertragen.

Die verschiedenen älteren Gliederungen mündeten schließlich in das von BRAND et al. (1965) veröffentlichte System einer „lithostratigraphischen Unterteilung des marinen Holozäns an der Nordseeküste", das auch der ersten Auflage dieses Geologischen Führers (SINDOWSKI

1973) zugrunde lag (Tabelle 5). Dieses Gliederungssystem ging davon aus, daß Meeresspiegelschwankungen sich in der gesamten Küstenregion in Form gleichzeitiger und gleichgerichteter Fazieswechsel auswirken müßten. Der ähnliche Profilaufbau holozäner Sedimentabfolgen von Belgien bis Dänemark schien diese Annahme zu stützen. Neuere Untersuchungen zeigten aber, daß dieses System auf zu stark vereinfachten Vorstellungen der Küstenentwicklung beruht.

Aufgrund des ausgeglichenen Reliefs reagiert die Flachküstenregion insgesamt äußerst sensibel auf Wasserstandsänderungen. Am deutlichsten schlagen sich diese Änderungen jedoch in den landwärtigen Bereichen durch rasche und auffällige Fazieswechsel zwischen Sedimenten marinen Ursprungs und semiterrestrischem Torf nieder. Der Profilaufbau dieser Region ist durch zyklisch wiederholte Wechsel von transgressiver Überlagerung bzw. regressiver Überlagerung gekennzeichnet. Von transgressiver Überlagerung spricht man, wenn in einem Bohrprofil oder einem Aufschluß klastische Sedimente marinen Ursprungs auf seminterrestrischem Torf lagern. Bei einer regressiven Überlagerung treten umgekehrt Mudden oder semiterrestrischer Torf über klastischen Sedimenten marinen Ursprungs auf. In solchen Fazieswechseln drücken sich einerseits Wasserstandsänderungen aus, also das Ansteigen oder Absinken des Wasserspiegels, andererseits aber auch die Geschwindigkeiten, mit denen diese Wasserstandsänderungen ablaufen. Mit einer zunehmenden Zahl von ^{14}C-Altersbestimmungen konnten die zyklischen Fazieswechsel zeitlich präziser eingestuft und der Ablauf der Ereignisse mit höherer zeitlicher Auflösung untersucht werden. Dabei ergaben sich generelle Zusammenhänge zwischen der Dynamik der Wasserstandsänderungen und Fazieswechseln, die im folgenden erläutert und in Abb. 25 schematisch dargestellt werden.

In der Küstenregion wird Moorwachstum durch einen steigenden Meeresspiegel begünstigt, da dieser durch Rückstau auch den Grundwasser- und Oberflächenwasserspiegel anhebt. Als Zeitabschnitt mit generell steigendem Meeresspiegel bot das gesamte Holozän günstige Voraussetzungen für Moorwachstum. In der frühen Phase der Küstenentwicklung stieg der Meeresspiegel jedoch derart rasch an, daß das Moorwachstum damit nicht Schritt halten konnte. Die basalen

Ostfriesische Küstenregion 181

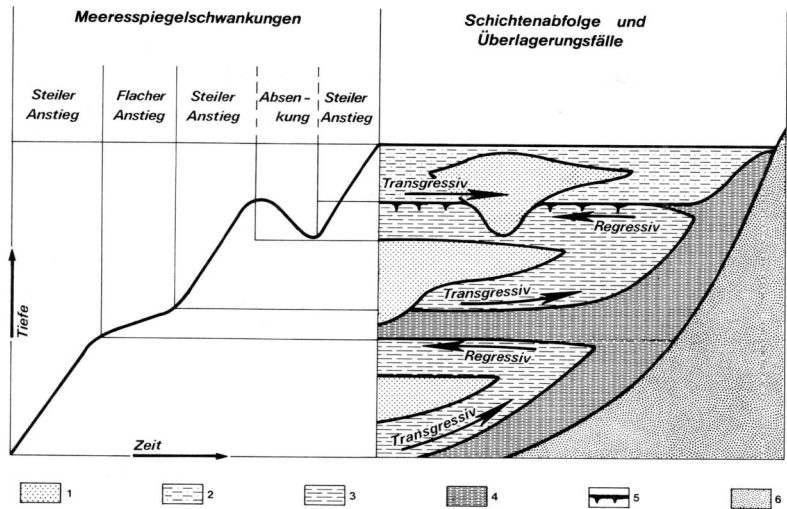

Abb. 25: Schematische Darstellung der Zusammenhänge zwischen Meeresspiegelbewegungen und dabei entstehender Schichtenabfolgen und Überlagerungsfälle. 1 = Rinnenablagerungen, 2 = Wattablagerungen, 3 = Brackwasser- und lagunäre Ablagerungen, 4 = Torf, 5 = Dwoghorizont, 6 = Pleistozän ungegliedert.

Moore gerieten vielmehr jeweils sehr rasch unter Salzwassereinfluß, starben ab, und über den zuvor gebildeten, meist geringmächtigen Basaltorfen wurden in transgressiver Überlagerung Sedimente marinen Ursprungs abgelagert. Die transgredierende Nordsee schob also eine Vernässungszone mit intensivem Moorwachstum vor sich her, in immer weiter landwärts und höher liegende Positionen. Wie in Kapitel 5.1 ausgeführt, ist dieser Überflutungsprozeß anhand datierter Basaltorfe aus der offenen Nordsee und dem Küstenraum für die letzten 8600 Jahre und die Tiefenzone oberhalb 46 m Wassertiefe gut belegt. Es ist aber anzunehmen, daß auch die vorausgegangene Überflutung während des Weichsel-Spätglazials (15000 bis 10000 J.v.h.) und frühen Holozän, in der der Nordseespiegel von ca. -110 m unter heutigem Niveau auf -46 m angestiegen ist, einen ganz ähnlichen Verlauf genommen hat.

Erst im mittleren Holozän verringerte sich die Rate des Meeresspiegelanstiegs so weit, daß zeitweilig gegenläufige Prozesse einsetzten, was Abb. 25 veranschaulicht. In Phasen mit langsam ansteigendem Meeresspiegel entstanden im Küstenrandmoor mächtige Torfpakete. Zeitweilig sank die Rate des Meeresspiegelanstiegs so weit ab, daß sie hinter der Rate des Moorwachstums zurückblieb und Marschrandmoore in regressiver Überlagerung auf Sedimente marinen Ursprungs vorwachsen konnten. Bei neuerlicher Beschleunigung des Meeresspiegelanstiegs kehrte sich der Vorgang wieder um, und klastische Sedimente marinen Ursprungs überdeckten in transgressiver Überlagerung die Moorbildungen. Auf diese Weise entstanden die wiederholten Einschaltungen sog. „schwimmender" Torfe des Küstenholozäns.

Im Zeit-/Tiefendiagramm (Abb. 8) ist der zeitliche Ablauf dieser Prozesse wiedergegeben. Die Darstellung beruht auf dendrochronologisch korrigierten ^{14}C-Daten und enthält im oberen Teil eine bandförmige Kurve des Meeresspiegelanstiegs, die anhand von ^{14}C-Daten aus Basaltorfen sowie aus „schwimmenden" Torfen konstruiert worden ist. Der untere Teil des Diagramms gibt dagegen die Häufigkeitsverteilung von ^{14}C-Daten wieder, die ausschließlich aus schwimmenden Torfen stammen. Vergleicht man die bandförmige Kurve des Meeresspiegelanstiegs mit der Häufigkeitsverteilung, so zeigt sich, daß große Probenhäufigkeiten mit Phasen geringen Meeresspiegelanstiegs zusammenfallen, geringe Häufigkeiten dagegen mit Phasen raschen Meeresspiegelanstiegs.

Die frühesten „schwimmenden" Torfe bildeten sich im ostfriesischen Küstenraum um 5000 bis 4800 v.Chr. Dabei handelt es sich um räumlich eng begrenzte Vorkommen in tiefen Einmuldungen der Holozänbasis. Erheblich günstigere Bildungsbedingungen für „schwimmende" Torfe bestanden offenbar zwischen 3600 und 2800 v.Chr. sowie zwischen 1700 und 300 v.Chr. Während dieser Zeitabschnitte vermoorte die gesamte Küstenniederung zwischen Ems und Weser großflächig. In geringerem Umfang entstanden „schwimmende" Torfe auch noch ab der Zeitenwende bis 200 n.Chr. Danach kam es nicht mehr zu flächenhaften Vermoorungen im Bereich der Watten und Marschen; nur lokal entwickelten sich Torfe noch in Dünentälern auf den Inseln und im Marschrandmoor. Die Gründe für das Ende flächenhafter Torfbildung im Küstenraum sind bislang nicht geklärt. Einerseits deuten der Kurvenverlauf in Abb. 8 und der Wurtenbau (vgl. Kap. 5.3) auf einen neuerlich beschleunigten Anstieg des Meeresspiegels, andererseits gibt es auch Hinweise, daß sich die Tideverhältnisse geändert haben.

Innerhalb des generellen Meeresspiegelanstiegs zeichnen sich auch kurze Phasen der Meeresspiegelabsenkung ab, die aber in der Übersichtsdarstellung (Abb. 8) nicht erkennbar sind. Solche Phasen sind meist durch flächenhaft verbreitete Bodenbildungen auf klastischen Sedimenten marinen Ursprungs oder durch Zersetzungshorizonte in Torfen markiert (BEHRE & STREIF 1980, STREIF 1982). Beides deutet darauf hin, daß die Sedimentationsprozesse bzw. das Moorwachstum vorübergehend unterbrochen waren und pedogenetische Prozesse auf die Sedimentoberfläche bzw. oxidativer Torfverzehr auf die Mooroberfläche einwirken konnten. In ausgedehnten Moorgebieten hat der absinkende Wasserspiegel außerdem die Zufuhr nährstoffhaltigen Grund- und Oberflächenwassers unterbunden, so daß es flächenhaft zu einem raschen Umschlag von Niedermoor- zu Hochmoorvegetation gekommen ist (BEHRE & STREIF 1980, BEHRE 1986). Solche Phasen vorübergehender Meeresspiegelabsenkung sind (vgl. Kap. 5.1) anhand geologischer Befunde um 800 v.Chr. sowie um die Zeitenwende belegt. Eine weitere Absenkungsphase zwischen 1395 und 1650 n.Chr. läßt sich aus einem Vergleich von geologischen Befunden mit Wasserstandsbeobachtungen ableiten.

Bei einer detaillierten regionalen Auswertung der ^{14}C-Daten zeigt sich, daß die Fazieswechsel nicht in allen Küstenabschnitten im strengen Sinne synchron einsetzen oder auslaufen. Obwohl also die Wasserstandsänderungen in ihrem Trend, ihrem Ablauf und Ausmaß die gesamte Küstenregion in gleichartiger Weise betroffen haben, reagierten einzelne Küstenabschnitte, je nach den örtlichen paläogeographischen und hydrologischen Verhältnissen, durchaus unterschiedlich und „individuell" auf diese äußeren Einflüsse. Dabei wurde der überregional gleichlaufende Trend teilweise überprägt oder sogar vollständig verdeckt. Das heißt, in benachbarten Küstenabschnitten können Phasen des Moorwachstum oder Phasen klastischer Sedimentation unterschiedlich lange andauern bzw. einzelne transgressive oder regressive Phasen vollständig ausfallen. Vielfach überliefern die angetroffenen Schichtenabfolgen nur ein lückenhaftes Bild der tatsächlich abgelaufenen Ereignisse. Nur in geschlossenen Küstenräumen mit einheitlicher paläogeographischer Entwicklung verlaufen Transgressions- und Regressionsphasen in strengerem Sinne synchron.

Konventionelle stratigraphische Betrachtungen erwiesen sich als zu grob, um die im Küstenraum ablaufenden Prozesse in ihrer hohen zeitlichen Auflösung zu erfassen. Aus diesen Gründen sowie einer Reihe weiterer Überlegungen rückten BARCKHAUSEN et al. (1977) vom oben genannten Gliederungssystem ab und entwickelten ein lithogenetisches Ordnungsprinzip. Dieses Ordnungsprinzip untergliedert die Schichtenfolgen des Küstenraumes allein aufgrund der Materialbeschaffenheit, nach dem Ablagerungsmilieu sowie der vertikalen Abfolge und lateralen Verzahnung von klastischen Sedimenten und Torfen. Unabhängig von dieser Ordnung wird eine exakte Alterseinstufung der Schichten mit Hilfe von ^{14}C-Datierungen und palynologischen Altersbestimmungen vorgenommen.

7. Regionale geologische Beschreibung der Ostfriesischen Inseln

7.1 Borkum

Am Außenrand des Randzel-Watts nimmt Borkum, die größte Ostfriesische Insel, mit 10,7 km Länge und 3 km mittlerer Breite ein 32,0 km² großes Areal zwischen Westerems und Osterems ein. Vor den Mündungen dieser Seegaten sind keine ausgeprägten Riffbögen entwickelt. S der Insel stehen beide Gezeitensysteme über das Randzelgat bzw. die Westerbalje sowie eine breite, flache Wattenzone miteinander in Verbindung. Borkum besitzt mit seinem West- und Ostland zwei Inselkerne, die von hufeisenförmigen, nach SE geöffneten Dünengebieten umgeben sind (Abb. 27). Aufgrund dieser morphologischen Gliederung wird Borkum auch als Doppelinsel bezeichnet.

Aus der Nordsee kommend, zieht sich eine schmale, über 60 km lange Salzstruktur in N-S-Richtung unter dem Ostland der Insel hindurch bis zur Alten Ems (Abb. 1). Nach JARITZ (1969, 1973) besteht diese Struktur aus drei Teilstücken, dem Salzkissen **Borkum-Riffgrund** sowie den Salzstöcken **Borkum-Nord** und **Borkum**. Im S-Teil der Struktur begann die Salzstock-Entwicklung in der Zeitspanne Buntsandstein bis Muschelkalk, und das aufsteigende Salz durchschlug hier die Schichten des Keuper. Im N-Teil setzte der Salzaufstieg dagegen erst zu Beginn der Unterkreide ein. Das Salz drang dabei bis in tertiäre Deckschichten auf, so daß der Scheitel der Salzstruktur bis ca. 500 m unter die Geländeoberfläche reicht.

Im oberflächennahen Untergrund der Insel (Abb. 26) wiesen Bohrungen in Tiefen unterhalb NN -25 bis -30 m feinkiesige Quarzsande nach, die, aufgrund fehlender nordischer Komponenten, vermutlich ins

Pliozän einzustufen sind. Älteste pleistozäne Sedimente sind glazifluviatile Sande sowie ein bei ca. NN -20 m flächenhaft verbreiteter, 1 bis 2 m mächtiger Geschiebelehm aus dem Drenthe-Stadium der Saale-Kaltzeit. Dieser Geschiebelehm setzt sich vermutlich seewärts bis zum Borkum-Riffgrund fort. Dort sind bislang jedoch nur ca. 1 m mächtige kiesige und z.T. steinige Sedimente erbohrt worden, Relikte marin aufgearbeiteter Moränenablagerungen.

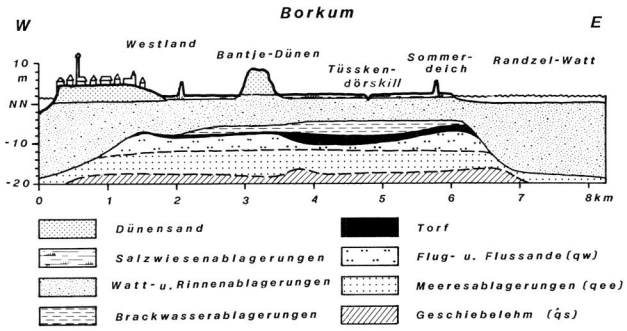

Abb. 26: Geologischer Schnitt durch die Insel Borkum nach SINDOWSKI (1973).

Marine Sande der Eem-Warmzeit, maximal 20 m mächtig, sind durch Bohrungen unter der gesamten Insel sowie in deren weiterem Umfeld nachgewiesen (Abb. 6 u. 26). Aus ihnen stammen wahrscheinlich auch die Backenzähne des eemzeitlichen Waldelefanten *Palaeoloxodon antiquus* (FALCONERI), die mit Fischernetzen aus dem Wattenmeer bei Memmert bzw. vom Seegrund bei Borkum-Riff geborgen worden sind (vgl. Kap. 4.5.2). Maximal 8 m mächtige Fluß- bzw. Dünensande der Weichsel-Kaltzeit schließen die pleistozäne Schichtenfolge nach oben ab.

Die Pleistozänoberfläche (Abb. 14) besitzt unter der Insel Borkum ein ausgeglichenes, flachwelliges Relief mit Einmuldungen um NN -10 m bzw. höchsten Erhebungen um NN -8 m im Hafengebiet. Zur

Westerems sowie in E-Richtung zum Evermanngat und zur Insel Lütje Hörn, taucht die Pleistozänoberfläche bis unter NN -20 m ab.

Die holozäne Sedimentfolge beginnt mit humosen Sanden und Basaltorfen, die vor allem unter dem S-Teil des Westlandes und unter dem Hafengebiet in Tiefen um NN -10 m verbreitet sind. Basaltorfe wurden aber auch in Rinnen unter dem Randzel-Watt bei NN -14 bis -16 m angetroffen. Anhand palynologischer Untersuchungen stufte WILDVANG (1936: Tab. 1) den in Bohrung R 14 zwischen NN -9,95 und -10,05 m erbohrten humosen Sand ins Präboreal, den zwischen NN -9,75 und -9,95 m liegenden Basaltorf ins frühe Atlantikum. Die darüber liegende Abfolge feinklastischer Holozänsedimente setzt mit einer dünnen Schicht brackischer Ablagerungen ein und geht nach oben rasch in mächtige Wattsedimente über. Da organische Einschaltungen fehlen, ist diese Abfolge stratigraphisch nicht weiter zu untergliedern.

Nach Aufzeichnungen des Pastors NICOLAI sind 1789 am NW-Strand Borkums Spuren einer alten, bislang undatierten Siedlung freigelegt worden (WILDVANG 1915: 90 f.). Dort trat nach einer Sturmflut bei tiefer Ebbe eine alte Landoberfläche zutage mit gepflügten Partien, Gräben, eingewurzelten Baumstümpfen, Brunnenanlagen, Rasenplätzen und Scherben von Tongefäßen. Diese Funde weisen auf eine N-S- bzw. NW-SE-Verlagerung der Insel hin, lassen aber keine gesicherten Rückschlüsse über die Verlagerungsdistanz und -geschwindigkeit zu.

BACKHAUS (1943: 30 ff.) nahm an, daß Borkum zusammen mit Juist und dem W-Teil von Norderney ursprünglich eine Großinsel gebildet habe. Auf diese, in der älteren Küstenliteratur weit verbreitete, aber unzutreffende Hypothese wird in Kapitel 7.4 näher eingegangen. Urkunden erwähnen Borkum erstmalig um 1379, bezeichnen es 1398 als Borkun und 1406 als Borkyn. Die heutigen Siedlungskerne der Insel liegen im Schutze hufeisenförmiger, nach SE offener Dünengebiete (Abb. 27). Ältestes erhaltenes Bauwerk ist der ehemalige Kirchturm am E-Rand des Ortes, der 1576 vom Rat der Stadt Emden zu einem 47 m hohen Seezeichen für die Emsansteuerung umgebaut worden ist.

Nach Untersuchungen von BACKHAUS (1943) und HOMEIER (1979) haben sich die Umrisse Borkums seit 1650 trotz zwischenzeitlicher

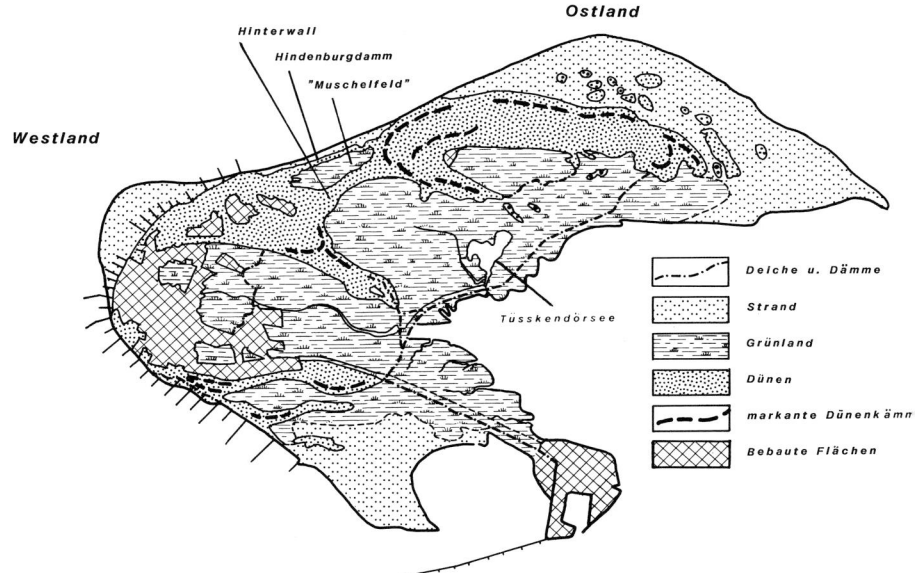

Abb. 27: Geomorphologische Einheiten der Insel Borkum.

Erosionsphasen nur unwesentlich verändert. Dies gilt, obwohl HOMEIER (1979: 13) für die Zeitspanne von 1650 bis zum Bau der Strandmauer eine durchschnittliche Rückverlagerung der Strandlinie um 2,2 bis 2,4 m/Jahr ermittelte. Offenbar ist eine derart rasche Rückverlegung der Strandlinie nur am NW-Ende der Insel aufgetreten. Dort wurden die ehemals breiteren Dünengebiete vor der Ortschaft bis auf einen schmalen Dünensaum erodiert. Dieser Abtrag wurde durch einen Anwachs der Dünenfelder im N- und S-Teil des Westlandes ausgeglichen. Dort entstanden nacheinander mehrere Dünengenerationen, wobei die jüngeren, seeseitig angelagerten Dünenzüge jeweils durch breite Dünentäler (z.B. Waterdelle bzw. Greune Stee und Kiewietzdelle) von der nächst älteren Generation abgesetzt sind (vgl. Kap. 6.2.2.2.3). Vermutlich wurden auch die Dünen des Ostlandes teilweise aus dem Abtrag im W ernährt. Die Ostlanddünen sind in nahezu voller Breite erhalten und werden nur am Strand vor den Olde Dünen etwas angegriffen. Die rezenten Stranderniedrigungen und Dünenabbrüche auf Borkum sind nach HOMEIER & LUCK (1977) als normale Ausgleichsprozesse nach einer Phase überdurchschnittlich guter Sandversorgung zu bewerten.

Ursprünglich bestand zwischen Borkums West- und Ostland ein ausgedehntes Niederungsgebiet (Glop bzw. Tüßkendör), das bei höheren Wasserständen regelmäßig überflutet und durchströmt worden ist. Um das Durchströmen zu unterbinden, schuf man an der Engstelle der Niederung in den Jahren 1864 bis 1869 mit Dünenbaumaßnahmen den sog. Hinterwall (Abb. 27). Um 1936 setzte man weiter seewärts weitere Buschzaunreihen und schuf so einen zweiten künstlichen Dünenzug, den Hindenburgdamm. Dieser verbindet die Norddünen des Westlandes gradlinig mit den Olde Dünen des Ostlandes. Im Zuge dieser Baumaßnahmen entstand die heutige morphologische N-S-Gliederung der ehemaligen Tüßkendör-Niederung mit Hindenburgdamm, „Muschelfeld", Hinterwall und sog. Außenweide.

Um dem starken Abtrag im NW entgegenzuwirken, begann man auf Borkum 1869 Buhnen zu bauen. Heute ist der W-Kopf der Insel durch massive Schutzbauwerke mit 31 Buhnen, einem 3900 m langen schweren Deckwerk und 2600 m langen Dünenschutzwerken gesichert und in seiner Position festgelegt. Außerdem hat man durch vier Strandaufspülungen (vgl. Kap. 6.2.2.2.5) Erosionsverluste ausgeglichen.

Zum Schutz der Siedlungen und Grünländer gegen Überflutungen von der Wattseite errichtete man mehrere Deichreihen. Der älteste, vor 1606 gelegte Deich durchzieht mit stark gewundenem Verlauf das Westland Borkums zwischen den sog. Binnenwiesen und der Binnenweide. Die Niederung des Ostlandes wurde erst um 1769 eingedeicht. An beiden Deichlinien sind heute wassergefüllte Kolke zu beobachten, sog. Wehle, die frühere Deichbruchstellen markieren. Mit hoher Geschwindigkeit durch die Bruchstelle einströmendes Seewasser hat dort z.T. mehrere Meter tiefe Kolke ausgestrudelt. Beim späteren Schließen der Deichbrüche führte man den neuen Deich wattseitig um die Wehle herum, was die meist engen, bogenförmigen Ausbuchtungen in der Deichlinie zur Folge hatte. Überwiegend sind die Wehle auf Borkum wohl bei Deichbrüchen 1825 entstanden. Das jüngste Wehl im Ostland geht aber auf die Sturmflut am 17.02.1962 zurück. Beim Bruch eines über 100 m langen Deichstückes entstand dort ein tiefer Kolk, und das ausgestrudelte Material wurde zu einem ausgedehnten Sandfächer im Ostlandpolder aufgeschüttet (EHLERS 1988: Abb. 13 u. 325).

Mit dem Bau eines Deiches vom E-Ende der Woldedünen zum S-Ende der Bantjedünen verschob man 1932 die Deichlinie im Westland bis an den Außenrand des Hellers und entwässerte das gewonnene Gebiet über das ehemalige Prielsystem des Hopp und ein Siel zum Watt. Wenig später legte man entlang der gesamten Hellerkante im S Borkums zwischen Bantjedünen und Steernklippsteert einen Sommerdeich an, der 1977/78 auf seine heutige Höhe ausgebaut worden ist. Er umschließt die gesamten Niederungsgebiete zwischen den Woldedünen im Westland und dem Dünenfeld um die Ostbake. Bei der Sandentnahme für diesen Deichbau entstand der ca. 20 ha große Tüskendörsee, der heute als Speicherbecken für die gesamte Binnenentwässerung Borkums dient. Aus dem Westland werden die Niederschlagswässer über das ehemalige Prielsystem des Hopp und ein neu geschaffenes Binnentief abgeführt, aus dem Ostland über den Großen Schloot. Beide Systeme sind an den Tüskendörsee und das Tüskendörskill angeschlossen, das am S-Rand der sog. Außenweide durch ein Siel zum Watt entwässert.

Weitere, die heutige Gestalt der Insel prägende Baumaßnahmen, waren der Bau von Landungsbrücke, Reededamm und Inselbahn (1888) sowie verschiedene Ausbaustufen des Hafens, insbesondere um 1934 und nach 1945.

7.2 Lütje Hörn

Lütje Hörn ist eine kleine dünentragende Sandplate, die am hohen NE-Rand des Randzel-Wattes zwischen Evermanngat und Osterems liegt. HOMEIER (1963 a) bezeichnete Lütje Hörn als „Strandinsel", vermutlich um es von den größeren „Düneninseln" zu unterscheiden. Der Begriff Strandinsel enthält jedoch keine spezifische morphologische bzw. genetische Aussage und sollte deshalb nicht weiter verwendet werden.

Über den geologischen Bau Lütje Hörns ist wenig bekannt. Eine bis unter NN -20 m einschneidende und mit jungen Gezeitensedimenten verfüllte Erosionsrinne trennt es vom Ostland Borkums ab. Dieses fossile Rinnensystem verläuft von den Brauer Platen bzw. der Kachellot Plate SE-wärts bis ins Gebiet von Hornsbalje und Evermanngat und schwenkt dann nach E Richtung Westerbalje und Ley um. Die Holozänbasis liegt unter Lütje Hörn im Tiefenbereich um NN -15 m. Den holozänen Inselsockel bilden überwiegend sandige Watt- und Rinnensedimente, die nach oben in Strand- und Dünensande übergehen.

Trotz seiner unscheinbaren Größe besteht Lütje Hörn bereits lange und wird 1576 in einer Segelanweisung erwähnt bzw. 1585 als Hooghe Hörn bezeichnet. Um 1642 trägt die Insel ein für den Schiffsverkehr auf der Osterems bedeutsames Seezeichen, dessen Position HOMEIER (1963 a) innerhalb eines Fehlerkreises mit 160 m Durchmesser bestimmen konnte. Diese Bake bildet einen Festpunkt für Betrachtungen über die Verlagerung der Insel. Seit 1642 hat sich Lütje Hörn um ca. 3,2 km weit SE-wärts verschoben, was eine durchschnittliche Verlagerungsrate von 100 m/Jh. ergibt. Für die jüngste Zeitspanne von 1957-77 ermittelte EHLERS (1988: 320, Abb. 347) eine nahezu übereinstimmende Rate von 11 m/Jahr. Im Zuge der Verlagerungen wandelten sich zwar Form und Größe von Lütje Hörn (1891: 61 ha, 1937: 54 ha und 1962: 58 ha), aber sein Bestand wurde nicht gefährdet.

7.3 Juist

Vom Haaksgat, einem Nebenarm der Osterems, reicht Juist über 15 km Länge E-wärts zum Kalfamergat und verschmälert sich dabei von 1 km auf 0,75 km. Mit diesen Abmessungen und einer Gesamtfläche von 13,1 km^2 ist Juist die längste und schmalste ostfriesische Insel. Eine auffällige morphologische Eigenheit Juists ist das Billriff (Haak), eine 1 km weit nach W ragende, hochwasserfreie Strandplate. Obwohl diese Plate in wechselnder Form und Größe seit über 300 Jahren existiert, haben sich in dieser exponierten Zone bislang keine Dünen entwickelt.

Im tieferen Untergrund Juists verlaufen (Abb. 1) zwei N-S-streichende, extrem langgestreckte und schmale Salzstrukturen, sog. Salzmauern (JARITZ 1973, GÜK 200: Blatt CC 3102). Als 40 km lange Struktur zieht sich der Salzstock **Juist-West** zusammen mit dem Salzstock **Ems III** aus der Nordsee unter dem W-Ende Juists, dem E-Rand Memmerts und der Emsmündung hindurch bis ins Gebiet des Eems-Hafens, Niederlande. Die Salzstruktur **Juist-Ost** ist, ebenso wie die S anschließende Struktur **Mole Norddeich**, Teilstück einer Salzmauer, die sich, aus der Nordsee kommend, unter dem E-Ende Juists hindurch bis Utlandshörn am Nordrand der Leybucht erstreckt. Beide Salzmauern entwickelten sich ab Jüngerem Buntsandstein (Röt), haben im Keuper Randsenken mit mächtiger Sedimentfüllung ausgebildet und sind nach oben durchgebrochen. Diese älteren Formationen werden diskordant von einer etwa 1800 bis 2000 m mächtigen, mit Sedimenten der Unterkreide beginnenden und ins Jungtertiär reichenden Schichtenfolge überlagert.

Die Pleistozänabfolge zeigt unter Juist einen ganz ähnlichen Aufbau wie unter Borkum. Älteste erbohrte Einheit sind glazifluviatile Vorschüttsande der Drenthe-Kaltzeit (Abb. 28). Sie werden von einem 1 bis 2 m mächtigen drenthezeitlichen Geschiebelehm überlagert, dessen Oberfläche von ca. NN -20 m im W-Teil der Insel auf NN -15 m im E-Teil ansteigt. Darüber folgen maximal 12 m mächtige, sandige und marine Mollusken führende Sedimente der Eem-Warmzeit sowie 2 bis 6 m mächtige terrestrische Sande der Weichsel-Kaltzeit.

Die holozäne Schichtenfolge beginnt mit einem Basaltorf, der im Bereich der Haakdünen sowie E des Hammersees und unter der Ortschaft Juist flächenhaft verbreitet ist in Tiefenbereichen um NN -6 bis -8 m, NN -8 bis -10 m bzw. NN -10 bis -12 m, ansonsten jedoch fehlt. Ein in Bohrung R 30 bei NN -6,78 bis -7,68 m angetroffener Basaltorf wurde von WILDVANG (1936, Tab. 1) pollenanalytisch ins frühe Atlantikum eingestuft. Über dem basalen Torf folgen im W-Teil der Insel meist geringmächtige Brackwassersedimente sowie bis 8 m mächtige Wattablagerungen, deren Oberfläche etwa im Niveau von NN verläuft. Unter dem E-Teil der Insel hat dagegen junge Erosion sowohl den Basaltorf als auch die Brackwassersedimente ausgeräumt. Außerdem durchschneiden

Juist

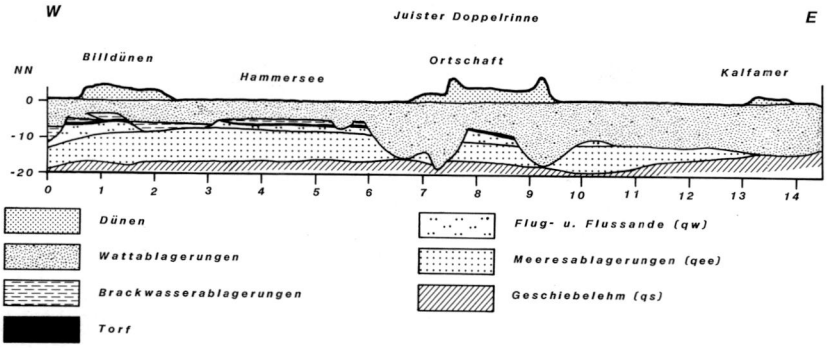

Abb. 28: Geologischer Längsschnitt durch die Insel Juist nach SINDOWSKI (1973) mit der Juister Doppelrinne.

zwei besonders tiefe, mit Watt- und Rinnensanden verfüllte Erosionsrinnen Juist im Bereich der Ortschaft in NW-SE-Richtung. SINDOWSKI (1973) bezeichnete dieses fossile Rinnensystem als Juister Doppelrinne. Die bis unter NN -25 m einschneidenen Rinnen haben außer den älteren Holozänablagerungen auch weichselzeitliche sowie eemzeitliche Sande und örtlich sogar den drenthezeitlichen Geschiebelehm ausgeräumt, so daß dort jungholozäne Gezeitensedimente unmittelbar drenthezeitlichen Vorschüttsanden auflagern. E dieser Doppelrinne existiert eine kleine, bis NN -10 m reichende Pleistozän-Hochlage, von der die Erosionsbasis E-wärts allmählich bis auf NN -18 m absinkt. Unter den Kalfamer Dünen und im Norderneyer Seegat lagern holozäne Sedimente in ausgedehnten Gebieten direkt drenthezeitlichem Geschiebelehm auf.

Die Schichtenfolge mariner Holozänsedimente wird nach oben stellenweise durch geringmächtige marin-litorale Ablagerungen abgeschlossen. Derartige Bildungen sind im W-Teil Juists verbreitet, wo sie, je nach Sandversorgung, zeitweilig am Strand N der Domäne Bill ausstreichen. STREIF (1986) beschrieb von dort drei fossile Vegetationshorizonte, die im Niveau von NN +0,3 bis +1,2 m auftreten, eingeschaltet zwischen Wattsedimenten im Liegenden und Dünensanden im

Hangenden. Diese in Abb. 29 wiedergegebene Abfolge umfaßt zwei Vegetationshorizonte ehemaliger Inselheller (Inselgroden) sowie einen Wurzelhorizont, der sich auf einer flachen Dünenkuppe gebildet hat.

Die von STREIF (1986) untersuchte Schichtenfolge lieferte folgende ^{14}C-Alter:

Ältere Hellerschicht	1965 ± 130 J.v.h. (Hv 13131)
Jüngere Hellerschicht	1185 ± 125 J.v.h. (Hv 13132)
Jüngere Hellerschicht	1155 ± 130 J.v.h. (Hv 13130)
Wurzelhorizont auf Düne	1555 ± 160 J.v.h. (Hv 13133)

Aufgrund palynologischer Untersuchungen sind die Vegetationshorizonte in das jüngere Subatlantikum einzustufen. Die Pollenspektren enthielten relativ wenig Baumpollen, wobei *Pinus, Quercus, Carpinus* und *Picea* regelmäßig vertreten waren und Pollen von *Fagus* in gleicher Häufigkeit vorkamen wie von *Secale*. Unter den Nichtbaumpollen fiel der hohe Anteil von Strandpflanzen (*Plantago coronopus, Glaux maritima* und *Limonium/Armeria*) auf. Anzeiger des vollmarinen Milieus (chitinöse Foraminiferen, Dinoflagellatenzysten u. marine Diatomeen) kamen ebenso wie typische Süßwasseranzeiger (*Pediastrum*-Kolonien, *Cosmarium, Utricularia*-Pollen u. Süßwasser-Diatomeen) nur vereinzelt vor. Im unteren Hellerhorizont wurde ein Massenvorkommen der benthischen Diatomee *Diploneis interrupta* nachgewiesen. Außer dieser Charakterform des oberen Brackwassers traten in weit geringerer Zahl auch *Diploneis ovalis* und *Diploneis didyma* auf, die etwas höhere Salzgehalte anzeigen. Diese Befunde sprechen für eine autochthone Entwicklung der Diatomeenflora in einem vermutlich flachen Tümpel des Inselhellers. Proben aus dem oberen Hellerhorizont enthielten eine ganz ähnliche Diatomeenflora, zusätzlich aber auch Bruchstücke von Formen des voll marinen Faziesbereichs.

Die beschriebenen Relikte früherer Stadien der Inselentwicklung belegen, daß innerhalb der Umrisse der heutigen Insel bereits um 1965 ± 130 J.v.h. Grünländer und um 1555 ± 160 J.v.h. Dünen bestanden haben. Folglich existierte bereits vor ca. 2000 Jahren eine Barriere-Insel, die teilweise die Position der heutigen Insel Juist eingenommen hat. Die Tatsache, daß ursprünglich im Hellerbereich – d.h. auf der Wattseite der Insel – entstandene Vegetationshorizonte heute am seeseitigen Strand Juists ausstreichen, beweist eine S-Verschiebung der Insel. Diese S-Verlagerung hat aber nicht zum vollständigen Überfahren und Aufarbeiten des ehemaligen Inselhellers geführt. Grobe Anhaltspunkte über die Geschwindigkeit dieser Verlagerung liefern die Haakdünen. Sie haben in 800 Jahren einen mindestens 1,2 km breiten Hellerstreifen überwandert und sind folglich mit einer durchschnittlichen Rate von 150 m/Jh. S-wärts vorgerückt.

Um die Jahrhundertwende lagen auch N des Ortsteils Loog zeitweilig Vegetationshorizonte mit Siedlungsspuren am Strand frei. WILDVANG (1936: 21) beschrieb von dort eine Moorwiese mit Resten von *Phragmites*, *Typha*, Gramineen, *Menyanthes*, *Iris*, *Sparganium* (Samen) und *Narthecium*. Auf der Oberfläche dieses Horizontes waren Trittsiegel von Rindern und Pferden sowie Wagenspuren zu beobachten. Leider ist das Alter dieser Funde bislang noch unbekannt.

Auf dem beschrieben Inselsockel aus marinen bzw. marin-litoralen Holozänablagerungen ruhen drei alte Dünenfelder, die Haak- und Billdünen W des Hammersees, die Haiddünen im Ortsteil Loog und das Dünengebiet um die heutige Ortschaft. Wahrscheinlich handelt es sich dabei um Reste einer ehemals geschlossenen Dünenkette. Zwischen diesen Relikten bestanden zeitweilig Durchbrüche, die teilweise bereits bei Springflut überströmt wurden. Bei höher auflaufenden Fluten wurden von See her sandige Sedimente in die Niederungen eingefrachtet und in Form von Überflutungsfächern abgelagert.

Die Entstehung und Entwicklung der Dünenfelder und Schlopps sind durch Auswertungen archivalischer Unterlagen gut bekannt (BACKHAUS 1943). Das urkundlich erstmalig um 1398 erwähnte Juist besaß an seiner Seeseite bis etwa 1568 einen durchgehenden Dünenzug. Ab Mitte des 16. Jahrhunderts setzte eine völlige Umgestaltung der Insel ein, die vor allem durch rasche Erosion des Strandes in der Inselmitte sowie durch ein starkes Längenwachstum gekennzeichnet war. Ein um 1650 noch vorhandener schmaler Dünenstreifen wurde rasch aufgerieben, so daß 1651 der vom Strand zum Inselheller reichende Hammer-Durchbruch entstand. Dieses Schlopp trennte als niedriger Strandabschnitt fast 200 Jahre lang den W-Teil vom E-Teil der Insel. Um 1702 bahnte sich E vom heutigen Ortsteil Loog mit dem sog. Schweinshammer ein weiterer

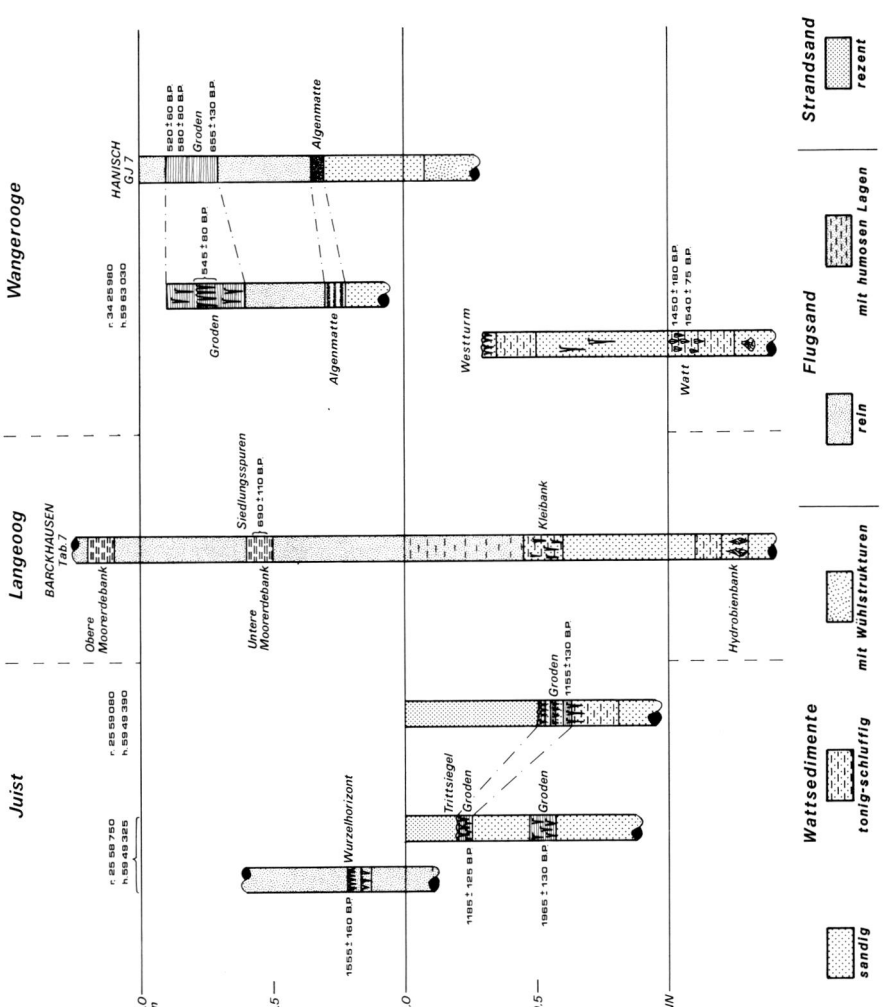

Durchbruch an. Während dieser Prozeß aufgehalten werden konnte, riß die Weihnachtsflut von 1717 den um 1690 notdürftig geschlossen Hammer-Durchbruch erneut auf und erweiterte ihn auf 1,7 km Breite. In dem niedrigen, bei Springfluten überschwemmten Strandabschnitt entwickelte sich um 1825 ein Priel.
Der Hammer-Durchbruch 1651 leitete starke morphologische Veränderungen ein (Abb. 30). Er erzwang die Aufgabe des ältesten bekannten Dorfes auf Juist, das ca. 600 m N vom heutigen Hammerdeich gelegen hat. Seine um 1300 errichtete Kirche blieb nach dem Hammer-Durchbruch mit weithin sichtbarem Turm freistehend auf dem Strand zurück. Sie zerfiel 1660/61, und der Turm stürzte ein, nachdem seine Fundamente unterspült waren. Teile der Inselbevölkerung errichteten nach dem Hammer-Durchbruch ein neues Dorf ca. 600 m NW der heutigen Domäne Loog, aber schon die Fastnachtsflut am 3. März 1715 zerstörte diese zweite Juister Kirche und zwang zur Aufgabe der Ansiedlung. Noch im Jahre 1715 entstanden zwei weitere Kirchen. Die Bill-Kirche lag etwa in der Mitte des W Inselteils, die Loog-Kirche ungefähr 400 bis 500 m NNE der heutigen Domäne Loog. Bereits zwei Jahre später fielen die Bill-Kirche und ein Großteil der dortigen Häuser der Weihnachtsflut von 1717 zum Opfer. Die Bewohner gaben die Siedlung auf und gründeten E des Loog-Dorfes die Siedlung Oster-Loog. Aus ihr ging das Ostdorf bzw. die heutige Ortschaft Juist hervor. Die baufällig gewordene Loog-Kirche im Westdorf riß man 1779 ab, nachdem die fünfte Juister Kirche ihrer Bestimmung übergeben worden war (Abb. 30).

Um 1875 wurde der Bill Polder eingedeicht, und 1877 gelang es, den Hammer-Durchbruch im S mit einer Dünenkette zu schließen. Der N Hammerdeich wurde 1927 bis 1932 durch Dünenbaumaßnahmen mit

Abb. 29: Höhenlage, Alter und Ablagerungsmilieu von fossilen Watt- und Salzwiesenablagerungen sowie Flugsanden und Torfen auf Juist, Langeoog und Wangerooge nach STREIF (1986).

198 Regionale geologische Beschreibung der Ostfriesischen Inseln

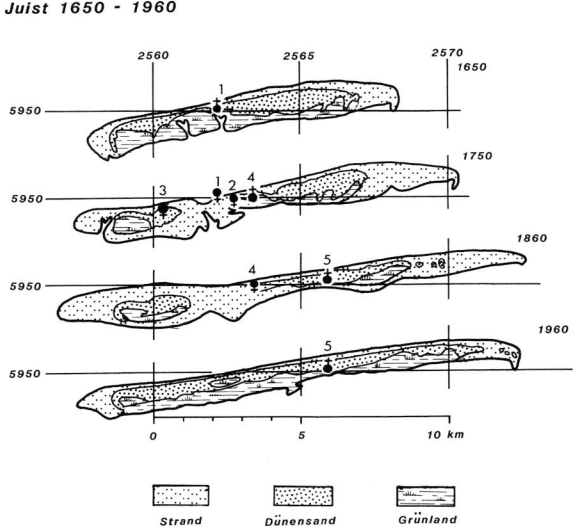

Abb. 30: Morphologische Veränderungen der Insel Juist zwischen 1650 und 1960 nach HOMEIER (1964) ergänzt um die fünf Kirchen von Juist: 1 = Kirche erbaut um 1300; nach der Zerstörung des Dorfes beim Hammer-Durchbruch 1651 stand der Turm frei auf dem Strand und stürzte 1660/61 ein; 2 = Kirche erbaut um 1655, zerstört 1715; 3 = Billkirche 1715-1717, 4 = Loog-Kirche, erbaut 1717, abgerissen 1779; 5 = die 1779 erbaute Kirche der Siedlung Oster-Loog wurde zum Zentrum der heutigen Ortschaft.

Buschzäunen und maschinellem Sandantransport geschaffen. Daraufhin entwickelte sich im niedrigsten Bereich zwischen beiden Dünenketten der ca. 30 ha große und 1 m tiefe, Süßwasser führende Hammersee.

Während einer Phase negativer Sandbilanz am Strand begann man 1913 N des Dorfes ein Deckwerk und Buhnen zu errichten. Diese Arbeiten mußten 1922 aber eingestellt werden, da die Bauwerke übersandeten. Heute liegen die Küstenschutzwerke unter 1 bis 2 m Strandsand bzw. unter der 17 m hohen Randdüne begraben. Zwischen 1960 und 1983 traten erhebliche Strandemiedrigungen N der Billdünen auf, in deren Folge auch die Randdüne auf einer Strecke von 1400 m völlig aufgerieben wurde. Durch Dünenbaumaßnahmen schloß man 1985 die entstandene Lücke wieder (vgl. Kap. 6.2.2.2.5).

Die 1976-77 verlegte Gasleitung vom Ekofisk-Feld im norwegischen Nordseesektor zur Verteilerstation auf dem Rysumer Nacken bei Emden erreicht bei Juist den Küstensaum. Sie quert das Billriff unweit W der Haakdünen und verläuft über den Memmertsand zum Seedeich W Pilsum. In Luftbildern und Satellitenaufnahmen aus den Jahren 1975-80 zeichnet sich der inzwischen weitgehend übersandete Leitungsgraben als gradlinige NNW-ESE streichende Struktur deutlich ab. Heute ist seine Spur auf dem Billriff völlig verwischt. Dagegen ist sie auf dem Memmertsand, Hamburger Sand und im Pilsumer Watt noch teilweise erkennbar.

Dem o.g. geologischen Befund einer S-Verlagerung der Haakdünen um 150 m/Jh. steht ein historisch belegter Abbruch der Randdünen an der gesamten Nordseite der Insel gegenüber. Ihn bezifferten LUCK & STEPHAN (1983: 15) für den Zeitraum der letzten 600 Jahre auf durchschnittlich 100 m/Jh. Während der letzten 100 Jahre traten nach Auffassung dieser Autoren jedoch Strandemiedrigungen und Dünenabbrüche auf, die weit über das Maß normaler Schwankungen in der Sandversorgung hinausgehen und die deshalb als „strukturelle Änderungen" bezeichnet werden. LUCK & STEPHAN (1983: 25) entwickelten die Hypothese, daß Juist – nachdem ein Schwellenwert überschritten worden ist – derzeit mit einer „sprunghaften" S-Verlagerung auf den Meeresspiegelanstieg reagiert.

Diese Deutung der Prozesse wirft einige Fragen auf. Zunächst wäre zu klären, anhand welcher Kriterien „normale Änderungen" zuverlässig von „strukturellen Änderungen" zu unterscheiden sind. Ferner wäre zu prüfen, ob mobile Strand- und Dünensande überhaupt mit zeitlicher Verzögerung auf hydrologische Veränderungen – wie z.B. den ansteigenden Meeresspiegel – reagieren können. Wahrscheinlicher dürften sich Erosions- und Ablagerungsformen des Küstensandes jeweils unmittelbar den wirksamen hydrodynamischen Prozessen anpassen und nicht erst mit einiger zeitlicher Verzögerung, nachdem ein Schwellenwert überschritten worden ist.

Mit dem geologisch sowie historisch belegten Prozeß der S-Verlagerung ging eine rasche Verlängerung der Insel einher. Dabei verschob sich das W-Ende Juists zwischen 1650 und 1960 kaum in seiner geographischen Länge. Im gleichen Zeitraum ist am E-Ende ein Anwachs von etwa 4 km zu verzeichnen. Allein zwischen 1840 und 1900 breiteten sich die Dünenfelder um 2600 m nach E aus, was auf eine sehr gute Sandzufuhr hindeutet. Dieser enorme Längenzuwachs und die rasche Dünenentwicklung hängt mit dem Zerfall der Insel Buise im 17. Jahrhundert und mit deren endgültigem Untergang kurz nach 1700 zusammen.

7.4 Buise

Diese untergegangene Insel nahm als Glied der ostfriesischen Inselkette eine Position zwischen dem heutigen Juist und Baltrum ein. Als ursprünglich etwa 14 km lange Barriere-Insel (HOMEIER 1964, Abb. 1) reichte Buise vom Seegat Buisetief im W bis zur Wichter Ee im E. Der Untergang Buises und die Umgestaltung dieses Küstenabschnitts wurden anhand historischer Karten detailliert nachgezeichnet (HOMEIER 1964, HK Nr. 5).

Ein nicht genau datierbarer Durchbruch trennte die langgestreckte Barriere-Insel in zwei Stücke. Dabei ging der Name Buise auf das W Teilstück über, während das E Teilstück als Osterende bezeichnet wurde. Beide Teilstücke sind 1398 urkundlich als bewohnte und durch das Seegat der Norder Ee getrennte Inseln bezeugt. Fortschreitende Zerstörung führte dazu, daß das W Teilstück Buise um 1541 nicht mehr bewohnt war, um 1650 nur noch aus zwei Dünengruppen mit dazwischen liegender Strandfläche bestand und 1690 vollständig aufgerieben wurde. Gleichzeitig verlängerte sich Osterende rasch ostwärts und erhielt den Namen „Nordernigheooge", der sich in Norderney wandelte.

Bei der Erosion Buises verlagerte sich das Buisetief rasch nach E und verschmolz mit der Norder Ee zu dem komplex gebauten Tiderinnensystem zwischen Juist und Norderney mit seinen drei Rinnenelementen Kalfamergat, Busetief und Norderneyer Seegat.

7.5 Memmert

Zwischen Memmertbalje im S und Juister Balje im N bildet Memmert am W-Rand des Nordland-Watts eine rautenförmige ca. 10 km² große Sandplate von 4,5 km Länge und 3,8 km Breite. Am W-Rand dieses hochwasserfreien Memmertsandes liegt ein NW-SE-streichender, 2 km langer und 0,5 km breiter Saum mit ca. 6 m hohen Dünen, in deren Schutz sich ein Grünland entwickelt hat.

Der präholozäne Untergrund hat hier einen gleichartigen Aufbau wie unter Juist (Abb. 31). Die Pleistozänoberfläche liegt aber durchweg höher und reicht unter weiten Teilen des Memmertsandes über NN -5 m, örtlich sogar bis NN -3,3 m. Auf diesem Unterbau ruht eine Abfolge holozäner Sedimente, deren oberer Teil bei Niedrigwasser am W-Rand der Insel gelegentlich freiliegt. Die Holozänabfolge beginnt mit 20 cm Basaltorf und geht nach oben in 70 cm brackischen Ton, einen ebenso mächtigen Bruchwaldtorf sowie 80 cm „Klei" über. Nach pollenanalytischen Untersuchungen ordnete WILDVANG (1936) die Abfolge dem späten Atlantikum bis Subatlantikum zu. Wegen der geringen Zahl untersuchter Proben sowie der niedrigen Summe ausgezählter Pollenkörner hielt GROHNE (1952) diese Alterseinstufung jedoch für wenig sicher. Junge Strand- und Dünensande schließen die Sedimentfolge oben ab.

Urkundlich wird Memmert erstmalig um 1569 erwähnt. In Karten ist es um 1585 als Wattplate dargestellt, auf der ab 1650 kleine Dünen verzeichnet sind. Bereits in dieser Phase war die Insel durch eine Balje von Juist getrennt. GAYE & WALTHER (1935) vermuteten aufgrund morphologischer Betrachtungen, daß Memmert ursprünglich mit Juist verbunden gewesen ist und dessen SE-wärts gerichteten Fluthaken gebildet hat. Diese Hypothese ist zwar naheliegend, läßt sich aber anhand der

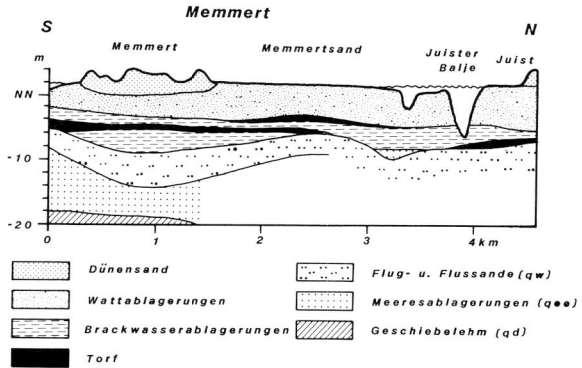

Abb. 31: Geologischer Schnitt durch Memmert, den Memmertsand und die Juister Balje nach SINDOWSKI (1973).

vorliegenden geologischen und historischen Befunde weder bestätigen noch widerlegen.

Zwischen 1810 und 1888 breiteten sich die Dünen Memmerts aus und deckten 1906 ein Areal von ca. 8 ha. Nachdem die Insel 1907 zum Vogelschutzgebiet erklärt worden war, förderte man die Dünenbildung durch das Setzen von Buschzäunen und Anpflanzen von Helm (*Ammophila arenaria*). Somit sind sämtliche Dünen Memmerts bis auf ein ca. 1 ha großes Dünenareal W der Alten Hauswarf weniger als 75 Jahre alt.

Memmert wird an seiner W-Seite erodiert. Das 1907 erbaute erste Haus des Inselvogts fiel 1925 dem Meer zum Opfer. Ein zweites 1924 errichtetes Haus mußte 1957 umgesetzt werden, weil es ebenfalls bedroht war. Trotz fortdauernden Abtrags am W-Rand, vergrößerten sich die Dünen- und Hellergebiete in jüngerer Zeit erheblich (1908: 11 ha, 1910: 24 ha, 1922: 36 ha, 1932: 57 ha, 1949: 80 ha und 1966: 106 ha). Im Zuge dieser Entwicklung wandelte sich auch die Vegetation der Insel. Erste Salzwiesenpflanzen faßten um 1891 Fuß, um 1892 zählte man 77 und 1932 bereits 300 Pflanzenarten auf Memmert (LEEGE 1935: 23).

Engagierter Verfechter von Vogelschutz und Dünenpflege auf Memmert sowie genauer Beobachter der Insel- und Vegetationsentwicklung war OTTO LEEGE; ihn hat man auch als „Memmert-Vater" bezeichnet. Um das verdienstvolle Wirken dieses Juister Lehrers zu würdigen, wurde ihm die Ehrendoktorwürde verliehen und später ein Gedenkkreuz am N-Rand Memmerts gesetzt.

7.6 Bant – Burchana

Bant und Burchana sind untergegangene Inseln, deren frühere Positionen im Raum Juist und Borkum gefunden bzw. vermutet wurden. Reste der Insel Bant sind historisch belegt. Hingegen existieren über Lage und Ausdehnung der von PLINIUS d.Ä. erwähnten Insel Burchana sehr unterschiedliche Auffassungen, die hier zusammenfassend erläutert werden.

Angelehnt an eine 1697 entworfene Karte von MENSO ALTING entwickelte BACKHAUS (1943: 30 ff., Abb. 16 u. 17) die Hypothese von einer am Außenrand der Watten gelegenen Großinsel Bant, die er mit der Insel **Burchana** der Römer gleichsetzte. Mit dreieckigem Umriß soll diese Insel im NW ca. 10 km weit über das heutige Borkum hinaus bis Borkum-Riff gereicht, im E das W-Ende Norderneys umfaßt und sich nach S bis zum Möwensteert in der Emsmündung erstreckt haben. Zwischen der Zeitenwende und 1398 sollen nach Auffassung von BACKHAUS (1943) aus der zerfallenden Großinsel die Barriere-Inseln Borkum, Juist, Buise und Osterende sowie die im Wattenmeer gelegene Restinsel Bant entstanden sein. HOMEIER (1965: 38) widersprach dieser Hypothese aufgrund archivalischer Studien, und SINDOWSKI (1973: 61 u. 94 ff.) führte geologische und morphologische Argumente gegen die Existenz, Lage und Ausdehnung einer solchen Großinsel an. Somit läßt sich die Vorstellung von einer Großinsel Bant-Burchana nicht länger aufrecht erhalten.

Das historisch belegte **Bant** war keine Barriere-Insel am Außenrand der Watten, sondern ein im Watt liegender Erosionsrest ehemaliger Marschen. Vergleichbare Reste zerstörten Marschenlandes sind die Halligen im nordfriesischen Wattenmeer, was auch Anlaß gab, Bant als

Halliginsel bzw. Resthallig zu bezeichnen. Die Lage dieses Marschenrestes auf dem Kopersand ist aus Altkartenforschungen gut bekannt und wurde außerdem durch ein umfangreiches Bohrprogramm rekonstruiert (HAARNAGEL 1953, DECHEND 1955, GROHNE 1957).

Im S-Teil des zwischen Bantsbalje und Memmertbalje gelegenen Kopersandes reichen Pleistozänablagerungen bis nahe unter die Wattoberfläche. Weichselzeitliche Flugsande bilden dort ein flachwelliges Relief, dessen Oberfläche zwischen NN -3,77 und -1,85 m schwankt. Nach GROHNE (1957: 6 f.) beginnt die holozäne Sedimentfolge mit Mudden, die im Präboreal unter Süßwasserbedingungen in flachen Geländemulden abgelagert worden sind und nach oben stellenweise in ein Cyperaceen-Ried übergehen. Während des Boreal entwickelten sich in den Mulden Bruchwaldtorfe, auf den Rücken hingegen eine lückenhafte Heidevegetation mit *Calluna*. Mit dem Atlantikum beginnend, breitete sich über das gesamte Gebiet ein ombrogenes Hochmoor aus. Ohne Anzeichen mariner Einflüsse dauerte das Moorwachstum während des gesamten Subboreal an und kam erst im Subatlantikum durch marine Überflutung zum Erliegen. Über einem schwach ausgebildeten Aufarbeitungshorizont lagerten sich hierbei zunächst humose, dann zunehmend sandige Brackwassersedimente ab. Bohrungen und Grabungen in diesen Ablagerungen lieferten Hinweise auf Salztorfgewinnung im Bereich der Hallig Bant (MARSCHALLEK 1973: 135 ff.). Mit scharfer Erosionsgrenze überlagern junge Wattsedimente die beschriebene Schichtenfolge sowie die Salztorfabbaue.

Urkundlich wird Bant 1470 erstmals erwähnt. Um 1471 besaß die Hallig sieben, um 1585 nur noch zwei Salzsiedereien, die aber um 1600 aufgegeben waren. Die Herstellung des sog. Friesensalzes basierte auf dem sog. Salztorf. Dies sind salzwasserimprägnierte Torfe der Küstenregion, die man z.T. sehr systematisch abbaute, trocknete und verbrannte, um dann aus der Asche in einem komplizierten Laugungs- und Verdampfungsprozeß das Salz herauszulösen (MARSCHALLEK 1973).

Zwischen 1591 und 1657 diente Bant als Viehweide, später bis 1743 nur noch zur Heugewinnung. Um 1650 nahm Bant eine Fläche von 60 bis 70 ha ein und trug zwei unbewohnte Wurten, von denen 1657 nur noch eine existierte. Erste Vermessungen ergaben 1743 eine Fläche von

2,5 ha sowie eine schief-trapezförmige Gestalt der Hallig mit einer 250 m langen, W-E-verlaufenden Längsachse und 100 m Breite (BACKHAUS 1943: Abb. 18). Um 1780 war Bant bis auf kleinste Reste verschwunden und 1804 völlig in die Morphologie des Kopersand-Watts eingeebnet. Diese rasch fortschreitende Zerstörung der Hallig Bant wurde maßgeblich durch morphologische Veränderungen im Prielsystem von Osterems, Memmert- sowie Bantsbalje und Ley bestimmt. Beschleunigend wirkte außerdem noch der Salztorfabbau, bei dem die Halligoberfläche angeschnitten und tiefergelegt worden ist.

Ähnliche geologische Verhältnisse wie im Bereich des Kopersandes existieren im NE davon gelegenen Wattgebiet der Itzendorfplate. Dort reicht die Pleistozänoberfläche bis NN -2,5 m, und die holozäne Schichtenfolge besteht, wie unter der ehemaligen Hallig Bant, überwiegend aus Hochmoortorf (SINDOWSKI 1973: 97). Dieses Basisrelief und die Schichtenabfolge sprechen dafür, daß zwischen Wester- und Osterems ursprünglich ein zusammenhängendes Moor- und Marschengebiet bestanden hat. Erst in relativ junger Zeit ist das Areal von Gezeitenrinnen zerschnitten und in Halligen zerlegt worden. Um die Zeitenwende soll hier eine Hallig von ca. 1600 ha Fläche bestanden haben, im frühen Mittelalter eine Hallig von noch ca. 700 ha Größe. Diese Hallig-Insel betrachtete SINDOWSKI (1973: 97 f.) als das Burchana der Römer bzw. als jene Insel Bant, die Bischof LUDGER im Jahre 787 n.Chr. gemeinsam mit den fünf Emsgauen als Missionssprengel übertragen worden ist.

7.7 Norderney

Mit 25,3 km² Fläche, 14 km Länge und durchschnittlich 2 km Breite erstreckt sich Norderney vom Norderneyer Seegat bis zur Wichter Ee. Die Insel besitzt einen mit massiven Küstenschutzwerken befestigten W-Kopf, der großenteils von der Stadt eingenommen wird.

Aus der Nordsee kommend, streicht ein N-S-orientierter Salzstock unter dem W-Teil Norderneys hindurch und endet S davon im Wattenmeer (Abb. 1). Die in der Zeitspanne Buntsandstein bis Muschelkalk entstandene Struktur ist im Keuper durchgebrochen. Diskordant decken

Sedimente der Unterkreide und des Tertiär diesen älteren Schichtenkomplex ab. Einige Bohrungen auf Norderney haben zwischen ca. NN -35 m und bis NN -150 m Feinsande sowie feinsandige Mittelsande mit tonigen Einschaltungen angetroffen, die nach palynologischen Befunden ins Oberpliozän einzustufen sind.

Durch Bohrungen ist die pleistozäne Schichtenfolge bis zu dem in der ausgehenden Elster-Kaltzeit abgelagerten „Lauenburger Ton" erschlossen (Abb. 32). Bislang gelang es aber nicht, Sedimente der Holstein-Warmzeit nachzuweisen. Vorschüttsande und Geschiebelehm der Saale-Kaltzeit sind nur in einem größeren Erosionsrest unter dem W-Kopf der Insel erhalten. Sandige und tonige marine Sedimente der Eem-Warmzeit sind hingegen nur unter dem E-Ende verbreitet. Diskordant überlagern maximal 8 m mächtige Sande der Weichsel-Kaltzeit den saalezeitlichen Geschiebelehm bzw. die eemzeitlichen Meeresablagerungen unter dem W- und E-Ende der Insel.

Diese unterschiedliche Schichtenabfolge und geologische Dreiteilung der Insel ergibt sich aus dem sehr unruhigen, durch Gezeitenerosion geschaffenen Relief der Pleistozänoberfläche (Abb. 14). Unter dem W-Kopf der Insel sowie unter dem Bereich E der Möwendüne existieren Pleistozän-Hochlagen um NN -8 bzw. -12 m. Dazwischen verläuft ein fossiles, von Watt- und Rinnensedimenten verfülltes Rinnensystem, das an seiner tiefsten Stelle N der ehemaligen Rieselfelder bis NN -36 m einschneidet (Abb. 32). SINDOWSKI (1973: 70) hat dieses System als Norderney-Hilgenrieder Rinne bezeichnet. Unter der Insel gabelt sich das fossile Rinnensystem in zwei Äste. Ein Nebenast zieht vom Flugplatzes aus S-wärts Richtung Ostermarsch. Der Hauptast dagegen verläuft zwischen Weißer Düne und Möwendüne in W-E-Richtung, schwenkt dann nach S Richtung Hilgenriedersiel und endet in der Marsch bei Hage (Abb. 14).

In den Gebieten mit hochliegendem Pleistozän im W- bzw. E-Teil der Insel beginnt die holozäne Schichtenfolge mit Basaltorfen. WILDVANG (1934: Abb. 6) stufte den in Bohrung B6 bei NN -10,88 m angetroffenen Basaltorf pollenanalytisch zunächst ins beginnende Boreal und stellte die nachfolgende Brackwasserüberflutung ins ausgehende Boreal bzw. an den Übergang zum Atlantikum. Später revidierte WILDVANG

(1936: Tab. 1) diese Auffassung und stufte die gesamte Abfolge ins Frühatlantikum bis Atlantikum. Darüber hinaus publizierte er weitere Ergebnisse, nach denen die Basaltorfe in den Bohrungen R8, B29 u. B27a sowie der eingeschaltete Torf in Bohrung B29 (NN -4,88 bis -5,28 m) ebenfalls atlantisches Alter besitzen. Maximal 5 bis 10 m mächtige Wattsande überdecken die beschriebenen Schichtenfolgen im W- bzw. E-Teil Norderneys. In der Inselmitte existiert ein andersartiger Schichtenaufbau. Dort stehen eintönige, stellenweise über 35 m mächtige Watt- und Rinnensande an. Auf diesem Inselsockel aus basalen Torfen, Brackwasser- und Wattablagerungen ruhen ohne zwischengeschaltete Heller- bzw. Grodenschichten die Inseldünen.

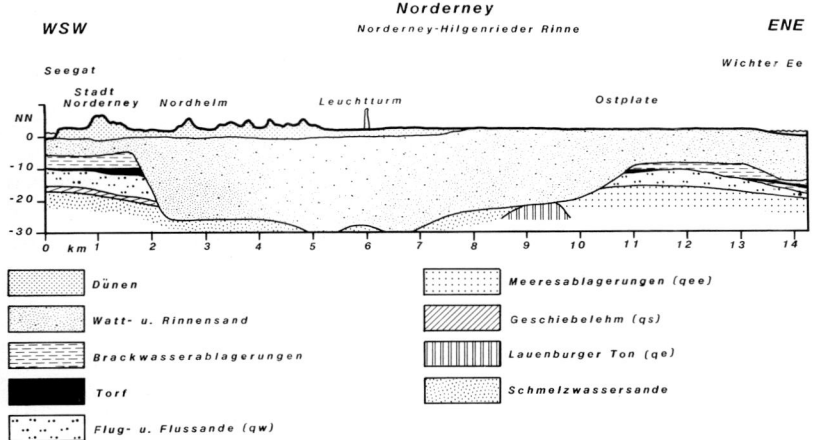

Abb. 32: Geologischer Schnitt durch Norderney mit der tiefen Norderney-Hilgenrieder Rinne nach SINDOWSKI (1973).

Ergebnisse von Altkartenforschungen erhellen die jüngste Entwicklung Norderneys, das beim Zerfall Buises aus dem Teilstück Osterende hervorgegangen ist (vgl. Kap. 7.4). Der Kern der heutigen Stadt Norderney entspricht zwar weitgehend der Ortslage von 1750

(Homeier 1964, HK 5), aber beide Inselenden haben sich stark verändert. Am W-Ende sind seit 1650 durchschnittlich 4 m/Jahr abgetragen worden bei einem gleichzeitigen Anwachs von 11 m/Jahr im E (Luck 1975).

Nach Befunden von Backhaus (1943) und Sindowski (1973: Tab. 18) haben sich die Dünenareale und das E-Ende Norderneys in folgender Weise verändert:

Jahr	Dünenlänge (km)	Insellänge (km)
1650	5,0	8,0
1823	6,3	11,6
1841	6,3	13,0
1866	8,9	13,3
1892	9,4	13,5
1952	11,5	13,8
1970	13,5	14,0

Der alte Dünenkern Norderneys entspricht ungefähr dem um 1840 vorhandenen Dünenareal. Erst ab etwa 1840 entwickelte sich das zwischen Leuchtturm und Postbake gelegene Dünenfeld mit den Domänen Grohde, Eiland und Tünnbak. Die raschesten Veränderungen traten in einer Phase starker Sandakkumulation zwischen 1860 und 1932 auf. Als jüngste Dünengeneration entstand ein strandnahes Dünenfeld. Seine S-Grenze verläuft von der Weißen Düne, im N der Postbake und der Mövendüne vorbei bis in den Bereich der ehemaligen Rattendüne. Die in einer früheren Phase der Dünenbildung entstandene Rattendüne auf dem E-Ende der Insel wurde in der Sturmflut 1962 vollständig zerstört. Heute ist davon nur noch ein leicht erhöhter, vegetationsfreier Bereich innerhalb des Inselhellers zu erkennen (Ehlers 1987: 314 f. u. Abb. 339).

Äolische Prozesse haben wiederholt auch die älteren Dünen im W-Teil von Norderney umgestaltet. Dabei wurde der Sand in Form typischer Wanderdünen verfrachtet. Winderosion setzte vor allem in versauerten und nährstoffarmen Partien alter Dünen mit teilweise zerstörter Vegetationsdecke in Form von Windrissen an. Stellenweise führte dies zum vollständigen Abtrag der Dünen bis auf das Grundwasserniveau (vgl. Kap. 6.2.2.2.3). In den Ausblasungswannen hinterließ dieser Prozeß ein flachwelliges Relief mit Mulden und Rücken, deren Längsachsen die vorherrschende Windrichtung anzeigen. Seitlich der Deflationszonen blieben schmale, gradlinige Dünenstreifen zurück. Der ausgewehte Sand wurde auf der Leeseite der Ausblasungsgebiete zu hohen, parabelförmigen Dünen aufgeweht.

Den Formenschatz solcher inzwischen zum Stillstand gebrachter Erosions- und Ablagerungsprozesse kann man sehr gut im Gebiet E der Meierei beobachten. Zwischen 1840 und 1896 wurden dort erhebliche Sandmengen ausgeblasen und ca. 1,5 km E-wärts verfrachtet. Als Relikte der Ausblasung blieben am S- bzw. N-Rand des heutigen Nordhelmbeckens schmale WSW-ENE orientierte Dünenstreifen zurück, während der ausgewehte Sand im Bereich der Mövendüne sowie N davon akkumuliert wurde. Etwa im gleichen Zeitraum verlagerte sich auch die Haufendünengruppe um die Weiße Düne ca. 1,2 km weit nach SE.

Die Sandversorgung am Strand von Norderney war zwischen 1650 und ca. 1750 so gut, daß die Sturmfluten von 1717 und 1825 keine größeren Schäden angerichtet haben. Darauf folgte eine Phase negativer Strand- und Dünenentwicklung, die nach BACKHAUS (1943: 56 ff.) folgenden Verlauf nahm. Erste geringe Erosionen zeichneten sich am NW-Ende Norderneys um 1773 bis 1804 ab. Aber bereits 1826 hatte das gegen die Insel herandrängende Seegat den Strand vor der Marienhöhe soweit erniedrigt, daß alle etwas über MThw auflaufenden Fluten den Dünenfuß angriffen. Versuche, mit Sandfangzäunen und Helmbepflanzung die Randdünen zu sichern, schlugen fehl, so daß man 1834 anregte, nach dem „Muster der Holländer", mit Buhnen die schädlichen Strömungen von Strand und Dünen abzudrängen. Zwei 1846 gesetzte, 40 m lange Buschbuhnen waren bereits 1847 größtenteils wieder zerstört. Daraufhin wurde mit dem 1857/58 errichteten Dünenschutzwerk auf Norderney erstmals der Versuch unternommen, Strand- und Dünenverlusten auf den Ostfriesischen Inseln mit Massivbauwerken entgegenzuwirken. Mit diesem Schritt schlug man einen Weg ein, der seitdem über 130 Jahre lang weiterverfolgt wurde und auf dem heute kaum mehr umgekehrt werden kann (vgl. Kap. 6.2.2.2.5). Mittlerweile bewehren ein 6 km langes, schweres Dünenschutzwerk und 32 Buhnen den W-Kopf Norderneys. Außerdem müssen auftretende Sandverluste durch wiederholte Strandaufspülungen ausgeglichen werden. Verschiedene Deichbauten schützen die Wattseite der Insel. Mit dem Grohdedeich (1926/28) gewann man 180 ha Grünlandfläche für 4 Domänenhöfe. Mittlerweile sind diese Höfe aus der landwirtschaftlichen Nutzung herausgenommen, und die Flächen werden in staatlicher Regie vom Niedersächsischen Domänenamt extensiv bewirtschaftet. In weiteren Schritten entstanden der Hafendeich (1936/38), der Westdeich und der Deich des Südstrandpolders (1940/41). Nach Ausbau des Westdeiches (1980/83) erfolgte 1988 die Umgestaltung und Erhöhung des Hafendeiches auf NN +6,0 bis +7,5 m. Den zum Aufspülen des Deichkernes erforderlichen Sand (220000 m^3) hat man im Südstrandpolder gewonnen und die drei Sand-Entnahmestellen zu Teichen mit buchtenreichen Ufern und ausgedehnten Flachwasserzonen ausgestaltet. Mit dieser auch auf Naturschutz ausgerichteten Maßnahme schuf man im stark verbuschten Südstrandpolder neue Brut- und Rastplätze für Seevögel. Bindiger Kleiboden zum Abdecken des Deichkernes (70000 m^3) war auf der Insel nicht in ausreichender Menge verfügbar und mußte deshalb vom Festland bezogen werden.

7.8 Baltrum

Die Insel liegt zwischen der Wichter Ee und der Accumer Ee, ist 4,8 km lang, maximal 1,7 km breit und mit 6,2 km^2 Fläche die kleinste Barriere-Insel an der ostfriesischen Küste. Trotzdem existieren zwei Siedlungskerne auf Baltrum, einer im Bereich des W-Kopfes, ein weiterer in der Inselmitte.

Baltrum liegt an der Nahtstelle der Salzstrukturen **Wichter Ee** und **Westdorf** (Abb. 1), die sich N bzw. S der Insel erstrecken (GÜK 500, JARITZ 1973). Der Salzstock Wichter Ee entwickelte sich in der Zeitspanne Buntsandstein bis Muschelkalk und hatte seine Durchbruchsphase im Keuper. Dagegen setzten halokinetische Bewegungen in der Salzmauer Westdorf etwas früher ein, in der Zeitspanne Unterer bis Mittlerer Buntsandstein, und der Durchbruch erfolgte im Zeitabschnitt Röt bis

Muschelkalk. Beide Strukturen sowie die älteren Sedimente in ihrem Umfeld werden von einer maximal 1400 m mächtigen Schichtenfolge überlagert, die von der Unterkreide bis ins Jungtertiär reicht.

Nach der geologischen Aufnahme der Insel (BARCKHAUSEN 1969, 1970, GK 2210 Baltrum) sind als älteste pleistozäne Ablagerungen glazifluviatile Sande der Elster-Kaltzeit nachgewiesen worden (Abb. 33). Über diesen lagert eine rund 5 m mächtige Abfolge von „Lauenburger Ton", die unter dem W-Teil Baltrums zwischen NN -11,35 und -15,60 m, sowie im SE-Teil bei NN -26,5 m erbohrt worden ist. Ob auch marine Sedimente der Holstein-Warmzeit ursprünglich bis in diesen Raum gereicht haben, ist unbekannt. Vorschüttsande der Saale-Kaltzeit sind weit verbreitet. Der saalezeitliche Geschiebelehm ist hingegen durch marine Erosion bei Meeresvorstößen in der Eem-Warmzeit und im Holozän flächenhaft ausgeräumt worden. Marine Eem-Ablagerungen finden sich ausschließlich unter dem W-Teil Baltrums. Flugsande der Weichsel-Kaltzeit mit Mächtigkeiten von 2 bis 3 m wurden nur stellenweise erodiert und nehmen somit größere Flächen ein.

Der pleistozäne Untergrund Baltrums zeigt ein bewegtes Relief mit

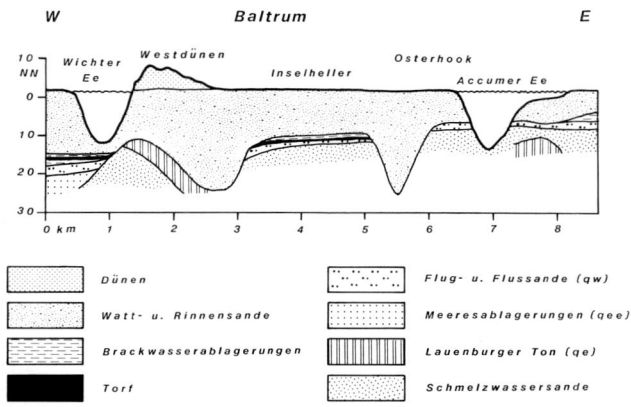

Abb. 33: Geologischer Schnitt durch Baltrum nach SINDOWSKI (1973).

Hochlagen, die unter dem W- bzw. E-Ende über NN -10 m aufragen und in der Inselmitte bis an NN -15 m heranreichen. Zwischen diesen Hochlagen verlaufen ehemalige Erosionsrinnen, die bis unter NN -25 m eingeschnitten und mit jüngeren Sedimenten verfüllt sind (Abb. 14). Zur Gliederung der holozänen Schichtenfolge im Raum Baltrum publizierte GROHNE (1957: 11 f. u. Abb. 9; Wattbohrungen B6 und B7) erste palynologische Befunde. Diese gingen teilweise in die Arbeit von BRAND et al. (1966: Abb. 10) ein, in der die „Wattbohrung 6/54 (Bl. Baltrum)" als Typlokalität der „Baltrum-Schichten" definiert wurde. Diese Bohrung ist identisch mit Bohrung 42 im geologischen Schnitt A-B von Blatt 2210 Baltrum (BARCKHAUSEN 1970). Nach GROHNE (1957: 11 f., 39) begann die Entwicklung basaler Mudden und Torfe in Bohrung B6 (NN -19,84 m) bzw. B7 (NN -17,2 m) während des Präboreal im Süßwassermilieu. Zu Beginn des Atlantikum wurde diese Entwicklung abgebrochen, und es lagerte sich eine 3 m dicke „Kleischicht" ab, deren oberste 10 cm Hinweise auf eine schwach salzliebende Vegetation lieferten. Darüber folgen in B6 humoser Ton und toniger Schilftorf, die ein atlantisches Alter aufweisen, und bei NN -15,6 m mit scharfem Erosionskontakt von Sedimenten marinen Ursprungs überlagert werden. In der gleichen Erosionsphase entstanden vermutlich auch die o.g. tief eingeschnittenen Tiderinnen, die im weiteren Verlauf der Transgression wieder mit Watt- und Rinnensedimenten verfüllt worden sind. Junge marin-litorale Einschaltungen zwischen dem beschriebenen marinen Inselsockel und den Dünen Baltrums sind nicht bekannt.

Insgesamt ist die morphologische Entwicklung Baltrums durch eine erhebliche Verkürzung und Einengung der Insel zwischen Wichter Ee und Accumer Ee gekennzeichnet. Rasche E-Verlagerung der Wichter Ee hat den gesamten W-Teil der ursprünglich langgestreckten Barriere-Insel erodiert. In dieses ehemalige Abtragsgebiet hat sich das heutige E-Ende Norderneys vorgeschoben. Da sich die Wichter Ee in der gleichen Zeitspanne nur geringfügig nach E verlagert hat, konnte Baltrum die im W erlittenen Landverluste nur zu einem ganz geringen Teil durch Vorbau in E-Richtung kompensieren.

Die früheste urkundliche Nachricht über Baltrum (Baltheringe) stammt aus dem Jahre 1398. Kartendarstellungen des 16. und frühen

17. Jahrhunderts vermitteln nur eine ungenaues Bild der Insel. Erste Vermessungen um 1650 (HOMEIER 1963 b: 13 f.) verzeichnen ein 6300 m langes und maximal 750 m breites Dünenareal, dem im W ein schmaler Strand, im E eine 1375 m lange Plate vorgelagert sind. Bereits in dieser Phase wurde Baltrum am W-Ende erodiert, wobei jährlich ca. 10 m verloren gingen. Die weiteren Schritte rascher Umgestaltung (HOMEIER 1963 b, HK Nr. 6) sind in Abb. 34 zusammengefaßt. Zwischen 1650 und 1750 dauerte das Abbrechen mit einer durchschnittlichen Rate von ca. 10 m/Jahr weiter an. Eine Aufnahme um 1738 belegt, daß dabei auf dem W-Strand zeitweilig Reste untergegangener Siedlungen zutage getreten sind. Vom N-Strand her griffen fünf Erosionsbuchten tief in die Dünengebiete hinein, und vorübergehend bestanden bis zur Wattseite reichende Schlopps (Legden). In der Zeitspanne 1825 bis 1840 beschleunigte sich der Abbruch am W-Ende Baltrums auf 40 m/Jahr. Dort freigesetztes und in die Sand-Transportvorgänge eingespeistes Material begünstigte die Entwicklung eines ausgedehnten, nach S gerichteten Fluthakens, aber auch ein Anwachsen des Inselhellers zur Wattseite hin und die Dünenbildung im E-Teil Baltrums (Abb. 34).

Eine Dorfkirche, die man um 1753 anstelle der baufällig gewordenen alten Kirche errichtet hatte, mußte kurz nach 1800 aufgegeben werden zugunsten einer 600 m weiter E gelegenen Pastorei. Aber auch dort wirkte sich die Orkanflut von 1825 so verheerend aus, daß das alte Westdorf aufgegeben und neben dem um 1820 entstandenen Ostdorf ein neues Mitteldorf gegründet wurde. Aus diesem Mitteldorf entwickelte sich später das heutige Westdorf Baltrums. Kern dieser Siedlung ist die alte Inselkirche mit ihrem freistehenden Holzturm und dem Baltrumer Wahrzeichen, der Inselglocke.

Im E-Teil Baltrums (HOMEIER 1963 b: 17) war bei der Sturmflut 1717 ein als Timmermannsgat bezeichneter Durchbruch entstanden. Dieser war 1824 ca. 90 m breit und erweiterte sich bei der Flut 1825 auf 220 m. Heute zeichnet sich dieses ehemalige Schlopp als buchtenartige Niederung zwischen den alten Dünenkernen um das West- bzw. Ostdorf ab. Begünstigt durch die am W-Ende der Insel durch Erosion freigesetzten Sandmengen und unterstützt von Dünenbaumaßnahmen,

Regionale geologische Beschreibung der Ostfriesischen Inseln

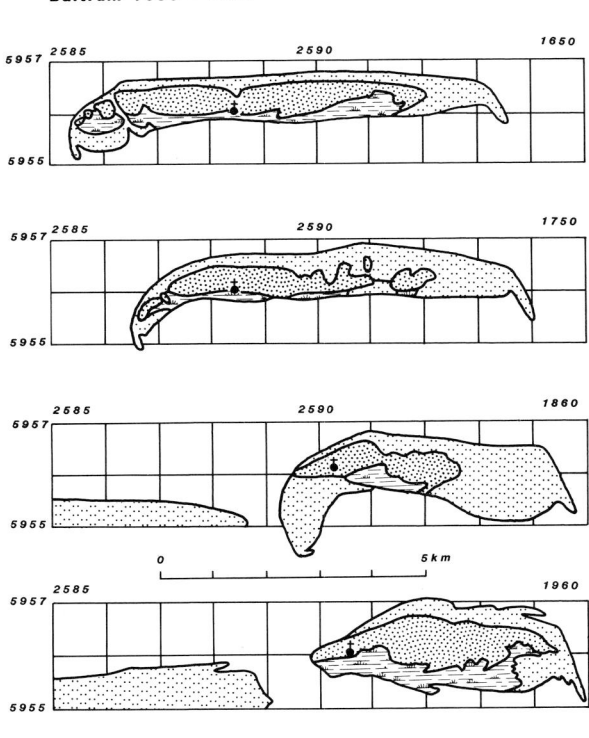

Abb. 34: Historische Veränderungen der Insel Baltrum zwischen 1650 und 1960 nach HOMEIER (1963 b).

schloß sich das Timmermannsgat rasch wieder. Bereits 1841 hatten sich zwei Dünenzüge davorgelegt. Aus der gleichen Lieferquelle stammender Sand hat nach 1860 wahrscheinlich auch zur raschen Verbreiterung und Verlängerung der Dünenfelder im E-Teil Baltrums beigetragen. Stellenweise ist dieser relativ junge Anwachs durch eine weite und teilweise versumpfte Niederung von den Grau- und Schwarzdünen der alten Dünenkerne abgetrennt. Als jüngste äolische Bildungen entstanden am NE-Ende der Insel zwei Dünenzüge. Eine innere Dünenreihe zieht sich vom Badestrand in SE-Richtung zur Peilbake. Seeseitig davon verläuft in ca. 200 bis 300 m Abstand die Randdünenkette aus typischen Weißdünen.

Fortschreitende Erosion gestaltete den o.g. Fluthaken am W-Ende Baltrums um und gefährdete 1870 das heutige Westdorf derart, daß man massive Inselschutzwerke zu bauen begann. Die erste Buhne A wurde 1872/73 auf dem Strand unterhalb der Kapdüne errichtet. Danach entstanden innerhalb von nur 12 Jahren unter schwierigsten Bedingungen und mit einfachen technischen Mitteln 15 Buhnen sowie ein 1650 m langes Pfahlwerk. Letzteres konnte aber nur mit größtem Aufwand unterhalten werden (vgl. Kap. 6.2.2.2.5), wobei die im Sommer errichteten oder instandgesetzten Abschnitte vielfach im folgenden Winter bereits wieder zerstört wurden. Das 1920 völlig zerstörte Pfahllängswerk wurde zwischen 1921 und 1925 auf zurückverlegter Linie durch massives Deckwerk ersetzt. Dabei errichtete man am N-Strand zwischen den Buhnen B und J eine Strandmauer mit steilem Juister Profil. An diesem Bauwerk traten in der Sturmflutkette 1973 so nachhaltige Schäden auf, daß der zwischen den Buhnen G und J liegende Abschnitt in ein flach geböschtes Schrägwerk umgebaut werden mußte. Am W-Strand Baltrums entstand in den Jahren 1926/28 ebenfalls ein massives Längswerk, hier jedoch im flacher geschwungenen Norderneyer S-Profil. Heute ist der W-Kopf Baltrums durch 400 m Pfahllängswerk, 1325 m Dünendeckwerk und 15 Buhnen gesichert. Neben den bereits erwähnten Reparatur- und Umbauarbeiten werden auch die Buhnen Baltrums seit 1985 schrittweise einer Grunderneuerung unterzogen.

Angesichts der umfangreichen Baumaßnahmen, verglich FÜLSCHER (1905) die zwischen 1873 und 1903 aufgelaufenen Baukosten von 2.800.000 Mark mit den erheblich niedriger eingeschätzten Kosten für die Umsiedlung des Dorfes (150.000 Mark). Nach seiner Einschätzung hätte man – selbst wenn sich die erheblich kostengünstigere Umsiedlung des Dorfes aus übergeordneten Gesichtspunkten verbot – bei einem konsequenten Ausbau eines einzigen Längswerkes ca. 600.000 Mark einsparen können. Ähnliche Betrachtung stellte LUCK (1976: Anl. 9) an, indem er auf dem Preisniveau von 1974 Kosten des Inselschutzes mit dem Versicherungswert der Hochbauten auf Juist, Norderney, Baltrum, Langeoog und Spiekeroog verglich. Dabei ergab sich für Baltrum das ungünstigste Verhältnis von 1:4 (21.000.000 : 84.000.000 DM), für Langeoog das günstigste Verhältnis von 1:47 (5.000.000 : 237.000.000 DM); dazwischen rangierten Juist (1:34), Spiekeroog (1:5,7) und Norderney (1:5,5).

7.9 Langeoog

Zwischen den Seegaten Accumer Ee und Otzumer Balje erstreckt sich Langeoog über 10,9 km Länge. Im W Drittel ca. 3,5 km breit, verschmälert sich die Insel E-wärts auf 1,6 bis 1,3 km und besitzt eine Gesamtfläche von 20,4 km². Morphologisch lassen sich fünf Inselabschnitte unterscheiden. Im W-Teil Langeoogs liegen im Schutz der Kaap- und der Herrenhus Dünen oder Rauhe Dünen die Ortschaft und ein breiter eingedeichter Inselheller. E-wärts schließen sich hieran das Große Schlopp, die Melkhörndüne und das Kleine Schlopp, zwei Niederungsgebiete mit einem dazwischen liegenden, isolierten Dünenkomplex. Ein weiteres, langgestrecktes Dünenareal erstreckt sich vom Kleinen Schlopp bis zum Osterhook.

Aufbau und geologische Entwicklung Langeoogs wurden von BARCKHAUSEN (1969, 1970, GK 25: Blätter 2210 Baltrum u. 2211 Ostende-Langeoog) eingehend untersucht. Im tieferen Untergrund der Insel verläuft der N-S-orientierte Salzstock **Langeoog** (Abb. 1). Dies ist das mittlere Teilstück einer über 60 km langen Struktur, die sich, aus der Nordsee kommend, S Langeoog bis in den Raum Aurich fortsetzt und dort die Salzstöcke **Barkholt** und **Brockzetel** umfaßt. Nach seismischen Untersuchungen dürfte die Zechsteinbasis bei Langeoog in ca. 5 km Tiefe liegen (JARITZ 1970, 1973). Der Salzaufstieg setzte hier in der Zeitspanne Unterer bis Mittlerer Buntsandstein ein und führte im Keuper zur Anlage tiefer Randsenken mit großen und stark schwankenden Sedimentmächtigkeiten. In den Randsenken sind noch

Reste von Lias erhalten, während dieser im Bereich des Salzstockdaches erodiert worden ist. Nach einer umfangreichen Schichtlücke setzt dort die jüngere Sedimentfolge in Tiefen zwischen NN -1350 und -1500 m mit 40 bis 60 m mächtigen marinen Sedimenten der Unterkreide ein. Ablagerungen der Oberkreide erreichen in der Regel 450 bis 500 m Mächtigkeit, dünnen aber über dem Salzstock Langeoog örtlich auf 350 m aus. Die Basis der Tertiärablagerungen verläuft im Niveau um NN -850 bis -950 m, wobei über dem Salzstockdach junge tektonische Scheitelgräben mit mehr als 200 m Sprunghöhe ausgebildet sind. Die Tertiärmächtigkeiten schwanken zwischen 750 und 900 m. Im W-Teil Langeoogs sind zwei Tiefbohrungen bis ins Tertiär vorgetrieben worden. Hiervon hat Bohrung 10/2210 mit einer Endteufe von 320 m sicheres Miozän erreicht und im Tiefenbereich zwischen 59 bis 64 m wahrscheinlich höheres Pliozän (Reuver-Stufe) durchteuft. Die Tertiäroberfläche dürfte in beiden Bohrungen bei NN -44 bzw. -57 m liegen.

Die pleistozäne Schichtenfolge setzt mit glazifluviatilen Sanden und „Lauenburger Ton" der Elster-Kaltzeit ein (BARCKHAUSEN 1969, 1970). Aufgrund der Lagerung beider Schichten ist zu vermuten, daß sie bei einem späteren Vorstoß des Inlandeises während des Drenthe-Stadiums überfahren und in W-Richtung aufgeschuppt worden sind (BARCKHAUSEN 1970: Schnitt A-B). Diese Eisstauchungen sowie junge Erosion sind verantwortlich für die lebhafte Morphologie der „Lauenburger Ton"-Oberfläche im Raum Langeoog (Abb. 35) Die Oberfläche schwankt auf engem Raum zwischen NN -6,20 und -27,10 m, wobei sich zwei zusammenhängende Tonvorkommen im Bereich des Hafens bzw. der Mittelplate in der Accumer Ee abzeichnen.

Sedimente der Holstein-Warmzeit ließen sich bislang nicht sicher nachweisen. Verbreitet sind hingegen grobsandige und z.T. kiesige Mittel- bis Feinsande, die als Vorschüttsande der Saale-Kaltzeit eingestuft werden. Geschiebelehm des Drenthe-Hauptvorstoßes ist unter Langeoog bis auf spärliche Reste erodiert, die im Hafengebiet um NN -6 bis -16 m anstehen. Geschiebe aus dieser Schicht werden bei Sturmfluten gelegentlich am SW-Strand Langeoogs ausgeworfen und können sich dort zu einer dichten Geröllbestreuung anreichern. Auf

218 Regionale geologische Beschreibung der Ostfriesischen Inseln

derartige Anreicherungen dürfte wohl auch die Ortsbezeichnung Flinthörn zurückgehen.

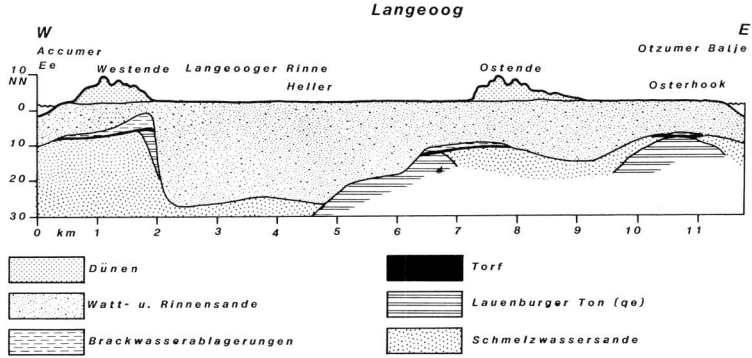

Abb. 35: Geologischer Schnitt durch die Insel Langeoog mit der tiefen Langeooger Rinne nach SINDOWSKI (1973).

Während der Eem-Warmzeit stieg der Meeresspiegel an, und unter diesem Einfluß entwickelten sich im Klimaabschnitt Eem-III (SELLE 1962) in den „ertrinkenden" Tälern zunächst Basaltorfe, über denen sich Wattsedimente abgelagert haben. Langeoog ist jedoch nicht vollständig überflutet worden, sondern es existierten auch während des eemzeitlichen Meeresspiegel-Hochstandes zwei ausgedehnte Inseln (BARCKHAUSEN 1969: Taf. IV). Die W Insel (Abb. 6) erstreckte sich aus dem Hafengebiet und dem Raum S der Ortschaft bis zum Osterhook Baltrums sowie ins Wattgebiet des Dornumer Nackens bzw. der Neiderplate. Die E Insel lag überwiegend im Bereich der Ruteplate und berührte nur das E-Ende Langeoogs. Im Umfeld dieser eemzeitlichen Geestinseln wurden vorwiegend Wattsedimente abgesetzt. Da im Muschelschill am heutigen N-Strand Langeoogs relativ häufig fossile Schalen der eemzeitlichen Muschel *Venerupis senescens* COCCONI vorkommen, ist zu vermuten, daß eemzeitliche Wattablagerungen am Vorstrand N der Insel ausstreichen und erosiv aufgearbeitet werden. In der Eem-Stufe h (SELLE

1957) sank der Meeresspiegel wieder ab, das Meer zog sich aus dem Raum Langeoog zurück, und das durch Wattsedimente teilweise ausgeglichene Relief wurde von Flüssen zertalt. Während der Weichsel-Kaltzeit wurde diese neu geschaffene Oberfläche von Flugsanden überdeckt. Unter dem W-Teil Langeoogs liegt die Pleistozänoberfläche weitflächig oberhalb NN -10 m und erreicht bei Flinthörn sogar NN -5 m. Auch unter dem E-Ende steigt sie bis über NN -10 m an. Dazwischen verlaufen N-S-orientierte Rinnen, die stellenweise bis unter NN -30 m einschneiden. Über dem bewegten Basisrelief ruhen unterschiedliche Holozänablagerungen. WILDVANG (1934: 658 f. u. Abb. 7) veröffentlichte pollenanalytische Befunde von Bohrung R4, in der die Holozänbasis bei NN -19,72 m angetroffen worden ist. Dort beginnt das Holozän mit einem 0,4 m dicken holzführenden Basaltorf, geht in eine ca. 4,5 m mächtige „durchwachsene Tonbank" und eine 0,5 m dicke Lage humoser Brackwassersedimente („Darg") über. Nach oben folgen kalkhaltiger Ton sowie mächtige, kalkhaltige und molluskenführende Sande. Den Beginn der Moorentwicklung stufte WILDVANG (1933: 660, Abb. 7) zunächst um die Wende Präboreal/Boreal ein, die Brackwasserüberflutung in die erste Hälfte des Boreal. In einer späteren Arbeit ordnete WILDVANG (1936: Tab. 1) die gesamte Abfolge dem Zeitabschnitt Boreal bis Frühatlantikum zu.

Weitere Basaltorfe von Langeoog aus den Bohrungen B59 (NN -17,1 bis -17,2 m) sowie aus B54 und B53 (NN -10,9 bis -10,0 m bzw. NN -8,25 bis -8,0 m) stufte WILDVANG (1936: Tab. 1) ins Frühatlantikum bzw. Atlantikum ein, eine Altersangabe, die von GROHNE (1952: 125) bestätigt wurde. Neuere Bohrergebnisse und Pollendatierungen (BARCKHAUSEN 1969: 256 u. Taf. V) belegen, daß die im Langeooger Watt bei NN -16 und -22 m erbohrten Basaltorfe gegen Ende des Boreal entstanden sind und ein bei NN -14,8 bis -15,6 m auftretender eingeschalteter Torf ins Atlantikum einzustufen ist. Diese Schichtenfolge geht nach oben in mehrere Meter dicke Wattablagerungen über und wird von geringmächtigen marin-litoralen Ablagerungen abgeschlossen.

BARCKHAUSEN (1969: 236 ff., 1970: Abb. 3) beschrieb diese in Abb. 36 wiedergegebene marin-litorale Abfolge von Watt- und Grodenschichten auf Langeoog eingehend. Älteste Einheit ist die „Hydrobienbank", benannt nach der kleinen Wattschnecke *Hydrobia ulvae* PENNANT, deren Gehäuse dort über einige Quadratkilometer Fläche im Niveau zwischen NN -0,60 und -0,20 m lagenweise angereichert vorkommen. Die Entstehungszeit der „Hydrobienbank" ist noch nicht eindeutig bestimmt, dürfte aber wohl kurz vor der Zeitenwende liegen. Die „Kleibank" (Oberfläche bei NN +0,55 bis +1,00 m) wurde palynologisch dem Subatlantikum zugeordnet, wobei fehlende Getreidepollen eine Sedimentation um Christi Geburt bzw. im 1. Jh. v.Chr. wahrscheinlich machen. Material aus der „unteren Moorerdebank" (NN +1,53 bis +1,58 m) lieferte ein ^{14}C-Alter von 690 ± 110 J.v.h. Ergänzt wird dieser Befund durch Siedlungsreste, die vermutlich über der „unteren Moorerdebank" angetroffen worden sind, und deren Alter auf etwa 400 Jahre geschätzt wird. Als jüngster organischer Horizont ist die „obere Moorerdebank" in einem vernäßten Dünental entstanden und anschließend von Wanderdünen überdeckt worden.

Aus den Darstellungen von BARCKHAUSEN (1969, 1970) ergibt sich, daß Langeoog in den vergangenen 2000 Jahren um ca. 2 km nach S gewandert sein muß. Geht man davon aus, daß die Insel auch während früherer Entwicklungsstadien an ihrer Seeseite Dünen getragen hat, so ist die Dünenfront in den letzten 400 Jahren mindestens 500 m weit über den ehemaligen Inselheller vorgerückt. Dieser Betrag sollte aber nicht einer S-Verschiebung der Strandlinie gleichgesetzt werden, die sowohl beträchtlich größer, aber auch etwas geringer gewesen sein könnte.

Um 1398 wird „Langeooch" erstmalig urkundlich erwähnt. Eine 1585 gefertigte Inselansicht zeigt an der Seeseite einen geschlossenen Dünenwall. Siedlungsspuren, die zwischen 1854 und 1921 zeitweilig am Strand der Insel freigelegen haben (BACKHAUS 1943: 76), dürften aus dem 13. oder 15. Jahrhundert stammen.

Obwohl Auswertungen von Altkarten (HOMEIER 1962, 1963 b, HK 6 u. 7) zeigen, daß sich das W-Ende der Insel zwischen 1650 und heute kaum verlagert hat und am E-Ende nur eine geringe Längenzunahme eingetreten ist, waren die Lebensumstände für die Inselbewohner zeitweilig extrem ungünstig. Zwischen 1650 und 1700 mußte das Dorf wiederholt nach W sowie nach E verlegt werden. Als Ursache hierfür werden vor allem Beeinträchtigungen der Wirtschafts- und Siedlungs-

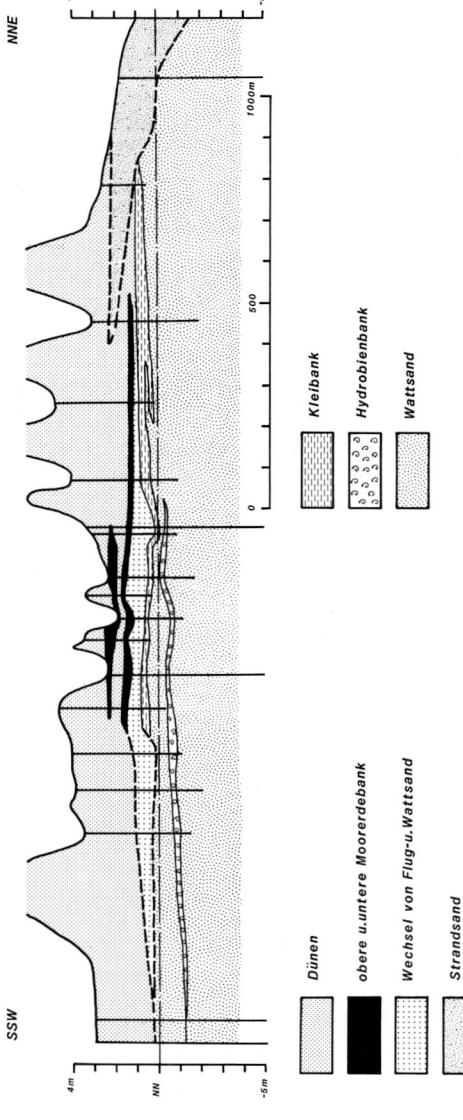

Abb. 36: Geologischer Schnitt durch die marin-litorale Abfolge von fossilen Watt- und Hellerschichten sowie Torflagen im oberflächennahen Untergrund von Langeoog nach BARCKHAUSEN (1969); Dünenkämme sind nicht dargestellt.

flächen durch eingewehten Flugsand angeführt. Im 17. Jh. zeichnete sich zusätzlich ein Durchbrechen der Insel ab. Die Lebensumstände verschlechterten sich derart, daß zahlreiche Bewohner Langeoog verließen und die Insel nach der Weihnachtsflut 1717 vorübergehend unbewohnt war. Zur Zeit der ersten kartographischen Aufnahme 1738 lebten nur drei Familien auf Langeoog. Kartographische Aufnahmen aus dieser Phase erwecken den Eindruck großer Zerrissenheit der Insel. Es existierten vier Dünengebiete mit dazwischen liegenden Niederungen, unter denen das 1717 stark erweiterte Große Schlopp und das E davon gelegene Kleine Schlopp besonders zu erwähnen sind (BACKHAUS 1943: Abb. 56).

Ab Mitte des 18. Jh. bahnten sich günstigere natürliche Bedingungen an, die mit Maßnahmen systematischer Dünenpflege unter preußischer Verwaltung zusätzlich gefördert wurden. Nach Rückschlägen bei der Sturmflut 1825 folgte eine bis 1900 anhaltende Phase positiver Sandbilanz, die zur heutigen, relativ stabilen Situation auf Langeoog geführt hat. Der trockene Strand vor Flinthörn verlängerte sich stark nach SW, und zwischen 1825 und 1841 entwickelten sich dort erste Dünen (HOMEIER 1963 b: 17). Später schwenkte der Fluthaken von Flinthörn nach SE um in seine heutige Position. Ab 1906 wurden Versuche unternommen, die Flinthörn-Düne mit den Süddünen zu verbinden, aber erst 1926/30 gelang es, den Flinthörndeich zu schließen (BACKHAUS 1943: 81).

Im E-Teil Langeoogs engte der Dünenanwachs das Große und Kleine Schlopp ein und vereinigte die Dreebargen-Dünen mit dem alten Dünenfeld auf dem E-Ende. Bereits 1890 bestand vor dem Kleinen Schlopp eine natürliche Randdüne, und 1906 wurde das Große Schlopp mit einen Sanddamm verschlossen. Beide ehemalige Niederungen sind heute im N von einem durchgehenden, bis 20 m hohen Dünenzug geschützt. Dieser verbindet die alten Kerne von Herrenhus-, Melkhörn- und Dreebargen-Dünen gradlinig miteinander. Moderne topographische Karten und Luftbilder (EHLERS 1988: 199) zeigen aber noch sehr deutlich den Verlauf ehemaliger Rinnen sowie die Lage und Ausdehnung von Überflutungsfächern als Zeugen früherer Gestaltungsprozesse im Großen Schlopp. Zwischen Dreebargen-Düne und Osterhook verläuft ein Randdünenzug, der die alten Dünen des E-Landes deutlich überragt und von diesen durch eine 100 bis 300 m breite Niederung abgesetzt ist. Anmoorige Ablagerungen und Niedermoortorf kleiden die tiefliegenden Partien dieser heute an beiden Enden mit Deichen verschlossenen Niederung aus.

Aufgrund der geschilderten Entwicklung ist Langeoog die einzige ostfriesische Insel ohne massive Schutzbauwerke. Vorübergehende Abbrüche, die zwischen 1947 und 1955 an den Kaapdünen vor dem Wasserturm aufgetreten sind, wurden durch natürliche Platenanlandung und Dünenbildung ausgeglichen. N des Pirolatals einsetzende Erosion verlegte die Dünenfront ab etwa 1960 auf 2 km Länge um ca. 13 m/Jahr zurück (EHLERS 1988: 304). Diesem Abtrag begegnete man 1971/72 durch eine erste Strandaufspülung, bei der zusätzlich ein rasterförmiges Schlauchwerk aus sandgefüllten Schläuchen auf dem Strand verlegt worden ist. Bei Wiederholungs-Aufspülungen 1982 und 1984 erhöhte man einerseits den Strand; außerdem durchdämmte man mit buhnenartig vorgespülten Sandwällen den Strandpriel, um so die natürlichen Sand-Anlandungsprozesse zu unterstützen (vgl. Kap. 6.2.2.2.5).

Als weitere, das heutige Bild der Insel bestimmende Baumaßnahmen sind die sturmflutsichere Eindeichung des Grünlandes S und E des Dorfes (1932/33) sowie der Bau eines nach E anschließenden Sommerdeiches (1934/35) zu erwähnen, der am Außenrand des Inselhellers bis zur Meierei verläuft. Bei der Anlage eines Flugplatzes (1928/30) und seinem späteren Ausbau zum Militärflughafen wurde die niedrige Dünenlandschaft der Süddünen nachhaltig verändert. Nach dem zweiten Weltkrieg wurde dieses Flugplatzgelände zerstört und aufgegeben und ein neuer Flugplatz weiter im E angelegt.

7.10 Spiekeroog

Von der Otzumer Balje erstreckt sich Spiekeroog über 9,8 km bis zur Harle. Es ist 2 km breit und nimmt eine Fläche von 21,3 km² ein. Morphologisch sind ein alter bogenförmiger Dünenkern mit Dorf und Heller im W-Teil der Insel und eine ausgedehnte Ostplate zu unterscheiden. Unter dem W-Ende Spiekeroogs und der Otzumer Balje liegt der kleine, im Kartenbild rundliche Salzstock **Spiekeroog** (Abb. 1) mit 5,5 bis 6,0 km Durchmesser (JARITZ 1970: 7 ff.). Zechsteinsalze, deren Basis bei ca. 5000 bis 5300 m Tiefe liegt, haben im Muschelkalk und tiefsten Keuper ein Salzkissen gebildet und sind im Mittleren Keuper durchgebrochen. Diese Entwicklung drückt sich in den Lagerungsverhältnissen sowie den zwischen 1500 und 3000 m schwankenden Mächtigkeiten der Trias aus. Über dem Salzstockdach sind die Schichten des Lias und Dogger erodiert. Unter dem E-Ende Spiekeroogs kommen sie dagegen als ca. 800 m mächtige Ton- und Tonmergelsteine bzw. 500 m mächtige Ton- und Sandsteine vor. Darüber setzten sich nach einer umfangreichen Schichtlücke, erst wieder mit dem Hauterive beginnend, maximal 70 m mächtige marine Sedimente der Unterkreide ab. Die Basis dieser Schichten liegt über dem Salzstockzentrum bei NN -1100 m und sinkt nach E zur Harle auf NN -2100 m ab. In gleicher Richtung wachsen die Oberkreide-Mächtigkeiten von ca. 350 m auf ca. 650 m an. Ähnliches Verhalten zeigen auch die Tertiärschichten, die von 700 m Mächtigkeit über dem Salzstockdach E-wärts bis auf 1300 m anschwellen. Zur Höhenlage der Tertiäroberfläche gibt es von Spiekeroog bislang keine zuverlässigen Befunde. Wahrscheinlich gehören die unterhalb NN -30 m anstehenden fein- bis grobsandigen Mittelsande mit den bei NN -60 bis -70 m eingeschalteten Torf- und Braunkohleflözen ins Oberpliozän.

Stoffbestand und Abfolge der pleistozänen Sedimente sind durch Kartierungen von SINDOWSKI (1970 b: 10 ff. u. Abb. 3; GK 25 Blatt 2212 Spiekeroog) bekannt. Hiernach kommen glazifluviatile Sande der Elster-Kaltzeit flächenhaft weit verbreitet vor (Abb. 37). „Lauenburger Ton" tritt dagegen nur im Watt S des W-Kopfes und NW Neuharlingersiel bei NN -22 bzw. -10 m auf und ist in einem kleinen Areal unter dem E-Ende bei NN -14 m erbohrt worden. Sedimente der Holstein-Warmzeit fehlen. Geschiebelehm der Drenthe-Kaltzeit ist unter der Insel selbst erodiert. Er nimmt aber unter dem Spiekerooger Watt bzw. dem Janssand kleine Flächen ein und bildet unter den Watten von Swinnplate und Hoher Bank ein größeres zusammenhängendes Areal.

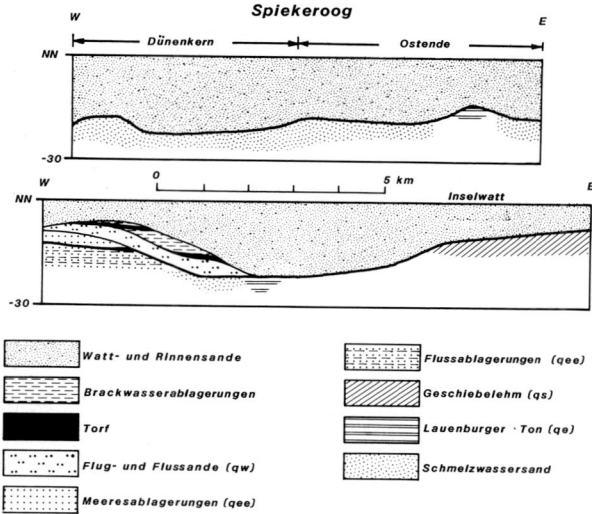

Abb. 37: Geologische Schnitte durch Spiekeroog und das dazugehörige Inselwatt nach SINDOWSKI (1973).

Während der Eem-Warmzeit überflutete ein Meeresvorstoß das Gebiet um Spiekeroog. Nach BARCKHAUSEN (1969: Taf. IV) verlief die Küstenlinie zur Zeit des Meeresspiegel-Hochstandes unweit N von Neuharlingersiel, bog von dort buchtenartig zurück bis in die Marsch S Carolinensiel und sprang anschließend wieder weit nach N vor bis in die Wattgebiete von Swinnplate und Martensplate.

Für das Gebiet S Spiekeroog erstellte SINDOWSKI (1958, 1970 b) eine Viergliederung der eemzeitlichen Sedimentfolge und unterschied Flußablagerungen, Basaltorf, brackisch-marine Sedimente sowie den Hangendtorf. Die Oberfläche der fein- bis mittelsandigen, z.T. auch grobsandigen eemzeitlichen Flußsedimente wurde im Niveau zwischen NN -23,9 und -11,0 m erbohrt. Bruchwaldtorfe des Eem III a/b (SELLE 1962), treten als basale Moorbildungen in einheitlicher Tiefe zwischen

NN -17,4 und -16,75 m auf. Darüber folgen maximal 7,5 m mächtige, sandige marine Flachwassersedimente mit den Leitfossilien *Venerupis senescens* COCCONI und *Hinia reticulata* LINNÉ. Mit dem Hangendtorf des Eem IV nach SELLE (1962) endet die Abfolge in Tiefen um NN -13,9 bis -9,1 m. Die heute nur noch im Watt erhaltene Sequenz eemzeitlicher Ablagerungen reichte ursprünglich stellenweise auch bis unter Spiekeroog. Sie ist dort aber durch jüngere Erosion flächenhaft abgetragen worden. Gleiches gilt für Sedimente der Weichsel-Kaltzeit.

Erosionsprozesse haben das Relief der Pleistozänoberfläche unter Spiekeroog geformt. Nach BARCKHAUSEN (1969: Taf. III) existiert eine kleine, bis NN -7,1 m aufragende Pleistozän-Hochlage unter dem SW-Ende der Insel. Außerdem liegt im Watt S des E-Endes Spiekeroogs ein ausgedehntes Pleistozängebiet, dessen Oberfläche von NN -10 m nach S allmählich ansteigt bis auf weniger als NN -5 m in der Marsch bei Carolinensiel. W der o.g. kleinen Hochlage verläuft eine Rinne, die im Bereich von Otzumer Balje und Schillbalje bis unter NN -15 m einschneidet. Bedeutsamer ist jedoch ein weiteres, bis unter NN -20 m eingetieftes Rinnenelement, das unter der Inselmitte verläuft und sich S-wärts bis in die Marsch zwischen Neuharlingersiel und Carolinensiel hinzieht (Abb. 14).

Marine Erosion hat unter Spiekeroog den holozänen Basaltorf sowie brackische Holozänablagerungen weitgehend ausgeräumt. Relikte davon sind nur unter W-Kopf der Insel bzw. im Watt zu erwarten (SINDOWSKI 1970 b: Abb. 7). Der holozäne Inselsockel besteht überwiegend aus sandigen Rinnen- und Wattsedimenten, die weitflächig mehr als 20 m mächtig sind. Diese Abfolge wird im NW-Teil Spiekeroogs im Niveau um NN von dem sog. „Tönning-Klei" überlagert (SINDOWSKI 1970 b: Abb. 13). Als Relikt eines fossilen, früher weiter ausgedehnten Inselhellers nimmt dieser Klei heute noch knapp 1,5 km^2 Fläche ein. Bislang ist sein Alter nicht sicher bestimmt, aber man vermutet, daß es sich um den Heller einer um 1650 bestehenden Insellage handelt. Auf dieser marin-litoralen Sedimentfolge ruht ein Großteil der Inseldünen.

Urkunden über Spiekeroog reichen bis 1398 zurück. Erstmalig wurden Zustand und Lage der Insel um 1667 festgehalten, als man die Grenze zwischen Ostfriesland und dem Jeverland (Oldenburg) im Raum

Spiekeroog/Wangerooge sowie in der Harlebucht als sog. „Goldene Linie" festlegte (LEERHOFF 1985: 59 f. Nr. 22). Auf Spiekeroog verzeichnet diese Karte einen durchgehenden breiten Dünenzug, der die Ortschaft im N bogenförmig umschließt. Altkartenauswertungen (HOMEIER 1962, HK Nr. 7) belegen, daß um 1650 im Bereich Spiekeroog zwei weitere Inselchen bestanden haben. Lütjeoog lag auf dem Watt S der Hauptinsel, Oldeoog E davon auf einer Plate zwischen den Seegaten Alte Harle und Harle. In der Zeitspanne von 1650 bis 1960 traten auf Spiekeroog erhebliche Veränderungen ein. Der W-Kopf verlagerte sich um ca. 1 km, das E-Ende um ca. 6 km E-wärts, und die Insel nahm ca. 1 km an Breite zu. Zwischen 1650 und 1750 wuchs Lütjeoog mit dem W-Ende der Hauptinsel zusammen, während Oldeoog im E aufgerieben wurde. Die auf den Nachbarinseln verheerend wirkenden Sturmfluten von 1717 und 1720/21 haben auf Spiekeroog keine empfindlichen Schäden verursacht. Nur am NE-Rand der Dünen entstanden kleinere Einbrüche, durch die bei Sturmfluten Seewasser bis zur Siedlung eingedrungen ist. Am W-Ende traten um 1810 deutliche, bei der Sturmflut 1825 erhebliche Abbrüche auf, und außerdem wurden große Sandmengen in das Hellergebiet eingefrachtet. Durch den Bau eines Sanddammes zwischen Süderdünen und den W- bzw. NW-Dünen suchte man dies 1832 zu unterbinden. Spätere Einrisse bei Sturmfluten 1855 und 1868 wurden 1869 mit einem 400 m weit nach E zurückverlegten Deich geschlossen. Auf der Wattseite Spiekeroogs deichte man 1883/84 mit dem Richel-Deich S der Ortschaft ein 11 ha großes Gebiet ein.

Am Anfang verschiedener Ausbaustufen mit massiven Inselschutzbauwerken standen auf Spiekeroog drei 1874 errichtete Buhnen. Ihnen folgte 1875 ein 500 m langes Dünenschutzwerk, das bereits 1879/80 erneuert und umgebaut werden mußte. S des Sturmecks wurden diese Holz-, Stein- und Betonbauten 1936 durch eine Stahlspundwand ergänzt, die ein zerfallendes Pfahlwerk ersetzte. Nach Schäden bei der Sturmflut 1962 wurde die Stahlspundwand zwischen Sturmeck und dem weiter S gelegenen Dünenareal ausgebaut und 1975 noch einmal durch einen streckenweise vorgelagerten Tetrapodenwall ergänzt. Heute ist der W-Kopf Spiekeroogs durch 13 Buhnen, 1500 m schweres Deckwerk mit einer ca. 800 m langen Spundwandstrecke sowie Tetrapodenschüttungen gesichert. S des Ortes entstand 1968 ein 1600 m langer, 6 m hoher Deich. Im Jahre 1981 wurde der ortsnahe Hafen in Betrieb genommen, dessen Bau einen erheblichen Eingriff in die natürliche Wattenlandschaft mit sich brachte.

Sedimentologie und Entwicklung der Dünen im W-Teil Spiekeroogs untersuchte SINDOWSKI (1970 b, 1973), dessen Ergebnisse in Abb. 38 wiedergegeben sind. Um den alten Dünenkern von 1650 lagerten sich in streifenförmigen Anwachszonen jüngere Dünengenerationen. Im Schutz dieses bogenförmigen, nach SE offenen Dünenareals bildeten sich die Inselheller des Westergroen und Ostergroen. Die aktuellen Zusammenhänge zwischen Abbruch und teilweiser Regeneration der Randdünen im W-Teil Spiekeroogs versuchte HEMPEL (1985: 60) quantitativ zu erfassen. Er stellte fest, daß die Sturmflut 1962 ein kurz vor der Anlandung stehendes Riff auf den Strand „geworfen" hat, was eine Phase positiver Entwicklung der Randdüne nach sich zog. Dagegen brachen Sturmfluten 1976 an der NW-Ecke den gesamten Sekundärdünen-Komplex ab, so daß auch ein Teil des Dünentals vor der Tertiärdüne verloren ging und die auf der Randdüne erbaute Strandhalle (Rechtswert 34 13 000, Hochwert 59 61 000) abstürzte. Auf dem 3,5 km langen Abschnitt vom N-Ende des Deckwerks bis zum Queller-Dünenheim wurden bei der Sturmflut 1981 zwischen 80000 und 90000 m^3 Dünensand erodiert.

E dieses Dünengebietes verläuft eine breite Legde (Schlopp), die vom Strand in SE-Richtung bis zum Inselheller reicht. Diese Zone ist eines der wenigen Schlopps auf den Ostfriesischen Inseln, die noch heute bei höheren Sturmfluten durchströmt und in denen Überflutungsfächer abgelagert werden.

Einer überwiegend negativen Sandbilanz der Dünen im W-Teil Spiekeroogs steht eine positive Bilanz auf der Ostplate gegenüber. Nach HOMEIER (1962) hat die Ostplate folgende Längenveränderungen erfahren – 1650: 1200 m, 1750: 1000 m, 1860: 2100 m und 1960: 5500 m. Für die Zeitspanne der letzten 100 Jahre leitet sich daraus ein extrem rascher Anwachs von 34 m/Jahr ab. Auf der so entstandenen Plate existierten bis ca. 1930 keine nennenswerten Dünen (HEMPEL 1985: 62 f.). Erst danach breiteten sich die W-E-orientierten Dünenfelder auf der Ostplate aus. In der großen Legde N der Hermann Lietz-Schule und am N-Strand

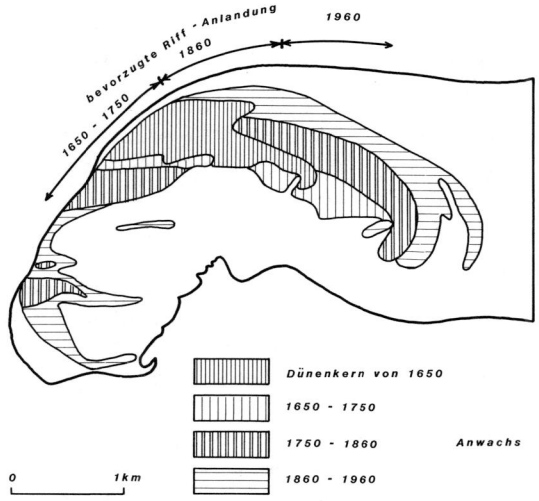

Abb. 38: Dünenentwicklung auf Spiekeroog seit 1650 nach SINDOWSKI(1973).

lagerten sich Flugsande in Form von Zickzack-Streifen oder niedrigen Barchanen ab. S hiervon erstrecken sich Dünen in Form einer aufgelockerten Hügelkette, die überwiegend von Strandquecke (*Agropyron junceum*) bestanden ist. Nur am W-Ende des Dünenkomplexes haben sich auch Strandhafer-Dünen mit *Ammophila arenaria* entwickelt.

Ursache der Umgestaltung Spiekeroogs waren veränderte hydrographische Verhältnisse in der Harlebucht (vgl. Kap. 8.3). Dieser Meereseinbruch hatte 1362 seine größte Ausdehnung, verlandete danach und wurde schrittweise eingedeicht. Dadurch versandete die 1750 E Spiekeroog bestehende „Uralte Harle", die „Alte Harle" wurde eingeschnürt und rasch E-wärts abgedrängt, so daß sie heute nur noch einen kleinen Nebenpriel des Seegats Harle bildet. Auch die Entwicklung Wangerooges wurde von diesen Prozessen geprägt.

7.11 Wangerooge

Vom Seegat Harle im W erstreckt sich Wangerooge als 8,3 km lange und 1 km breite Insel mit einer Gesamtfläche von 8,4 km² bis zur Blauen Balje. Auffällige morphologische Merkmale der Insel sind der ausgeprägte W-Kopf mit Fluthaken, ein großer Dünenkern mit der Ortschaft und ein schmaler, spornartig nach ESE weisender Dünenzug. Diese Einheiten sind in hohem Maße durch Küstenschutzmaßnahmen gestaltet worden.

Als eine im Kartenbild tropfenförmige Struktur erstreckt sich der Salzstock **Wangerooge** von der Inselmitte E-wärts bis in den Raum N Mellum und läuft dort schmal aus (Abb. 1). Randlich ist dieser Salzstock von einem Salzkissen umgeben (JARITZ 1973: 66), das ihn mit dem Salzstock **Harle-Riff** verbindet. Frühe, schwache Hinweise auf einen Salzaufstieg zeichneten sich in der Struktur Wangerooge im Röt und Muschelkalk ab. Die Hauptphase der Halokinese lag jedoch im Keuper. Zwei Erdölbohrungen wiesen in der sekundären Randsenke des Salzstockes Sedimente des Dogger nach. Diese sandigen Ablagerungen des Dogger bzw. Grenzschichten des Dogger/Malm werden transgressiv von tonigen, ca. 70 m mächtigen Sedimenten der Unterkreide überlagert. Die Oberkreide-Ablagerungen erreichen ca. 650 m Mächtigkeit und werden von einer mit dem Eozän beginnenden Schichtenfolge des Tertiär und Quartär überdeckt.

SINDOWSKI (1969: 8 f.) beschrieb folgende pleistozäne Schichten von Wangerooge. Zwischen NN -69,10 und -56,45 m erbohrte Sande stufte er als glazifluviatile Vorschüttsande der Elster-Kaltzeit ein. Darüber liegende, rund 10 m mächtige zähe und harte, z.T. grobe Steine führende Tone mit einer sandigen Einschaltung deutete er als fraglichen elsterzeitlichen Geschiebelehm. „Lauenburger Ton", ein Beckensediment der auslaufenden Elster-Kaltzeit, zieht sich (SINDOWSKI 1969: Abb. 1) als 1 bis 2 km breiter Streifen in NW-SE-Richtung vom Badestrand unter der Inselmitte hindurch ins Watt, schwenkt dort nach E um und verläuft unmittelbar am S-Rand der Insel entlang bis zur Blauen Balje. Isolierte kleinere Vorkommen von „Lauenburger Ton" wurden außerdem im Watt S vom W- bzw. E-Ende der Insel erbohrt. Die Oberfläche der

„Lauenburger Ton"-Schicht steigt von der Insel in Richtung Festland von NN -23 auf -15,4 m an. Vorschüttsande der Saale-Kaltzeit besitzen im Raum Wangerooge nur geringe Mächtigkeit. Drenthezeitlicher Geschiebelehm ist unter dem Inselsockel vollständig erodiert, nimmt im Watt aber ein größeres, NW-SE-streichendes Areal ein. Ähnliches gilt für Sedimente der Eem-Warmzeit. Eemzeitliche Flußsande treten im Watt S Wangerooge in einem NW-SE-gerichteten Streifen auf und werden dort flächenhaft von brackisch-marinen Sanden überdeckt. Zwischen beide Einheiten schaltet sich häufig Basaltorf ein. Torfe im Hangenden der eemzeitlichen Transgressionsfolge sind dagegen nur an wenigen Stellen erhalten. Flugsande der Weichsel-Kaltzeit bilden meist nur einen geringmächtigen Schleier über älteren Ablagerungen.

Das Relief der Pleistozänoberfläche zeigt unter Wangerooge nur geringe Höhenunterschiede. Von NN -15 m im Bereich der Harle sowie im Watt sinkt die Oberfläche in NE-Richtung auf NN -22 m ab. Das ausgeglichene Relief galt als Hinweis dafür, daß der Untergrund Wangerooges während eines früheren Entwicklungsstadiums von einer sich E-wärts verlagernden Gezeitenrinne durchwandert und dabei tiefgreifend erodiert worden ist. SCHRAPS (1962: Abb. 26) vermutete in diesem Raum die „Ur-Jade", einen Vorläufer der heutigen Jade. Morphologie der Pleistozänoberfläche (Abb. 14) und Schichtenfolge zwischen Harlebucht und Jade (Kap. 8.3 u. 8.4) sprechen aber gegen diese Annahme. Wahrscheinlicher ist, daß diese einheitlich tiefe Lage der Holozänbasis durch eine auf breiter Front wirkende und von N nach S vorrückende Küstenerosion geschaffen worden ist.

Im Seegebiet der Jadeplate, ca. 7 km N Wangerooge fand SCHÜTTE (1935: I, 30 f.) den Transgressionskontakt von „Schlicksandschichten" über durchwurzeltem Dünensand (NN -19,5 bis -21,0 m) und tonigem Schilftorf. Unweit davon erfaßte der Vibro-Bohrkern A10 (HANISCH 1980: 223, Abb. 2) einen weiteren Erosionskontakt zwischen 0,67 m mächtigem marinem Sand und 2,13 m mächtigen Brackwassersedimenten. Die Bohrung reichte nicht bis in den pleistozänen Untergrund, der aber nur wenige Dezimeter unterhalb der Endteufe zu erwarten ist. Schilfmaterial aus den Brackwasserablagerungen lieferte drei ^{14}C-Alter zwischen 7960 ± 205 und 7540 ± 80 J.v.h. Daraus ergibt sich, daß das seeseitige Vorfeld Wangerooges erst um 8000 J.v.h. unter Brackwassereinfluß geraten ist. Ähnliche Befunde gibt es auch über den eigentlichen Inselsockel Wangerooges (STREIF 1986: 33). Unweit vom Westanleger durchteufte Bohrung SK1 zwischen NN -16,87 und -13,85 m eine Wechselfolge von Süß- und Brackwasserablagerungen, die pollenanalytisch ins jüngere Atlantikum einzustufen ist. Auf diesen basalen Schichten lagert mit scharfer Erosionsgrenze eine mächtige Abfolge von Watt- und Rinnensedimenten, die den weitaus größten Anteil des holozänen Inselsockels aufbaut und ihrerseits im Niveau von NN durch eine geringmächtige Schichtenfolge marin-litoraler Sedimente abgedeckt wird.

Je nach Sandversorgung am N-Strand Wangerooges treten diese marin-litoralen Ablagerungen dort zeitweilig zwischen den Buhnen B und J zutage. Als erster beschrieb SINDOWSKI (1969: 20 f., Abb. 4) aus dem Bereich des alten Westturmes den sog. „Tönning-Klei" und datierte ihn anhand doppelklappiger, in Lebendstellung vorgefundener Schalen von *Scrobicularia plana*. Die ^{14}C-Datierungen lieferten ein Alter von 1450 ± 180 J.v.h. Entsprechende, weiter E gelegene Vorkommen hat auch EHLERS (1988: Taf. 24, 25) abgebildet. HANISCH (1980: 224) bestätigte die o.g. Alterseinstufung und lieferte weitere Daten über Alter und Bildungsbedingungen der jungen marin-litoralen Schichtenfolge. STREIF (1986: 34 f. u. Abb. 2) verglich die Vorkommen von Wangerooge mit ähnlichen Heller- oder Grodenablagerungen auf anderen Ostfriesischen Inseln und stellte diese ihrem Alter und der Höhenlage entsprechend dar (Abb. 29).

Die marin-litorale Schichtenfolge am N-Strand Wangerooges umfaßt folgende Einheiten:
– Grodenschichten des Supralitoralbereichs (oben).
– Algenmatten als Marken früherer MThw-Niveaus und
– Wattablagerungen des oberen Gezeitenbereichs (unten),
Die in Tabelle 10 zusammengefaßten ^{14}C-Alter dieser Einheiten gestatten zuverlässige Angaben über Verschiebungen des MThw-Spiegels (vgl. Kap. 5.1). Ergänzende Befunde lieferten paläontologische Untersuchungen, die hier zusammenfassend dargestellt werden.

Beschaffenheit und Verbreitung der im Niveau von NN auftretenden

Wangerooge

Wattablagerungen des oberen Gezeitenbereichs sind aus zeitweiligen Aufschlüssen am Strand und zahlreichen Bohrungen bestens bekannt. Die sandig-schluffige Tonschicht ist über viele Quadratmeter mit doppelklappigen, fossilen Schalen von *Scrobicularia plana* durchsetzt, die, durchweg in Lebendstellung, z.T dicht nebeneinander vorkommen. Die ursprünglich flächenhaft weiter verbreitete Schicht ist durch Erosion von NW her teilweise abgetragen worden und nimmt heute noch ein 1,5 km langes und 0,8 km breites Areal ein. Nach E geht die Tonschicht in zwei Hydrobienhorizonte über, die im Mittel- und E-Teil der Insel sowie im unmittelbar anschließden Wattenbereich weit verbreitet sind (SINDOWSKI 1969: Abb. 6). Nach Altersbestimmungen an *Scrobicularia*-Schalen sind die Wattsedimente des oberen Gezeitenbereichs zwischen 1540 und 1450 J.v.h. entstanden. Auf ihrer Oberfläche lagerten sich danach noch wenige Dezimeter Wattsand ab, die im unteren Teil bioturbat verwühlt, im oberen Teil feingeschichtet sind.

Tabelle 10: Ergebnisse von ^{14}C-Altersbestimmungen an fossilen Watt- und Grodenschichten vom N-Strand Wangerooges.

Autor	Jahr		Teufenbereich (m NN)	Probennummer		Konventionelles ^{14}C-Alter J.v.h.	
HANISCH	1980:	224	−0,10	Hv	9257	1540 ±	75
SINDOWSKI	1969:	21	±0,0	Hv	300	1450 ±	180
HANISCH	1980:	227	+1,70	Hv	8604	655 ±	130
HANISCH	1980:	227	+1,92	Hv	8605	520 ±	60
HANISCH	1980:	227	+1,85	Hv	9169	580 ±	80
STREIF	1986:	34	+1,50-1,60	Hv	12303	545 ±	80

In die höchsten Partien der Wattsande eingeschaltet tritt im Niveau von NN +1,30 eine **fossile Algenmatte** auf, erkennbar als 2 bis 3 cm starke graubraune, humose Lage. Derartige Algenmatten entstehen stets in enger Beziehung zum MThw und sind präzise Anzeiger früherer MThw-Stände. Bislang ist die Algenmatte von Wangerooge nicht radiometrisch datiert worden, da sie viel umgelagertes und eingedriftetes älteres Material enthält und somit kein zuverlässiges ^{14}C-Alter erwarten läßt. Pollen von Buche und Hainbuche gestatten jedoch eine Einstufung ins Subatlantikum, und das Vorkommen von Roggen- sowie Walnuß-Pollen spricht für eine Ablagerung nach Beginn des Mittelalters. Hohe Pollenwerte von Chenopodiaceen cf. *salicornia* deuten auf Sedimentation in einem von Queller bestandenen Watt, das häufige Vorkommen von *Plantago maritima* auf nahe gelegene und ausgedehnte Bestände dieser Pflanze am Strand. Überlagert wird diese Schicht von 40 bis 60 cm mächtigem, teilweise stark durchwurzeltem Flugsand.

Jüngste Einheit dieser marin-litoralen Schichtenabfolge bilden **Grodenschichten des Supralitorals**, die zwischen NN +1,50 und +1,92 m auftreten. Es handelt sich um intensiv durchwurzelten, z.T. anmoorigen Sand, der pollenanalytisch als weitgehend ausgesüßter Strandnelkenrasen einzustufen ist. In den obersten Partien zeichnen sich außerdem Hinweise auf Getreideanbau, Dünennähe und Beweidung mit Vegetation einer feuchten Trittrasen-Gesellschaft ab. ^{14}C-Datierungen an ausgelesenem Wurzelmaterial gestatten es, die Grodenbildung in die Zeitspanne zwischen 655 und 520 J.v.h. einzustufen (Tabelle 10).

Zusammenfassend zeichnet sich der Befund ab, daß im Raum Wangerooge um 1450 J.v.h. noch ein Watt bestanden hat, aber bereits um 650 J.v.h. innerhalb der Umrisse der heutigen Insel ein Groden existierte. Erst danach konnten sich die rezenten Dünen und Salzwiesen in ihrer heutigen Lage und Ausbildung entwickeln.

Urkundlich wird Wangerooge erstmalig 1306 in einem Vertrag über Strandrechtsfragen zwischen der Stadt Bremen und dem Gau Östringen genannt (LÜDERS 1977: 12). Um 1327 wird Wangerooge als Kirchspiel mit einer dem heiligen Nikolaus geweihten Kirche erwähnt und die Einwohner als „opidani", also Stadtbewohner bezeichnet, was auf eine gewisse regionale und wirtschaftliche Bedeutung des Ortes schließen läßt (BACKHAUS 1943: 92). Um 1520-30 verzeichnet ein niederländisches Segelhandbuch am W-Ende der Insel die St. Nikolai-Kirche. Berichte über ältere, als „dat ol warf" bezeichnete Siedlungsreste lassen aber vermuten, daß vor dem sog. Nikolai-Dorf bereits eine ältere, weiter im W gelegene Siedlung bestanden hat. Abbrüche der Insel in der zweiten Hälfte des 16. Jh. zerstörten das Nikolai-Dorf. Reste des zerfallenden Kirchturmes standen 1585 noch frei auf dem Strand, waren 1595 aber verschwunden. Zur Lage des untergegangenen Nikolai-Dorfes existieren verschiedene widersprüchliche Auffassungen, die in Abb. 39 wiedergegeben sind.

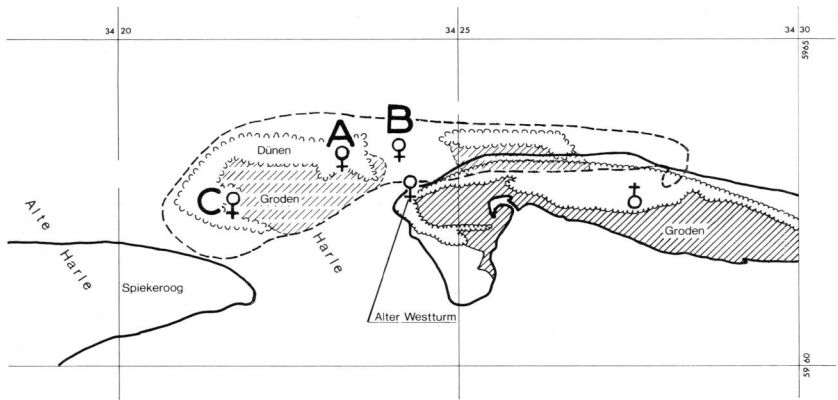

Abb. 39: Verschiedene Rekonstruktionsversuche zur Lage der Nikolai-Kirche auf Wangerooge: A nach HOMEIER (1973), B nach JÜRGENS (1977) und C nach LÜDERS (1977) sowie der mutmaßlichen Inselumrisse. Sicher festlegen läßt sich dagegen die Position des „Hohen Turmes" oder „Westturmes", dessen Fundament in die Buhne B eingebaut ist.

Dagegen ist die Position des in der Inselmitte 1597 neu gegründeten Dorfes mit dem „hohen Turm", der ab 1855 „Westturm" genannt wird (LÜDERS 1977), exakt festzulegen. In einer Karte von 1667, die auch die Grenze zwischen Ostfriesland und dem Jeverland (Oldenburg) als „Goldene Linie" markiert (LEERHOFF 1985: 59 u. Nr. 22), ist Wangerooge mit breiten Strandflächen und einem geschlossenen Dünenbogen dargestellt. Im Schutz dieses Dünenbogens ist die Ortschaft mit der charakteristischen Silhouette des „Hohen Turmes" bzw. „Westturmes" verzeichnet.

Der zwischen 1597 und 1602 erbaute „Hohe Turm" ist ein fester Bezugspunkt für alle historisch belegten Veränderungen der Inselumrisse. Nach LÜDERS (1977) hatte der rechteckige, in Backsteinmauerwerk ausgeführte Turm Grundmaße von 12 x 9,5 m und erreichte mit fünf

Stockwerken 26 m Höhe. Darauf aufgesetzt war ein hölzerner Dachstuhl mit ursprünglich zwei N-S-ausgerichteten Turmspitzen. Zwischen diesen wurde 1624 eine Mittelspitze mit einer für die Schiffahrt bestimmten Laterne errichtet, so daß die schiefergedeckte Dachkonstruktion 25,8 m Höhe erreichte. Der insgesamt 51,8 m hohe Turm beherbergte in seinem zweiten Stock einen Kirchenraum und war über 250 Jahre lang Zentrum des sog. Westdorfes, Zufluchtstätte der Dorfbewohner aber auch Landmarke für Seefahrer. Er trug zwischen 1624 und 1630 wohl das erste Leuchtfeuer an der deutschen Nordseeküste. Nach dem Untergang des Westdorfes in den Sturmfluten 1854/55 blieb der „Westturm" freistehend auf dem Strand zurück. Unterspülungen der Fundamente erzeugten 1860 im Mauerwerk einen von unten bis oben durchgehenden Riß. Um ein Einstürzen zu verhindern, wurde das Turmfundament ab 1860 durch Fußsicherungen verstärkt und in die 1874 gebaute Buhne B einbezogen. Noch heute sind die Fußsicherungen beiderseits der Buhne zu erkennen, wo sie als ein von kreisförmigen Pfahlreihen umgebener Steinkegel auf dem Nassen Strand zutage treten. Zu Beginn des ersten Weltkrieges wurde der 312 Jahre alte „Westturm" aus militärischen Gründen in zwei Sprengungen am 23. und 24. Dezember 1914 zerstört. Dabei wird unklar bleiben, ob man eine für Feinde gut einsehbare Landmarke beseitigen oder für eigene Geschütze ein freies Schußfeld schaffen wollte. Der Verlust des ehemaligen Insel-Wahrzeichens wurde in gewisser Weise ausgeglichen, als man 1933 einen dem alten Bauwerk stilistisch nachempfundenen neuen „Westturm" errichtete. Dieser dient heute als Jugendherberge.

Altkartenforschungen von BACKHAUS (1943: Abb. 51), LÜDERS (1952: Abb. 3) und HOMEIER (1962, 1974, HK Nr. 7, Nr. 8) belegen einschneidende morphologische Veränderungen Wangerooges in den letzten 300 Jahren, die in Abb. 40 wiedergegeben sind. Zwischen 1650 und 1960 wurde der W-Kopf der Insel um ca. 2 km erodiert und ab Mitte des 19. Jh. völlig umgestaltet. Der ursprünglich am W-Ende Wangerooges vorhandene, 2 km lange und 700 m breite hochwasserfreie Strand (LÜDERS 1952: Abb. 3) orientierte sich dabei zunehmend nach S und SE. Durch dieses Herumschwenken, aber auch infolge von Baumaßnahmen, die den Prozeß aufhalten sollten, teilweise aber auch negative Nebenwirkungen nach sich zogen, gewann die ursprünglich schmal-langgestreckte Insel ihren heutigen hakenförmigen W-Kopf.

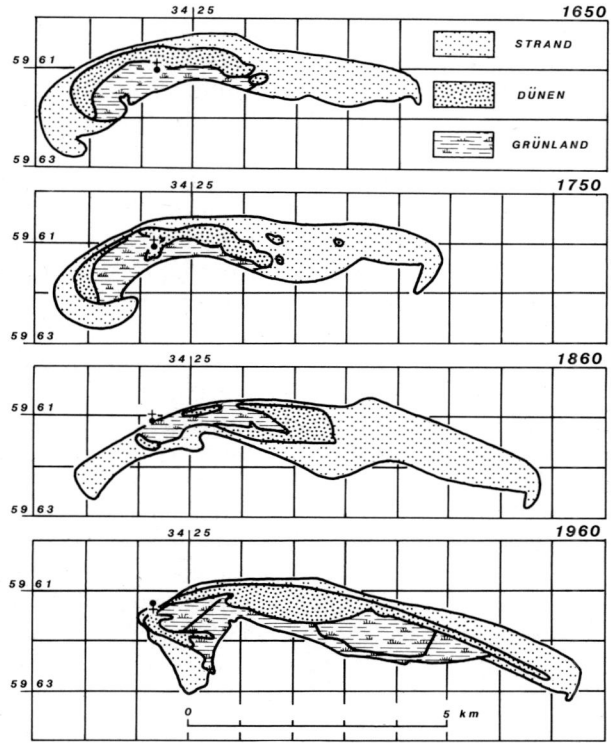

Abb. 40: Morphologische Veränderungen der Insel Wangerooge im Verlauf der letzten 300 Jahre nach HOMEIER (1962, 1974).

In einer detaillierten morphologischen Studie hat HOMEIER (1973) vor allem die Veränderungen während der letzten 120 Jahre erfaßt. Nach HOMEIER (1973: 24 u. Anl. 8) verlagerte sich die Seegatrinne der Harle zwischen 1664 und 1750 mit einer mittleren Rate von 23 m/Jahr E-wärts, zwischen 1750 und 1960 mit einer Rate von 7 m/Jahr. Gleichzeitige Verschiebungen der Niedrigwasserlinie und des Dünenfußes sind weniger einheitlich abgelaufen und lassen stärkere Einflüsse der fünf Orkanfluten erkennen, die Wangerooge zwischen 1602 und 1973 betroffen haben (Pertiflut 22.2.1651, Weihnachtsflut 24.12.1717, Februarsturmflut 3./4.2.1825, Neujahrsflut 1./2.1.1855 Orkanflut 13.3.1906).

Dem Abbruch an der W- und NW-Seite Wangerooges suchte man ab etwa 1818 mit Buschbuhnen zu begegnen. Dünendurchbrüche beim „Westturm" und die vollständige Zerstörung des Westdorfes 1855 ließen sich damit aber nicht verhindern. Diese Schäden hatten ein derartiges Ausmaß, daß man von Seiten der Regierung die Inselsiedlung aufgeben wollte und Umzüge von Inselbewohnern auf das Festland finanziell unterstützte. Dieses Vorhaben ist nur in Ansätzen gelungen und scheiterte letztlich am Beharrungswillen zahlreicher, mit der Insel fest verwurzelter Einheimischer.

Mit Gründung des preußischen Marinehafens Wilhelmshaven 1853 gewannen Inselschutzmaßnahmen auf Wangerooge neues Interesse, vor allem, weil man sich hiervon eine Stabilisierung des Küstensandes auf der W-Seite des Jadefahrwassers versprach. In diesem Zusammenhang verschloß man 1874-1876 mit dem „Reichsdeich" (zwischen Buhne A und D) den 1855 entstandenen Dünendurchbruch im W-Teil Wangerooges. Gleichzeitig entstanden erste Buhnen am NW-Strand. Der „Reichsdeich" mußte sehr bald durch Steinpflaster verstärkt und in einer raschen Folge von Ausbauschritten (1895-98, 1899, 1905 u. 1928) als Strandmauer („Reichsmauer") E-wärts bis vor das Dorf verlängert werden. Zum Schutz des W-Kopfes entstanden die Westufermauer (1874) und die Südwestmauer (1917-19). Erosionsschäden machten wiederholte Reparaturen erforderlich, wobei man die Längswerke z.T. auf etwas zurückverlegter Linie völlig neu erbaute. Zeitweilig wurden die Schutzbauwerke am N-Strand auch unter Dünensand begraben und später durch Erosion erneut freigelegt. Heute ist Wangerooge an seiner W- und N-Seite durch ca. 3000 m Längswerk und 21 Buhnen bewehrt. Seit 1976 werden Strandaufspülungen als zusätzliche Inselschutzmaßnahme betrieben.

Besondere Erwähnung unter den massiven Inselschutzbauwerken Wangerooges verdient die „Buhne H", oft auch als „Damm Buhne H" oder „Strombuhne H" bezeichnet (vgl. Kap. 6.2.2.2.5). Auslösend für ihren Bau war die E-Verlagerung des Harle-Seegats bei gleichzeitigem Umschwenken aus der NW- in eine N-Richtung (LÜDERS 1952: 22 f.). Verschärfend kam hinzu, daß gleichzeitig vor den Strandschutzwerken am W-Kopf Wangerooges, unmittelbar vor den Buhnen A und H, Kolke entstanden, die zusammenwuchsen und Anschluß an einen Wattpriel fanden. Daraus entwickelte sich um 1930 eine über 6 m tiefe Rinne, die „Dove Harle". Damit bestand Gefahr, daß dieser Nebenarm zur Hauptrinne des Seegats werden und Wangerooges W-Kopf unmittelbar bedrohen könnte.

Um dies zu unterbinden, wurde die alte Buhne H zwischen 1938 und 1940 zu einem 1460 m langen Bauwerk umgestaltet, das die „Dove Harle" durchdämmte. Die Konstruktion besteht (LÜDERS 1952: Abb. 2) aus 80 m breiten Sinkstücken und einem Damm aus Schüttsteinen mit ursprünglicher Sohlbreite von 34 m und Kronenbreite von 10,5 m. Infolge des Krieges wurde das Bauwerk nicht dem ursprünglichen Plan entsprechend bis über MThw erhöht, sondern verblieb bis heute in einem „unfertigen" Ausbauzustand mit einer Scheitelhöhe um MTnw. Gezeitenerosion erzeugte am W-Ende der „Strombuhne H" zeitweilig über 30 m tiefe Kolke, so daß mittlerweile über 90 m des Buhnenkopfes abgebrochen sind. Zur Funktion des Bauwerks und über seine Auswirkungen auf den Sandtransport zwischen Spiekeroog und Wangerooge existieren recht unterschiedliche Auffassungen. Außerdem kursieren kontroverse Meinungen darüber, wie die Wirkung der Buhne durch weiteren Ausbau oder aber auch durch teilweisen Abbau optimiert werden könnte. Unbestritten ist einzig, daß durch die „Strombuhne H" das Harle-Seegat aus seiner N-Richtung in eine NW-Richtung zurückgeschwenkt ist und eine Anlagerung und weitere Vertiefung der „Doven Harle" verhindert wurde.

Menschliche Eingriffe haben auch die Dünen Wangerooges geprägt (SINDOWSKI 1969, HEMPEL 1980, EHLERS & MENSCHING 1983). Auf der ursprünglich niedrigen Ostplate setzte die Dünenentwicklung, unterstützt durch Buschzäune, erst nach 1910 ein. Dieser Prozeß beschleunigte sich stark, als man durch Buschzaunreihen N der Bahnlinie zum Ostanleger ein Übersanden der Schienen zu verhindern suchte. Dabei ist der schmale, langgestreckte „Steert" der Insel entstanden. Auch der geradlinige Dünenzug zwischen neuem Westturm und Westanleger ist mit 1936 gesetzten Buschzäunen sowie sorgfältigen Dünenbaumaßnahmen geschaffen und später durch einen Steindamm geschützt worden. Bei Vertiefungen des Liegebeckens am Westanleger fiel außerdem schillführender Sand an, den man vor diesem Dünenzug aufgespült hat.

Der Mensch wirkte aber nicht nur aufbauend, sondern auch zerstörend auf die Dünen ein. So breitet sich das heutige Dorf Wangerooge größtenteils über ehemalige Tertiärdünenfelder aus, wobei der ursprüngliche Landschaftscharakter weitgehend verloren ging. Bombardierungen während des zweiten Weltkrieges haben vor allem im Bereich W der Ortschaft eine ausgedehnte Kraterlandschaft hinterlassen (EHLERS 1988: Abb. 317).

Auf der Wattseite Wangerooges wurde 1902 der 20 ha große Dorfgroden eingedeicht. Später folgten der 47 ha umfassende Westinnengroden (1912) und der 100 ha umfassende Ostinnengroden (1923-25). Nach der Sturmflut 1962, die zu Brüchen im Dorfgrodendeich geführt hatte, wurde das gesamte Deichsystem erhöht, verstärkt und die Deichtrasse bis an die Dünen W des Bahnhofs vorverlegt. Zum Schutz des schmalen Dünenzuges am äußersten E-Ende der Insel gegen wattseitige Erosion, errichtete man 1984 Wälle aus Bruchsteinen, die den Wellenangriff aus S-Richtungen vermindern sollen.

Mit den jüngsten morphodynamischen Veränderungen im Strandbereich vor Harlehörn im W-Teil Wangerooges befaßten sich EHLERS & MENSCHING (1983). HEMPEL (1980) untersuchte die Sandverlagerung am N-Strand und erstellte Transportbilanzen. Danach wurden z.B. bei der Orkanflut am 16./17.2.1962 W des Dorfes rund 300000 m^3 Sand erodiert. Außerdem ließ sich nachweisen, daß sturmflutbedingter Sandabtrag im W mit einer gleichzeitigen Erhöhung des E-Strandes einhergeht. Dies führt dann mit einer gewissen zeitlichen Verzögerung zum Erhöhen bestehender oder zum Anwachs neuer Randdünen. Auf solche Weise wurde innerhalb von knapp 20 Jahren auf einer nur 1,5 km langen Strecke E des Dorfes 125000 bis 140000 m^3 Dünensand akkumuliert.

7.12 Minsener Oog

Minsener Oog ist eine kleine, zwei Platen umfassende Insel, deren Form ganz maßgeblich durch massive Schutzbauten und Sandaufspülungen bestimmt ist. Der Schichtenaufbau im tieferen Untergrund der Insel gleicht vollständig demjenigen unter Wangerooge. Die Holozänbasis liegt bei ca. NN -21 m, und der Inselsockel besteht aus schillführenden schluffigen, in Gezeitenrinnen abgesetzten Feinsanden. Darauf aufgeweht sind ca. 3 m mächtige Dünensande.

Nach Altkartenforschungen von HOMEIER (1974: Abb. 1) war Minsener Oog um 1600 noch 5 km lang und verlief in WNW-ESE-Richtung. Bei der allmählichen E-Verlagerung von Steinbalje und Blauer Balje um ca. 2 km wurde das W-Ende der Insel stark erodiert. Gleichzeitig verhinderte die Jade eine E-Ausdehnung, so daß Minsener Oog um 1860 bis auf einen kleinen Rest von knapp 2 km Länge geschrumpft war.

Im Zusammenhang mit dem Ausbau des Marinehafens Wilhelmshaven wurden auf Minsener Oog umfangreiche Korrekturbauwerke angelegt, mit dem Ziel, den Sandeintrieb in die Jade zu verringern sowie das Jadefahrwasser in seiner Lage zu stabilisieren und zu vertiefen (FREDE 1937, WETZEL 1975). In den Jahren 1909 bis 1913 entstand der NW-SE-streichende Hauptdamm mit Buhne C. Gleichzeitig wurde die N-S-verlaufende Buhne A (1910) errichtet. Das ursprüngliche Ziel der Planungen, die Blaue Balje mit dem Hauptdamm vollständig zu durchdämmen und Minsener Oog mit Wangerooge zu verbinden (SCHUBERT 1970), wurde wegen technischer Schwierigkeiten aufgegeben. Insgesamt blieben die Auswirkungen der Baumaßnahmen deutlich hinter den ursprünglich gehegten Erwartungen zurück. Zu Beginn des ersten Weltkrieges waren die Riffe in der Jade noch so hoch, daß größere Kriegsschiffe in der Ebbphase von 2 Stunden vor bis 1,5 Stunden nach Niedrigwasser nicht passieren konnten (FREDE 1937). Nach dem ersten Weltkrieg wurden die Korrekturbauwerke vervollständigt. Um die Erosionswirkung am Kopf der Buhne A zu mindern, errichtete man die SW-NE-verlaufende Buhne B. In einer weiteren Ausbaustufe entstanden der Süddamm (1936) und die Stichbuhne (1937), die den drohenden Durchbruch einer Rinne zwischen Blauer Balje und Jade verhinderten.

Insgesamt führten diese Eingriffe zu einer Stabilisierung der Jade, indem sich die Stromrinne an die Enden der Buhnen A, B und C anlagerte und durch Selbsträumung geringfügig eintiefe. Um nach dem Krieg ein neuerliches Versanden der Jade einzuleiten, sprengten alliierte Truppen eine Bresche in den W-Teil des Hauptdammes. Dabei blieb der W-Kopf als isolierter Rest stehen. E davon entstand ein neuer Nebenarm der Blauen Balje, der sich in der Folgezeit eintiefte und so den Gesamtquerschnitt des Seegats erweiterte.

Für die wachsenden Anforderungen moderner Schiffahrt auf der Jade reichten die Baumaßnahmen auf Minsener Oog nicht aus. Vielmehr waren mehrere Fahrwasservertiefungen notwendig und sind ständig laufende Unterhaltungsbaggerungen in der Fahrrinne erforderlich. Ein Teil des anfallenden Baggergutes, rund 8 Mio m^3, spülte man 1975-79 im S-Teil von Minsener Oog auf 220 ha Fläche zu einer dünenähnlichen Hügellandschaft auf. Dabei wurde das Areal mit Buschzäunen in einzelne Spülfelder unterteilt und gegen Verwehung stabilisiert. Außerdem hat man Versuchspflanzungen angelegt, die heute aber einer natürlichen Weiterentwicklung überlassen sind. Ursprünglich weiterreichende Pläne, auf Minsener Oog mit dem bei Unterhaltungsbaggerungen im Jadefahrwasser anfallenden Material ein ca. 10 km^2 großes Areal bis NN +6 m aufzuspülen, wurden aus Kostengründen verworfen.

8. Regionale Beschreibung der ostfriesischen Watten und Marschen

8.1 Dollart und Emsmündung

Diese Region umfaßt im S den Dollart, das Rheiderland und die Marschen E der Ems, im Mittelteil die Landschaft Krummhörn und im N die Leybucht sowie die Norder Marsch. Geomorphologisch ist dieser Raum durch den Tidefluß Ems und mehrere unterschiedlich weit verlandete Buchtenwatten gegliedert.

8.1.1 Aufbau des tieferen Untergrundes

Als älteste Ablagerungen dieses Raumes hat Bohrung Groothusen Z1 in Teufen zwischen 3550 und 4236 m kohleführende Schichten des Oberkarbon, Westfal C und D, angetroffen (TRUSHEIM 1959, HEDEMANN 1978). Abfolge und Beschaffenheit der permischen Schichten sind in Kap. 3.1.2 beschrieben worden. Neben diesen generellen Befunden sollen hier nur einige wirtschaftlich interessante Aspekte erwähnt werden.

Von wirtschaftlicher Bedeutung sind die hier liegenden Erdgasfelder (Abb. 1). Aus dem Wattgebiet des Greetsieler Nackens erstrecken sich die NW-SE-orientierten Erdgasfelder Leybucht, Greetsiel und Uttum bis in den N-Teil der Krummhörn (DEILMANN 1977, JANDL 1977). Bislang wird Gas hier nur aus dem **Feld Leybucht** gefördert. Hierfür hat man im Leybuchtwatt eine künstliche Insel aufgeschüttet, von der aus zunächst die Aufschlußbohrungen bis fast 4000 m Tiefe in den Förderhorizont des Rotliegend-Sandsteins abgeteuft worden sind. Heute trägt diese durch einen Damm mit dem Hinterland verbundene Insel die

Fördereinrichtungen für die Gasbohrung Leybucht Z1. Aus dem SW-Teil der Krummhörn erstreckt sich das **Feld Groothusen** bis unter die Emsmündung (SCHRÖDER 1978). Seit 1972 wird hier aus Teufenbereichen unterhalb von 2800 bis 3200 m Erdgas gewonnen. Gasträger ist hier ebenfalls poröser Rotliegend-Sandstein der „Slochteren-Formation". Dieser wird nach oben durch 50 m mächtige Rotliegend-Tonsteine der „Ten-Boer-Formation" sowie durch undurchlässige Steinsalzfolgen des Zechstein abgedichtet. Gefördert wird ein hochwertiges Gas mit 87,7% Methan (brennbarer Anteil), 5,9% Stickstoff und 1,1% Kohlendioxid. Die „Slochteren-Formation" ist auch Speichergestein im niederländischen Riesen-Gasfeld Groningen, das sich W von Emsmündung und Dollart bis Groningen erstreckt.

Unter der Leybucht und dem N-Teil der Krummhörn verläuft der Salzstock **Westermarsch**, der im S mit der Struktur **Groothusen** in Verbindung steht (Abb. 1). Von wirtschaftlich-technischer Bedeutung ist der im Salzstock Groothusen angelegte Erdgas-Speicher Krummhörn bei Upleward, betrieben von der „Ruhrgas AG", Huttropstraße 60, 4300 Essen 1. Im Salzstock wurden zwischen 1480 und 1830 m Tiefe drei große Hohlräume im Zechsteinsalz (Na2) ausgesolt. Diese Kavernen haben eine zylindrische Form mit über 100 m Höhe und Durchmessern bis 60 m. Insgesamt besitzen sie ein Volumen von 0,9 Mio m^3 und können maximal 221 Mio m^3 Gas aufnehmen. Derartige großvolumige Untertagespeicher werden von der Gaswirtschaft gebaut und betrieben. Sie dienen als Puffer, um Differenzen zwischen dem saisonal stark schwankenden Verbrauch und dem, über längere Lieferperioden hinweg, gleichmäßigen Import von Erdgas aufzufangen. Gegenüber gleich grossen oberirdischen Gasspeichern (z.B. Kugelgasometern) beanspruchen unterirdische Speicherkavernen nur etwa 7% Fläche und beeinträchtigen das Landschaftsbild in geringerem Ausmaß. Die Speicheranlage Krummhörn steht über die Gasverteilerstation auf dem Rysumer Nacken einerseits mit den Fördergebieten – z.B. den Gasfeldern im norwegischen Nordseesektor oder dem Groninger Gasfeld – in Verbindung und ist andererseits über Ferngasleitungen an das Verbrauchernetz angeschlossen.

Die Struktur **Ems II** setzt unter dem Rysumer Nacken an und quert die Ems. Der Salzstock **Wybelsum** verläuft von Wybelsum in N-S-Richtung unter dem Geisesteert hindurch bis zum N-Rand des Dollart. Die Salzstöcke **Emden** und **Emden Süd** sind kleine, im Kartenbild ovale Strukturen N bzw. S der Stadt Emden. Der Salzstock **Landschaftspolder** streicht unter dem Dollart und dem Rheiderland NNW-SSE und steht mit einem bogenförmigen, die Salzstöcke **Bunde, Jemgum, Leer** und **Scharrel** umfassenden Strukturzug in Verbindung (Abb. 1). Im N-Teil dieses Zuges liegt das Erdgas-Speicherfeld Nüttermoor, betrieben von der „Energieversorgung Weser-Ems (EWE-AG), Tirpitzstraße 39, 2900 Oldenburg. Das Kavernenfeld erfüllt die gleiche Funktion wie der o.g. Erdgas-Tiefenspeicher Krummhörn. Im Salzstock Jemgum hat man E der Unterems bisher 8 Kavernen in Tiefen zwischen 950 und 1300 m ausgesolt mit einer Speicherkapazität für 484 Mio m^3 Gas. Durch zwei weitere Kavernen wird die Speicherkapazität für Erdgas um 100 Mio m^3 erweitert. Darüber hinaus sollen weitere Voruntersuchungen klären, ob im gleichen Strukturzug auch Kavernen zur Einlagerung von Sondermüll geschaffen werden können.

Die Salzstrukturen im Emsmündungsgebiet haben sich überwiegend ab Mittlerem bis Oberem Buntsandstein entwickelt und ihr Diapirstadium zwischen Keuper und Oberkreide erreicht. Dabei sind die Salzstöcke im N bis etwa NN -2000 m aufgestiegen. Im S liegen die Salzstockscheitel durchweg höher und erreichen bei Bunde das höchste Niveau mit NN -250 m.

8.1.2 Pleistozäne Schichtenfolge

Abfolge und Beschaffenheit der mesozoischen und tertiären Schichten sind in den Kap. 3.2 bzw. 3.3 zusammenfassend dargestellt. Daher sei hier nur der oberpliozäne Kaolinsand erwähnt, der im Raum Leer in mehreren Gruben als Bau- und Füllsand abgebaut wird und somit von wirtschaftlicher Bedeutung ist. Die quartäre Entwicklung des Emsmündungsgebietes läßt sich ab Ende der Elster-Kaltzeit rekonstruieren. DECHEND & SINDOWSKI (1956, Abb. 11) beschrieben im Raum Emden-Krummhörn eine ca. 3 km breite, mit glazifluviatilem Sand verfüllte Rinne, die unmittelbar N der Ems E-W verläuft. Ein ähnliches Verteilungsmuster zeigen auch „Lauenburger Ton"-Vorkommen an der Knock, unter dem Rysumer Nacken sowie auf der niederländischen Emsseite zwischen Termunterzijl und Punt van Reide (BARCKHAUSEN & STREIF 1978: 24 f). Ablagerungen der Holstein-Warmzeit sind in diesem Raum nicht angetroffen worden.

Geschiebelehm der Saale-Kaltzeit ist weit verbreitet. Er bildet N der Ems eine nahezu geschlossene Decke (BARCKHAUSEN & STREIF 1978: Geol. Schnitt G-H, BARCKHAUSEN 1984: Karte der präholozänen Schichten). Im Bereich der Ems sowie S davon fehlt der Geschiebelehm dagegen bis auf kleine Reste. Wahrscheinlich ist er hier durch Fluß- und Gezeitenerosion ausgeräumt worden. Die Transgression des Eem-Meeres hat sich bis in den Raum Emden ausgewirkt. DECHEND & SINDOWSKI (1956) haben an der Geise über limnischen Eem-Ablagerungen in einer Tiefe von NN -14,4 bis -16,85 m eemzeitliche Brackwassersedimente angetroffen. Ein weiteres Vorkommen von brackischem Eem beschrieben BARCKHAUSEN & MÜLLER (1984) vom S-Rand der Leybucht. Dort handelt es sich um eine dünne Einschaltung von Brackwassersedimenten in ein mächtigeres Paket von eemzeitlichem Torf. Dieses Vorkommen ist ins Eem IV nach SELLE (1962) einzustufen, d.h. die Meeresüberflutung hat nur während des Klimaoptimums der Eem-Warmzeit so weit ins Binnenland gereicht. Die paläogeographische Rekonstruktion der eemzeitlichen Meeresküste (Abb. 5 u. 6) zeigt für diese Phase einen ähnlichen Küstenlinienverlauf wie heute.

Am Übergang zur Weichsel-Kaltzeit zog sich das Meer aus dem ostfriesischen Küstenraum zurück, und die Flüsse schnitten sich auf das tiefergelegte Erosionsniveau ein. Später wurden die dabei geschaffenen Hohlformen teilweise wieder mit Flußablagerungen verfüllt. Im Zuge dieser Prozesse ist der weichselzeitliche Niederterrassen-Körper der Ems entstanden, den BARCKHAUSEN (1984) auskartiert hat. Dieser Terrassenkörper verläuft im Raum SE von Emden N der heutigen Ems und zieht sich von dort unter dem Hafengebiet hindurch bis zum Larrelter Polder. Nebenäste zweigen nach NE und S ab, Richtung Wolthusen, Uphusen bzw. ins Rheiderland. Die Basis des Terrassenkörpers liegt bei maximal NN -18 m, seine Oberfläche bei NN -8 bis -12 m. Außerhalb des ehemaligen Flußtals sind, unter der Einwirkung eines Periglazialklimas Fließerden und Flugsande abgelagert worden.

8.1.3 Holozäne Schichtenfolge in den Marschen und Watten

Im Verlauf des Holozän überlagerten sich im wesentlichen drei Prozesse. Das Meer stieg an, verschob die Küstenlinie landwärts und frachtete große Mengen von Sand, Schluff und Ton in den Küstenraum ein. Je nach Exposition der einzelnen Küstenabschnitte lagerten sich dabei unterschiedliche Schichtenfolgen ab. Im Dollart-Unteremsgebiet entstanden drei Landschaftseinheiten, deren unterschiedliche Entwicklungsgeschichte in einem charakteristischen geologischen Aufbau zum Ausdruck kommt:
– die Flußlandschaft der Unterems,
– die Marschen der Krummhörn und
– die teilweise verlandeten Buchtenwatten.

8.1.3.1 Die Flußlandschaft der Unterems

In der Flußlandschaft der Unterems führte das ansteigende Meer zu einem Rückstau und zur Ablagerung klastischer Sedimente in schmalen Zonen beiderseits des Flusses. Sinkstoffe wurden dabei überwiegend von See her mit den Gezeiten, teilweise aber auch mit dem Oberwasser der Ems eingefrachtet.

Als **Rinnenfazies** bezeichnete, früh- bis mittelholozäne Fluß- und Gezeitenablagerungen füllen schmale Rinnen zwischen NN -22 und -9 m (BARCKHAUSEN & STREIF 1978: 36, BARCKHAUSEN 1984: 46). Die Sedimente sind ein Gemisch meist kalkfreier Fein- und Mittelsande mit Grobsand- und Kieslagen, deren Grobkomponenten vorwiegend aus aufgearbeitetem Pleistozänmaterial stammen. Daneben gibt es feinkörnige, kalkhaltige Einschaltungen von Ton und Schluff sowie einzelne Schlickgerölle. In die klastische Grundsubstanz eingebettet sind umgelagerte organische Reste, wie z.B. Eichenhölzer, Kiefernzapfen und fein verteilter Pflanzendetritus. ^{14}C-Altersbestimmungen an derartigem Material gestatten es, die Ablagerung der Rinnenfazies in die Zeitspanne von 8000 J.v.h. bis 6500 bzw. 6200 J.v.h. einzugrenzen.

Ablagerungen der **Auenwaldfazies** und **Uferwallfazies** treten in einem 1 bis 2 km breiten Streifen beiderseits der Ems auf und sind von BEHRE (1970, 1985) sowie von BARCKHAUSEN (1984) eingehend beschrieben worden. Bildungsraum dieser Sedimente war eine amphibische Landschaft mit Auenwäldern bzw. etwas trockeneren, topographisch höher liegenden Uferwällen längs des Flusses (vgl. Kap. 6.2.3.2.2.). Beide Fazieseinheiten setzen in Tiefen um NN -10 m ein. Ihre höchsten Partien reichen stellenweise bis NN +1,2 m und somit bis zur heutigen Marschoberfläche. Auenwald- und Uferwallfazies bestehen ganz überwiegend aus schluffig-tonigen Sedimenten mit feinsandigen Einlagerungen und enthalten eine Diatomeenflora des Brackwassers. Häufig sind organische Reste, wie z.B. Stämme, Äste, Blätter und Früchte von Weide, Erle und Hasel, in die klastischen Sedimente eingebettet. Die Uferwallfazies enthält außerdem zahlreiche autochthone Baumstubben sowie umgelagerte Baumstämme. Analysen der Hölzer aus Auenwald- und Uferwallfazies gestatteten es, verschiedene Standorte zu unterscheiden. Diese reichen vom flußnahen Weidengebüsch über die feuchte Weichholzaue mit Weide und Erle bis zur trockenen Hartholzaue mit Eichen-, Ulmen- und Eschenbeständen (Abb. 24).

Auenwald- und Uferwallfazies haben sich an der Unterems ab etwa 6500 J.v.h. entwickelt. Ihr Ablagerungsraum engte sich ab 5000 J.v.h. immer mehr ein, so daß um 2500 J.v.h. nur noch ein wenige hundert Meter breiter Saum aus Uferwällen beiderseits der Ems existierte. Auf diesen relativ überflutungssicheren Streifen entstanden die ersten Marschensiedlungen (vgl. Kap. 5.3 u. 8.1.4). Mit dieser Besiedlungsphase setzte auch die Zerstörung der Auenwälder ein, so daß es zu diesem Ablagerungsmilieu an der Unterems heute kein Gegenstück mehr gibt.

Außerhalb der Zonen klastischer Sedimentation führte der Rückstau zum Ansteigen des Grund- bzw. Oberflächenwasser-Spiegels und zu intensivem Moorwachstum (vgl. Kap. 6.2.3.2.3). Auf solche Weise sind die mehrere Meter mächtigen Moore des Rheiderlandes sowie E von Emden entstanden (BEHRE 1970, BARCKHAUSEN 1984). Seewärts verzahnen sich die Torfe mit klastischen Sedimenten marinen Ursprungs. Aus der räumlichen Verteilung von Torf einerseits und Auenwald- sowie Uferwallsedimenten andererseits ergibt sich die morphologische Zonierung des Raumes. Entlang der Ems verlaufen die Hochländer, eine topographisch hochliegende Zone mit klastischen Sedimenten. Flußferner schließen sich daran die tiefliegenden und vermoorten Sietländer (Hammeriche) an. In das rheiderländer Sietland ist im ausgehenden Mittelalter der Dollart eingebrochen und hat dort weitflächig Wattsedimente abgelagert (vgl. Kap. 8.1.3.3).

8.1.3.2 Die Marschen der Krummhörn

Die Marschen der Krummhörn sind ein klassisches Gebiet geologischer Küstenforschung. Hier entwickelte WILDVANG (1911, 1915) seine „Viergliederung des Marschalluviums". Er unterschied ein älteres „fluviatiles Alluvium" mit zwei „Festlandsperioden" (Torfe) sowie zwei „Überflutungsperioden" (tonig-schluffige Sedimente) von einem jüngeren „marinen Alluvium" und führte die deutliche, meist erosive Grenze zwischen beiden Einheiten auf eine „prähistorische Katastrophe" zurück. Neuere Erkenntnisse über das Küstenholozän der Krummhörn brachten detaillierte Aufnahmen im Raum Woltzeten (STREIF 1971) sowie flächenhafte Kartierungen der Blätter 2608 Emden West und 2609 Emden (BARCKHAUSEN & STREIF 1978, BARCKHAUSEN 1984). Die klassischen Untersuchungsbefunde und Deutungen verglich STREIF (1984) mit dem heutigen Stand der Erkenntnisse.

In den Sietländern nahe dem Geestrand kommen einige Meter mächtige Torfe vor. In dieser Zone liegen NE Emden mehrere flache **Marschrandseen** (vgl. Kap. 6.2.3.2.3), wie das Große Meer, Loppersumer Meer und die Hiewe. Das **Große Meer** ist ca. 1 km breit, erstreckt sich über 4 km N-S und hat eine Fläche von 461 ha. Sein Wasserspiegel ist durch Anschluß an das künstliche Entwässerungssystem der Marsch auf NN -1,4 m eingestellt. Am Boden des 0,6 bis 1,0 m tiefen Gewässers stehen vor allem im E-Teil weitflächig pleistozäne Sande an. Am E-Ufer gibt es stellenweise in Torf eingeschnittene Erosionskliffs, die einige Dezimeter hoch werden und unter dem Einfluß vorherrschender W-Winde und Wellenschlag entstanden sind. Diesem Abtrag im E steht eine Akkumulation limnischer Sedimente am windgeschützten W-Ufer gegenüber. Der S-Teil des Gewässers mit dem angrenzenden Kleinseggen-Moor steht unter Naturschutz, der N-Teil wird dagegen als Wassersport- und Freizeitgebiet genutzt. Die benachbarten Seen, **Loppersumer Meer** und **Hiewe** besitzen breite Verlandungszonen mit ausgedehnten Schilfröhrichten, Seggenriedern und Weidengebüschen.

Weitere Marschrandseen – Uphuser Meer, Bansmeer und Sandwater -gibt es im Sietland zwischen Simonswolde, Riepe und Emden. Dort gibt es außerdem noch einige verlandete bzw. trockengelegte Gewässer (GRAHLE & STAESCHE 1964: Tab. 5, LEERHOFF 1985: 153, Nr. 64). Das Naturschutzgebiet des **Sandwater** grenzt unmittelbar an den Geestrand und ist von Weideland umgeben. Dagegen sind **Uphuser Meer** und **Bansmeer** vollständig bzw. teilweise in ein dreieckiges, 2300 ha großes Spülfeldgebiet eingebettet. Hier, im sog. Riepster Hammerich, wird seit 1954 der im Emder Hafen anfallende Schlick aufgespült. Dieser fällt z.Z. in jährlichen Mengen von ca. 3,9 Mio m^3 an und soll, nach den bestehenden Verträgen bis ins Jahr 2005, in einem dreieckigen Areal zwischen Ems-Jade- und Dortmund-Ems-Kanal deponiert werden. Teile des aufgespülten Geländes werden bereits wieder landwirtschaftlich genutzt. Auch die übrigen Flächen sollen nach Rekultivierungsmaßnahmen an die Landwirtschaft zurückgegeben werden.

Die beschriebenen Marschrandseen treten an der „Nahtstelle" zwischen Marsch und Geest auf. In diesen Sietlandgebieten führen der steigende Meeresspiegel einerseits sowie das von der Geest zusitzende Grund- und Oberflächenwasser andererseits zu starker Vernässung und zum Entstehen von Grundwasserblänken. Diese können sich bei steigendem Wasserspiegel sowie durch Wellenschlag und Eisdruck in das umgebende Moor ausdehnen und so zu Flachwasserseen erweitern.

Eine andersartige Entwicklung haben die **Hochmoorseen** auf der benachbarten Geest durchlaufen. Beispielhaft dafür ist das **Ewige Meer**, der größte Hochmoorsee Deutschlands (WILDVANG 1938, GRAHLE & STAESCHE 1964). Dieser See liegt zwischen Aurich und Westerholt inmitten eines ausgedehnten Hochmoorgebietes, welches das Behrumfehner,

Meerhusener und Tannenhausener Moor einschließt. Der See ist 1,8 km lang, maximal 0,9 km breit, nimmt eine Fläche von 91 ha ein und erreicht 1,2 m Tiefe. Seine Ufer sind infolge von Wellenschlag meist relativ steil. Im E-Teil des Gewässers steht am Seeboden pleistozäner Sand an. Im W-Teil sind Torfmudden verbreitet, die stellenweise bis 1,6 m Mächtigkeit erreichen und lokal von einigen Dezimeter Torf unterlagert werden. Im unmittelbaren Umfeld des Ewigen Meeres liegen zwei weitere Hochmoorseen, das **Kleine Eversmeer** und die **Dobbe**. Derartige Gewässer entstehen offenbar dort, wo benachbarte, uhrglasförmig aufgewölbte Hochmoore zusammenwachsen und sich das überschüssige Wasser in der tiefliegenden Randzone ansammelt. Diese Blänken von Moorwasser können sich bei steigendem Wasserspiegel zu Seen entwickeln. Zusätzlich tragen, wie oben erwähnt, windzeugter Wellenschlag und Eisdruck auf die Seeufer zur Erweiterung bei.

Auch im inneren Teil der Krummhörn, im Verbreitungsbereich klastischer Sedimente, haben früher Binnenseen existiert. Dazu gehören das **Loppersumer Meer** (NE Loppersum), das **Uhlsmeer/Keukenmeer** (SW Groß-Midlum) mit seinen Beständen salzliebender Pflanzen wie z.B. Strandaster, Sumpfdreizack u. Strandmilchkraut sowie das **Freepsumer Meer** (S Freepsum). Diese systematisch trockengelegten Gewässer sind heute z.t. als ausgeprägte Geländehohlformen erkennbar. Im Freepsumer Meer, dessen Marschoberfläche stellenweise bis NN -2,2 m absinkt, ist der tiefste Punkt Ostfrieslands. WILDVANG (1915: 192 ff.) befaßte sich mit der Genese und der Trockenlegung dieser Gewässer. Er kam zu dem Schluß, daß die Seen vorwiegend erst nach der Bedeichung aus Schlickgebieten sowie feuchten Niedermooren mit Schwingrasen und z.T. offenen Wasserflächen entstanden sind. Dabei wirkten natürliche Setzung, Auflast durch eingefrachtete Sinkstoffe und künstliche Entwässerung zusammen. Außerdem hat anschließend Erosion durch windzeugten Wellenschlag die Seen erweitert. Heute sind die Geländehohlformen über Unterschöpfwerke an das höhergelegene Entwässerungssystem des Knockster Tiefs angeschlossen (vgl. Kap. 8.1.3.3).

In der Krummhörn treten z.t. die gleichen klastischen Sedimente auf wie in der Flußlandschaft an der Unterems. Ablagerungen der **Rinnenfazies** kommen in schmalen Gezeitenrinnen bei Woltzeten sowie zwischen Rysum und der Knock vor (S\textsc{treif} 1971, S\textsc{treif} & Z\textsc{immermann} 1973). Sedimente der **Auenwaldfazies** sind nur auf den S-Teil des Gebiets, d.h. auf den Einflußbereich der Ems, beschränkt und fehlen im Innern der Krummhörn.

Flächenhaft verbreitet sind Sedimente der **lagunären Fazies**. Diese im flachen Brackwasser abgesetzten Sedimente sind überwiegend tonig-schluffig, kalkfrei bis schwach kalkhaltig und meist mehr oder weniger stark von Rhizomen und Stengeln von *Phragmites communis* (Schilfrohr) durchsetzt. Seltener sind feinsandige Partien, die ehemalige Rinnen anzeigen (S\textsc{treif} 1971). Landwärts verzahnen sich lagunäre Sedimente z.T. intensiv mit Torfen. Dabei gibt es oft fließende Übergänge zu Mudden und tonigem Schilftorf (vgl. Kap. 6.2.3.2.2). Derart feinkörnige und z.T. organische Sedimente neigen stärker zur Setzung als die auf Rinnen beschränkten sandigen Ablagerungen (vgl. Kap. 5.2.3). Dadurch können sich fossile, im Untergrund verlaufende Rinnensysteme teilweise bis an die Marschoberfläche durchpausen. Deutlich erkennbar sind Setzungseinflüsse auch am gewellten Verlauf von Torfhorizonten in geologischen Schnitten. Die ursprünglich nahezu horizontal liegenden Torfschichten sind nach ihrer Entstehung durch unterschiedlich starke Setzungen des Untergrundes verbogen worden (Abb. 41). Über wenig setzungsfähigem, sandigem Untergrund liegen die Torfe heute in hohen, über stärker komprimierbaren tonigen Schichten in tiefen Positionen.

Sedimente der **Wattfazies** bedecken nahezu das gesamte Gebiet als jüngste Schicht. Typisch ausgebildet kommen sie im seeseitig gelegenen Hochland vor, wo auf kalkhaltigen, relativ leichten Marschenböden (Escher) Ackerbau betrieben wird. Die feinsandigen, kalkhaltigen Sedimente enthalten typische Faunen und zeigen charakteristische Schichtungs- und Bioturbationsmerkmale von Wattablagerungen (vgl. Kap. 6.2.3.2.1). Ihre Grenzfläche gegen ältere Ablagerungen ist meist sehr scharf und häufig erosiv ausgebildet. W\textsc{ildvang} (1911) führte diesen signifikanten Umschwung im Sedimentationsgeschehen sowie die Erosionserscheinungen auf eine „prähistorische Katastrophe" zurück.

Bei der transgressiven Überlagerung der Wattfazies über lagunäre Sedimente und Moore wirkten unterschiedliche Prozesse nebeneinander.

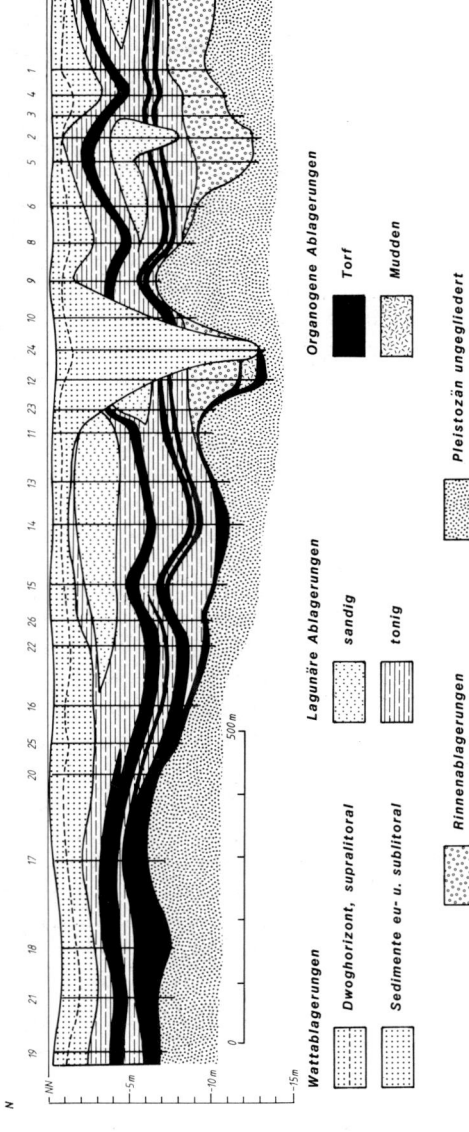

Abb. 41: Typischer Profilaufbau in der Krummhörn mit intensiver Verzahnung von klastischen Sedimenten marinen Ursprungs und Torfen nach STREIF (1971). Senkrechte Striche markieren Bohrungen. Deutlich erkennbar sind Einflüsse von Setzung, die zu einer Verbiegung der ursprünglich horizontal liegenden Torfschichten geführt haben.

Teils wurden Moore ohne nennenswerte Erosion überflutet und anschließend unter der Auflast klastischer Sinkstoffe derart zusammengepreßt, daß sie dauerhaft unter dem MThw-Spiegel zu liegen kamen. Große Teile des Dollart sind durch derartige Kompaktionsprozesse entstanden. In anderen Bereichen sind dagegen mächtige Torfpakete unter dem Auftrieb des Salzwassers aufgeschwommen, durch Wellenbewegungen aus ihrem Verband gelöst und anschließend von Wind und Strömungen verfrachtet worden. Beispiele solcher Prozesse sind heute bei Sturmfluten am Rand des Sehestedter Außendeichsmoores zu beobachten (vgl. Kap. 8.4.2.1). In früherer Zeit, als Watten noch über längere Küstenabschnitte an Moore gegrenzt haben, waren sie jedoch sehr viel stärker verbreitet. Schließlich haben Tideströmungen neben Torfen aber auch klastische Holozänablagerungen ausgeräumt und Erosionsrinnen geschaffen, die stellenweise einige Meter tief in den pleistozänen Untergrund einschneiden (Abb. 41).

Zahlreiche ^{14}C-Datierungen an Torfen ergaben die in Abb. 42 schematisch dargestellte Gliederung der holozänen Schichtenfolge in der Krummhörn. Basaltorfe sind ab 7600 J.v.h. entstanden und haben sich, je nach Höhenlage des pleistozänen Untergrundes, bis 5900 J.v.h. entwickelt. Im Raum Emden hat das Moorwachstum z.T. ohne Unterbrechung bis 2500 J.v.h. angedauert und zur Entstehung mehrere Meter mächtiger Torfpakete geführt. Weiter seewärts zeigen die Bohrprofile einen zyklischen Wechsel transgressiver Phasen mit klastischen Sedimenten marinen Ursprungs und regressiver Phasen mit Moorwachstum (vgl. Kap. 6.2.3.3). Die Intensität der Aufspaltung sowie die Dauer der Moorwachstumsphasen variiert dabei innerhalb gewisser Grenzen.

Eine erste Regressionsphase wirkte sich im Raum Woltzeten und NW Emden zwischen 5300 und 5200 J.v.h. aus, eine weitere um 4400 J.v.h. Bei Pilsum setzte die Vertorfung dagegen erst um 4900 J.v.h. ein und dauerte ohne Unterbrechung bis 3900 J.v.h. Ein nahezu im gesamten Gebiet verbreiteter Torf ist in einer Phase regressiver Küstenentwicklung zwischen 3400 und 2500 J.v.h. entstanden. Er entspricht dem Torf der „2. Festlandsperiode" im Sinne von WILDVANG (1915). Darüber breitete sich die Wattfazies in mehreren Schüben im gesamten Gebiet aus. Die jüngste

Dollart und Emsmündung

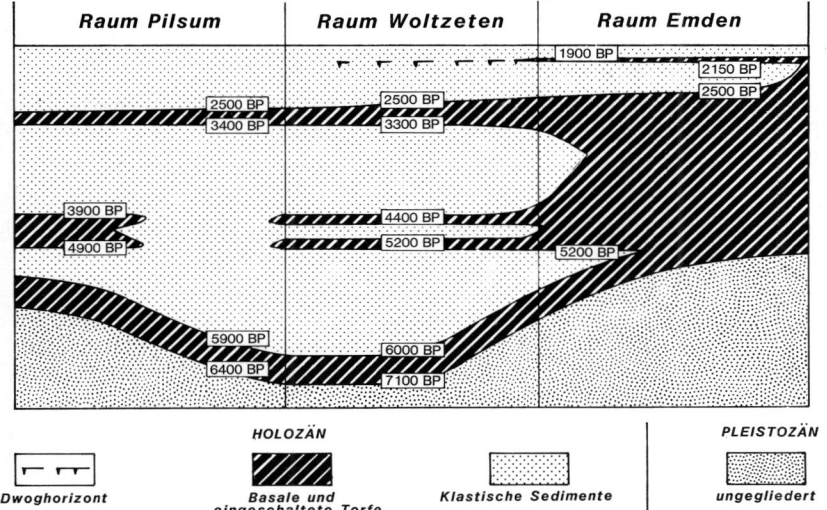

Abb. 42: Schematische Darstellung vom Profilaufbau des Holozän im Raum Emden-Krummhörn. Durchschnittswerte für Beginn und Ende der Torfbildungsphasen sind in ^{14}C-Jahren vor heute (BP) angegeben.

Lage eingeschalteten Torfes aus der Zeitspanne von 2150 bis 1900 J.v.h. kommt nur im Raum Emden vor. Im übrigen Gebiet wird sie durch einen Dwoghorizont, einen fossilen Boden, vertreten. Auf dieser alten Oberfläche liegen die frühesten Marschsiedlungen der Krummhörn (vgl. Kap. 8.1.4).

8.1.3.3 Die Buchtenwatten

Mit Ablagerung der Wattfazies begannen sich auch die Buchtenwatten im Emsmündungsgebiet zu entwickeln. Die Buchten von Sielmönken und Campen sind fossile, inzwischen verlandete Meereseinbrüche, Leybucht und Dollart befinden sich in einem unterschiedlich weit fortgeschrittenen Zustand der Verlandung.

Die **Bucht von Sielmönken** ist vermutlich um 2300 J.v.h. entstanden und bildete bereits vor der Zeitenwende ein ausgedehntes Wattgebiet. Bohrungen haben hier stellenweise über 12 m mächtige Abfolgen von Watt- und Rinnensedimenten nachgewiesen. Die Bucht mündete zwischen den heutigen Orten Pilsum und Groothusen ins Ems-Ästuar, und im Raum Manslagt lag vermutlich eine Insel (WILDVANG 1911). Nach SE erstreckte sich die Sielmönkener Bucht bis Hinte. An ihrem hohen Rand entstanden ab Christi Geburt zahlreiche große Dorfwurten (vgl. Kap. 8.1.4). Natürliche Verlandungsprozesse und schrittweise Eindeichung haben dazu geführt, daß der Einbruch der Sielmönkener Bucht spätestens im 13.-14. Jh. wieder vollständig „verheilt" war. Die kleinere **Bucht von Campen** mündete zwischen Campen und Upleward in die Ems und hatte Ausläufer bis in den Raum E von Woltzeten. Sie ist ebenfalls etwa um 2300 J.v.h. entstanden, dürfte aber bereits um oder kurz nach der Zeitenwende wieder verlandet gewesen sein.

Die **Leybucht** bestand vor der Bedeichung als eine schmale, NW-SE-gerichtete Bucht. Sie war an die Tiderinne der Ley angeschlossen und hatte einen Nebenast, der nach E bis nahe an die Norder Geest heranreichte. Im 14. Jh., insbesondere bei den Sturmfluten von 1362 und 1374, erweiterte sich dieses Rinnensystem. Tiefe Einbrüche reichten nach SE bis Canhusen und nach NE bis zur Geest bei Marienhafe. Diese Wattrinne, das Störtebeker-Tief, ist nach dem berühmt-berüchtigten Seeräuber KLAUS STÖRTEBEKER benannt, der im innersten Winkel der Leybucht einen Stützpunkt und Umschlagplatz für seine Beute gehabt haben soll. Im 14. Jh. weitete sich das Leybucht-Watt auch in Richtung auf die Stadt Norden aus. Dabei ging 1374 das Dorf Westeel verloren, und 1377 schlugen die Wellen bis an die Mauern des Dominikanerklosters in Norden. Um diese Zeit erreichte die Leybucht mit ca. 13000 ha Fläche ihre größte Ausdehnung.

Natürliche Verlandung begünstigte die schrittweise Eindeichung der Bucht (Abb. 43). Eingeleitet wurde dieser Prozeß mit dem Abdeichen der Canumer und Marienhafener Teilbuchten. Einen gewissen Abschluß fand die Landgewinnung zu landwirtschaftlichen Zwecken mit dem Bau des Störtebekerdeiches und der Eindeichung des 1000 ha großen Leybuchtpolders im Jahre 1950.

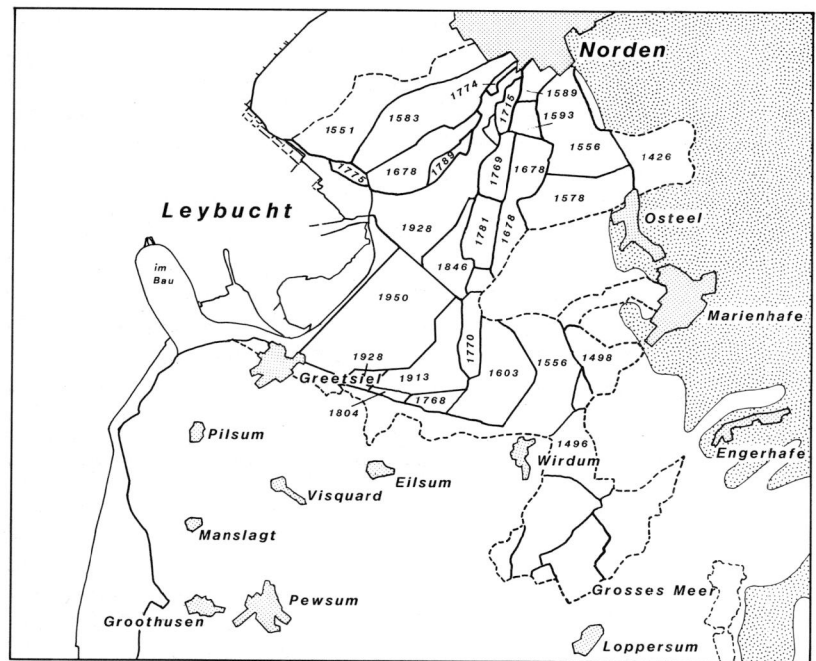

Abb. 43: Eindeichung des Leybucht-Watts nach den Landverlusten bei Sturmfluten des 14. Jh.; ergänzte Darstellung nach HOMEIER (1969).

Neuere, seit 1985 laufende Baumaßnahmen in der Leybucht werden unter den Gesichtspunkten von Küstenschutz, Binnenentwässerung und Fischerei betrieben. Dabei wird versucht, die unterschiedlichen Nutzungsansprüche angemessen zu befriedigen, aber auch den ökologischen Wert der Leybucht für den Naturschutz zu erhalten (HARTUNG 1983).

Im Zuge dieser Arbeiten wird die Deichstrecke zwischen dem Leybuchtsiel (S Norden) und Hauen (W Greetsiel) neu gestaltet und verstärkt. Zur verbesserten Binnenentwässerung des Hinterlandes deicht man im Watt des Greetsieler Nackens ein 360 ha großes Areal ein. In diesem 3,6 km weit nach NW vorspringenden und maximal 1,6 km breiten Gebiet wird ein 200 ha großes Speicherbecken geschaffen und am seeseitigen Ende ein Sperrwerk mit Siel und Schleuse errichtet. Dieses neue Leysiel soll künftig die Binnenentwässerung für ein 24000 ha großes Gebiet des Entwässerungsverbandes Norden und ein 11000 ha großes Teilgebiet des 1. Entwässerungsverbandes Emden übernehmen. Die Zufahrt von Fischkuttern aus der Norderley nach Greetsiel wird dann über die Schleuse ins Speicherbecken und durch eine neu gebaggerte Fahrrinne zum Greetsieler Hafen erfolgen. Nach Abschluß der Arbeiten, voraussichtlich 1992, wird die offene Leybucht nur noch ca. 3000 ha Fläche besitzen, aber von störenden Faktoren, wie Schiffahrt, Erholungsbetrieb, freigehalten. Außerdem entfallen dann die bisher notwendigen Unterhaltungsbaggerungen im Greetsieler Außentief mit dem dazugehörigen Verlegen von Rohrleitungen sowie der Anlage von Spülfeldern.

Der **Dollart** ist der jüngste Meereseinbruch in dieser Region. Das gesamte Gebiet lag ursprünglich im Schutz von Emsuferwällen. Zwischen Termunten und Pogum war dieses Ufer (HOMEIER 1969) mit einer Reihe von Dörfern (Westerreide, Osterreide, Janssum, Berum, Fletum, Wilgum, Torum und Uterpogum) besetzt und im 12. bzw. 13. Jh.n.Chr. durch Deiche geschützt (Abb. 44). Ein von S kommendes Binnentief, die Ee, verlief zwischen Westerreide und Osterreide und mündete unmittelbar N davon in die Ems. Es ist strittig, ob erste Deichbrüche, die die Entwicklung des Dollart einleiteten, bereits im ausgehenden 13. Jh. oder erst bei den Sturmfluten 1362 bzw. 1377 aufgetreten sind. Beim Durchbrechen des Emsuferwalles zwischen Osterreide und Berum ging zunächst Janssum verloren. Das Wattenmeer stieß dabei nach SE vor, zerstörte im Sietland neben Wynham einige nicht mehr zu lokalisierende Dörfer und erreichte im Rheiderland die Geest/Moor-Grenze zwischen Bunde und Marienchor. Weitere Einbrüche, die Jemgumer Geise und die Weener Geise, stießen von E her in das Gebiet vor.

Wahrscheinlich gab es Versuche, den ersten Dollart-Einbruch einzugrenzen. Flügeldeiche verliefen auf der E-Seite der Bucht vermutlich aus dem Raum Marienchor bis zum Emsufer bei Berum bzw. auf der W-Seite von Finsterwolde nach Osterreide. Die Katastrophenflut 1509 ließ diese Bemühungen scheitern und führte zur größten Ausdehnung des Dollart mit 350 km² Fläche. Im Bereich des ehemaligen Emsuferwalles gingen die Dörfer Wester- und Osterreide, Berum, Fletum, Wilgum, Torum und Uterpogum und im Sietland das Dorf Utbeerte verloren. Auch bei Emden setzten folgenschwere Veränderungen ein, als ca. 3 km S der Stadt die Emsschleife durchbrach und die „Frische Ems" entstand, die sich zur Hauptstromrinne entwickelte. Emdens Hafen lag dadurch an einem Altarm und verlor aufgrund schlechter Fahrwasserverhältnisse rasch an Bedeutung (vgl. Kap. 8.1.4). Beim Durchbruch blieb ein Rest des S Ems-Uferwalles mit dem Dorf Nesse als Insel zwischen alter Emsschlinge und „Frischer Ems" stehen. Das Dorf existierte auf der Insel Nesserland weiter und wurde erst nach der Februarflut von 1825 aufgegeben. Die Insel, an die heute noch die Nesserlander Schleuse erinnert, ist durch spätere Eindeichungs- und Strombaumaßnahmen in den Emder Hafen einbezogen worden.

Ab 1509 setzte auch an der S-Seite der Krummhörn Erosion ein. Sie zerstörte das Dorf Folkertswehr und führte bis 1591 zum Verlust von Drewert, Kloster Langen, Bettewehr I und Logum (HOMEIER 1969). Bei Larrelt entstand 1717 der Larrelter Kolk, ein Wehl von 375 m Länge und 25 Tiefe. Bei einem neuerlichen Einbruch 1825 trat zusätzlich ein Grundbruch auf, so daß der Deich auf 630 m Länge zerstört wurde und sich ein 30 m tiefer, weit unter die Holozänbasis hinabreichender Kolk entwickelte (SIEBERT 1969). Aus ihm wurden ca. 500000 m³ Material ausgestrudelt und im Umland verteilt; darunter Schollen aus Holozänmaterial mit Abmessungen von 5,6 x 7,5 x 2 m, Granitblöcke und pleistozäner Sand sowie Bernsteinbrocken. Dieser Kolk konnte nur auf seiner Binnenseite umdeicht werden und lag bis zur Eindeichung des Kaiser Wilhelm Polders im Einflußbereich des Wattenmeeres. Heute führt die Umgehungsstraße von Conrebbersweg Richtung Larrelt durch dieses Gebiet. Auf ihrer W-Seite ist noch ein eindrucksvoller Rest dieses alten Wehls erhalten.

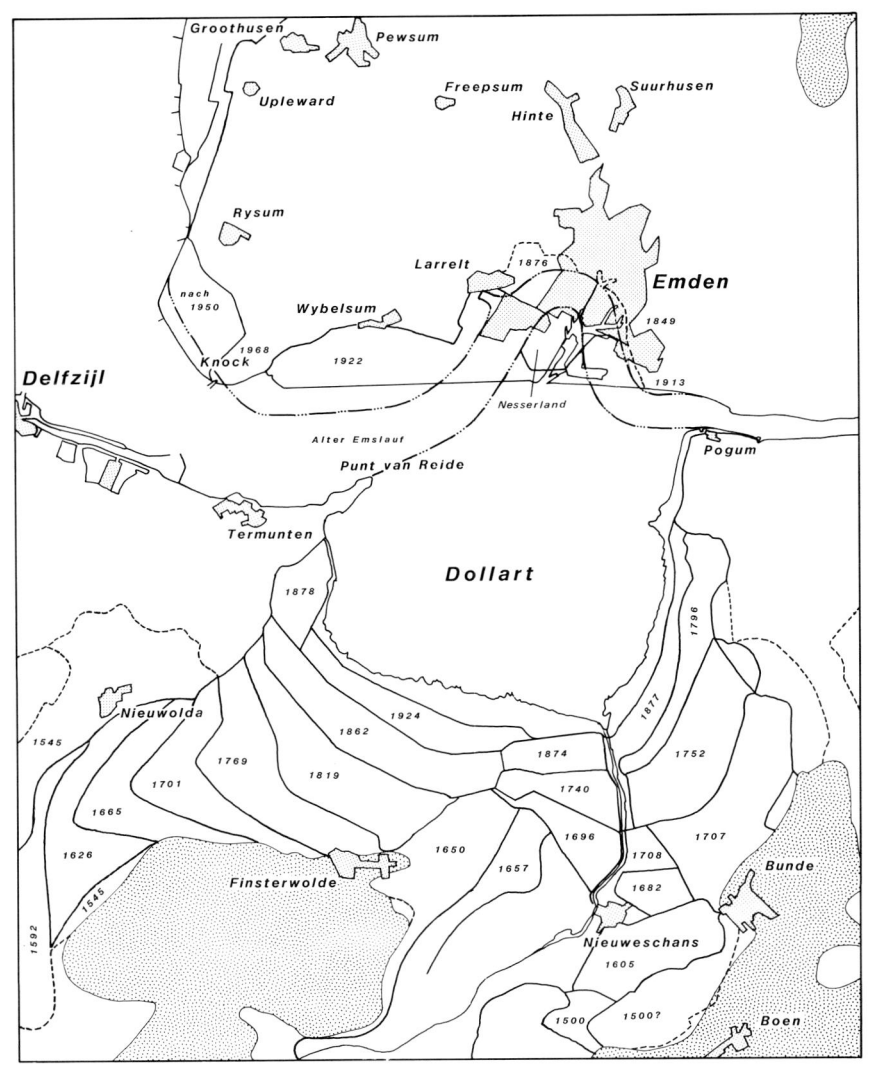

Abb. 44: Morphologische Veränderungen und Eindeichungsgeschichte des Emsmündungs- und Dollartgebiets nach den Sturmfluten des 14. Jh. und dem Durchbruch der Emsschlinge bei Emden im Jahre 1509 nach HOMEIER (1969).

Die schrittweise Eindeichung des Dollart gibt Abbildung 44 wieder. In den Niederlanden endete die Landgewinnung mit dem Bau des Carel Coenrad-Polders 1924. Auf deutscher Seite hat man 1922 den Larrelter und Wybelsumer Polder eingedeicht und von 1923 bis 1950 mit Baggergut aus dem Emsfahrwasser auf eine Höhe von NN +2,0 m bzw. +3,5 m aufgespült. Teile des Larrelter Polders sind heute Industrieansiedlungsgebiet. Der Rest der Fläche sowie der gesamte Wybelsumer Polder werden landwirtschaftlich genutzt. Auf dem Rysumer Nacken wird, seit dem Bau des Leitdammes Knock 1950, ein 600 ha großes Areal bis zu einer Sollhöhe von NN +9 m aufgespült. Das Spülgut stammt aus Unterhaltungsbaggerungen im Emsfahrwasser und fällt z.Z. in jährlichen Mengen von 6,5 Mio m^3 an. Von diesen werden 5,8 Mio m^3 auf Spülfeldern deponiert, der Rest in der Außenems verklappt. Die aufgespülten Flächen dienen der Industrieansiedlung und sind Standort der 1972 in Betrieb genommenen Revierzentrale Knock. Von dort aus wird über eine Landradarkette die Schiffahrt auf der Ems überwacht und gesteuert. Auf dem Rysumer Nacken liegt auch das Siel- und Schöpfwerk Knock des 1. Entwässerungsverbandes Emden. Dieser Verband entwässert über drei Siel- und Schöpfwerke (Borssum bei Emden: betrieben seit 1929, Greetsiel: seit 1957 und Knock: seit 1969) ein rund 45000 ha großes Gebiet. Das Entwässerungssystem umfaßt 4,5 km Gewässer 1. Ordnung, 930 km Gewässer 2. Ordnung und 27 Unterschöpfwerke. Sein Einzugsgebiet besteht zu 60% aus Marsch, zu 30% aus Moor und schließt außerdem 10% Geestanteile ein. Die Höhen reichen von NN +5,0 m bis NN -2,2 m, und rund 30% der Fläche liegen unter NN.

Heute besitzt der Dollart eine Fläche von 103 km^2. Durch die Außenems strömen bei normaler Flut ca. 180 bis 200 Mio m^3 Wasser ein, von denen sich nach DAHL & HECKENROTH (1978) ca. 140 bis 153 Mio m^3 auf den Dollart, der Rest auf die Ems verteilen. Der Ebbstrom führt 145 bis 162 Mio m^3 Wasser ab. Die erhöhte Ebbstrommenge geht auf ein Überströmen von Emswasser über die Geise sowie auf Zuwässerung von der Westerwoldschen Aa zurück. Im Tidestrom suspendiert sind ca. 2700 m^3 Sinkstoffe, die zu etwa 2% im Dollart festgelegt werden und dort zu einer durchschnittlichen Aufschlickung von knapp 1 cm/Jahr führen. Etwa 75% des Dollart werden von Schlickwatt-Sedimenten eingenommen. Vom Buchtenwatt des Jadebusens (vgl. Kap. 8.4.2.2) unterscheidet sich der Dollart durch deutlich höhere Süßwassereinflüsse.

8.1.4 Abriß der Siedlungsgeschichte

Die ältesten Siedlungsplätze wurden auf Uferwällen der Unterems angelegt. Bäuerliche Siedlungen mit großen, dreischiffigen Wohnstallhäusern entstanden auf dem linken Emsufer bei Jemgum, Boomborg-Hatzum, Oldendorp und Jemgum Kloster in der älteren Vorrömischen Eisenzeit im 7. bis 5. Jh.v.Chr. (HAARNAGEL 1969, BEHRE 1970, BRANDT 1984). In dieser Phase begann auch die Zerstörung der ursprünglichen Waldvegetation auf den Uferwällen und in den benachbarten Auenwäldern. Überflutungen im 3. und 2. Jh.v.Chr. zwangen dazu, die zu ebener Erde angelegten Flachsiedlungen aufzugeben und überdeckten diese mit einer mehrere Dezimeter mächtigen Schicht klastischen Materials.

Bei der Wiederbesiedlung während der römischen Kaiserzeit entstanden Siedlungen auf den Uferwällen beiderseits der Ems. Auch sie wurden, im 1. Jh.v.Chr. beginnend, als Flachsiedlungen auf der natürlichen Marschoberfläche angelegt. Funde aus dieser Phase deuten auf eine höhere Siedlungsdichte als während der vorrömischen Eisenzeit. Bei Bentumersiel gefundene römische Militaria sowie römische Gebrauchskeramik belegen einen engen wirtschaftlichen Kontakt zwischen einheimischer Bevölkerung und Römern (BRANDT 1984: 70 f.).

Kurz nach der Zeitenwende setzte der Wurtenbau ein (vgl.Kap. 5.3), und Flachsiedlungen sowie künstlich aufgehöhte Wurten bestanden zeitweilig nebeneinander. Das Ende dieser Siedlungsphase läßt sich nicht genau fassen. Wahrscheinlich wurden die Wurtensiedlungen am E-Rand der Stadt Emden schon im 2. und 3. Jh.n.Chr. aufgegeben. Andere Wurten, wie z.B. Pogum und wahrscheinlich auch Nesse, haben bis ins 4., eventuell 5. Jh.n.Chr., weiterbestanden. Als Ursachen des Siedlungsabbruchs sind z.T. Meeresüberflutungen verantwortlich zu machen; in stärkerem Maße haben sich aber wahrscheinlich die wirtschaftlich-sozialen Wandlungen der Völkerwanderungszeit ausgewirkt. Die frühesten

Dollart und Emsmündung

Belege einer neuerlichen Besiedlung der Marsch reichen bis ins 8./9. Jh.n.Chr. zurück. Der Kern der heutigen Stadt Emden ist nicht aus einer alten bäuerlichen Siedlung ortsansässiger Bevölkerung hervorgegangen. Grabungen in der Langwurt W vom Ratsdelft ergaben, daß hier im 9. Jh.n.Chr. eine Handelssiedlung von christlichen Kaufleuten neu gegründet worden ist. Aus jener Zeit stammen Reste einer Kirche sowie einer längs über die Wurt verlaufenden Straßenzeile, die beiderseits mit relativ kleinen Häusern bestanden war (HAARNAGEL 1984). Diese Häuser boten weder ausreichenden Raum, um Vieh aufzustallen, noch um Erntevorräte zu lagern.

Das schachbrettartige Straßennetz Emdens entstand beim mittelalterlichen Ausbau der Stadt, als parallel und quer zu der o.g. Straßenzeile der Langwurt weitere Straßenzüge angelegt wurden. Emden gewann Bedeutung als Umschlag- und Stapelplatz aufgrund seiner günstigen Lage an der wichtigen Wasserstraße der Ems. Mit dem Durchbruch der Emsschlinge 1509 begann eine Phase wirtschaftlicher Stagnation, die erst unter preußischer Verwaltung zuende ging. Aufschwung brachte der planmäßige Emsausbau ab 1870. Ihm folgten der Bau des Ems-Jade-Kanals mit der Nesserlander Schleuse 1888, Hafenausbau und Industrieansiedlungen um 1900 sowie die Inbetriebnahme der Großen Seeschleuse 1913. Diese Schleuse mit 260 m Länge und 40 m Breite ist bis heute in Betrieb und wird, falls die Pläne für den Dollarthafen realisiert werden sollten, ihre Funktion verlieren. Seit Mitte der 60er Jahre laufen Planungen zu einem solchen Dollarthafenprojekt. Sie sehen vor, die Ems künftig in einer ca. 300 m breiten Baggerrinne durch den N-Teil des Dollart zu führen und das heutige Emsfahrwasser zu einem Hafen umzugestalten. Am W-Ende dieses Hafens soll S der Knock eine neue Seeschleuse mit 380 m nutzbarer Länge, 62 m lichter Breite und 18,6 m Wassertiefe entstehen. An seinem E-Ende, S des heutigen Emder Binnenhafens, ist eine weitere Schleuse vorgesehen mit 110 m Länge, 15 m Breite und 8,1 m Wassertiefe für die Binnenschiffahrt auf der Ems.

Auch im W-Teil der Krummhörn entstanden in der römischen Kaiserzeit (0-400 n.Chr.) zahlreiche Wurten, wie z.B. Larrelt, Rysum und Loquard. Den Rand der Bucht von Sielmönken markiert eine

Kette von Wurten, die ab Christi Geburt entstanden sind und deren Namen vorwiegend auf -um enden. Von Groothusen zieht sich diese Wurtenreihe im Bogen über Woquard, Pewsum, Canum, Freepsum und Groß Midlum nach ESE bis Hinte. Von dort schwenkt die Reihe über Cirkwehrum, Uttum, Jennelt zurück nach NW bis Visquard und Pilsum. Diese Wurten haben während der römischen Kaiserzeit und Völkerwanderungszeit eine ähnliche Entwicklung durchlaufen wie jene an der Unterems. Im frühen Mittelalter entstanden überwiegend auf Landwirtschaft, aber auch auf Gewerbe und Handel basierende Bauernschaften und zentrale Orte (BRANDT 1981 a). Im 13./14. Jh.n.Chr. erfolgte der mittelalterliche Landesausbau von den alten Wurtendörfern aus, wobei man in den neu eingedeichten Gebieten meist niedrige Gehöftwurten angelegt hat.

Die Wurt **Rysum** ist Musterbeispiel eines bäuerlichen Wurtenrunddorfes. Kirche und Friedhof liegen im Zentrum der Wurt, daneben der Fething, früher Regenwasser-Sammelbecken zur Wasserversorgung. Um diese Mitte ordnen sich an zwei konzentrischen Straßenringen 15 große Bauernhöfe und zahlreiche kleinere Häuser. Die Längsachsen der Höfe sind überwiegend radial ausgerichtet, wobei die Wohnteile der Gebäude zum Wurtenzentrum, die Stallteile zum Wurtenrand weisen. Radial verlaufen auch mehrere Gäßchen vom Zentrum zur Ringstraße am Außenrand der Wurt.

Die Wurt **Groothusen** vermittelt dagegen das typische Bild eines frühmittelalterlichen Handelsortes. Die wallartig langgestreckte Wurt grenzte im N an einen Priel der Sielmönkener Bucht und war wohl Umschlagplatz umliegender Dörfer. Längsachse der Wurt ist hier eine Straße, die von der Kirche am W-Ende zur Burg am E-Ende verläuft und an der beiderseits eng aneinandergereiht Häuser stehen. Grabungen in der Langwurt förderten zahlreiche Importfunde des 8.-9. Jh. zutage, überwiegend aus dem Niederrheingebiet (BRANDT 1983). Durch Verlandung und Eindeichung der Sielmönkener Buch verlor Groothusen im 13./14. Jh. seine Bedeutung als Handelsort, und Landwirtschaft wurde dominierender Wirtschaftsfaktor. Groothusen besaß ursprünglich drei Burgen. Davon sind die Westerburg und Mittelburg 1436 zerstört worden. Nur die Osterburg, im 18. Jh. als Nachfolgerin einer Häuptlingsburg errichtet, ist erhalten.

8.2 Die Marsch zwischen den Geestvorsprüngen von Norden und Esens

Zwischen den Geestvorsprüngen von Norden und Esens erstreckt sich ein maximal 7 bis 8 km tiefes Marschengebiet, aus dem kleinere Geestinseln aufragen. Im Untergrund dieser Region liegen die N-S-orientierten Salzstöcke **Westdorf** bzw. **Langeoog-Barkholt** (Abb. 1, vgl. Kap. 7.8 u. 7.9). Die Abfolge älterer Schichten dieses Raumes ist den generellen Beschreibungen (vgl. Kap. 3.1.2 bis 3.3) zu entnehmen.

Die aus Bohrungen bekannte Schichtenfolge beginnt mit dem Kaolinsand des Oberpliozän (WILDVANG 1938). Fragliches Altquartär ist in mehreren Bohrungen bei Hage angetroffen worden (vgl. Kap. 4.1). Während der Saale-Kaltzeit wurden Vorschüttsande und Geschiebelehm des Drenthe-Hauptvorstoßes abgelagert. Bei der Transgression des Eem-Meeres entwickelten sich im E-Teil des Gebietes mehrere Wattrinnen (Abb. 5 u. 6). Aus dem Bereich zwischen Norderney und Baltrum bzw. von Langeoog kommend, erreichten diese Rinnen bei Hilgenriede, Neßmersiel, Dornumergrode bzw. Dornumersiel die heutige Marsch (SINDOWSKI 1958, 1965: Abb. 2, BARCKHAUSEN 1969: Taf. IV). Die bei Hilgenriede in die Marsch eintretende eemzeitliche Rinne verlief S-wärts bis an den Geestrand bei Hage. Im Bereich der Mülldeponie Hage und W davon wurden in Tiefen zwischen NN -14,5 und -30 m Wattsedimente mit einer typischen Foraminiferenfauna der Eem-Warmzeit durchteuft, die Basis der marinen Schichtenfolge jedoch nicht erreicht. Über den Eem-Sedimenten liegen, in Sande eingeschaltet, mehrere bis 0,5 m mächtige humose Lagen, die vermutlich als Weichsel-Interstadiale einzustufen sind. Die Dornumersieler Eem-Rinne ist am Eintritt in die Marsch über 10 m tief und setzt sich ebenfalls einige Kilometer weit nach S fort.

Die holozäne Schichtenfolge ist, ähnlich wie die eemzeitlichen Ablagerungen, durch mehrere N-S-laufende Rinnensysteme gekennzeichnet (Abb. 14). Sie sind aus Flußtälern hervorgegangen, die sich, nach Ende der Eem-Warmzeit, dem absinkenden Meeresspiegel folgend eingeschnitten hatten. Beim holozänen Meeresvorstoß wurden diese Täler durch Gezeitenerosion erneut vertieft, aber auch erweitert und teilweise verlagert. Außerdem griff die Sedimentation über die ursprünglichen Rinnenränder hinaus flächenhaft auf umliegende Gebiete über. Eine vom Norderneyer Seegat SE-wärts laufende Rinne berührt die Ostermarsch bei Osterloog und endet dort. Die Norderney-Hilgenrieder Rinne (vgl. Kap. 7.7) schneidet bei Hilgenriede ca. 16 m tief ein und verläuft S-wärts bis zum Geestrand bei Hage. Einen ähnlichen Verlauf nimmt eine weitere Rinne, die, vom W-Kopf Baltrums nach S laufend (vgl. Kap. 7.8), bei Neßmersiel die Küstenlinie quert und sich über Nesse bis Schleen fortsetzt.

Komplizierter gebaut ist die Dornumer Rinne (BARCKHAUSEN 1969: Taf. V-VII). Ihre Mündung lag ursprünglich in einem Bereich, der heute vom Mittelteil Langeoogs eingenommen wird (vgl. Kap. 7.9). Beim Verfüllen dieses Gats fand die Rinne Anschluß an das W gelegene Seegat der Accumer Ee. Vorübergehend besaß die Dornumer Rinne vermutlich zwei seewärtige Auslässe, die sich im Watt N Dornumersiel zu einer Balje vereinigten. Ein Nebenarm dieser Balje erstreckte sich SE-wärts Richtung Bensersiel. Die Hauptrinne verlief S-wärts und gabelte sich in der Marsch N Roggenstede in zwei nach S bzw. SSE gerichtete Äste (Abb. 14).

Die Schichtenabfolge in diesen holozänen Rinnensystemen ist recht einheitlich. Im seewärtigen Bereich schneiden die Rinnen bis in pleistozäne Sande ein und sind überwiegend mit sandigen Watt- und Rinnensedimenten verfüllt. Stellenweise treten aber auch Basaltorfe an der Rinnensohle auf. Außerdem können tonig-schluffige, z.T. schilfdurchwachsene Brackwasserablagerungen und eingeschaltete Torfe die Rinnen teilweise verfüllen (BARCKHAUSEN 1969: 256 f., Taf. V-VII). So decken z.B. Torfe, die um 1370 ± 90 J.v.h. bzw. 1160 ± 65 J.v.h. entstanden sind, die Bensersieler Nebenrinne ab.

GROHNE (1957: ff., Taf. 7-11) untersuchte die Sedimentabfolge am W-Hang der Hilgenrieder Rinne in fünf entlang der Straße Osterloog-Hilgenriedersiel abgeteuften Bohrungen. Pollenanalysen ergaben dort

Die Marsch zwischen den Geestvorsprüngen von Norden und Esens

folgendes Bild der Landschaftsentwicklung. – Gegen Ende der Jüngeren Tundrenzeit lagerten sich W außerhalb der Rinne im Niveau von NN -1,70 m als älteste Einheit Süßwassersedimente eines flachen Binnensees über Pleistozän ab. Zur gleichen Zeit wurde in der bis NN -12 m eingeschnittenen Rinne noch erodiert bzw. wurden Flußsande sedimentiert. Vom Präboreal an sowie im Verlauf des gesamten Boreal und im frühen Atlantikum entwickelten sich in der Rinne Niedermoortorfe, die im jüngeren Atlantikum z.T. aufgearbeitet und von tonig-schluffigen Brackwassersedimenten überdeckt wurden. Außerhalb der Rinne dauerte das Moorwachstum mit *Sphagnum*-, *Calluna*-Gesellschaften länger an und brach erst im Subatlantikum durch marine Überflutungen ab.

Die Besiedlungs- und Deichgeschichte dieses Raumes war nicht von spektakulären Ereignissen, wie das Einbrechen oder Erweitern von Meeresbuchten geprägt. Nach HOMEIER (1969) untergliederten die oben beschriebenen Rinnensysteme teilweise noch um 800 n.Chr. das Marschengebiet zwischen Norden und Esens. Neben zahlreichen Einzelsiedlungen gab es während dieser Phase in der Ostermarsch bzw. Linteler Marsch auch einige Dörfer, wie z.B. Westerloog und Osterloog bzw. zwischen Norderney-Hilgenrieder Rinne und Neßmersieler Rinne Westdorf und Ostdorf. Der auf einer Langwurt als Straßendorf angelegte Ort Nesse wurde im 9. Jh. als teilagrarische Handelssiedlung gegründet (BRANDT 1977). Er stand über ein Prielsystem mit der Neßmersieler Rinne in Verbindung, hatte für umliegende Siedlungen die Funktion eines Umschlagplatzes und besaß die Bedeutung eines „Fleckens". Mit fortschreitender Eindeichung wurde Nesse vom offenen Wasser abgeschnitten und büßte seine herausragende Position als Handelsort ein. Es blieb bis heute in seiner ursprünglichen Dorfanlage erhalten.

Im 13. Jh. waren die alten Buchten vollständig abgedeicht, und die Küstenlinie hatte einen ausgeglichenen Verlauf. Der Seedeich (HOMEIER 1969: Kt. 4 u. S. 29) zog N an Norden vorbei und schloß an ältere Ringdeiche um Westerloog und Osterloog bzw. um Breepott-Kloster an. Von der N-Spitze der Ostermarsch verlief dieser Deich vor der Hager Marsch über Theener und Neßmersiel bis Dornumergrode. Die in anderen Regionen verheerend wirkenden Sturmfluten des 14. Jh. richteten in diesem Küstenabschnitt, außer Überschwemmungen, geringe

Schäden an. Eine Phase allgemeiner Konsolidierung kennzeichnete die Küstenentwicklung im 15. und 16. Jh. Lediglich in der Ostermarsch kam es zu einem knapp 2 km² großen Einbruch. Um 1570 wurde das Neßmer Neuland, um 1576 das Ostermarscher Neuland mit jeweils 11,6 km² Fläche eingedeicht. Zahlreiche weitere Schritte der Landgewinnung fanden mit dem Eindeichen des Kuchenbäcker Polders 1774 ihren Abschluß.

Fortschreitende Verlandungen vor Neßmersiel führten 1951 dazu, das alte, um 1700 in der Hauptdeichlinie angelegte Siel aufzugeben und die Fährverbindung zur Insel Baltrum nach Norddeich zu verlegen. Dies hatte stark tideabhängige und lange Fahrzeiten von über zwei Stunden zur Folge. Um hier Abhilfe zu schaffen, wurde im Deichvorland N Neßmersiel 1970/71 ein neuer Hafen angelegt und eine 1,5 km lange Fahrrinne zur Neßmersieler Balje gebaggert. Starke Sinkstoffanreicherungen in diesem Neßmersieler Außentief erforderten regelmäßige Unterhaltungsbaggerungen und waren Anlaß für den Bau eines Speichersees mit vollautomatisch gesteuertem Spülsiel 1977 (ERCHINGER et al. 1988). Dieses Spülsiel hält das bei Flut ins Speicherbecken einströmende Wasser zunächst auf einem Spiegelstand von NN +1,0 m zurück und läßt es mit zeitlicher Verzögerung von ca. 4,5 Stunden rasch ausströmen auf ein Niveau von NN -0,5 m. Dabei werden ausreichend hohe Ebbstromgeschwindigkeiten erzielt, um die im Neßmersieler Außentief abgesetzten Sinkstoffe zu mobilisieren und seewärts in das anschließende Prielsystem der Neßmersieler Balje zu verfrachten.

8.3 Die Marschen der Harlebucht und des Wangerlandes

Östlich der Geestinsel von Esens erstreckt sich ein Gebiet, das durch die ehemals breite und bis 12 km tief in die Marsch hineinreichende Harlebucht untergliedert ist. Diese Wattenbucht war eine paläogeographische Ursache der politischen Trennung zwischen Ostfriesland und dem Jeverland. An seiner W-Seite wird dieses Gebiet durch die Geestinsel von Esens bzw. den Geestvorsprung von Burhafe-Wittmund begrenzt, im SE durch die Geestvorsprünge von Jever bzw. Sillenstede. Nach E bestehen fließende Übergänge zu den Marschen an der Jade.

Einziger Salzstock dieses Raumes ist der Salzstock **Berdum-Jever**, der NW-SE streichend unter dem S-Teil der Harlebucht verläuft. Nach JARITZ (1973) entwickelte sich hier in der Zeitspanne Röt bis Muschelkalk zunächst ein Salzkissen. Ab Mittlerem Keuper begann die Diapirphase, die zum Aufsteigen des Salzstockes bis NN -800 bis -1000 m führte. Über dem Salzstockdach haben Bohrungen eine Schichtenfolge nachgewiesen, die mit transgredierender Unterkreide (Hauterive) beginnt und bis ins Quartär reicht.

Pleistozäne Schichten wie „Lauenburger Ton", glazifluviatile Sande und Geschiebelehm des Drenthe-Hauptvorstoßes der Saale-Kaltzeit sowie äolische Sande der Weichsel-Kaltzeit stehen in der angrenzenden Geest flächenhaft weit verbreitet an (vgl. Kap. 4). Am N-Rand der Harlebucht liegen zwei Geesthochlagen (Abb. 14). Eine erreicht unter der Marsch bzw. im Watt bei Bensersiel weitflächig Höhen um NN -2,0 m und höher (BARCKHAUSEN 1969: Taf. III). Bei niedrigen Wasserständen liegt die Pleistozänoberfläche mit einer Decke von holozänem Basaltorf an den Rändern des Bensersieler Fahrwassers frei. ^{14}C-Altersbestimmungen ergaben, daß hier um 3640 ± 65 J.v.h. noch Bäume wurzeln und bis 3205 ± 65 J.v.h ein Schilfmoor wachsen konnten. Erst danach wurde das Gebiet von Sedimenten marinen Ursprungs überdeckt. Eine weitere ausgedehnte Geesthochlage, die Höhen um und über NN -5 m erreicht, zieht sich aus dem Raum Harlesiel E-wärts bis Minsen. In ca. 5 m Tiefe NW Harlesiel erbohrter Basaltorf lieferte ein ^{14}C-Alter von 5380 ± 85 J.v.h. (BARCKHAUSEN 1970: Tab. 3).

Im Umfeld der Geestinsel von Esens haben sich ab Präboreal und Boreal Moore gebildet. Aus den Torfen derartiger Niedermoore E Esens sowie aus Marschrandhochmooren bzw. flachen Geesthochmooren sind 296 fossile Eichenstämme geborgen und von LEUSCHNER et al. (1986) dendrochronologisch untersucht worden. Die Jahrringzählungen ergaben, daß die Eichen zwischen 3100 und 400 v.Chr. in mehreren aufeinander folgenden Waldgenerationen gestockt haben. Waldfreie Perioden haben wahrscheinlich zeitweilig die Bewaldungsphasen unterbrochen. Ein regionaler Vergleich von Keim- und Absterbedaten von Eichen unterschiedlicher Fundpunkte ergab folgenden Befund. Neben Phasen kontinuierlicher Waldentwicklung, die über mehrere Jahrhunderte hinweg angedauert haben, sind auch nahezu synchrone Phasen abrupten Baumsterbens zu verzeichnen, wie z.b. um 900 bis 700 v.Chr. Man bewertet diese Befunde als Ausdruck überregional gleichzeitig wirksamer Trocken- bzw. Feuchtphasen. Andererseits machen die Ergebnisse aber auch deutlich, daß lokale Änderungen des Feuchtehaushaltes an unterschiedlichen Standorten durchaus gegensätzliche Auswirkung auf die Lebensbedingungen der Eichen gehabt haben. So konnte Vernässung an einem Standort ein Absterben der Eichen auslösen, während sie an anderer Stelle überhaupt erst zum Entstehen eines bruchwaldähnlichen Niedermoores mit Eichen geführt hat.

Über die geologische Entwicklung der Marschen dieser Region existieren widersprüchliche Ansichten. SCHUCHT (1911) nahm an, daß die Harlebucht schon zu Beginn der Holozäntransgression über ein bei Spiekeroog-Wangerooge gelegenes Seegat Anschluß nach N· besessen hat und daß von dort her Sedimente eingefrachtet worden sind. SCHÜTTE (1937) vertrat dagegen die Auffassung, ein hoher Geestrücken habe sich von Esens über Thunum, Werdum bis Carolinensiel und Funnens quer über die Harlebucht erstreckt, und der Eintrag holozäner Sedimente sei ganz überwiegend aus dem Jadegebiet erfolgt. Erst nach dem Überfluten dieser Schwelle etwa um die Zeitenwende – „Senkungsphase IV" (SCHÜTTE 1935) – habe sich die heutige Bucht mit ihrem nach N gerichteten Seegat entwickelt.

SCHÜTTE (1937) stützte seine Hypothese auf eine unzureichende Anzahl von Bohrungen. Neuere Bohrbefunde (BARCKHAUSEN 1969: Taf. V-VII, SINDOWSKI 1970: GK 25, Blatt 2212 Spiekeroog u. BK 25: Blatt 2312 Carolinensiel) beweisen dagegen, daß die Marschen der Harlebucht schon früh an ein von Spiekeroog SSE-wärts laufendes Rinnensystem angeschlossen gewesen sind. Diese ehemalige Balje ist an ihrer Eintrittsstelle in die Marsch, zwischen Neuharlingersiel und Carolinensiel, bis unter NN -20 m eingeschnitten und spaltet sich S davon in zwei 10 bis 15 m tiefe Priele (Abb. 14). Ein kleinerer Ast verläuft S-wärts und verzweigt sich in Nebenrinnen, die im Gebiet S Werdum bzw. bei Buttforde auslaufen. Ein größerer Priel erstreckt sich nach SE, Richtung Altgarmssiel und endet in zwei kurzen, auf Tettens bzw. Hohenkirchen gerichteten Nebenästen.

Phasen regressiver Küstenentwicklung führten im Raum Bensersiel-Neuharlingersiel dazu, daß wiederholt Niedermoore vom Rinnenrand her über Sedimente marinen Ursprungs vorgewachsen sind. Ein älterer, nur lokal WNW Neuharlingersiel vorkommender Torf (BARCKHAUSEN 1970) lieferte ^{14}C-Alter zwischen 4125 ± 60 J.v.h. und 3835 ± 65 J.v.h. Flächenhaft weit verbreitet ist eine jüngere Torflage, die im 12 km langen Küstenabschnitt zwischen Bensersiel und Neuharlingersiel bis 2,5 km weit ins heutige Watt hinaus zu verfolgen ist. Mehrere Datierungen ergaben ^{14}C-Alter dieses Torfes zwischen 2900 und 2500 J.v.h. Dies bedeutet, daß die Festlandsgrenze während dieser Zeitspanne rund 2 bis 3 km weiter seewärts gelegen haben muß. Vorübergehende Besiedlung dieser landfesten Zone belegen Reste der um 1450 n.Chr. untergegangenen Ortschaft Otzum, die im Watt ca. 3 km WNW Neuharlingersiel freiliegen.

Die Harlebucht war nach HOMEIER (1969: Kt. 1) um 800 n.Chr. eine ausgedehnte Wattenbucht mit einem System verzweigter Priele, die im Raum Eggelingen, Wiefels, Westrum und Waddewarden mit Prielausläufern des Jadegebietes in Verbindung standen. Ausgang des 13. Jh. waren die S-Teile dieser Bucht bereits eingedeicht. Die Seedeichlinie (HOMEIER 1969: Kt. 5) verlief von Bensersiel aus ins Watt, zog sich auf einer nicht genauer festzulegenden Trasse N um die untergegangenen Orte Westbense und Otzum herum nach E bzw. SE und schnitt die heutige Küstenlinie zwischen Neu- und Altharlingersiel. Von den Gröninger Häusern schwenkte der Deich nach S, zog dann im Bogen S um Altfunnixsiel herum über die Funnixer Großeriege und zum Wangerländer Deich W Tettens (Abb. 45). Unklar ist ihr weiterer Verlauf nach NNE bis in den Raum Minsen.

Überflutungen im 14. Jh. führten zu katastrophalen Landverlusten. Dabei ging am NW-Rand der Harlebucht ein 12 km langer und ca. 2 km breiter Küstenstreifen mit den Orten Westbense bzw. Otzum verloren. Von der Harlebucht aus brachen mehrere neue Nebenbuchten ins Hinterland ein. Von Neuharlingersiel verlief eine solche Nebenbucht nach SW und reichte über Groß Holum und Thunum bis nahe an Esens heran. Etwa parallel dazu erstreckte sich eine weitere Bucht aus dem Raum S Werdum bis Stedesdorf und Burhafe. Ein tiefer Einbruch reichte

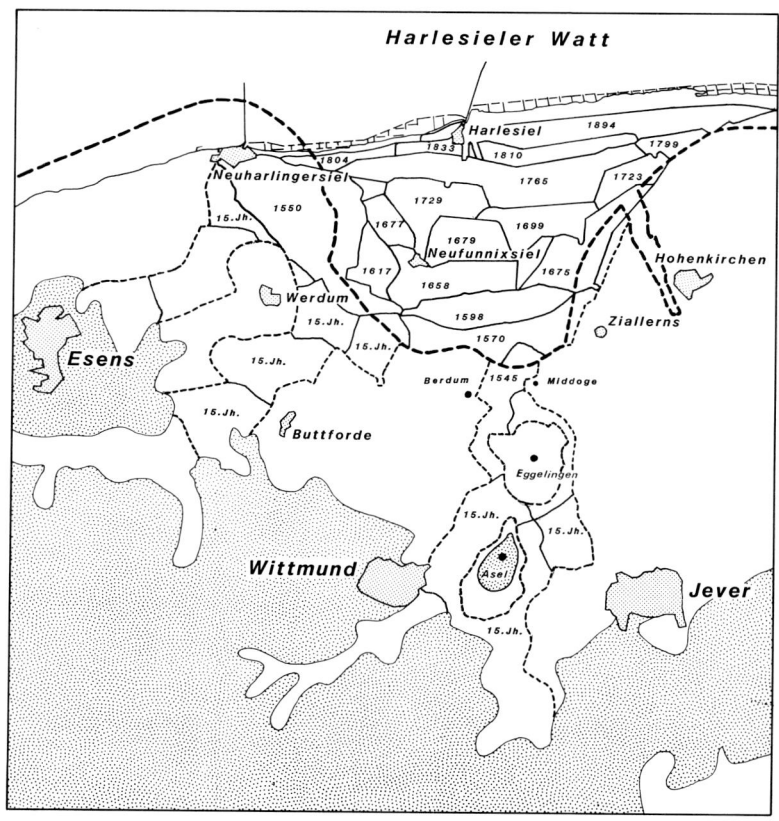

Abb. 45: Bedeichungsgeschichte der Harlebucht nach HOMEIER (1969). Die dicke gestrichelte Linie markiert die am Ausgang des 13. Jh. bestehende Deichlinie. Sturmfluten des 14. Jh. durchbrachen diese Linie und schufen tief ins Land reichende, nach SW und S gerichtete Wattbuchten, die ab dem 15 Jh. schrittweise eingedeicht worden sind.

S-wärts bis ins Gebiet zwischen Wittmund und Jever, so daß die Orte Eggelingen und Asel zeitweilig auf Inseln lagen (Abb. 45). Am E-Rand der Harlebucht wurde zwar die oben erwähnte Deichlinie weitgehend zerstört, aber es entstand nur ein schmaler, rinnenartiger Einbruch Richtung Hohenkirchen. Mit Einlagedeichen konnten die neu entstandenen Teilbuchten relativ bald wieder geschlossen werden, und mit dem 15. Jh. beginnend setzte eine systematisch betriebene Landgewinnung in der Harlebucht ein (HOMEIER 1969: Kt. 17, 23, 29). Den Zustand um 1667 zeigt eine durch JOHANN VON HONART gefertigte Karte. In ihr wurde die Grenze zwischen Ostfriesland und dem Jeverland (Oldenburg) als „Goldene Linie" markiert, um die damals existierenden Besitzverhältnisse festzulegen, aber auch um den künftig zu erwartenden Landgewinn aufzuteilen (LEERHOFF 1985). Gegen Ende des 19. Jh. war vor der ehemaligen Harlebucht ein ausgeglichener Küstenverlauf erreicht, und die Landgewinnung fand mit der Eindeichung des Elisabethgrodens 1894/95 ihren Abschluß (Abb. 45). Nur beim Bau des Harlesiels ist 1956 noch ein weiterer kleiner Polder W von Siel und Hafen entstanden.

8.4 Die Marschen an Jade und Jadebusen

Jade und Jadebusen bilden die natürliche E-Grenze der ostfriesischen Küstenregion. Dieses Tidesystem läßt sich dreigliedern in die seewärts von Schillig und Mellum liegende Außenjade, die langgestreckte Innenjade und das Buchtenwatt des Jadebusens. Im Gegensatz zum Dollart (vgl. Kap. 8.1.3.3) gibt es hier keinen nennenswerten Zustrom von Süßwasser. Lediglich über das Flüßchen Jade mit der Wapel sowie einige weitere Siel- und Schöpfwerke gelangt Süßwasser aus benachbarten Geest-, Moor- und Marschgebieten in den Jadebusen.

8.4.1 Tieferer Untergrund

Die Zechsteinbasis liegt in diesem Raum zwischen 5400 und 5000 m unter NN. Aus diesem Tiefenbereich sind mehrere Salzstöcke unterschiedlich hoch aufgestiegen und haben ihre Deckschichten teilweise durchstoßen (SATTLER 1981, SATTLER-KOSINOWSKI 1985). Quer unter der Außenjade verläuft der Salzstock **Wangerooge** (vgl. Kap. 7.11, Abb. 1).

Von NE reicht der Strukturzug **Scharhörn-Eversand-Mellum** bis unter die Innenjade. In seinem S-Teil setzten Salzbewegungen ab Muschelkalk ein und erreichten zwischen höherem Keuper und Lias ihre intensivste Phase. Dabei ist der Scheitel des Salzstockes **Mellum**, ca. 7 km SE der Insel Mellum, bis NN -1050 m aufgedrungen. Außerdem gibt es noch eine Gruppe rundlicher bis elliptischer Salzstöcke (Abb. 1), die in der mittleren Trias Salzkissen entwickelt und danach zu unterschiedlichen Zeiten ihr Diapirstadium durchlaufen haben. Die Salzstöcke **Berdum-Jever**, **Rüstringen** und **Arngast** hatten ihre Diapirphase im jüngsten Keuper, der Salzstock **Etzel** im Unteren Jura. Dabei sind die Salzstöcke Berdum-Jever bis 1000 m, Rüstringen bis 1100 m, Arngast bis 850 m und Etzel bis 650 m unter Gelände aufgedrungen.

Wirtschaftliche Bedeutung haben die in den Salzstöcken Rüstringen und Etzel angelegten Speicherkavernen für Rohöl und Erdölerzeugnisse. Die Kavernenanlagen im Salzstock Rüstringen gehen auf das 1965 erlassene Bundesbevorratungsgesetz zurück, das der Mineralölwirtschaft vorschreibt, Mindestvorräte für Erdöl und Erdölerzeugnisse anzulegen. Die Kavernen im Salzstock Etzel sind eine zusätzliche staatliche Rohölreserve der Bundesrepublik Deutschland.

Um den erforderlichen Speicherraum zu schaffen, hat man in ausgewählten Bereichen der Salzstöcke Kavernenbohrungen abgeteuft und anschließend ausgesolt. Zu diesem Zweck wurde Seewasser mit einem Salzgehalt von 30 g/l über Pipelines aus der Jade herangeführt und in die Bohrlöcher gepumpt, um diese in einem kontrollierten Solprozeß zu zigarrenförmigen Kavernen zu erweitern. Zum Lösen von 1 m^3 Salz benötigte man rund 10 m^3 Seewasser, das nach dem Prozeß als nahezu gesättigte Lösung mit Salzgehalten von 270 bis 280 g/l in das Tidesystem der Jade zurückgeleitet wurde. Mit diesem Solverfahren gelang es im Kavernenfeld Etzel, im Tagesdurchschnitt 10500 m^3 Hohlraum zu schaffen. Dabei wurden innerhalb von 4 Jahren ca. 30 Mio t Salz in die Jade eingeleitet. Vorteile derartiger Kavernenspeicher liegen vor allem in den niedrigen Herstellungskosten, die etwa 1/3 bis 1/4 der Kosten von Stahltanks ausmachen, sowie in der schwächeren Beeinträchtigung des Landschaftsbildes und im erheblich geringeren oberirdischen Flächenbedarf.

Die Marschen an Jade und Jadebusen 275

Befüllt werden die Kavernen über Rohrleitungen vom Ölhafen Wilhelmshaven aus, eine Verteilung an mögliche Verbraucher geht über das Mineralöl-Leitungsnetz. Allerdings werden die in Kavernen eingefüllten Produkte dort langfristig gelagert und in der Regel nicht umgeschlagen. Da beim Auslagern von Öl stets Seewasser in die Kavernen gepumpt werden muß, kommt es dabei auch immer zu Lösungsprozessen und zur Volumenvergrößerung. Folglich können die Vorräte theoretisch nur etwa acht Mal umgeschlagen werden.

Im **Salzstock Rüstringen** hat man bei Fedderwarden, Coldewei sowie Fedderwardergroden 43 Kavernenbohrungen im Rasterabstand von 230 bis 270 m abgeteuft und davon 36 zu Kavernen ausgesolt (LINDE-SUDEN & WORF 1972, KOSMAHL 1981). Betreiber ist die „Nord-West Kavernengesellschaft mbH (NWKG)", Kavernenfeld K-6, 2940 Wilhelmshaven. Die Kavernen liegen überwiegend im Staßfurt-Steinsalz des Zechstein 2, teilweise aber auch in leichter löslichen Kalisalzflözen des höheren Zechstein 3. Aus Sicherheitsgründen hat man über den Firsten der zwischen 1100 und 1450 m Tiefe ausgesolten Hohlräume eine 100 bis 120 m dicke Salzschicht als Schwebe stehen lassen. Eine erste Gruppe von 10 Kavernen besitzt Höhen zwischen 250 und 400 m, Durchmesser von 25 bis 30 m und ein Speichervolumen von jeweils 200000 m^3. Elf weitere Kavernen sind ebenfalls 400 m hoch, haben aber mit 40 m Durchmesser größere Speichervolumen von je 350000 m^3. Eine dritte Generation von 15 Kavernen besitzt 400 m Höhe und bei Durchmessern von 5 bis 10 m wechselnde Volumen zwischen 30000 bis 125000 m^3. Nachdem 1980 ein Speichervolumen von insgesamt 7,51 Mio m^3 geschaffen war, wurde der Ausbau des Kavernenfeldes eingestellt.

Im **Salzstock Etzel**, ca. 20 km W des Jadebusens, sind in den Jahren 1974 bis 1978 in 800 bis 1600 m Tiefe 33 Kavernen für die Bundesrohölreserve ausgesolt worden (GOMM et al. 1973). Sie werden von der „Industrieverwaltungsgesellschaft (IVG)", Zanderstraße 5, 5300 Bonn, betrieben und dienen der Lagerung von Rohöl sowie von Mineralölprodukten. Die durchweg im Staßfurt-Steinsalz des Zechstein 2 liegenden Hohlräume sind bis 640 m hoch, haben 33 m Durchmesser und Volumen zwischen 300000 und 500000 m^3. Der geschaffene Speicherraum von ca. 13 Mio m^3 kann mit 12 Mio m^3 Rohöl befüllt werden. Laufende

Planungen befassen sich mit dem Bau 9 weiterer Speicherkavernen für Erdgas mit einer Kapazität für 500 Mio m³ Gas (vgl. Kap. 8.1.1). Abfolge sowie genereller Stoffbestand der mesozoischen und tertiären Schichten sind in den Kapiteln 3.2 bis 3.3 beschrieben worden. An dieser Stelle werden zusätzlich einige regionale Besonderheiten angefügt. Dazu gehören die hydrogeologischen Verhältnisse im Raum Wilhelmshaven-Hooksiel (GERHARDY 1981, JOSOPAIT 1985). Unter der Abfolge holozäner Marschablagerungen wiesen Bohrungen zwei Grundwasserstockwerke unterschiedlicher Wasserqualität in pleistozänen und tertiären Sedimenten nach. Pleistozäne und pliozäne Sande, die bis ca. 80 m bzw. 110 unter der Oberfläche anstehen, führen salziges Grundwasser. Mit Chloridkonzentrationen von 1000 bis 7000 mgCl⁻/l und einer Gesamthärte von 147° dH ist dieses Wasser nur als Brauchwasser geeignet. Ein nahe der Jade gelegener Brunnen bei der 4. Hafeneinfahrt von Wilhelmshaven förderte sogar Wasser mit 15000 mgCl⁻/l. Die Versalzung ist auf eingedrungenes Meerwasser zurückzuführen (Abb. 18). Dort, wo süßes Grundwasser direkt mit dem Meerwasser oder mit versalzenen Grundwässern in Berührung kommt, entsteht ein hydrostatisches Druckgefälle vom Meer in Richtung auf den Süßwasser-Aquifer. Bei steigendem Meeresspiegel, wie z.B. im Verlauf des Holozän, führt das dazu, daß Seewasser landwärts in Süßwasser führende Aquifere vordringt. Man spricht in diesem Zusammenhang von Salzwasserintrusion.

Durch miozäne Schluffe und Tone von dem versalzenen oberen Grundwasserstockwerk getrennt, liegt – in 180 bis 200 m Tiefe – ein weiterer Aquifer in miozänen Sanden, der erheblich geringer mineralisierte Wässer führt. Mehrere Brunnenbohrungen in Wilhelmshaven sowie bei Hooksiel trafen Wässer von Trinkwasserqualität an mit Chloridgehalten von weniger als 100 mgCl⁻/l. Wahrscheinlich handelt es sich dabei um fossile Grundwässer, die sich, wie ^{14}C-Altersbestimmungen belegen, vor mindestens 10000 Jahren gebildet haben und heute vermutlich nicht regeneriert werden.

Von Interesse ist im Raum Wilhelmshaven auch hochliegendes Pliozän, das in Baugrundbohrungen und Brunnenausschachtungen regelmäßig in Teufen unterhalb von NN -30 m angetroffen wird (STREIF 1981). Höchste Aufragungen reichen N des Vorhafens bis NN -21 m.

Dabei handelt es sich um Kaolinsande mit eingeschalteten kompakten Braunkohleflözen. Nach Pollenanalysen von HÄNTZSCHEL et al. 1941: 111) überwiegen darin Koniferenpollen mit über 50 % *Abietaceen* und 6 -10 % *Taxodiaceen*; ferner sind *Pinus* „haploxylon", *Tsuga* und *Sciadopitys* vorhanden. Laubbaumpollen machen 10 – 20 % aus, außerdem sind Ericaceen-Pollen und *Sphagnum*-Sporen reichlich vorhanden. Aus derartigen Schichten stammen wohl auch die größeren Bernsteinmengen, die bei den jüngsten Fahrwasservertiefungen in der Jade mit dem Baggergut zutage gefördert worden sind.

8.4.2 Quartäre Schichtenfolge

Die quartäre Schichtenfolge dieses Raumes ist von STREIF (1981, 1985) zusammenfassend beschrieben worden. Älteste Quartärsedimente sind die unter dem Voslapper Groden und beim Raffinerie-Terminal erbohrten, präglazialen Sande. Flußsysteme haben diese kiesigen Sedimente vor Beginn der Elster-Kaltzeit abgelagert. Elsterzeitlicher Geschiebelehm ist mit Mächtigkeiten von 2 bis 16 m in Tiefen um NN -30 bis -55 m verbreitet. „Lauenburger Ton" der ausgehenden Elster-Kaltzeit ist bei Baggerungen im Jadefahrwasser angeschnitten und W davon in NNW-SSE-streichenden Vorkommen bei 10 bis 20 m Tiefe erbohrt worden. Er tritt in der Geest W des Jadebusens bei Marx, Neuenburg und Bockhorn-Varel weitflächig zutage (GÜK 200, Blatt CC 3110 Bremerhaven). Die oberfächennahen, verwitterten Partien des „Lauenburger Tones" sind Rohstoff der dort heimischen Klinkerindustrie.

Hinweise auf terrestrische Ablagerungen der Holstein-Warmzeit sind im Raum Wilhelmshaven-Hooksiel spärlich. Aber N von Schillig wurden im Seegat der Blauen Balje Proben mit dem Bodengreifer geborgen, deren Diatomeenflora sowie Ostrakoden- und Molluskenfaunen auf zeitweilige Brackwassereinflüsse hindeuten. Offenbar hat die Küste des Holstein-Meeres in diesem Abschnitt eine ähnliche Position eingenommen wie die heutige Küste (Abb. 4).

Glazifluviatile Sande und Geschiebelehm der Saale-Kaltzeit sind weit verbreitet. Der Geschiebelehm des Drenthe-Hauptvorstoßes kommt im

Raum Hooksiel und unter dem Voslapper Groden in Tiefen um 15 bis 20 m vor, im Stadtgebiet Wilhelmshaven zwischen 7 und 18 m (STREIF 1981, 1985a: Schnitt A-C). Von dort steigt er W-wärts an und streicht an der gesamten E-Flanke des Ostfriesisch-Oldenburgischen Geestrückens weitflächig zutage aus.

Ablagerungen der Eem-Warmzeit treten in unterschiedlicher Beschaffenheit auf (STREIF 1981, 1985 a). Eemzeitliche Süßwasserablagerungen sowie Seggen- und Reisertorf der Zonen IIIa bis IV (SELLE 1962) kommen bei Tidofeld, N Wilhelmshaven vor. In der Rohrfestpunkt-Bohrung VI, Schmidtshörn, im Maihauser Groden N Hooksiel, wurden zwischen NN -14,4 und -18,4 m humoser Ton und eine „braunkohleartige" Masse durchteuft. In diese organischen Bildungen, die pollenanalytisch den Zonen III bis Va (SELLE 1962) zuzuordnen sind, ist zwischen 17,8 und 18,4 m eine Florengesellschaft von Brackwasserdiatomeen eingeschaltet. Damit haben während der Eem-Warmzeit marine Einflüsse zeitweilig bis Hooksiel gereicht (Abb. 5 u. 6).

Während der Weichsel-Kaltzeit war das Gebiet zeitweilig einem arktischen Klima ausgesetzt, und es hat sich ein tiefgründig gefrorener Dauerfrostboden entwickelt. In sommerlichen Auftauperioden sind oberflächennahe Partien dieses Bodens aufgetaut und infolge von Wasserübersättigung bereits bei flachen Hangneigungen in Bewegung geraten. Dabei sind Fließerden mit z.T. großen eingelagerten Blöcken entstanden. Windausblasung und Abspülung haben ferner zu Anreicherungen von Kies- und Steinmaterial an der Geländeoberfläche geführt. Im Zusammenwirken dieser Prozesse bildete sich die heute an der Pleistozänoberfläche weit verbreitete Schicht von Geschiebedecksand.

Außerdem hat Flußerosion ein Geländerelief geschaffen, das bei der holozänen Nordsee-Transgression teilweise „ertrunken" ist und über dem unterschiedliche Küstenablagerungen abgesetzt worden sind. Die alte Morphologie wurde im Bereich von Jade und Jadebusen durch Gezeitenerosion nachhaltig umgestaltet. Im Raum W davon blieb das alte Relief mit seinen vom Ostfriesisch-Oldenburgischen Geestrücken nach NE laufenden Tälern weitgehend unverändert unter Sedimenten marinen Ursprungs erhalten (Abb. 14, 46).

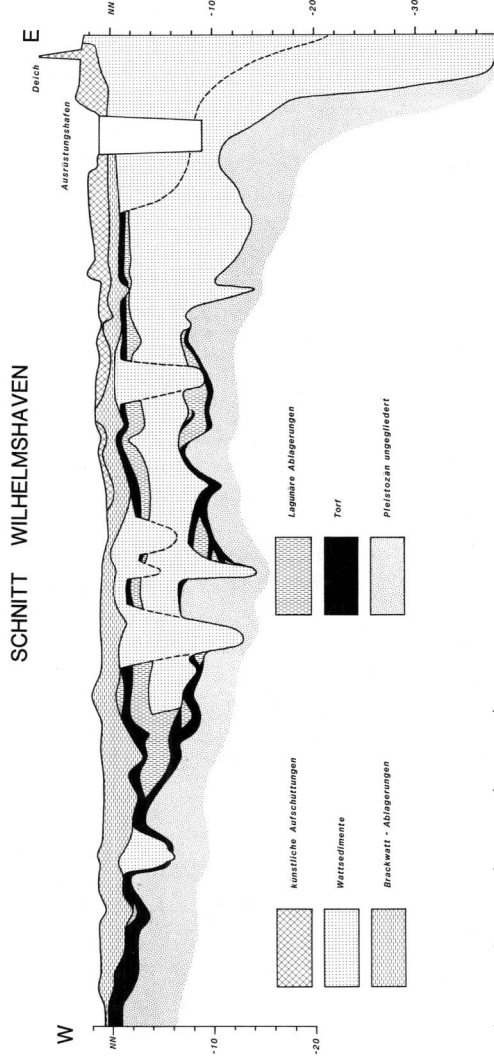

Abb. 46: Geologischer Schnitt durch das Gebiet W der Jade mit z.T. tief ins Pleistozän einschneidenen Gezeitenrinnen nach STREIF (1981).

8.4.2.1 Schichtenaufbau im Wangerland und am Jadebusen

Mit der holozänen Schichtenfolge des Jadegebietes befaßten sich einige klassische Arbeiten geologischer Küstenforschung. Hier entzündete sich der Meinungsstreit zwischen SCHUCHT (1903), der annahm, der Meeresspiegel habe sich ab der Zeitenwende nur geringfügig verschoben, und SCHÜTTE (1913, 1927, 1935), der eine „neuzeitliche Küstensenkung" vertrat. Hier setzten auch moderne Arbeiten an. Vom Raum Wilhelmshaven ausgehend betrachtete HAARNAGEL (1950) die holozäne Entwicklung an der gesamten Nordseeküste. Und DECHEND (1956) entwickelte aufgrund detaillierter Untersuchungen im Gebiet von Jever eine Holozängliederung anhand sog. Sediment-Decken.

In geestnahen Marschen bei Jever erkannte DECHEND (1956) zyklische Abfolgen von „Transgressionsschichten" und „Verlandungsschichten", die sich in Kornverteilung, Kalkgehalt, Durchwurzelung und durch die Intensität von Bodenbildungsprozessen unterscheiden. Flächenhaft verbreitet bilden Transgressions- und Verlandungsschichten gemeinsam jeweils eine „Sediment-Decke" oder „Decke". Im Raum Groß Wassens lagerten sich brackische Sedimente erst im ausgehenden Subboreal bzw. frühen Subatlantikum in Tiefen um NN -3 m über Basaltorf ab. DECHEND (1956) unterschied hier insgesamt 5 Decken und nahm folgende zeitliche Einstufung vor (u1-Decke: 2000 bis 1000 v.Chr., u2-Decke: 700 bis 200 v.Chr., o1-Decke: 100 bis 300 n.Chr., o2-Decke: geschätzt auf 800 bis 1000 n.Chr. und o3-Decke: geschätzt auf 1300 bis 1500 n.Chr.).

Unweit N Groß Wassens wurde bei Nenndorf ein quer zum Crildumer Tief verlaufendes Profil untersucht (Abb. 47). Hier unterlagern sandig-kiesige Flußsedimente mit dünnen humosen Einschaltungen die holozäne Schichtenfolge. Die stellenweise bis NN -15 m absinkende Holozänbasis wird von 0,4 bis 0,9 m Basaltorf sowie von maximal 1 m mächtigen limnisch-brackischen Sedimenten überlagert. Diese basale Schichtenfolge wird von mindestens 4 klastischen Sedimentkörpern überdeckt, die jeweils durch Torflagen oder deutliche Schichtgrenzen voneinander getrennt sind. Kalkhaltige, 5 m mächtige schluffige und partienweise sandige Brackwassersedimente sind die älteste Einheit. Darüber liegt im Tiefenbereich von NN -8 bis -10 m ein um 5800 bis 5300

Die Marschen an Jade und Jadebusen 281

J.v.h. gebildeter Torf. Nach oben folgen Brackwassersedimente, die in ihrem höheren Teil intensiv von Schilfrhizomen und -wurzeln durchsetzt sind, sowie Ablagerungen von Gezeitenrinnen, die stellenweise erosiv in Liegendschichten einschneiden. Ein weiterer, um 4400 bis 3800 J.v.h. gebildeter Torfhorizont deckt diese klastischen Sedimente im Niveau um NN -5 m ab. Weniger weit verbreitet sind Wattsedimente und ein dritter, zwischen 2900 und 2700 J.v.h. entstandener Torf bei NN -4 m. Jüngste Einheit sind 4 bis 5 m mächtige Wattsedimente.

Mit zunehmender Annäherung an die Jade sind die Schichtenfolgen in der Regel weniger stark untergliedert und zeigt die Holozänbasis ein unruhigeres Relief mit stark schwankenden Höhenlagen zwischen NN -7 und -38 m (Abb. 14 u. 46). Dieses Relief entspricht teilweise dem der „ertrunkenen" pleistozänen Landoberfläche, teilweise ist es durch Erosion junger, tief einschneidender Gezeitenrinnen geschaffen worden. Basaltorfe kommen meist nur oberhalb NN -17 m vor, da sie in Bereichen mit tiefliegender Holozänbasis ausgeräumt worden sind. Die Nordsee ist, wie Basaltorf-Datierungen ergeben, erst nach 7000 J.v.h. in den Raum vorgedrungen und hat Brackwassersedimente abgelagert. Jüngere eingeschaltete Torfe kommen in unterschiedlichen Niveaus W und E von Jade und Jadebusen vor, meist in geringer Verbreitung. Aufgrund von ^{14}C-Datierungen sind diese Torflagen in Phasen regressiver Küstenentwicklung um 6000 J.v.h. bzw. zwischen 4600 und 4200 J.v.h. entstanden (STREIF 1981, 1985 a).

Ein wichtiger Torfhorizont ist der in der Region Wilhelmshaven vielfach beschriebene „obere Torf" (SCHÜTTE 1931, HAARNAGEL 1950, BEHRE 1978, STREIF 1981, 1985 a). Dieser flächenhaft sehr weit verbreitete Torf ist durchschnittlich 1 bis 2 m, stellenweise auch 3 m mächtig. Ursprünglich hat der großenteils erodierte Torf vermutlich das gesamte Jadebusengebiet sowie Teile der heutigen Innenjade überdeckt. Älteren paläogeographischen Darstellungen zufolge (WOEBCKEN 1934, Kt. 1) soll das riesige Moorgebiet nach E über die Ahne zur Weser hin entwässert haben. REINHARDT (1979: 27 f. u. Abb. 2) wies aber zu Recht darauf hin, daß eine Entwässerung nach N durch den Bereich der heutigen Innenjade sehr viel wahrscheinlicher ist.

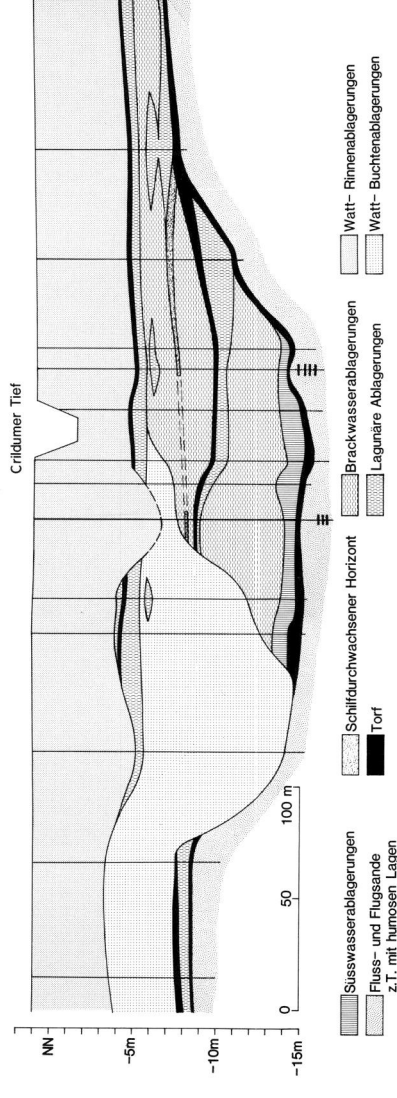

Abb. 47: Geologischer Schnitt durch das Holozän am Crildumer Tief bei Nenndorf NW Waddewarden.

Der „obere Torf" beginnt über brackisch-lagunären Sedimenten in der Regel als Schilftorf und geht nach oben in einen Bruchwaldtorf über. An manchen Stellen reicht die Vegetationsentwicklung bis zum Hochmoortorf. Pollenanalytische Untersuchungen (PFAFFENBERG 1941) datierten die Torfbildung um die Wende Subboreal/Subatlantikum, d.h. etwa in die Zeit zwischen 1000 und 500 v.Chr. Zahlreiche ^{14}C-Datierungen (STREIF 1981, 1985 a) lieferten für den frühesten Beginn der Vertorfung ein Alter von 4035 ± 85 J.v.h. Überwiegend begann das Moorwachstum jedoch erst zwischen 3585 ± 70 J.v.h. und 3255 ± 100 J.v.h. Der Umschlag vom Bruchwaldtorf zum Hochmoortorf erfolgte W der Jade um 3000 J.v.h. Auf der E-Seite des Jadebusens vollzog er sich später, wobei es um 1950 J.v.h. in einem weit ausgedehnten Areal gleichzeitig zu Vegetationsveränderungen gekommen ist.

In den Randpartien des Jadebusens, am Sehestedter Außendeichsmoor sowie den angrenzenden, binnendeichs liegenden Mooren wurde der „obere Torf" bei jüngeren Ingressionen z.t. nicht mehr überflutet, so daß dort lebendes Hochmoor bzw. Torf die Marschoberfläche bilden. Häufiger sind die höchsten Partien des Torfhorizontes aber erosiv gekappt, und kalkhaltige, tonig-schluffige Sedimente lagern unmittelbar auf Hochmoortorf. An einigen Stellen ist jedoch im höchsten Abschnitt des Torfpakets innerhalb nur weniger Zentimeter eine rasche Rückentwicklung vom Hochmoortorf zu tonigem Niedermoortorf zu erkennen. Damit deutet sich eine neuerliche Ingression an, deren Beginn archäologisch, palynologisch und anhand von ^{14}C-Altersbestimmungen auf 2500 bis 2200 J.v.h. zu datieren ist (BEHRE 1978, STREIF 1981). Sie lagerte klastische Sedimente mit z.T. ausgesprochener Grodenschichtung ab. Diese Überflutungsphase endete um Christi Geburt, so daß die trocken gefallene Oberfläche besiedelt werden konnte (vgl. Kap. 8.4.2.3).

Das **Sehestedter Außendeichsmoor**, auch als „schwimmendes Moor" bezeichnet, ist ein einzigartiges Naturdenkmal an der gesamten Nordseeküste. Es ist Rest eines ausgedehnten Hochmoores, das bis ins 18. Jh. ausreichenden natürlichen Schutz für das Hinterland geboten hat. Erst 1721-1725 wurde unter der Leitung von Admiral SEHESTEDT ein Deich durch das Moor gelegt, um Überflutungen vom Jadebusen her zu unterbinden. Setzungen im Torf und in den weichplastischen Schichten des Untergrundes gestalteten dieses Bauvorhaben äußerst schwierig und führten auch in der Folgezeit wiederholt zu Grundbrüchen. Nach erfolgreichem Abschluß der Arbeiten lag ein 215 ha großes, weitgehend kultiviertes Moorgebiet mit mehreren Höfen außendeichs (KÜNNEMANN 1941). Das letzte dieser Gehöfte wurde erst zu Beginn dieses Jahrhunderts aufgegeben und 1908 nicht etwa durch eine Sturmflut, sondern durch Blitzschlag zerstört.

Sturmfluten haben das Außendeichsmoor zwar vom Rand her erodiert, aber nicht überflutet. Bei extremen Wasserständen reißt der Torfkörper nämlich an einer horizontalen Trennfuge auf, und eindringendes Salzwasser hebt das gesamte darüberliegende Torfpaket von dem unteren Teil ab. Sinkt der Wasserstand auf sein normales Niveau, so bleibt die mit dem Salzwasser eingedrungene Suspensionsfracht als Klappklei in der Trennfuge zwischen den beiden Torfpaketen zurück (vgl. Kap. 6.2.3.2.3). Früher sind mit dem Moor auch die Gehöfte und die umliegenden Wirtschaftsflächen aufgeschwommen und blieben so vor Überflutungen bewahrt. Heute schwimmt das Sehestedter Außendeichsmoor nur auf, wenn der Wasserspiegel im Jadebusen auf mehr als 1,70 m über MThw ansteigt.

Brandung hat am Außenrand des Moores ein über 2 m hohes senkrechtes Kliff geschaffen. Wellenschlag trägt dort Material als feinen Torfdetritus ab, und Wellenbewegungen lösen aber auch größere Torfschollen, sog. Dargen, aus ihrem Verband. Diese können von Wind und Strömungen z.T. an den benachbarten Deich, z.T. aber auch über größere Distanzen verdriftet werden. Am Fuß des Kliffs bleiben dabei wassergefüllte Kolke zurück, die allmählich zuschlicken. Die im Jahre 1720 noch 215 ha große Fläche des Außendeichsmoores verringerte sich durch fortschreitende Erosion auf 40 ha um 1900, 17 ha um 1960 und auf 11 ha im Jahre 1978. Es ist damit zu rechnen, daß Sturmfluten in wenigen Jahrzehnten das einzigartige Naturdenkmal zerstören. Das Phänomen eines aufschwimmenden Moores, das bereits PLINIUS d.Ä. um 47 n.Chr. erkannt und das UBBO EMMIUS 1616 eingehend beschrieben hat, sowie die Klappklei-Bildung, die aus zahlreichen Aufschlüssen und Bohrkernen des Küstenraumes bekannt ist, werden danach der direkten Beobachtung für immer entzogen sein.

8.4.2.2 Jadebusen und Jade

Die geologische Entwicklung des Tidesystems von Jade und Jadebusen ist in zwei großen Schüben erfolgt. Die „Ur-Jade" bzw. der „Ur-Jadebusen" begannen sich zu entwickeln, als um 7000 J.v.h. die Nordsee mit ihren Ausläufern das Gebiet erreicht hat. Dieses fossile Tidesystem existierte in wechselnder Größe über ca. 3500 Jahre und verlandete bzw. vermoorte, als sich ab 3500 bis 3200 J.v.h. der „obere Torf" zu entwickeln begann. Die heutige Innenjade und der Jadebusen sind erst von den mittelalterlichen Sturmfluten geschaffen und durch spätere Deichbauten in ihren Umrissen festgelegt worden.

Der „Ur-Jadebusen" besaß zeitweilig eine Fläche, die über die Abmessungen des heutigen Jadebusens hinausreichte. Seine W-Grenze erstreckte sich aus dem Raum Hooksiel W an Wilhelmshaven vorbei bis Roffhausen (GK 25: Blätter 2314 Hooksiel u. 2414 Wilhelmshaven). Ihr weiterer Verlauf nach S bis zur Geest bei Dangast ist wegen jüngerer Erosion nicht genauer festzulegen. Von Dangast und Varel sprang der Buchtenrand nach ESE zurück bis in den Raum Jade (BK 25: Blätter 2525, 2526, 2615 u. 2616). Der E-Rand des „Ur-Jadebusens" setzte W des Ortes Seefeld an und verlief buchtenartig nach SE durch die Wesermarsch bis etwa in den Raum Schwei. In diesem Bereich sowie unter dem Sehestedter Außendeichsmoor vermutete MÜLLER (1977) Mündungsarme eines alten Weserdeltas. Bislang unveröffentlichte geologische Kartierungen des Raumes und Untersuchungen der Foraminiferen- und Ostrakodenfaunen ergaben jedoch, daß es sich bei den von SCHRAPS (1962) und MÜLLER (1977) beschriebenen Rinnen um NW-SE-gerichtete Tiderinnen handelt, die in der Wesermarsch auslaufen. Für einen früheren Weserlauf bzw. ein Weserdelta in den „Ur-Jadebusen" gibt es keinerlei Hinweise.

Seinen Abmessungen entsprechend dürfte der „Ur-Jadebusen" vermutlich ähnliche Tideverhältnisse gehabt haben wie der heutige Jadebusen. Tiefe, bis unter NN -16 bzw. -18 m einschneidende und mit Wattsedimenten verfüllte Rinnen laufen aus dem Raum Hooksiel nach SW bzw. von Rüstersiel Richtung Roffhausen (HAARNAGEL 1950, STREIF 1981, 1985 a). Im Zuge dieser ersten Ingression ist wahrscheinlich auch die tiefe „alluviale Rinne" (HÄNTZSCHEL et al. 1941: 120, Abb. 3) angelegt und später wieder mit Sedimenten verfüllt worden, die sich unter dem Vor- und Nordhafen Wilhelmshavens von NNE nach SSW erstreckt. Detaillierte Beschreibungen derartiger Wattsedimente lieferten HÄNTZSCHEL et al. (1941: 39 ff. u. Abb. 3-7) aus einer Baugrube S der Observatoriumswurt. Die Foraminiferenfauna der „Ur-Jadebusen"-Ablagerungen sind durch häufiges Vorkommen von *Nonion asterzians* (15-25%) gekennzeichnet. In Sedimenten des modernen Jadebusens dominiert hingegen *Elphidium incertum selseyensis*, und *Nonion asterzians* ist nur mit 7-10% vertreten (BRAND 1941: 66).

Erster Vorläufer der modernen **Jade** und des **Jadebusens** war ein trichterförmiger Meereseinbruch, der zwischen dem heutigen Hooksiel und dem Stadtkern Wilhelmshavens in die Jade mündete. Diese **Maadebucht** war an ihrer Mündung ca. 5 km breit und verjüngte sich Richtung Sande bzw. Dykhausen (HAARNAGEL 1950: 69, Abb. 21). Da Flach- und Wurtensiedlungen der römischen Kaiserzeit sowie mittelalterliche Wurten auf den Rändern dieser Bucht angelegt worden sind, muß sie bereits vor der Zeitenwende existiert haben und bis ins Mittelalter offen geblieben sein (REINHARDT 1979, BRANDT 1981). Während die Maadebucht im Mittelalter allmählich verlandete, leiteten neue, nach S gerichtete Meereseinbrüche gleichzeitig die Entstehung des heutigen Jadebusens ein.

REINHARDT (1979: 18 ff. u. Abb. 2) befaßte sich eingehend mit Grundlagen sowie älteren Deutungsversuchen zur Landschaftsentwicklung im Jadebusengebiet und entwarf neue paläogeographische Vorstellungen. Nach seiner Auffassung hat es keinen durchgehenden Deich vom heutigen Wilhelmshaven bis Eckwarderhörne in Butjadingen gegeben. Vielmehr soll zwischen den untergegangenen Ortschaften Dauens und Oldensum ein Rinne existiert haben, durch die das im heutigen Jadebusengebiet liegende Moor nach N entwässert wurde. Diese Öffnung entwickelte sich zum Einfallstor der mittelalterlichen Meereseinbrüche.

Im Gegensatz zu älteren Arbeiten (SELLO 1928, WOEBCKEN 1934), die erste Einbrüche bei Sturmfluten von 1164 und 1219 vermuteten, nahm REINHARDT (1978: 37 f.) an, daß der Jadebuseneinbruch frühestens mit der Luciaflut von 1287 bzw. der Clemensflut von 1334 eingeleitet worden ist. Einen ersten Höhepunkt erreichten die Überflutungen in der

Marcellusflut von 1362 (vgl. Kap. 5.2.4). Dabei dehnte sich das **Schwarze Brack** weit in den SW-Teil des Jadebusens aus bis Friedeburg. Ein nach NW gerichteter Nebenast fand zeitweilig vermutlich Anschluß an einen Ausläufer der o.g. Maadebucht. Hierdurch wurde das sog. Landesviertel Bant, das sich vom Stadtgebiet Wilhelmshavens SW-wärts bis in den Raum S Sande erstreckte, vorübergehend zur Insel. Auf der E-Seite des Jadebusens entstanden in dieser Phase Durchbrüche zur Weser. Die **Heete**, eine S von Eckwarden ansetzende Tiderinne, verlief über das heutige Stollham bis Nordenham und trennte den N-Teil Butjadingens als Insel ab. Eine zweite Tiderinne, **Ahne-Lockfleth** führte vom heutigen Ort Seefeld nach SSE bis Golzwarden an der Weser. Dadurch wurde das Stadland zu einer Insel zwischen Ahne-Lockfleth, Heete und Weser. Ein nach S gerichteter Vorstoß erweiterte das Entwässerungssystem von Wapel und Jade zur **Friesischen Balje** oder Friesischen Balge.

Einen zweiten Höhepunkt der Überflutungen und Landverluste brachten die Sturmfluten 1509, 1510 und 1511. Durch sie erreichte das Schwarze Brack seine maximale Ausdehnung, und das Landesviertel Bant wurde derart betroffen, daß es seine frühere wirtschaftliche Bedeutung verlor. Die im S-Teil der Stadt Wilhelmshaven, zwischen Handelshafen und Zwischenhafen gelegene Banter Kirchwurt ist Rest einer im Jadebusen untergegangenen Siedlung. Außerdem mußten die Johanniterkommende Hoven sowie zahlreiche Wohnplätze den Fluten überlassen werden (HOMEIER 1969: Kt. 18 u. 19, REINHARDT 1979: 42). In dieser Phase weitete sich der Jadebusen auch nach S aus, so daß die Friesische Balje bis Salzendeich reichte. Im Gebiet zwischen Jadebusen und Weser hatte bereits vor dieser Phase wieder natürliche Verlandung eingesetzt, und die Sturmfluten richteten hier keine großen Schäden an.

Während und nach den mittelalterlichen Sturmfluten existierten im Jadebusen noch einzelne Geestaufragungen sowie zahlreiche Reste von Moor und Marsch. Hierzu gehörte ein halbinselartiger, teilweise von Moor umgebener Geestvorsprung, der sich von Dangast NE-wärts erstreckte. Bald nach 1443 wurde dieser Sporn vom Meer durchtrennt und sein N-Teil zur Insel Arngast (SCHÜTTE 1939: 38 f, Abb. 45-53). Obwohl die Pfarrstelle Arngast bereits 1343 aufgegeben worden ist, hat man die Insel z.T. noch im 18. Jh. für Ackerbau und Grünlandwirtschaft genutzt (REINHARDT 1979: 41). Letzte Reste der Sandbank Arngast sind im Winter 1904/05 untergegangen. Ein ähnliches Schicksal hat die E von Dangast gelegene ehemalige Insel Jadeleh erfahren.

Als **Oberahnesche Felder** bezeichnete man eine weitere, im NE-Teil des Jadebusens gelegene Inselgruppe aus ehemaligem Marschland. Ihren Werdegang haben LÜDERS (1937) und SCHÜTTE (1939) eingehend beschrieben. Eine Karte von 1645 verzeichnet in diesem Raum neun Inseln, von denen 1850 nur noch zwei übrig waren. Das sog. „Kleine Feld" verschwand 1890. Das „Große Feld" besaß 1850 eine Grünlandfläche von 39,5 ha. Diese nahm auf 16,17 ha um 1890, 10,93 ha um 1901, 2,96 ha um 1925 und auf 0,8 ha im Jahre 1943 ab.

Die Oberahneschen Felder wurden nicht nur als Beispiel rasch fortschreitender Erosion untersucht. Die im Bereich des „Großen Feldes" angetroffene Schichtenfolge mit den darin liegenden Siedlungsspuren dienten SCHÜTTE (1939: 46 ff.) als Beleg seiner „Küstensenkung". Älteste Schicht waren dort Wattsedimente, in deren tieferen Partien Schalen von *Scrobicularia* in Lebendstellung steckten und deren höhere Partien von Wurzelstöcken der Meersimse (*Bolboschoenus maritimus*) durchsetzt waren. Nach oben folgte ein Übergang zu geringmächtigem Niedermoortorf. Diese mit Schilftorf beginnende, oben in Bruchwaldtorf übergehende Lage war mit größter Wahrscheinlichkeit ein Rest des „oberen Torfes" (vgl. Kap. 8.4.2.1). Im Grenzbereich zwischen dem Torf und darüberliegenden klastischen Sedimenten wurden im Niveau um NN +0,2 bis +0,3 m zahlreiche Siedlungsspuren wie z.B. Brunnenreste, Gräben und Pflugspuren sowie Trittsiegel von Rindern und Scherben beobachtet. Darüber folgten als jüngste Schicht ca. 1,4 m mächtige Ablagerungen des Salzwiesenbereichs (vgl. Kap. 6.2.3.2.1) mit Resten von Meerstranddreizack (*Triglochin maritima*). In seiner „Schwankungskurve" ordnete SCHÜTTE (1939) die Wattsedimente der Senkung III, den Niedermoortorf und die Siedlungsreste der Hebung 3 und die jüngste Sedimentfolge der Senkung IV zu. Obwohl die Veränderungen des Meeresspiegels heute anders gedeutet werden und präzise Datierungen der einzelnen Horizonte fehlen, haben die Beobachtungen und Aufzeichnungen von den inzwischen untergegangenen Oberahneschen Feldern ihren bleibenden Wert für die geologische Küstenforschung.

8.4.2.3 Abriß der Siedlungs- und Deichgeschichte

Die Lebensbedingungen in den Marschen um den Jadebusen waren vor der Zeitenwende offenbar so ungünstig, daß man aus dieser Phase bislang keine Spuren menschlicher Besiedlung gefunden hat. Flachsiedlungen und Wurten aus der römischen Kaiserzeit sind aus dem Umfeld der Maadebucht bekannt (BRANDT 1981: 75 f.). Auf der NW-Seite dieser Bucht ruhen die Siedlungen Fedderwarden, Sengwarden, Schlüchtens und Tidofeld über hochliegendem Pleistozän. Siedlungen auf der SE-Seite der Maadebucht wurden dagegen auf einer alten Marschoberfläche angelegt. An der Basis der Observatoriumswurt sowie der „Kleinen Banter Wierth" im Stadtgebiet Wilhelmshavens sind Reste von Flachsiedlungen aus der Zeit um Christi Geburt und aus dem 1. Jh.n.Chr. bei NN -0,1 bis -0,6 m bzw. um NN -0,8 m angetroffen worden. Eine weitere Flachsiedlung gleichen Alters wurde SW von Accum gefunden. Diese wurde bereits im 1./2. Jh.n.Chr. aufgegeben, während man die übrigen o.g. Flachsiedlungen, vermutlich infolge von Überflutungen, zur gleichen Zeit zu Wurten ausgebaut hat. Spätestens im 4./5. Jh.n.Chr. brach auch hier die Besiedlung ab, wobei neben marinen Überflutungen vermutlich auch wirtschaftlich-soziale Wandlungen der Völkerwanderungszeit eine Rolle gespielt haben dürften.

Im frühen Mittelalter fand eine neuerliche Besiedlung der Marsch statt, bei der sowohl prähistorische Wurten (z.B. Sengwarden, Schlüchtens u. Observatoriumswurt) erneut besetzt, aber auch neue Flachsiedlungen angelegt wurden (BRANDT 1981: 78 f.). Zu den Neugründungen gehört die im 7. Jh.n.Chr. angelegte Wurt Hessens im W-Teil der Stadt Wilhelmshaven. Neben der dominierenden Landwirtschaft spielten hier Gewerbe und, wie reiche Funde vom Importkeramik belegen, offenbar auch Handel mit z.T. weit entfernten Regionen eine gewisse Rolle. Zu den Exportgütern gehörten vermutlich hochwertige Wollstoffe, die man in zahlreichen Resten aus Kulturschichten der Wurt geborgen hat. Diese Wurten hat man im 8. Jh. und z.T. noch im 11. Jh. erhöht.

Als älteste Form mittelalterlicher Deiche nimmt man ringförmig angelegte Sommerdeiche an. Ein gut erhaltenes, aber leider nicht zu

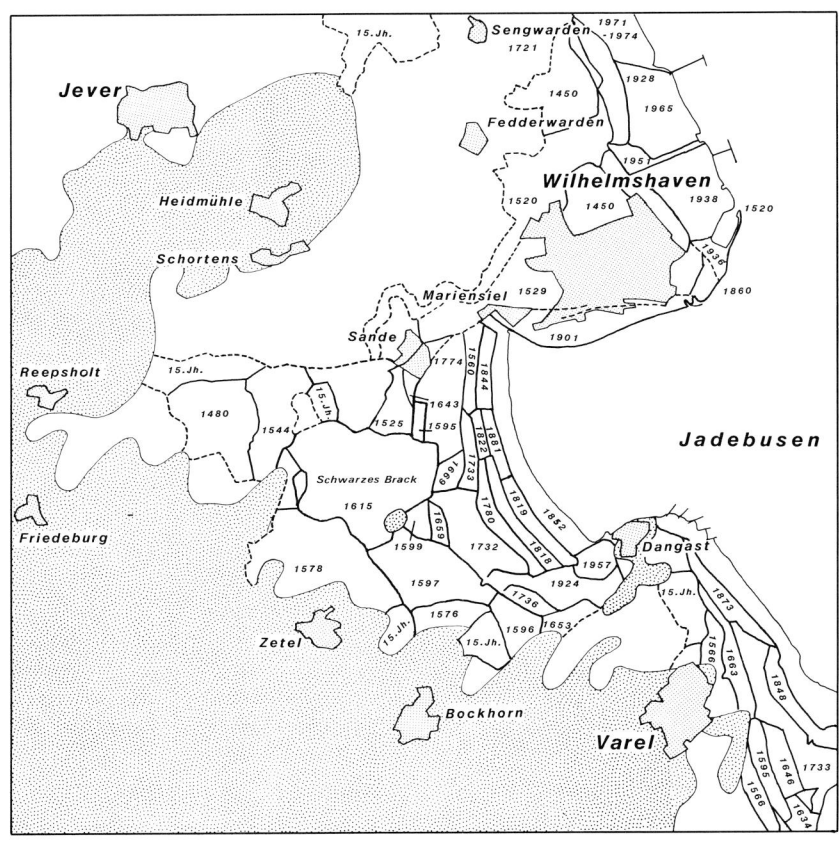

Abb. 48: Bedeichungsgeschichte des Gebietes W von Jade und Jadebusen nach HOMEIER (1969). Herausragende technische Leistung war dabei das Abdeichen des Schwarzen Bracks durch den Ellenser Damm im Jahre 1615.

datierendes Beispiel eines solchen Ringdeiches befindet sich im E-Teil der Stadt Wilhelmshaven (OLDEWAGE 1969: 219 f.). Zentrum des eingedeichten Gebietes ist die ehemalige Dorfwurt Heppens. Außerdem sind mehrere Gehöftwurten und die Observatoriumswurt in den Ringdeich einbezogen worden. Die nächst jüngere Ausbaustufe war ein Deich, der das gesamte S der Maadebucht liegende Gebiet schützte. Nach REINHARDT (1979: 47 u. Abb. 3) verlief er von SW bogenförmig nach NE und E auf der Linie Ebkeriege – Koppenhörner Reihe – Mühlenweg und schloß an den o.g. Ringdeich um Heppens an. Das genaue Alter des Deiches steht nicht fest, aber es gibt Hinweise, daß er um 1150 gelegt worden ist. In weiteren Ausbaustufen wurde die Maadebucht im 13. und 14. Jh. eingedeicht und 1520 mit einem von Rüstersiel N-wärts bis Altona laufenden Deich abgeschlossen.

Herausragende technische Leistung unter den Deichbaumaßnahmen am Jadebusen war das Durchdeichen des Schwarzen Bracks mit dem **Ellenser Damm** im Jahre 1615 (SCHÜTTE 1939: 101 ff., LEERHOFF 1985: Nr. 32). Diese Baumaßnahme hatte politisch-strategische Hintergründe. Nach Aussterben des jeverschen Häuptlingsgeschlechts war das Jeverland durch Erbfolge 1575 dem Grafen von Oldenburg zugefallen. Beide Gebiete waren damals aber durch das weit nach W bis in die Grafschaft Ostfriesland hineinreichende Schwarze Brack voneinander getrennt, so daß ein Zugang nur über ostfriesisches Territorium bzw. über das Watt möglich war. Um einen ungehinderten Zugang zum Jeverland zu sichern, entstanden bald Pläne, das ca. 3 km breite Schwarze Brack zu durchdeichen. Diese Pläne konnten erst unter der Herrschaft des oldenburgischen Grafen ANTON GÜNTHER realisiert werden und waren von einem bis 1633 dauernden Rechtsstreit zwischen Oldenburg und Ostfriesland begleitet.

Die Geestinsel Ellens – bereits 1593 bis 1597 durch Deiche ans Festland angeschlossen – war im S Ausgangspunkt der Bauarbeiten, im N der Ahmdeich. Die von beiden Seiten vorgetriebenen Deichköpfe verengten den Strömungsquerschnitt derart, daß sich ein tiefer Kolk bildete. Wiederholte Versuche dänischer und niederländischer Deichbaumeister, diesen Kolk aufzufüllen und die Deichlücke zu schließen, waren bereits gescheitert, als unter der Anleitung des oldenburgischen Vogts AREND STINDT erneut ein riesiges Aufgebot an Menschen, Gespannen und Material an der Baustelle versammelt wurde. Ihm gelang es am 31.06.1615, mit eingeschwommenen Sinkstücken ausreichend festen Baugrund zu schaffen und in einer Halbtide von 6 Stunden die Deichlücke gegen die auflaufende Flut zu schließen. Damit hörte das Buchtenwatt des Schwarzen Bracks, in dem der Tidehub zuvor 3,5 m betragen hatte, auf zu existieren. Neustadt-Gödens, bis dahin Hafenort, lag nun weit im Binnenland und war von seinen Handelswegen abgeschnitten. Eine 1623 beim Ellenserdamm-Tief errichtete Schanze unterstreicht die strategische Bedeutung des Ellenser Dammes. Als Verkehrsweg behielt er seine Funktion bis in unsere Zeit. In seiner Trasse verläuft die Bundesstraße B 69, die bis 1983 Hauptader des Straßenverkehrs in N-S-Richtung gewesen ist. Erst die Freigabe der Autobahn A 29 im Abschnitt zwischen dem Autobahnkreuz Wilhelmshaven und der Anschlußstelle Zetel brachte hier Entlastung. Dieser Autobahnabschnitt quert das ehemalige Schwarze Brack unweit W vom Ellenser Damm.

Das im ehemaligen Schwarzen Brack gewonnene Land war grossenteils noch nicht deichreif und mußte mit windgetriebenen Wasserhebemühlen entwässert – trocken gemahlen – werden. In mehreren Schritten hat man die Deichlinie von 1659 bis 1852 immer weiter nach E gegen den Jadebusen vorgeschoben und dabei meist schmale Polder eingedeicht (HOMEIER 1969: Kt. 25 u. 31). Das Niveau der jüngeren, seeseitig gelegenen Polder ist jeweils höher als das der älteren. Die Höhen liegen zwischen NN -1,25 m im Bereich des ehemaligen Schwarzen Bracks und NN +0,75 bis +1 m im Sander Groden, Idagroden. Diese Niveau-Unterschiede sind teils auf Setzung binnendeichs, überwiegend jedoch auf die fortschreitende Aufschlickung außendeichs zurückzuführen. SCHÜTTE (1939) hat aus diesem treppenartigen Ansteigen der Polderflächen Beträge für den Anstieg des Meeresspiegels abgeleitet. Heute liegt das MThw in diesem Raum bei NN +1,70 m und ist somit ca. 2,7 m höher als der Boden des ehemaligen Schwarzen Bracks.

Auf der E-Seite des Jadebusens setzte natürliche Verlandung bereits in der Mitte des 15. Jh. ein und wurde durch Deichbaumaßnahmen unterstützt. Große Teile der Heete-Rinne waren schon um 1450 verlandet und Butjadingen wieder mit dem Stadland verbunden. Kurz nach den oben erwähnten Sturmfluten von 1509, 1510 und 1511 schlug man 1516 im Gebiet N von Ovelgönne einen ersten Deich durch das Lockfleth. Danach schritt auch hier die Landgewinnung rasch voran,

Die Marschen an Jade und Jadebusen 293

so daß ein letzter Rest der ehemaligen Ahne-Lockfleth-Rinne 1643 mit dem N-S-laufenden Deich zwischen Stollhamm und Reitlanderzoll verschlossen werden konnte.

Die jüngste Entwicklungsphase an Jade und Jadebusen wurde eingeleitet, als Oldenburg am 20.06.1853 ein 334 ha großes Gebiet an Preußen für einen Flottenstützpunkt an der Jade abtrat. In der Folgezeit wurde dort ein preußischer Marinehafen mit der dazugehörigen Ansiedlung gebaut und am 17.06.1869 nach König Wilhelm I. benannt. Die oldenburgischen Gemeinden Bant, Heppens und Neuende schlossen sich am 1.05.1911 zur Stadt Rüstringen zusammen und wurden am 1.04.1937 mit Wilhelmshaven zur Stadt Wilhelmshaven vereinigt. An diese Vorgänge erinnern die Grenzstraße sowie der Grenzpfahl mit den alten Stadtwappen von Rüstringen und Wilhelmshaven im Zentrum der heutigen Stadt.

Mit dem Ausbau zum Marinehafen wurden ab 1883 alle Verkleinerungen und Landgewinnungen am Jadebusen gesetzlich untersagt. Seitdem werden in dieser Bucht bei Hochwasser 166 km^2, bei Niedrigwasser 44 km^2 überflutet, und bei normaler Tide strömen durchschnittlich 450 Mio m^3 Wasser ein und aus. Durch einen bogenförmigen Leitdamm zwischen Steinker Tief und Vareler Fahrwasser wird ein Teil des Ebbstromes so gebündelt, daß er die natürliche Räumkraft der Tiderinne vor den Hafenausfahrten verstärkt.

Nach erheblichen Zerstörungen im zweiten Weltkrieg zog die Tiefwasserhafen-Region Wilhelmshaven ab 1957 zunehmend wirtschaftliches Interesse auf sich. Dabei wurde, um die wachsenden Anforderungen moderner Schiffahrt zu befriedigen, in der Jade eine 300 m breite Fahrrinne auf SKN -12 m (1959-1961) ausgebaggert und dann fortschreitend auf SKN -18,5 m vertieft. Gleichzeitig hat man auf der W-Seite der Innenjade große Wattflächen eingedeicht, mit dem anfallenden Baggergut aufgespült und überwiegend für Industrieansiedlungen bereitgestellt (STREIF 1981, 1985). Bis 1952 brachte man das Baggergut im 503 ha großen, 1938 eingedeichten **Heppenser Groden** unter, wobei dieser im NW-Teil auf NN +1,5 m, in den übrigen Bereichen auf NN +3 m aufgehöht worden ist. Mit der Eindeichung des N anschließenden **Rüstersieler Grodens** wurden 1965 weitere 505 ha Fläche gewonnen und danach auf durchschnittlich NN +2 m aufgespült. In einer jüngsten Ausbaustufe zwischen 1971 und 1974 wurden 1740 ha Watt zum **Voslapper Groden** eingedeicht und mit 30 Mio m³ Sand auf NN +2,2 m aufgespült. Aus technischen und wirtschaftlichen Erwägungen hat man den aufzuspülenden Sand im Bereich der Heppenser Rinne entnommen und die dabei geschaffenen Baggerlöcher später mit dem bei der Vertiefung des Jade-Fahrwassers anfallenden Material wieder verfüllt.

In den Groden an der Innenjade wurden chemische Industrie, Raffineriebetriebe, ein Kraftwerk und Tanklager angesiedelt. Hierbei wurden von den Betreibern sowie mit öffentlichen Mitteln insgesamt vier große Brücken mit Pieranlagen bis an das seeschifftiefe Jadefahrwasser vorgebaut, die mit verschiedenen Umschlageinrichtungen ausgestattet sind. Von S nach N angeordnet sind dies NWO-Terminal, Niedersachsenbrücke, Raffinerie-Terminal und ICI-Terminal. Im N-Teil des Voslapper Grodens hat man beim Aufspülen ein wellig-hügeliges Gelände geschaffen, in das das Freizeit- und Erholungsgebiet des Hooksieler Binnentiefs eingebettet ist. Dieses ist über eine Schleuse und den seeseitig vorgelagerten Versorgungshafen an die Jade angeschlossen.

Zwischen 1975 und 1979 wurden 8 Mio m³ Baggergut aus der Jade auf Minsener Oog untergebracht (vgl. Kap. 7.12). Ursprüngliche Pläne, dort ein 10 km² großes Areal bis auf NN +6 m aufzuspülen, hat man aus Kostengründen verworfen. Seither wird anfallendes Baggergut vor der Außenjade verklappt. Zwischen 1985 bis 1987 sind zusätzlich rund 14 Mio m³ Material angefallen, als das Jadefahrwasser zwischen Kilometer 15 und 22 begradigt worden ist. Ziel dieser Maßnahme war es, die Ansteuerung von Wilhelmshaven zu erleichtern. Im Zuge der Fahrwasserbegradigung mußte auch das Wrack des im ersten Weltkrieg gesunkenen Schlachtschiffes Yorck beseitigt werden. Unter verschiedenen Lösungsvorschlägen erwies sich die Spültechnik als günstigstes Verfahren. Dabei wurden die Sedimente unter dem Wrack ausgespült und das Wrack in einen künstlich geschaffenen, tiefen Kolk abgesenkt.

9. Geologische Exkursionen

Im folgenden werden einige Vorschläge für geologisch-geomorphologische und landschaftsgeschichtliche Exkursionen im Küstenraum unterbreitet. Die hier gegebenen Anregungen lassen sich unter biologischen, geographischen, küstenbautechnischen und kulturhistorischen Gesichtspunkten beliebig ergänzen. Nur bei einer solchen vielschichtigen Betrachtungsweise erschließt sich die Küstenregion dem Besucher vollständig.

Den Vorschlägen voranzustellen sind einige allgemeine Hinweise, vor allem für Besucher aus dem Binnenland, die mit den Wetter- und Geländebedingungen an der Küste nicht vertraut sind. Für Exkursionen werden zu allen Jahreszeiten wind- und wasserundurchlässige Kleidung sowie festsitzende Kopfbedeckungen empfohlen. Im Sommer sollten Sonnenschutzmittel und eventuell Sonnenbrillen nicht vergessen werden. Für Wattwanderungen ist gut sitzendes, leichtes und waschbares Schuhwerk (Turnschuhe etc.) günstig. Auch Gummistiefel sind zu empfehlen. In ihnen kann aber das Gehen auf weichen Wattoberflächen recht beschwerlich werden, und für ein Durchwaten von Prielen sind die Stiefelschäfte oft zu kurz. Vom Barfußgehen ist abzuraten, da man sich an Muschelschalen leicht Schnittwunden zuziehen kann. Das Wetter auf den Inseln ist häufig etwas besser als in der Marsch. Regen fällt meist in relativ kurzen Schauern und oft bei starkem Wind, d.h. es regnet „horizontal". Anhaltende Regenfälle sind aber selten.

Wattwanderungen sind nie ungefährlich und sollten nur unter Anleitung erfahrener ortsansässiger Führer gemacht werden. Informationen hierüber geben die „Wattführergemeinschaft Niedersächsische Nordseeküste", Buchenweg 7, 2983 Dornum, bzw. örtliche Verkehrsvereine. Die

Orientierung im Watt nach Luftbildern, Karten mit Kompaß und Peilpunkten ist schwierig. Unvorhergesehene Wind- und Tideverhältnisse und vor allem aufkommender Nebel führen rasch in gefährliche Situationen. Wattwanderungen sind daher anhand des Tidekalenders sorgfältig zu planen. Sie sollten in der Regel ca. 3 Stunden vor Niedrigwasser beginnen, und es empfielt sich, den Rückweg kurz nach Niedrigwasser anzutreten. Priele, die bei Niedrigwasser mehr als 0,4 m Wassertiefe haben, sollte man nicht durchqueren, außerdem ist es vorteilhaft, größere Schlick- oder Muschelfelder zu umgehen. Hilfreiche Ausrüstungsgegenstände für Wattexkursionen sind Fernglas, Klappspaten und ein grobes Sieb zum Auswaschen der Fauna aus den Begleitsedimenten.

Mit Ausnahme des Dollart gehören nahezu das gesamte Watt sowie große Teile der Ostfriesischen Inseln zum Nationalpark Niedersächsisches Wattenmeer. Eine Übersichtskarte mit den Umgrenzungen des Nationalparks und den darin unterschiedenen Schutzzonen – Ruhezone, Zwischenzone und Erholungszone – hat die „Nationalparkverwaltung Niedersächsiches Wattenmeer", Virchowstraße 1, 2940 Wilhelmshaven, herausgegeben. Diese Karte enthält auch Hinweise über Schutzzweck und zum Verhalten in diesem Raum. Detaillierte Informationen über bestimmte Regionen vermitteln sog. Gebietsfaltblätter der Nationalpark-Verwaltung, die von der o.g. Adresse bezogen werden können bzw. bei den örtlichen Informationszentren erhältlich sind. In neueren Auflagen der TK 25 sind die Grenzen des Nationalparks und der Ruhezone verzeichnet.

9.1 Ostfriesische Inseln

Für den Besuch der größeren Inseln und für ausführliche Exkursionsprogramme ist ein mehrtägiger Aufenthalt erforderlich. Bei entsprechender Vorbereitung vermitteln aber auch eintägige Exkursionen gute Einblicke. Individualverkehr mit PKWs ist nur auf Borkum und Norderney zugelassen, aber auch dort gewissen Beschränkungen unterworfen. Empfehlenswert sind kombinierte Rad- und Fußexkursionen, weil sie

Ostfriesische Inseln 297

einen recht großen Aktionsradius eröffnen und flexible Programmgestaltung zulassen. Fahrräder werden auf allen Inseln in ausreichender Zahl verliehen. Allenfalls in der Hochsaison kann es bei größeren Gruppen Engpässe geben.

Den Hinweisen zu Exkursionen sind Angaben über die wichtigsten Kartenunterlagen z.T. mit Angabe des Erscheinungsjahres (GK 25) vorangestellt.

9.1.1 Borkum und Lütje Hörn

Karten: GÜK 200 – CC 3102 Emden; GK 25 – 2306 Borkum (1925); HK 50 – Nr. 1; KK 25 – 2306 K, 2404 K, 2406 K; TK 25 – 2306/2406 Borkum.

Fährverbindung von Emden zur Reede Borkum und weiter mit Inselbahn bzw. PKW. Wahrzeichen Borkums ist der Alte Leuchtturm. Dieser 1540 erbaute Turm war ursprünglich Turm der Inselkirche und ist 1576 von der Stadt Emden zum Seezeichen ausgebaut worden. Im alten Ortskern Borkums erinnern Zäune aus Walrippen und Walkinnladen an das „Goldene Zeitalter" der Insel. Damals trug der, ab Mitte des 17. Jh. und im 18 Jh. in den Gewässern um Grönland und Spitzbergen betriebene, Walfang zum Wohlstand der Insel bei. Informationen über diese Zeit sowie über Geschichte, Heimat- und Volkskunde vermittelt das Borkumer Inselmuseum „Dykhus", Roelof-Gerritsz-Meyer-Straße.

Im **Westland** empfielt sich eine Exkursion vom Ortsbahnhof über den alten Deich zu den Upholmdünen. Typisch ist hier der gewundene Deichverlauf mit mehreren, jeweils auf der Binnenseite liegenden Wehlen. An der SW-Seite der Bantjedünen entlang führt ein Weg zum neuen Deich an der Wattseite und nach W zur Hafenstraße. Auf dieser Route hat man beim alten Siel einen guten Überblick auf den eingedeichten Inselheller mit dem ehemaligen Prielsystem des Hopp sowie auf das neue Binnentief zum Tüskendörsee und den 1974/75 erhöhten und verstärkten Deich. Die Kronenhöhe dieses Deiches liegt bei NN +6,7 m, seine Böschungen sind innen 1:3, außen 1:6 geneigt. Er besitzt einen

Sandkern, auf dessen Innen- und Außenseite eine 0,3 bzw. 0,8 m dicke Kleiabdeckung aufgebracht worden ist.

Nach Überschreiten von Hafenstraße und Bahngleis erreicht man auf dem Weg zum S-Strand mehrere, durch unterschiedlich alte Dünenzüge voneinander getrennte, feuchte Niederungen. Charakteristisches Beispiel einer solchen Niederung ist die Greune Stee, die man N der Kugelbake durchqueren kann. Dieses Areal wird bei hohen Wasserständen von S her durch Salzwasser überflutet und zeigt daher eine vielfältige Vegetation mit Übergängen von einer Salzwiese zum Süßwassersumpf. Eine ähnliche Niederung war früher die etwas weiter N gelegene Kiewitzdelle, die jedoch drainiert und bebaut worden ist. Zur Westerems hin schützt eine Reihe z.T. langer und in moderner Bauweise aus Betonfertigteilen hergestellter Kastenbuhnen die Insel.

Auf dem Weg zum **Ostland** über den Strand oder den Hinterwall quert man das ehemalige Schlopp des Tüßkendör. Durch Dünenbaumaßnahmen sind in dieser Niederung Hinterwall und Hindenburgdamm geschaffen worden, die heute die hufeisenförmigen Dünengebiete des West- und Ostlandes verbinden. Vor den Olde Dünen und Kobbedünen ist am Strand der Übergang von der Erosions- zur Akkumulationszone zu beobachten. Im Gebiet E davon hat man guten Einblick in die unterschiedlichen Ablagerungsformen am Nassen Strand und Trockenen Strand (Strandriffe, Strandpriele, Flutmarken, Spülsäume, Schwermineralanreicherungen, Sandwehen). Das breite Strandfeld N der Oldemanns Olde Dünen bietet Einsichten in die Entstehung von Primär- oder Vordünen; das Dünenareal um die Ostbake vermittelt Eindrücke von Morphologie und Vegetation der Sekundär- oder Weißdünen bzw. Tertiär- oder Grasdünen. Stellenweise ergeben sich von hier auch Ausblicke auf die riesige E-Plate Borkums, Juist, Memmert und das Inselchen Lütje Hörn.

Beim Rückweg über den alten Deich des Ostlandes zum Ort passiert man ein junges, bei der Sturmflut 1962 entstandenes Wehl. Eine andere Routenvariante, von den E-Dünen nach S und über den neuen Deich, vermittelt gute Ausblicke auf das Watt, auf den im Zuge des Deichbaus geschaffenen Tüskendörsee und das System der Binnenentwässerung durch das Tüskendörskill.

9.1.2 Juist und Memmert

Karten: GÜK 200 – CC 3102 Emden; GK 25 – 2307 Juist West (1925), 2308 Juist Ost (1925); HK 50 – Nr. 5; KK – 2206 K, 2308 K; TK 25 – 2307, 2308.

Anfahrt von Norddeich im tideabhängigen Fährverkehr. Besuchenswert ist das „Küstenmuseum Juist", Loogscher Pad, 2983 Juist, u.a. wegen seiner Exponate zur Entstehung der Nordsee-Küstenregion sowie zu Geologie, Biologie und Besiedlungsgeschichte.

Ein Mosaik am Deichschart beim Hafen illustriert die bewegte Geschichte der Insel mit ihren 5 Kirchdörfern. Eine Exkursion in den W-Teil Juists führt durch den Ortsteil Loog zur Domäne Bill. Die Domäne ist idealer Ausgangspunkt für Fußwanderungen. Die Route auf der Wattseite zum W-Ende der Insel gibt Ausblicke über den schmalen Billheller auf Memmert. Am W-Ende Juists liegt die ausgedehnte Strandplate des Billriffs oder Haak. Auf dem Rückweg über den seeseitigen Strand kann man bei Niedrigwasser die am Fuß der Haakdünen zwischen MTnw- und MThw-Linie stellenweise ausstreichenden, fossilen Hellerschichten beobachten.

Beim Queren der Dünen zur Domäne Bill lassen sich die morphologischen Unterschiede zwischen natürlichen Dünen und der mit Hilfe von Dünenbaumaßnahmen geschaffenen Randdüne W des Querweges studieren. Auf dem Rückweg von der Domäne zum Ortsteil Loog hat man Ausblick auf den rezenten Inselheller und stellenweise auf die wattseitig vorgelagerten Lahnungsfelder. Ein längerer Fußweg führt von der Domäne Bill E-wärts durch die Dünen zum Wärterhaus und ans W-Ende des Hammersees. Dieser See ist auch E der Augustendüne über einen kurzen Abstecher vom befestigten Weg her erreichbar. Der Hammersee liegt im ehemaligen Schlopp zwischen Loog- und Billdünen. Nachdem diese Niederung im S und N durch Dünenbaumaßnahmen abgeriegelt worden war, hat sich darin ein flacher Süßwassersee entwickelt. Die Randdüne N des Sees besteht aus einem einzigen, gradlinig W-E-laufenden, künstlich geschaffenen Dünenzug. Interessant ist auch die Vegetation in der Verlandungszone des Hammersees sowie die reiche Vogelfauna.

Im E-Teil Juists erstreckt zwischen Ostbake und dem Dünenfeld Ostende die ausgedehnte niedrige Plate des Kalfamer mit Vordünen unterschiedlicher Entwicklungsstadien. Nach N und NE ergeben sich Ausblicke auf typische Strandriffe und Strandpriele sowie auf die Platen im W-Teil des Riffbogens vor dem Norderneyer Seegat.

9.1.3 Norderney

Karten: GÜK 200 – CC 3102 Emden; GK 25 – 2209 Norderney (1924), 2210 Langeoog West (1970); HK 50 – Nr. 5, 6; KK 25 – 2208 K, 2210 K; TK 25 – 2209, 2210.

Anfahrt von Norddeich in tideunabhängigem, im Sommer fast stündlichen Fährverkehr; auf der Insel verkehren Linienbusse. Auf Norderney ist die „Forschungsstelle Küste", An der Mühle 5, 2982 Norderney, angesiedelt. Dieses dem Niedersächsischen Landesamt für Wasserwirtschaft nachgeordnete Institut betreibt wissenschaftliche Grundlagenforschungen zum Küsten- und Inselschutz. Seine Arbeiten erstrecken sich vorwiegend auf die Inseln, Watten und Deichvorländer, wobei die Fachrichtungen Bodenmechanik, Hydrometrie, Ökologie, Vermessung und Kartographie sowie historisch-morphologische Arbeiten im Vordergrund stehen. Das „Norderneyer Fischerhausmuseum", Im Argonner Wäldchen, 2982 Norderney, beherbergt u.a. eine kleine geowissenschaftliche Sammlung mit Exponaten zur Küstenregion.

Der gesamte W-Kopf der Insel bietet einen ausgezeichneten Überblick über Küstenschutzbauwerke (Längswerke und Buhnen) aus verschiedenen Baumaterialien sowie von unterschiedlicher Bauart, Form und

Funktion. Vor allem die Buhnen zeigen hier infolge z.T. langer Beanspruchung und z.T. in jüngster Zeit durchgeführter Sanierungsmaßnahmen recht verschiedene Erhaltungszustände. Auf Norderney sind wiederholt auch Strandaufspülungen vorgenommen worden.

Eine Fahrt von der Stadt zum Ostbad führt zunächst durch ein mit Kiefernwald bepflanztes altes Dünenareal. Unmittelbar E der Meierei verläuft die Straße in einer weiten Niederung, einer vom Wind geschaffenen Ausblasungswanne (Deflationswanne). Der hier ausgewehte Sand wurde im anschließenden Dünenareal abgelagert, das einen Eindruck von der Morphologie ehemaliger, inzwischen stabilisierter Wanderdünen vermittelt. Aus Wanderdünen ist auch die Haufendünengruppe um die Weiße Düne hervorgegangen.

Nahezu das gesamte E-Ende der Insel, Teile des Riffbogens vor der Wichter Ee und große Wattflächen S hiervon gehören zur Ruhezone des Nationalparks Niedersächsisches Wattenmeer. Im Strandabschnitt zwischen dem Ostbad und dem ca. 3-4 km weiter E gelegenen FKK-Strand sind die typischen Ablagerungsformen zwischen Tideniedrigwasserlinie und Dünenfuß zu beobachten. In der Molluskenfauna am Strand finden sich relativ häufig fossile Schalen der Muschel *Venerupis senescens*. Diese stammen aus eemzeitlichen Wattsedimenten, die offenbar im Vorstrandbereich in Tiefen unterhalb NN -7 m ausstreichen. Dort ausgespülte fossile Schalen werden von der Brandung mit der rezenten Fauna vermischt auf den Strand ausgeworfen.

Die N-S-Traverse vom Ostbad zum Golfplatz vermittelt einen guten Eindruck vom Inselaufbau sowie von der Dünenmorphologie. Ein Gang über den Deich um den Südstrandpolder gibt den Blick frei auf das Watt und die natürliche Vegetation in der nicht aufgespülten Polderfläche. Im W-Teil des Südstrandpolders liegen drei künstliche Seen, die bei der Sandentnahme zur Erhöhung und Verstärkung des Hafendeiches entstanden sind. Im N schließen sich die Schönungsteiche des Klärwerks an.

Vom Deich des Grohdepolders führen Wanderwege ins Norderneyer Inselwatt und bis zum Riffgat. Die Wattwanderroute von der Insel zur Festlandsküste setzt E der Mövendüne bzw. Peilbake an. Sie führt zunächst nach S und SSE bis zum Wattfahrwasser, schwenkt dann nach ESE und verläuft über das Neßmer Watt zum Hafen Neßmersiel. Ohne ortskundige Führung sollte diese ca. 6,5 km lange Route durch das Watt nicht begangen werden.

Ein lohnender Rundblick über die beschriebenen Dünenareale sowie eingepolderte Gebiete, Inselheller und Watt bietet sich von der Plattform des Leuchtturmes. Bei guter Fernsicht ergeben sich Ausblicke auf die Nachbarinseln und zum Festland.

9.1.4 Baltrum

Karten: GÜK 200 – CC 2310 Helgoland; GK 25 – 2210 Langeoog West (1970); HK 50 – Nr. 6; KK 25 – 2210 K; TK 25 – 2210.

Anfahrt von Neßmersiel im tideabhängigen Fährverkehr; im Sommer auch tideabhängige Schiffsverbindung nach Norddeich. Der W-Kopf der Insel bietet einen guten Überblick auf diverse Küstenschutzbauwerke vom historischen Pfahlwerk über massive Längswerke (Norderneyer Profil, Juister Profil, Schrägwerk) zu den mehr als 100 Jahre alte Buhnen. Die Buhnen befinden sich aufgrund der seit 1985 laufenden Grundinstandsetzungen in recht unterschiedlichen Erhaltungszuständen.

Am W-Kopf und am Badestrand kann besonders bei Niedrigwasser die Morphologie der Platen und Riffe in der Wichter Ee sowie deren Anlandung an den Strand beobachtet werden. Querwege vom Strand zum Watt vermitteln Eindrücke von Morphologie und Vegetation der Dünen. Eine Wanderung vom Campingplatz auf dem Deich zum Osterhook gibt Ausblick auf den Inselheller und kann als Rundweg mit einer Wattwanderung durch den N-Teil des Baltrumer Inselwatts kombiniert werden.

Die Insel ist auch geeignet als Ausgangspunkt für eine Wattwanderung zur Festlandsküste bei Neßmersiel. Die Route beginnt zwischen West- und Ostdorf, führt E vom Flugplatz durch die Salzwiesen und ins Inselwatt. Sie umgeht die Baltrumer Balje im E, schwenkt dann nach SW und erreicht die Festlandküste N von Neßmersiel beim automatischen

Spülsiel mit Speicherbecken. Auch diese ca. 5,5 km lange Route durchs Watt sollte nur mit einem ortskundigen Führer begangen werden.

9.1.5 Langeoog

Karten: GÜK 200 – CC 2310 Helgoland; GK 25 – 2210 Langeoog West (1970), 2211 Langeoog Ost (1970); HK 50 – Nr. 6, 7; KK 25 – 2210 K; TK 25 – 2210, 2211.

Tideabhängige Fährverbindung von Bensersiel aus. Bei niedrigen Wasserständen kann man an der E-Seite des Bensersieler Fahrwassers vom Schiff aus hochliegende pleistozäne Sande beobachten, die von holozänem Basaltorf und geringmächtigen Wattsedimenten überlagert werden. Im W-Teil Langeoogs stehen im oberflächennahen Untergrund zwischen NN -1 m und NN +1,5 m Relikte alter Watt- und Inseloberflächen an (Hydrobienbank, Kleibank, untere Moorerdebank u. obere Moorerdebank), deren Abfolge und Ausbildung leicht mit Hilfe flacher Bohrungen untersucht werden kann.

Auf einem Rundweg läßt sich ein kompletter Eindruck vom Formenschatz einer Barriere-Insel gewinnen. Bei Niedrigwasser kommen am NW-Strand im Bereich der Robbenplate anlandende Sandplaten sehr gut frei. Weiter E sind ausgesprochen typische Profile entwickelt, die von den Vorstrandriffen mit ihren Rifftälern über Strandriffe und Strandpriele bis zum Trocken Strand reichen. Im Bereich der Herrenhus- oder Rauhe Dünen sowie E davon ergibt sich ein Überblick auf verschiedene Dünengenerationen und -systeme. Eine N-S-Traverse vom Strand über die Dünen zum eingedeichten Heller bzw. zu den Salzwiesen, Lahnungsfeldern und zum Watt gibt hier auf kurzer Strecke einen Querschnitt einer Barriere-Insel.

Insgesamt vermittelt Langeoog mit seinen Schlopps und Dünenkernen einen ungefähren Eindruck von der ursprünglichen Morphologie der Ostfriesischen Inseln, die – von menschlichen Eingriffen unberührt – meist sehr viel stärker aufgelockert gewesen ist als heute. Erst Dünenbaumaßnahmen haben die geschlossenen Randdünen-Ketten geschaffen.

Im Großen Schlopp sind neben dem künstlich geschaffenen Schloppteich mehrere unterschiedlich gut erhaltene Relikte alter Prielsysteme erhalten.

Die im Laufe der Zeit recht stark schwankende Sandversorgung der Insel ergibt sich aus der Tatsache, daß Langeoog nach der Sturmflut 1717 vorübergehend unbewohnt war. Heute gilt Langeoog hingegen als eine stabile und relativ gut mit Sand versorgte Insel. Massive Schutzwerke fehlen völlig. Wiederholte Strandaufspülungen, teilweise kombiniert mit dem Verlegen eines Schlauchwerks, reichten hier als Inselschutzmaßnahmen aus.

Ausgangspunkt für Wattwanderungen von Langeoog zum Festland ist die Meierei Ostende. Von dort führt die Route S-wärts über das Inselwatt und die Langeooger Plate, schwenkt S der Hullsbalje nach ESE und erreicht die Festlandsküste W bzw. E des Badestrandes von Neuharlingersiel. Ohne ortskundigen Wattführer ist vom Begehen dieser ca. 10 km langen Route dringend abzuraten.

9.1.6 Spiekeroog

Karten: GÜK 200 – CC 2310 Helgoland; GK 25 – 2212 Spiekeroog (1970); HK 50 – Nr. 7; KK 25 – 2212 K; TK 25 – 2212.

Tideabhängige Fährverbindung mit Neuharlingersiel. Am SW-Ende der Insel liegen zwei kleinere Dünenfelder, die durch massive Schutzbauwerke u.a. mit einer Stahlspundwand an das ausgedehnte Hauptdünenfeld angeschlossen sind. Der Name Lütjeoogdünen erinnert an die kleine, ursprünglich auf dem Spiekerooger Inselwatt gelegene Insel Lütjeoog, die später mit der Hauptinsel zusammengewachsen ist.

Zwischen Süder- und Lütjeoogdünen, dem alten Hafen und dem Ort erstreckt sich das große, von mehreren Prielsystemen durchzogene Salzwiesen-Gebiet des Westergroen. Weitere, weniger stark gegliederte Heller sind das Südergroen und Ostergroen, S und E des Ortes. Vom Ort nach NNW führen der Damenpfad und Norderpfad durch den alten Inseldünenbogen zum Strand. Der Damenpfad quert ein Areal mit aufgelösten Dünen und Ausblasungswannen. Ein vollständigeres Dünenprofil mit typischen Vegetationszonen erschließt sich entlang des Norderpfades. Am Strand N des Damenpfades können bei schlechter Sandversorgung nahe der Niedrigwasserlinie alte Wattsedimente und Relikte eines ehemaligen Inselhellers ausstreichen. Zusammenhänge zwischen Dünenabbruch im W und Dünenanwachs im E der Insel lassen sich an den Randdünen auf der Strecke zwischen Damenpfad und N-Strand gut beobachten.

Die E-Plate Spiekeroogs ist ein ideales Areal, um unterschiedliche Stadien der Dünenentwicklung und verschiedene Formen typischer Vorbis Weißdünen zu beobachten. Zwischen dem Quellerdünenheim bzw. Hermann Lietz-Schule und den jungen Dünen der E-Plate erstreckt sich eine weite Niederung, die noch heute bei Sturmfluten überströmt wird und an deren S-Rand Durchbrüche und Kolke auftreten. S davon werden Sedimente in Form von Überflutungsfächern abgelagert. Dieser Bereich ist das einzige noch aktive Schlopp auf den Ostfriesischen Inseln.

Der Ausgangspunkt für Wattwanderungen zum Festland liegt S der Hermann Lietz-Schule. Von der Hellerkante verläuft die Route zunächst nach SE durchs Inselwatt und über die Swinnplate. Sie umgeht die Ausläufer der Landbalje im E, schwenkt im Bereich der Hohen Bank nach SSE um und verläuft auf Harlesiel zu. Vom Begehen dieser ca. 9 km langen Route ohne ortskundigen Wattführer ist dringend abzuraten.

9.1.7 Wangerooge und Minsener Oog

Karten: GÜK 200 – CC 2310 Helgoland; GK 25 – 2213 Wangerooge (1969); HK 50 – Nr. 7, 8; KK 25 – 2212 K, 2214 K; TK 25 – 2213, 2214.

Tideabhängige Fährverbindung mit Harlesiel. Auf der Insel Anschluß mit der historischen Inselbahn. Diese letzte Schmalspurstrecke der Deutschen Bundesbahn führt durch ein höchst interessantes Salzwiesengebiet mit zahlreichen Prielen und der Westlagune.

Der W-Kopf Wangerooges ist mit massiven Schutzbauten bewehrt, darunter die „Buhne H" bzw. „Damm Buhne H", das größte Buhnenbauwerk auf den Ostfriesischen Inseln. Auf der gesamten Strecke vom W-Kopf der Insel bis zum Ort Wangerooge sind Buhnen in unterschiedlichen Erhaltungszuständen sowie Längswerke verschiedenster Form zu beobachten. In die Buhne B eingebaut ist das Fundament des „Hohen Turmes" oder „Westturmes" von Wangerooge.

Das Fundament ist in fossilen Wattsedimenten gegründet, die bei Niedrigwasser am heutigen Inselstrand ausstreichen und in denen Wattmollusken in Lebendstellung beobachtet werden können. Zwischen dem Turmfundament und dem Längswerk liegen zeitweilig auch Wurzelhorizonte frei, auf deren Oberfläche gelegentlich Trittsiegel von Rindern sichtbar werden. Auf der Strandstrecke zwischen den Buhnen B und J streichen, je nach Sandversorung, stellenweise Wattsedimente mit Molluskenschalen in Lebendstellung aus. In ihrem Hangenden kommen fossile Algenmatten, Heller- und Grodenschichten sowie anmoorige Sedimente vor, augenfällige Indizien für die N-S-Verlagerung Wangerooges.

Ein morphologischer Vergleich zwischen W- und E-Teil der Insel bietet Einblick in die Zusammenhänge zwischen Sandabtrag im W bzw. Sandanlandung am Strand sowie in den Dünen im E. Infolge starker Sandakkumulation hat sich im Bereich des breiten E-Strandes eine ausgedehnte Strandlagune entwickelt. Ein Rundgang um bzw. Traversen über den Dünenzug auf dem Steert der Insel Wangerooge vermitteln einen guten Eindruck von der Morphologie einer durch menschliche Eingriffe erst nach 1910 entstandenen Randdüne. Vom äußersten E-Ende der Insel hat man Ausblick auf Minsener Oog mit seinen Schutzbauwerken und seiner dünenartigen Landschaft, die durch Aufspülen von Baggergut aus der Jade geschaffen worden ist.

9.2 Ostfriesische Marschen

Auf der Anreise in den ostfriesischen Küstenraum lohnt sich ein Halt in Oldenburg mit einem Besuch im „Staatlichen Museum für Naturkunde und Vorgeschichte Oldenburg", Damm 40-44, 2900 Oldenburg. Dieses Museum verfügt über umfangreiche Sammlungen zur Entstehung der Nordseeküste, der Watten, Marschen und Moore, die einen ausgezeichneten Überblick über Landschaftsentwicklung und Siedlungsgeschichte der Region vermitteln. Ferner beherbergt es eine Mineraliensammlung aus aller Welt sowie geologisch-petrographische Bestände aus dem Schwerpunktbereich Nordwestdeutschland.

Als Zugang zu den ostfriesischen Marschen sind von Oldenburg aus die Autobahn- und Eisenbahnverbindungen nach Leer und Emden bzw. nach Wilhelmshaven zu empfehlen. Von den genannten Ausgangspunkten läßt sich eine Vielzahl verschiedenartiger Exkursionen planen, für die im Folgenden einige Anregungen aufgezeigt werden.

9.2.1 Westliches Ostfriesland mit Dollart und Leybucht

Karten: GÜK 200 – CC 3102 Emden, CC 3110 Bremerhaven; GK 25 – 2508 Emden West (1978), 2608 Emden (1984); BK 25 – 2408, 2409, 2508, 2509, 2608-2610, 2709, 2710; KHK 50 – Nr. 2, 3, 4.

Die Anfahrt nach Emden über die B 530 gestattet Ausblicke auf die Spülfelder im Riepster Hammerich, auf denen Schlick des Emder Hafens deponiert wird. In diesem Raum liegen auch teils verlandete, teils offene Marschrandseen (Sandwater, Bansmeer, Uphuser Meer). Außerdem vermittelt die Region einen Eindruck von den mehr oder weniger zufriedenstellenden Versuchen, konkurrierende Nutzungsansprüche von Hafen- und Schiffahrtswesen, Landwirtschaft und Naturschutz in der flachen Küstenlandschaft aufeinander abzustimmen.

Emden ist Sitz des „Wasser- und Schiffahrtsamtes Emden", Friedrich Naumann-Straße 9, 2970 Emden. Diese Bundes-Dienststelle ist u.a. zuständig für den seeseitigen Inselschutz auf der Insel Borkum sowie für

Ausbau und Unterhaltung der Bundeswasserstraße Ems zwischen der offenen See und Papenburg. Unter ihrer Regie werden Baggerungen im Emsfahrwasser und Hafen Emden sowie die Deponie des Baggergutes im Riepster Hammerich bzw. auf den Poldern W Emden durchgeführt. Das „Niedersächsische Hafenamt Emden", Friedrich Naumann-Straße 7, befaßt sich mit den Planungen für das Dollarthafen-Projekt. Besuchenswert sind in Emden das „Ostfriesische Landesmuseum", Große Straße 46, mit seinen Sammlungen zur ostfriesischen Vorgeschichte und Kunstgeschichte sowie das Rathaus, Am Delft, mit dem städtischen Silberschatz und der Rüstkammer, beide aus dem 16. und 17. Jh.

Am Beispiel von Emden und Nesserland lassen sich die paläogeographischen Umgestaltungen des Raumes beim Durchbruch der Emsschlinge im Jahre 1509 sowie deren Auswirkungen auf die Wirtschaftskraft des Hafens aufzeigen. Ein für Ostfriesland einzigartiges Schleusenbauwerk ist die Kesselschleuse in Emden. Diese Schleuse verbindet den 1880 bis 1888 erbauten Ems-Jade-Kanal mit dem Hafen Emden und hält den alten Wasserweg zwischen Emder Stadtgraben und Fehntjer Tief aufrecht. Die nur für kleinere Schiffe ausgelegte Kesselschleuse ist so gestaltet, daß Schiffe aus vier Richtungen ein- bzw. in vier verschiedene Richtungen auslaufen können. Ein weiteres interessantes Schleusenbauwerk ist die 1913 in Betrieb genommene Große Seeschleuse.

Zwischen der W-Umgehung von Emden und dem Ort Larrelt liegt der **Larrelter Kolk**, Rest und Musterbeispiel eines riesigen Wehls, das bei Deichbrüchen 1717/1825 entstanden ist. Larrelt war früher ein bedeutender Fischer- und Hafenort an der Ems, der zeitweilig mit Emden konkurrierte. Aus dieser Blütezeit des Ortes stammt die große gotische Tuffsteinkirche. Im 12. Jh. wurde der leicht zu bearbeitende Tuffstein in großem Umfang über den Wasserweg aus der Eifel importiert und zum Kirchenbau verwendet. Tuffsteinkirchen sind im ostfriesischen Raum ausschließlich im 12. Jh. errichtet worden. Sie bilden eine zweite Generation von Kirchenbauten, die zeitlich zwischen die im 10. und 11. Jh. errichteten Holzkirchen und die vom 13. Jh. an errichteten Kirchen aus Findlingsquadern bzw. Backstein einzustufen ist. Von einer ursprünglich größeren Zahl existieren heute nur noch zwölf Tuffsteinkirchen in

Ostfriesland. Alle liegen ausschließlich an solchen Orten, die früher auf dem Wasserweg von der Küste her gut zu erreichen waren. Diverse Deichlinien und Polder W von Emden (Kaiser Wilhelm Polder, Larrelter Polder, Wybelsumer Polder und Rysumer Nacken) sind Zeugen intensiver menschlicher Eingriffe, die zur Landgewinnung, zur Verbesserung der Schiffahrtsverhältnisse und zum Bereitstellen von Industrieansiedlungsflächen dienten. Auf der Anfahrt zum Rysumer Nacken passiert man das 1969 abgedämmte „Alte Knockster Tief" sowie das „Alte Knockster Siel", N bzw. S der Straße.

An der Knock, W Emden gewinnt man einen sehr guten Überblick auf diese anthropogen geprägte Landschaft. Dort liegt das neue **Siel- und Schöpfwerk Knock**, das vom I. Entwässerungsverband Emden, Postfach 1140, 2974 Pewsum, betrieben wird. Mit einem 0,4 km² großen Mahlbusen, zwei Sielläufen und vier Pumpen ist diese Anlage ein gutes Beispiel für die moderne Technik der Binnenentwässerung. Beim Siel- und Schöpfwerk fanden auch die ursprünglich in Emden errichteten Denkmäler des Großen Kurfürsten, Friedrich Wilhelm von Brandenburg sowie von König Friedrich II. von Preußen einen neuen Standort. Der Große Kurfürst hatte 1683 die „Kurbrandenburgisch-Afrikanische Handelskompagnie" nach Emden verlegt und Fahrwasser-Verbesserungen durchführen lassen, was der Hafenstadt Emden nach einer Phase wirtschaftlicher Stagnation neue Impulse brachte. Friedrich der Große hat als Fürst von Ostfriesland durch zollpolitische Vorzugsbehandlung den Hafen Emden gefördert, der wiederbelebten Emder Heringsgesellschaft eine Monopolstellung bei der Fischversorgung Preußens eingeräumt sowie durch Moorkultivierung und Sielbau der Region zu weiterem Aufschwung verholfen. Unweit N des Siel- und Schöpfwerkes liegen auf dem Rysumer Nacken die Radarleitzentrale für die Emsschiffahrt und die Erdgasaufbereitungsanlage der Phillips Petrol Emden.

Die Wurt **Rysum** ist Musterbeispiel einer Rundlingswurt. Zentrum des Ortes ist die romanische Kirche mit einer um 1510 erbauten gotischen Orgel, die zu den ältesten spielbaren Orgeln der Welt gehört. Der pleistozäne Untergrund liegt unter der Wurt bei NN -11 m und wird von 0,5 m mächtigem Basaltorf überlagert. Darüber folgen

Sedimente der Auenwaldfazies sowie lagunäre Sedimente, in die bei Tiefen um NN -8 bzw. -6 m zwei dünne Torflagen und ein stark von Schilfwurzeln und -rhizomen durchsetzter Horizont eingeschaltet sind. ^{14}C-Datierungen ergaben für die Torfe Alter von 4815 ± 85 J.v.h. bzw. 4565 ± 65 J.v.h. Der durchwurzelte Horizont wurde unweit außerhalb der Wurt datiert und lieferte ein ^{14}C-Alter von 2715 ± 70 J.v.h. Nach oben schließen eulitorale bis supralitorale Wattablagerungen die natürliche Schichtenfolge ab. Auf ihnen ruht der vom Menschen geschaffene Wurtenkörper. Darin ist Keramik der römischen Kaiserzeit und des Mittelalters sowie eine Wechselfolge aus Auftragsschichten und Siedlungshorizonten nachgewiesen worden.

In der Marsch NW von Rysum und Loquard liegen nahe der Ems die Fördereinrichtungen des Erdgasfeldes Groothusen sowie bei Upleward die Anlagen des Erdgas-Speichers Krummhörn. Die Schule von Upleward war zwischen 1899 und 1920 Wirkungsstätte des Lehrers Dodo Wildvang. Dieser hat zunächst als Autodidakt, später als systematisch weitergebildter Forscher und Geologe der Preußischen Geologischen Landesanstalt, Berlin, die Grundlagen zur modernen regionalen Geologie Ostfrieslands geschaffen.

Von Upleward zieht sich entlang der Straße nach Pewsum und Hinte eine Wurtenreihe, die den S-Rand der ehemaligen **Bucht von Sielmönken** markiert. Unter diesen Wurten ist **Groothusen** als Beispiel einer frühmittelalterlichen Handelssiedlung hervorzuheben. Die Kirche von Groothusen war eine der sechs Probsteikirchen des Bistums Münster im alten Emsgau. Sie besitzt eine romanische Apsis, an die im frühen 15. Jh. das gotische Kirchenschiff und später der wuchtige Ostturm angebaut worden sind. Im Kircheninnern befinden sich sehenswerte Grabplatten und eine 1454 gegossene bronzene Taufe.

Eine von Groothusen in N-Richtung über Manslagt nach Pilsum verlaufende Route quert den W-Teil der Sielmönkener Bucht. Der Ort Manslagt lag zeitweilig vermutlich auf einer halligartigen Insel im Mündungsbereich dieses ehemaligen Buchtenwatts. Die Straße führt überwiegend durch das Hochland der Marsch, dessen kalkhaltige, relativ leichte Böden (Escher) ackerbaulich genutzt werden. Pilsum liegt auf dem hohen

N-Ufer der Bucht von Sielmönken. Die im Raum Pilsum erbohrten Holozänprofile dienten WILDVANG (1915) als „Repräsentationsprofil" für die „Viergliederung des Marschalluviums". Die um 1266 erbaute einschiffige Kreuzkirche mit einem Vierungsturm aus dem 14. Jh. und abseits stehendem Glockenturm gilt in ihrer Anlage und mit dem Giebelschmuck als eine der schönsten Kirchen des Landes.

Am S-Rand der ehemaligen Bucht von Sielmönken verläuft die Straße von Groothusen über Pewsum, mit Resten einer ehemaligen Häuptlingsburg, E-wärts nach Canum und Freepsum. Auf dieser Strecke gewinnt man einen guten Eindruck von den Unterschieden der Bodenbeschaffenheit, der Geländemorphologie und den Wirtschaftsformen im Hoch- bzw. Sietland der Marschen. Unmittelbar E Freepsum folgt die Straße dem E-Rand des **Freepsumer Meeres**. Diese auffällige Hohlform ist durch Trockenlegen eines Binnensees entstanden. Hier sinkt die Marschoberfläche stellenweise auf NN -2,2 m ab und erreicht ihre tiefste Lage im gesamten ostfriesischen Raum.

Am E-Ende der ehemaligen Bucht von Sielmönken liegt Hinte mit einer Wasserburg, die im 15. bis 18. Jh. auf Fundamenten einer spätmittelalterlichen Wehrburg errichtet worden ist. Mit Wassergraben, Vorburg, Park und spätgotischer Dorfkirche vermittelt Hinte den Eindruck von der typischen und nahezu unveränderten Anlage eines ostfriesischen Häuptlingssitzes des 16. Jh. Von Hinte kann man zwei Exkursionsrouten wählen. Eine führt über Cirkwehrum, Uttum, Jennelt und Visquard am N-Rand der Sielmönkener Bucht entlang bis Pilsum.

Eine andere, wohl lohnendere Route führt von Hinte nach **Suurhusen** an der B 70. Dort ist an der Außenwand der spätromanischen Kirche eine Flutmarke der Allerheiligenflut von 1570 bei NN +4,40 m angebracht, und im Kircheninnern schildert eine Wandtafel das Ausmaß der damaligen Überflutung. Bemerkenswert ist der schiefe Glockenturm der Kirche von Suurhusen. Mit einer Höhe von 27,5 m und einem Überhang von 2,34 m hat dieser Turm eine Neigung von 4,86° und ist damit stärker geneigt als der Schiefe Turm von Pisa (55 m Höhe, 4,5 m Überhang u. 4,67° Neigung). Die Kippung des Kirchturmes von Suurhusen geht auf Setzungen im Wurtenkörper sowie in den Weichschichten unter der Wurt zurück. Um einen Einsturz zu verhindern, hat man das Turmfundament unterfangen und über Betonpfähle im setzungsfreien pleistozänen Untergrund abgestützt.

Auf der Strecke nach Georgsheil, an der Gabelung von B 70 (Richtung Norden) bzw. B 72 (Richtung Aurich) lohnt sich bei Abelitz ein Abstecher nach SE zum **Großen Meer**. Dieser flache See ist ein typisches Beispiel eines Marschrandsees. Charakteristisch sind Erosion und Kliffbildung an der dem Wind und Wellenschlag ausgesetzten E-Seite bzw. Ablagerung von Mudden und gut entwickelte Verlandungsabfolgen im Windschatten des W-Ufers. Auf dem Weg von der B 70 zum Großen Meer passiert man ein Tief mit Unterschöpfwerk. Dort ist, je nach Wasserständen, in der Böschung des Tiefs ein in Torf eingeschalteter Klappklei zu erkennen.

Weniger aus geologischen als aus historischen Gründen lohnt sich ein Besuch in **Aurich**. Die im 13. Jh. mit Burg und Kirche ausgestattete Siedlung entwickelte sich im späten Mittelalter zum Häuptlingssitz, im 16. Jh. zur befestigten Kleinstadt und war von 1561 bis 1744 Residenz der Grafen und Fürsten von Ostfriesland. Es ist bis heute Mittelpunkt der Region geblieben mit Sitz zahlreicher Verwaltungsbehörden. Dazu gehört u.a. die „Wasser- und Schiffahrtsdirektion Nordwest", Schloßplatz 9, 2960 Aurich 1, eine Bundesbehörde, die für die Schiffahrt im Seegebiet zwischen niederländisch-deutscher Grenze und Helgoland-Cuxhaven zuständig ist, einschließlich der Wasserstraßen Ems, Jade und Weser. Als Ortsbehörden sind ihr im ostfriesischen Raum die Wasser- und Schiffahrtsämter Emden und Wilhelmshaven nachgeordnet. Als niedersächsische Landesbehörde befaßt sich das „Wasserwirtschaftsamt Aurich", Oldersumer Straße 48, gemeinsam mit den Deichverbänden u.a. mit Planung, Bau, Betrieb und Unterhalt von Deichen und Sperrwerken. In diesem Zusammenhang ist es auch mit den z.Z. laufenden Eindeichungen auf dem Greetsieler Nacken sowie dem Bau von Sperrwerk und Schleuse am neuen Leysiel betraut. Aurich ist schließlich Sitz der „Ostfriesischen Landschaft", Georgswall 3, einer Vereinigung, deren Wurzeln sich bis ins 16. Jh. verfolgen lassen. Heute ist die Landschaft eine Körperschaft des öffentlichen Rechts, die sich der Heimat- und

Kulturpflege im ostfriesischen Raum sowie Wissenschaft und Kunst widmet.

Unweit SW Aurich liegt im Ortsteil Rahe der **Upstalsboom**, das „Nationalheiligtum der Friesen", ein Eichenhain mit einer 1833 errichteten Steinpyramide und Gedenktafel. Der Name Upstalsboom bezeichnet eine baumbestandene Anhöhe, vermutlich einen prähistorischen Grabhügel. An dieser Stelle versammelten sich zwischen 1216 und 1327 jeweils in der Pfingstwoche die Abgesandten aus den sieben freien Seeländern zwischen Zuidersee und Weser, um Gericht zu halten und über den Landfrieden zu beraten. Diese Interessensvertretung aller freien Friesen verlor während der Häuptlingszeit ihre Bedeutung. Heute pflegt die „Ostfriesische Landschaft", deren Wappen Baum und Ritter des Upstalsboom zieren, die alte Tradition. Jährlich wird am Upstalsboom der traditionelle Ostfriesentag (10. Mai) gefeiert.

Auf der Strecke Georgsheil, Norden, Norddeich führt die B 70 an dem auf der Geest liegenden Ort **Marienhafe** vorbei. Im oberflächennahen Untergrund stehen hier weichselzeitliche Sande sowie in Tiefen um NN -3 bis -5 m Geschiebelehm des Drenthe-Hauptvorstoßes der Saale-Kaltzeit an. Durch die bei den mittelalterlichen Sturmfluten entstandenen Einbrüche war Marienhafe ab 1377 vorübergehend mit dem Schiff erreichbar und war wohl Unterschlupf der Seeräuber um KLAUS STÖRTEBEKER. Die noch heute äußerst imposante Kirche von Marienhafe ist nur ein verstümmeltes Reststück einer monumentalen kreuzförmigen und dreischiffigen Gewölbe-Basilika. Diese zwischen 1250 und 1270 erbaute „Dom"-Kirche war einst das bedeutsamste mittelalterliche Bauwerk Ostfriesland. Die Seitenschiffe der ehemaligen Kirche wurden 1829 abgerissen, und 1833 wurde der ursprünglich sechsgeschossige Turm um zwei Stockwerke abgetragen. Bemerkenswert sind die in der Kirche aufbewahrten Reste eines Tierfabel-Frieses mit z.T. lehrhaften, z.T. satirischen Darstellungen. Von der Plattform des Turmes hat man einen sehr guten Ausblick auf die Geest- und Moorgebiete im E sowie über die Marsch nach W bis zum Leybuchtwatt. Von Marienhafe aus kann man zwischen zwei verschiedenen Exkursionsrouten wählen.

Ein erster Routenvorschlag führt durch die verlandete **Leybucht** nach W bis **Greetsiel**. Hierbei durchfährt man die schrittweise eingedeichten Poldergebiete und quert mehrere alte Deichlinien. Dabei sind die Höhenstufen zwischen den landseitig und tiefer gelegenen bzw. den seeseitigen und höher aufgeschlickten Poldern oft deutlich zu erkennen. Die Landgewinnungsmaßnahmen in der Leybucht wurden 1950 mit Eindeichen des 1000 ha großen Leybuchtpolders und Bau des Störtebekerdeiches abgeschlossen. Von der Krone des Störtebekerdeiches aus hat man einen guten Ausblick auf die Vorländer, Lahnungsfelder und den verbliebenen Rest des Leybuchtwatts.

Greetsiel mit seiner spätgotischen Kirche, malerischen Häuserzeilen mit Barockgiebeln sowie dem Hafen und der Kutterflotte ist ein lohnendes Touristenziel. Beliebtes Fotomotiv sind die 1709 bzw. 1820 erbauten „Zwillingsmühlen", zwei Holländer-Windmühlen am Sieltief S des Ortes. Greetsiel gewann seine Bedeutung als Stammsitz des Geschlechtes Cirksena, der späteren Landesfürsten. Hier wurde im Jahre 1462 Graf Edzard der Große von Ostfriesland geboren. Ein weiterer bedeutender Sohn Greetsiels ist der 1457 geborene UBBO EMMIUS, der die berühmte Landesbeschreibung und Karte von Ostfriesland gefertigt hat (EMMIUS 1982).

Seine Funktion als Sielort hat Greetsiel 1461 vom weiter landeinwärts gelegenen Eilsum übernommen. Das „Alte Greetmer Siel" am Hafen stammt aus dem Jahre 1798, das sog. „Neue Siel" E des Ortes von 1891. Wegen fortschreitender Verlandung der Leybucht wurden beide Siele mit Stahlbetonwänden verschlossen, nachdem 1957 ein neben dem „Neuen Siel" erbautes Schöpfwerk die Binnenentwässerung übernommen hatte. Im Zuge neuerlicher Baumaßnahmen auf dem Greetsieler Nacken wird das Siel um weitere 5 km nach W verlegt. Dort soll in Zukunft das Leysiel die Binnenentwässerung übernehmen. Unweit E des neu eingedeichten Gebietes liegt im Watt eine künstliche Insel, auf der die Förderanlagen des Erdgasfeldes Leybucht installiert sind.

Die zweite Routenvariante führt von Marienhafe auf der B 70 über **Osteel** und das Ewige Meer nach Norden. Vom Turm der Osteeler Kirche aus, hat der Pastor und Astronom DAVID FABRICIUS gemeinsam mit seinem Sohn JOHANN im Jahre 1611 die Sonnenflecken beobachtet und eine genaue Beschreibung des Phänomens verfaßt. Diese bedeutsame Beobachtung wurde aber von zeitgenössischen Forschern und in der wissenschaftlichen Literatur kaum gewürdigt. Lediglich ein 1895 von der „Naturwissenschaftlichen Gesellschaft zu Emden" gestiftetes Denkmal auf dem Friedhof Osteel erinnert an die beiden Forscher. Es stellt Urania dar, die Muse und Göttin der Astronomie, mit der Sonnenscheibe.

Unweit N Osteel empfielt sich, von der B 70 aus ein Abstecher nach E über Halbemond, Behrumfehn zum **Ewigen Meer**, das S des Ortes Eversmeer liegt. Dieser größte Hochmoorsee Deutschlands ist inmitten eines ausgedehnten Hochmoorgebietes gelegen und kann von der befahrbaren Straße nur über einen ca. 1 km langen Fußweg erreicht werden. Der Weg durchs Moor vermittelt einen guten Überblick über die typische Moorvegetation. Im Umfeld des Ewigen Meeres liegen zwei weitere Hochmoorseen, das Kleine Eversmeer und die Dobbe. Von Eversmeer kann man den gleichen Weg zurück zur B 70 wählen oder eine andere Strecke über Westerholt nach N Richtung Dornum einschlagen.

Die Stadt **Norden** liegt auf einer Geestinsel am NW-Ende des Ostfriesisch-Oldenburgischen Geestrückens. Die bereits um 884 erwähnte Siedlung entwickelte sich – aufgrund ihrer sicheren Lage auf der Geest bei gleichzeitiger Anbindung über das Norder Tief an den Seeverkehr – im Hochmittelalter zu einer bedeutenden Hafen- und Handelsstadt.

Auf dem im 11. Jh. angelegten, 6 ha großen Marktplatz erhebt sich die aus **Tuffstein und Backstein** errichtete Ludgerikirche. Sie ist in verschiedenen Bauperioden zwischen etwa 1250 und 1500 entstanden und ist das größte mittelalterliche Bauwerk Ostfrieslands. Die Kirche besitzt ein romanisches Langhaus sowie einen im romanisch-gotischen Übergangsstil erbauten, separat stehenden Glockenturm; das Querschiff und der dreischiffige Chor sind im gotischen Stil ausgeführt. Das Kircheninnere beherbergt mehrere Steinskulpturen, darunter eine um 1250 entstandene Verkündigungsmadonna, ferner Chorgestühl von 1481, eine gotische Taufe und das Sakramentshaus von 1510. Berühmt ist die von ARP SCHNITTGER zwischen 1685 und 1688 gefertigte Orgel. Bedeutend war das ehemalige Dominikanerkloster in Norden, in dem die auch küstengeschichtlich interessanten Norder Annalen verfaßt worden sind, und an dessen Mauern die Wellen bei der Sturmflut 1377 geschlagen haben. An der Norder Lateinschule hat zeitweilig der berühmte ostfriesische Geograph und Historiker UBBO EMMIUS gelehrt.

Heute ist in Norden das „Bauamt für Küstenschutz", Jahnstraße 1, 2980 Norden, angesiedelt. Als niedersächsische Landesbehörde ist es zuständig für den seeseitigen Inselschutz auf den Inseln Juist bis Spiekeroog. Zu seinem Aufgabenbereich gehören ferner Bau und Unterhaltung von Seedeichen und Außentiefs sowie die Gewinnung und Pflege der Deichvorländer und einige Naturschutzaufgaben.

9.2.2 Östliches Norderland, Harlinger Land, Harlebucht

Karten: GÜK 200 – CC 2310 Helgoland, CC 3102 Emden, CC 3110 Bremerhaven; GK 25 – 2212 Spiekeroog (1970), 2213 Wangerooge (1969); BK 25 – 2309, 2310, 2311, 2312, 2313, 2409, 2410, 2411, 2412, 2413; KHK 50 – Nr. 6, 7.

Auf einer N Exkursionsroute kann man diesen Raum von Norden bzw. Norddeich aus durch die Linteler Marsch erreichen. Typisch sind hier zahlreiche, verstreut liegende Einzelhofwurten. Auf der Strecke von Osterloog über Neßmersiel bis Dornum folgt die Straße größtenteils der alten Deichlinie von 1300. Vom alten Sielort **Neßmersiel** lohnt sich ein kurzer Abstecher nach N durch schmale, im 16. und 17. Jh. eingedeichte Polder bis ins Vorland und zum 1977 erbauten Spülsiel mit Speicherbecken. Hier liegt auch der 1989 in Betrieb genommene Salzwasser-Wellenkanal, eine Anlage, in der küstenbautechnische und strömungsmechanische Untersuchungen unter naturnahen Bedingungen durchgeführt werden. Bei Dornumergrode führt eine Straße S-wärts, am W-Rand der verlandeten Dornumer Rinne entlang, zu den Geestinseln von Dornum und Westeraccum.

Dornum besaß ursprünglich drei Häuptlingsburgen, von denen die Norderburg 1697 bis 1717 zu einem barocken Wasserschloß ausgebaut worden ist. Reich ausgestattet ist auch die romanische Bartholomäuskirche. Sie bildet zusammen mit dem frei stehenden Glockenturm, dem Alten Pastorat sowie einigen umliegenden Häusern einen stimmungsvollen dörflichen Kern des Ortes. Die auf das Jahr 1628 zurückgehende Dornumer Ständermühle ist eine der letzten Bockwindmühlen Ostfrieslands. Sie repräsentiert einen vollständig aus Holz erbauten Mühlentyp, der im allgemeinen vor den auf hohen Backsteinsockeln errichteten Holländer-Windmühlen gebräuchlich war.

Von Dornum aus empfielt sich ein Abstecher nach **Nesse**, einem auf einer Langwurt liegenden Ort mit romanischer Tuffsteinkirche. Nesse besaß ursprünglich über die Neßmersieler Rinne Anschluß an den Seeverkehr und hat aus dieser Zeit die typische Anlage eines mittelalterlichen Handelsortes bewahrt.

Eine andere Exkursionsroute führt von Norden aus am Geestrand entlang an **Schloß Lütetsburg** vorbei nach E. Das Schloß des Fürstenhauses zu Innhausen und Knyphausen hatte kulturgeschichtlich und politisch eine weit über Ostfriesland hinausreichende Bedeutung. Das heutige, in schöner Parkanlage und Waldlandschaft auf der Geest gelegene Schloß, hat eine bewegte Baugeschichte hinter sich. Das Wasserschloß ist 1557 als vierflügeliger Bau auf den Fundamenten einer mittelalterlichen Häuptlingsburg errichtet, 1677-79 umgebaut und 1893 durch Brand zerstört worden. Ein Neubau im Stil der Neorenaissance des 19. Jh. wurde während des zweiten Weltkriegs stark beschädigt, und seine Reste brannten 1957 ab. Beim Wiederaufbau orientierte man sich im Stil wieder an älteren Vorlagen von der Wasserburg.

Der ebenfalls auf der Geest liegende Ort **Hage** wird beherrscht von der St. Ansgarkirche. Die in der zweiten Hälfte des 13. Jh. erbaute Backsteinkirche besitzt Außenwände mit beispielhafter Gestaltung in romanischem Stil und einen im 14. Jh. angefügten Turm. Ihr Inneres birgt einen sehr lebendig gestalteten Schnitzaltar aus Eichenholz sowie einen eichenen Dreisitzstuhl, beide um 1500 entstanden. Mit einstöckigen Giebelhäusern vermittelt das Straßenbild Hages einen geschlossenen Eindruck. Am E-Ende des Ortes erhebt sich auf fünfstöckigem Sockel aus Backsteinmauerwerk eine Holländer-Windmühle, die höchste Windmühle Ostfrieslands.

Arle, E von Hage, liegt heute weitab von der Küste ebenfalls auf einem Geestvorsprung. Seine Tuffsteinkirche aus dem 12. Jh. zeigt noch sehr gut die ursprüngliche Steinmetzarbeiten an den Fenstern, Lisenen und am Bogenfries der Apsis. Außerdem ist das verwendete Baumaterial ein Indiz dafür, daß der Ort ursprünglich von See her auf dem Wasserweg über die Dornumer Rinne erreichbar war. Der neugotische Glockenturm ruht auf Fundamenten eines älteren Turmes, der um 1430 von einem ostfriesischen Häuptling geschleift worden ist.

Unweit SE Arle lohnt sich ein Abstecher nach S zum **Torfbrand-Klinkerwerk**, J.B. Kaufmann GmbH, Ziegeleistraße 8, 2989 Nenndorf-Westerholt. Rohstoff dieses Werkes sind die oberflächennah anstehenden, verwitterten und entkalkten Partien des „Lauenburger Tones". Die aus diesem Material geformten, vorgetrockneten Tonziegel werden in einem mit Preßtorf beheizten Ringofen bei Temperaturen zwischen 1120 und 1160°C gebrannt. Ein Rundbrand in dem 40 m langen und in 16 Kammern unterteilten Ringofen dauert 16 Tage. Beim Brennen wandeln sich feine Ton-Eisen-Cutane, die den gröberen Partikeln des Rohtones anhaften, um und verleihen dem original Wittmunder Torfbrandklinker seine charakteristische Oberflächenfärbung und seinen Glanz. Der Ringofen ist einer der letzten in Norddeutschland betriebenen Öfen dieser Art und damit ein „lebendes Industriedenkmal". Die hier höchst effizient unterhaltene Produktion vermittelt noch einen gewissen Eindruck von der früher in den Marschen wie auf der Geest sehr weit verbreiteten Ziegelherstellung. Neben „Lauenburger Ton" verarbeiteten die zahlreichen Ziegeleien auch tonige Holozänablagerungen aus der Marsch bzw. von den Fluß-Uferwällen.

Von Nenndorf-Westerholt kann man die Exkursion Richtung Dornum-Nesse (vgl. oben) fortsetzen bzw. eine NE-gerichtete Route nach **Esens** wählen. Letztere führt durch eine flach hügelige Landschaft, in der Geestrücken und Niederungen der Marsch mit klastischen Sedimenten marinen Ursprungs bzw. mit Niedermoortorf rasch abwechseln.

Esens liegt auf einer Geestinsel, die aus Geschiebelehm des Drenthe-Hauptvorstoßes, Saale-Kaltzeit, sowie jüngeren Sanden aufgebaut ist. Als Siedlung im Zentrum des Harlinger Landes wurde Esens bereits um 1150 gegründet. Um 1300 ist eine St. Magnuskirche verbürgt, die 1847 wegen Baufälligkeit abgerissen werden mußte. An ihrer Stelle wurde 1848-1854 die heutige Kirche im neugotischen Stil errichtet. Sie birgt in ihrem Innern das sehenswerte Hochgrab des Häuptlings SIBET ATTENA VON DORNUM (1476) und eine der schönen Bronzetaufen von HINRICH KLINGHE von 1474.

Bei **Bensersiel** kann man auf der E-Seite des Fahrwassers bei niedrigen Wasserständen eine Schichtenfolge beobachten, die drenthezeitlichen Geschiebelehm an der Basis, weichselzeitlichen „braunen Sand" mit Baumwurzeln, holozänen Bruchwaldtorf, Schilftorf und eine geringmächtige Lage junger Wattsedimente umfaßt. Sie vermittelt einen Eindruck vom Aufbau flachgründiger Partien der Marsch bzw. vom basalen Teil eines Holozänprofils.

Die Straße von Bensersiel nach Neuharlingersiel verläuft S eines Deiches, der erst nach den Sturmfluten des 14. Jh. angelegt worden ist. Ursprünglich lag die Deichlinie erheblich weiter N im heutigen Watt. Landverluste auf breiter Front haben hier zum Untergang des Dorfes Otzum nach 1420 und der Dörfer Westbense und Ostbense um 1570 geführt. Reste des ehemaligen Dorfes Otzum sind heute im Watt W Neuharlingersiel zu beobachten.

Die Mündung der inzwischen vollständig eingedeichten **Harlebucht** reicht von Neuharlingersiel E-wärts bis Neu-Friederikengroden. Der W-Rand dieser Bucht ist relativ steil, und die Holozänbasis sinkt auf der 1,5 km langen Strecke von den Gröninger Häusern bis Schillhörn von NN -6,5 m auf NN -16 m ab. Von Schillhörn aus besteht die Möglichkeit, E-wärts bis Carolinensiel und nach Harle zu fahren. Dort liegt das seit 1958 betriebene Harlesiel mit einer Schleusenkammer, einem Sieltor und 3 Pumpen. Über dieses Siel- und Schöpfwerk wird ein 21800 ha großes Niederschlagsgebiet entwässert. Dieses jüngste Sielbauwerk ist Endglied einer langen Reihe inzwischen aufgegebener Siele um die ehemalige Harlebucht, an die zahlreiche, auf -siel endende Ortsnamen erinnern.

Von Harlesiel aus kann man auf der B 461 die verschiedenen Polder der Harlebucht in N-S-Richtung durchfahren, vom 1894 eingedeichten Elisabethengroden bis zum 1570 eingedeichten Polder N der Funnixer Großeriege. Die Strecke quert zahlreiche alte Deichlinien, die in einer über 300 Jahre langen Eindeichungsgeschichte geschaffen worden sind. Dabei hat man Ausblick auf Polderflächen, die sich in ihrer Höhenlage, aber auch aufgrund der Flureinteilung, der Grabensysteme und Siedlungsformen unterscheiden.

Eine andere Routenvariante führt von Schillhörn S-wärts über Altharlingersiel, W an Neufunnixsiel vorbei nach Altfunnixsiel. Diese Route folgt über längere Abschnitte einem um 1550 gelegten Deich, mit dem die bei Sturmfluten des 14 Jh. aufgerissenen, SW-wärts bis Thunum bzw. Stedesdorf und Burhafe reichenden Wattbuchten weiträumig abgeschlossen worden sind. Dabei passiert man mehrere W der Straße gelegene Wehle. Unweit E Altfunnixsiel trifft diese Straße auf die o.g. Exkursionsroute, welche über die B 461 Richtung Wittmund führt.

Bei **Funnixer Großeriege** quert die B 461 jene alte Deichlinie, die um 1300 den S-Rand der Harlebucht markiert hat. Im Raum S dieser Linie gibt es um Funnix, Berdum, Eggelingen und Wiefels Relikte älterer Ringdeiche, die in der Zeit vor dem Bau zusammenhängender Landschutzdeiche kleinere Siedlungsräume ringförmig umschlossen haben.

Sturmfluten des 14. Jh. haben die alte Deichlinie zwischen Berdum und Middoge zerstört und tief ins Land hineingreifende Wattbuchten geschaffen, die S der Linie Wittmund-Jever bis an den Geestrand heranreichten. Vorübergehend lag Eggelingen auf einer halligartigen Insel im Watt, und das auf einer Geestinsel liegende Asel war beiderseits von Wattrinnen bzw. -buchten umgeben. Diese Meereseinbrüche verfrachteten kalkhaltige Wattsedimente S-wärts bis in die Bucht von Sandel und Leerhafe. Die Exkursionsroute von Wittmund nach Jever quert auf der B 210 derartige ehemalige Wattbuchten und -Rinnen. Unmittelbar E Wittmund führt die Straße über eine Wattrinne, in der heute das Wittmunder Tief verläuft. Dann steigt die Straße zur Geestinsel von

Asel an, um danach auf der weiteren Strecke bis Jever erneut durch eine fossile Wattenbucht zu führen. In diesem Bereich sinkt die Holozänbasis stellenweise bis unter NN -10 m ab.

Das auf einem Geestvorsprung liegende **Jever** ist, wie bedeutende Münzfunde aus der römischen Kaiserzeit belegen, eine alte Siedlung. Im 12. Jh. hat der Ort bereits eine eigene Münzstätte besessen. Das Jeversche Schloß, ein Vierflügelbau mit rundem Bergfried, geht auf eine mittelalterliche Anlage zurück, wurde aber vor allem im 15. und 16. Jh. ausgebaut. Erst 1736 erhielt der massige Turm seinen beschwingten Barockaufsatz. Heute ist im Schloß das „Schloß- und Heimatmuseum Jever" untergebracht mit einer kleineren geowissenschaftlichen Abteilung. Der Besuch lohnt sich aber auch wegen der Innenarchitektur des Schlosses sowie seiner kunst- und kulturgeschichtlichen Sammlungen. Die Stadtkirche von Jever ist nach einem Brand 1959 neu erbaut worden. Unzerstört geblieben ist die daran angebaute spätgotische Grabkapelle mit dem Renaissance-Grabmal für EDO WIEMKEN d.J., den letzten Häuptling des Jeverlandes. Das Grabmal wurde von seiner Tochter, dem tatkräftigen und kunstsinnigen Fräulein MARIA VON JEVER gestiftet und 1561-64 von CORNELIUS FLORIS zu Antwerpen und dessen Schüler HEINRICH HAGART geschaffen. Zahlreiche schöne Häuser, darunter Rathaus (1609-16), Gerichtshaus (1703) und „Haus der Getreuen" lohnen einen Rundgang durch die Stadt.

Von Jever aus lassen sich der E-Teil der Harlebucht sowie die Marsch des Jever- und Wangerlandes in einer Rundreise erkunden. Unweit W der Stadt zweigt man von der B 210 nach N ab, Richtung Wiefels und Tettens. Bei Wiefels hat man nach W einen Ausblick über den 1362 entstandenen Einbruch des Wattenmeeres und auf die ehemals halligartige Insel Eggelingen. Etwas weiter N liegen auf der E-Seite der Straße in der alten Marsch die Wurten Förriesdorf und Zissenhausen, an deren Basis man Reste von Flachsiedlungen aus der römischen Kaiserzeit nachgewiesen hat. Etwas N der Abzweigung nach Tettens erreicht die Straße bei Altendeich jene alte Deichlinie, die vor den Einbrüchen des 14. Jh. die Harlebucht im S begrenzt hat.

Die Dorfwurt **Ziallerns**, E von Altendeich gelegen, ist wohl die am besten erhaltene und in ihrer Anlage geschlossenste Wurt des Jeverlandes. Sie liegt in der alten Marsch an einem Prielsystem, das zeitweilig vermutlich Harlebucht und Jade miteinander verbunden hat. Bohrungen lieferten Hinweise, daß die Wurt über einer Flachsiedlung aus der römischen Kaiserzeit errichtet worden ist. Die nahezu kreisrunde Wurt hat einen Durchmesser von 200 m, eine Höhe von 5 m und ist von einer Ringstraße umschlossen. Gehöfte sind radial um einen freien Platz in der Wurtenmitte angeordnet, auf dem früher eine Kapelle gestanden haben soll. Auf Ziallerns ist eine mit Ton ausgekleidete Regenwasserzisterne erhalten, ein sog. Fething, der allerdings nicht öffentlich zugänglich ist.

Von Altendeich N-wärts folgt die Staße ein Stück weit der alten Deichlinie um die Harlebucht. Danach verläuft dieser Deich unmittelbar E der Straße und setzt sich über Altgarmssiel im „Medernser Altendeich" nach NNE fort bis Inhausersiel und zum „Norderaltendeich" bei Minsen. Bei Altgarmssiel gabelt sich die Straße nach NNW, Richtung Neugarmssiel, Carolinensiel und Harle (vgl. oben) bzw. nach E, Richtung Hohenkirchen. Von hier aus kann man S-wärts nach Jever zurückkehren. Dabei durchfährt man auf weiten Strecken die alte Marsch, quert aber auch junge, von der Jade in diesen Raum hineinreichende Wattrinnen bzw. Buchten. In diesen ehemaligen Wattausläufern liegen heute die Kanalsysteme der Binnenentwässerung, wie z.B. Poggenburger Leide bzw. Crildumer Tief. Über der stellenweise bis NN -15 m absinkenden Holozänbasis existiert hier eine komplex aufgebaute Schichtenfolge aus Sedimenten marinen Ursprungs und Torfen.

9.2.3 Die Marschen an Jade und Jadebusen

Karten: GÜK 200 – CC 2310 Helgoland, CC 3110 Bremerhaven; GK 25 – 2314 Hooksiel (1985), 2414 Wilhelmshaven (1981); BK 25 – 2313, 2314, 2413, 2414, 2514, 2515, 2615; KHK 50 – Nr. 8, 6, 10.

Bei der Anfahrt von Jever zur Jade empfielt es sich, die Route über den Geestrücken von Sillenstede nach Sengwarden einzuschlagen. Die Kirche von **Sillenstede** nimmt unter den zahlreichen Findlingsquaderkirchen des Wanger- und Jeverlandes aufgrund ihrer Größe und Erhaltung einen herausragenden Platz ein. Obwohl Sillenstede auf der Geest liegt, hat man die Kirche um 1233 zusätzlich auf einem künstlich geschaffenen Erdhügel errichtet. Der 42 m lange, schmale und hohe Bau besitzt eine Halbkreisapsis und hochliegende Rundbogenfenster. Er ist vollständig aus z.T. gewaltigen Findlingsblöcken errichtet, die nur an den sichtbaren Außenseiten behauenen sind. Eindrucksvoll ist auch der Innenraum der Kirche mit flacher Holzdecke, Figurenschmuck, einem geschnitzten Flügelaltar aus dem 16. Jh. und einem schönen Taufstein aus dem 13. Jh. Der separat stehende Glockenturm ist vermutlich etwas jünger als die Kirche und wurde aus Granitquadern sowie Tuffstein erbaut.

Eine ähnliche Kirche besitzt der in der Marsch liegende Ort Sengwarden, der aus einer Wurtensiedlung der römischen Kaiserzeit hervorgegangen ist. Von hier aus empfiehlt sich ein Abstecher nach N, Richtung Hooksiel und Horumersiel. Unmittelbar S von **Hooksiel** quert diese Route zwei alte, NW-SE-verlaufende Deichlinien, deren Alter bislang noch unbekannt ist. Hooksiel war früher Siel- und Hafenort am Ausgang des Hooksieler Tiefs zur Jade und damit zeitweilig Außenhafen für Jever. Mit dem alten Deich, Hafen und umliegenden Gebäuden hat der Ort trotz moderner Veränderungen seine alte Grundanlage bewahrt.

Auf der Strecke N Hooksiel folgt die Straße auf längerer Strecke einer alten, von Häusern bestandenen Deichlinie. Auch dieser „Wüppelser Altendeich" bzw. „Wiarder Altendeich" ist bislang nicht zu datieren. Das weite Marschgebiet E der Straße dagegen hat man größtenteils 1542 eingedeicht, kleinere seewärts liegende Polder im ausgehenden 16. Jh., und jüngste Vordeichungen wurden nach der Sturmflut von 1962 vorgenommen. In diesem Zusammenhang wurden mehrere kleine Siele aufgegeben und die Entwässerungssysteme von Hooksieler Tief, Crildumer Tief, Poggenburger Leide, Hohenstief sowie Horumer Tief zusammengefaßt. Seitdem wird überschüssiges Niederschlagswasser aus der Marsch über das neu erbaute Schöpfwerk Wangerland, Wangertief und Wangersiel durch den Horumersieler Hafen zur Jade abgeführt. Im Zuge dieser Baumaßnahmen, aber auch durch den Tourismus wurde die alte Anlage des Siel- und Hafenortes **Horumersiel** erheblich stärker verändert als in Hooksiel.

Vom Hafen Horumersiel kann man binnendeichs Richtung Crildumersiel zurückfahren und hat dabei einen Ausblick auf das Wangertief und den zwischen Deichen von 1568 und 1965 geschaffenen Speicherpolder von 90 ha Größe. Am N-Rand von Hooksiel empfiehlt es sich, von der Hauptstraße nach E abzubiegen und durch das Deichschart des 1591 gebauten Deiches in den 1971 bis 1974 eingedeichten **Voslapper Groden** zu fahren. Den N-Teil dieses ehemaligen Wattgebietes hat man nur teilweise mit Baggergut aus der Jade aufgespült und dabei um das Hooksieler Binnentief herum eine Kunstlandschaft für Freizeitaktivitäten geschaffen. Der weitaus größere S-Teil des Voslapper Grodens wurde einheitlich auf NN +2,2 m aufgespült und für Industrieansiedlungen bereitgestellt. Von der Deichkrone in der NE-Ecke des Voslapper Grodens gewinnt man einen sehr guten Rundblick. Er reicht vom Ort Hooksiel im W und den Deich von 1591, über Campingplatz, Strandbäder sowie über das verbliebene Hooksieler-Horumersieler Watt, die Jade und bis Mellum im NE. Im S überblickt man den Vorhafen Hooksiel mit seiner Schleusenanlage, das Freizeitgebiet am Hooksieler Binnentief und die S-wärts anschließende Industriezone. Dieser Rundblick vermittelt einen Eindruck von den auf engstem Raum konkurrierenden Nutzungsansprüchen, die Tourismus, Naturschutz, Schiffahrt und Industrieansiedlung an die Küstenregion stellen.

Vom Vorhafen Hooksiel S-wärts führt eine Straße nach Wilhelmshaven. Sie gestattet Ausblicke auf die diversen Industrieanlagen im Voslapper Groden und **Rüstersieler Groden** sowie auf die Pier- und Brückenanlagen (ICI-Terminal, Raffinerie-Terminal und Niedersachsenbrücke) am seeschifftiefen Jadefahrwasser. Vom N-Teil des Rüstersieler Grodens hat man Anschluß an die A 29, auf der man Wilhelmshaven im W weiträumig umfahren kann. Eine andere Route führt S-wärts am Rand des Rüstersieler Grodens entlang. Auf ihr quert man die Mündung

Ostfriesische Marschen

der ehemaligen Maadebucht und bei Rüstersiel die Maade, über die noch heute die Binnenentwässerung zur Jade erfolgt. In der NE-Ecke des **Heppenser Grodens** bietet der sog. Rüstringer Berg, eine 13 m hohe überschüttete Bunkeranlage, einen guten Ausblick auf die Niedersachsenbrücke, das Kraftwerk und den Ölhafen mit Tankerlöschbrücke (NWO-Terminal). Außerdem reicht die Sicht über den „Flaschenhals" der Jade zum gegenüberliegenden Ufer bei Eckwarden. Durch diese Engstelle strömen bei normaler Flut 450 Mio m^3 Wasser ein und bei Ebbe wieder aus.

Die Stadt **Wilhelmshaven** bietet vielseitige Möglichkeiten als Ausgangspunkt für verschiedene Exkursionen unterschiedlicher Fachrichtung. Die Stadt ist Sitz mehrer renommierter Forschungsinstitute und für die Küstenregion zuständiger Behörden, die z.T. nach vorheriger Vereinbarung Exkursionen in das nähere und weitere Umland führen.

Das „Niedersächsische Institut für historische Küstenforschung", Viktoriastraße 26-28, 2940 Wilhelmshaven, (früher Niedersächsisches Landesinstitut für Marschen- u. Wurtenforschung) befaßt sich mit der naturräumlichen und siedlungsgeschichtlichen Entwicklung des Küstenraumes. Seit Jahrzehnten arbeitet das „Forschungsinstitut Senckenberg", Schleusenstraße 39 a, auf den Sektoren Meeresbiologie, Aktuogeologie und Aktuopaläontologie mit Schwerpunkten in den Watten und im Flachmeer; neuerdings betreibt es auch Studien über anthropogene Belastungen dieser Region. Als Bundesbehörde ist das „Wasser- und Schiffahrtsamt Wilhelmshaven", Mozartstraße 32, u.a. zuständig für die Fahrwasserunterhaltung in der Jade sowie für den seeseitigen Schutz der Inseln Wangerooge und Minsener Oog. Unter der Obhut des „Niedersächsischen Hafenamtes Wilhelmshaven", Kieler Straße 31, stehen die Hafeneinrichtungen, die vier großen Löschbrücken an der Jade und der Vorhafen Hooksiel. Die „Nationalparkverwaltung Niedersächsisches Wattenmeer", Virchowstraße 1, ist zuständig für den Schutz von Natur und Landschaft der Wattenregion. Das „Common Wadden Sea Secretariat" (Internationales Wattenmeersekretariat) ist eine trilaterale Einrichtung der Bundesrepublik Deutschlands, Dänemarks und der Niederlande, also jener Nordseeanrainer mit einer Wattenmeerküste. Das „Niedersächsische Institut für Vogelforschung – Vogelwarte Helgoland", An der Vogelwarte 21, bearbeitet anhand der Vogelfauna Themen des Umwelt- und Naturschutzes in der Küstenregion. Das „Küstenmuseum der Stadt Wilhelmshaven", Rathausplatz 10, verfügt u.a. über geowissenschaftliche Exponate zur Entstehung und Entwicklung der Küstenlandschaft sowie zur Vorgeschichte. Erwähnenswert ist auch das „Seewasseraquarium", Am Südstrand 21.

Im Stadtgebiet Wilhelmshavens liegen mehrere Wurten, z.b. „Kleine Banter Wierth" und „Observatoriumswurt", die über Flachsiedlungen der römischen Kaiserzeit aufgeworfen worden sind. Ferner gibt es um den Stadtteil Heppens einen gut erhaltenen, bislang nicht datierbaren Ringdeich mit der Dorfwurt Heppens im Zentrum. Unweit W davon liegt die Siebetsburg, eine ehemalige Turmhügelburg, die 1383 von EDO WIEMKEN d.Ä. erbaut worden ist und bis 1433 bestanden hat. Grabungen haben hier eine ausgedehnte, von einem Graben umgebene Vorburg mit Wirtschaftshof nachgewiesen und eine innere, von je zwei Wällen und Gräben umgebene Verteidigungsanlage. Der künstlich aufgeschüttete Burghügel war 5 m hoch und besaß an seiner Oberfläche Abmessungen von 35 x 35 m. Dort fand man Fundamentreste eines rechteckigen Wehrturmes mit Grundmaßen von 15 x 12 m und 3m Wandstärke, dessen Höhe auf ca. 20 geschätzt wird. Ein Modell dieser Burg steht im Küstenmuseum.

Vom Deich am S-Strand Wilhelmshavens hat man einen Rundblick auf den Jadebusen und das Hafengebiet Süd, mit Westhafen, Banter See und Großem Hafen. Hier, im sog. Landesviertel Bant, sind bei den Sturmfluten 1509, 1510 und 1511 rund 25 km^2 Marschenlandes verlorengegangen. Die S-Flanke des verbliebenen Gebietes konnte man erst 1529 durch den „Banter Deich" schützen. Dieser Deich verläuft von Mariensiel S an Kanalhafen und Handelshafen vorbei zum Nordhafen und zur Observatoriumswurt. Die Banter Kirchwurt, zwischen Banter See und Großem Hafen gelegen, ist Rest einer im Jadebusen untergegangenen Siedlung. Erst die Vordeichungen von 1901 haben das Hafengebiet vom Jadebusen zurückgewonnen und mit dem „Banter

Seedeich" bzw. „Fliegerdeich" die heutige Grenze zwischen Land und Wattenmeer geschaffen.

Vom Banter See aus kann man mehrere Routenvarianten wählen. Eine erste Variante führt über den Banter Weg und die Friedrich-Paffrath-Straße durch den W-Teil Wilhelmshavens nach N. Auf ihr quert man unmittelbar N der Bismarck-Straße sowie an der tom-Brok-Straße und Kurt-Schumacher-Straße alte Deichlinien, mit denen zwischen 11. und 14. Jh. die ehemalige Maadebucht von SE her eingeengt worden ist. Unmittelbar vor der Autobahnauffahrt (W'Haven Nord/Sengwarden) führt die Straße über den Maade-Durchstich. Die Maade verlief ursprünglich in einem etwas weiter nach NW ausholenden Bogen nach E, Richtung Rüstersiel und zum Maadesiel an der Jade. Vom Autobahnzubringer Richtung Fedderwarder Groden bzw. auch von der A 29 überblickt man die oberirdischen Anlagen eines Kavernenfeldes, das die Nord-West Kavernengesellschaft im Salzstock Rüstringen eingerichtet hat. Dieses Kavernenfeld dient der langfristigen Einlagerung von Rohöl und Mineralölprodukten. Die A 29 führt in S-Richtung weiträumig um Wilhelmshaven herum und gestattet Ausblicke auf die Burg Kniphausen und auf das ehemalige Schwarze Brack.

Eine zweite Routenvariante führt vom Banter See auf der S-Seite des Kanalhafens und des Ems-Jade-Kanals entlang nach Mariensiel, Richtung Sande und von hier aus S-wärts auf der B 69 über den Ellenser Damm. Dieser 1615 durch das Schwarze Brack gelegte Deich ist ein herausragendes Zeugnis der Deichbautechnik jener Zeit. Deutlich sind am Ellenserdamm-Tief Höhenunterschiede zwischen der tief liegenden Geländeoberfläche im ehemaligen Schwarzen Brack auf der W-Seite der Straße und den höher aufgeschlickten Polderflächen auf der E-Seite erkennbar.

Von Sande aus besteht auch die Möglichkeit für einen Abstecher auf der B 436 nach SW, Richtung **Neustadt Gödens**. Dieser Ort ist 1544 von mennonitischen Leinewebern gegründet worden und hat, aufgrund der Leineweberei sowie seines Hafens am Schwarzen Brack, eine kurze Blütezeit erlebt. Mit dem Bau des Ellenser Dammes 1615 lag der Ort plötzlich weit im Binnenland und war teilweise von seinen Handelswegen abgeschnitten. In der Marsch unweit W von Neustadt Gödens liegt das **Wasserschloß Gödens**, ein rechtwinkliger Zweiflügelbau aus Backstein, der 1671 in schlichtem Barock errichtet worden ist. Das Schloß steht inmitten einer älteren Anlage, die einen Park, ausgedehnte Wasserflächen und eine Vorburg umfaßt. In ihrer Geschlossenheit vermittelt diese Anlage noch heute einen Eindruck der ursprünglichen Burganlage, welche Häuptlinge der Herrlichkeit Gödens ab Ende des 14. Jh. erbaut hatten. Bei der Weiterfahrt auf der B 436 erreicht man N von Horsten den Geestrand und E von Etzel ein von der Industrie Verwaltungs Gesellschaft AG im Salzstock Etzel eingerichtetes Kavernenfeld zur unterirdischen Lagerung von Rohöl und Mineralölprodukten.

Von Friedeburg aus kann man auf der B 437 S-wärts über Marx bis zur Abzweigung nach Zetel fahren. Dort existieren bei Bohlenbergerfeld mehrere Sandgruben, in denen weiße Quarzsande des Oberpliozän abgebaut werden. In diese Sande können dünne Kieslagen eingeschaltet sein, die ausschließlich aus Quarzgestein (Restquarz, Quarzit) bestehen, und in denen gelegentlich auch lavendelblaue Verkieselungen auftreten. Diese pliozänen Sande werden von geringmächtigen Pleistozänablagerungen, Schmelzwassersanden und z.T. verwitterter Grundmoräne der Elster-Kaltzeit, überdeckt. In den Räumen **Zetel-Neuenburg** und **Bockhorn-Varel** steht weitflächig „Lauenburger Ton" an. Seine verwitterten Partien sind hier Rohstoffgrundlage der Backstein- und Klinkerindustrie. Der Tonabbau geht in meist flachen Gruben um, die, nachdem die verwitterten Partien abgetragen sind, rekultiviert werden und nur noch an den Umrissen ehemaliger Abbauflächen zu erkennen sind. Aus Bockhorner Klinker sind z.B. das Rathaus in Wilhelmshaven sowie die neue Strandpromenade am Südstrand erbaut. Über diesen engeren Raum hinaus, wurde der Klinker z.B. aber auch zum Bau des Chilehauses in Hamburg und der Tonhalle in Düsseldorf verwendet. Das von den Vereinigten Oldenburger Klinkerwerken GmbH. unterhaltene „Klinkerzentrum", Postfach 140, 2935 Bockhorn, vermittelt eine Übersicht der Produktepalette sowie über Geschichte und Herstellung der Klinker.

Varel besitzt als ehemaliger friesischer Häuptlingssitz eine im 13. Jh. erbaute Schloßkirche. Ihr ältester Teil ist das aus Findlingsquadern errichtete Langhaus; unwesentlich jünger sind Querhaus und Chor, deren Mauerwerk aus Findlingsquadern und Backsteinen gefügt ist. Der um 1614 vollendete Altar von LUDWIG MÜNSTERMANN gehört zu den Hauptwerken des deutschen Spätmanierismus. In der großen Holländer-Windmühle von Varel ist eine heimatkundliche Sammlung untergebracht.

Ausgehend von Varel lohnt sich ein Abstecher zur **Geestinsel Dangast**. Dieser Künstler- und Badeort ist die einzige Stelle im ostfriesischen Raum, an der die Geest heute unmittelbar bis ans Wattenmeer heranreicht. Vom Geestrücken hat man einen guten Ausblick auf den Jadebusen, in dessen geschützt liegendem SW-Teil ausgesprochen typische Schlickwattsedimente vorkommen. Durchs Dangastersiel entwässert das Ellenserdamm-Tief das Gebiet des ehemaligen Schwarzen Bracks zum Jadebusen. Die Anlage umfaßt den Speicherpolder, das Siel mit vier Siel-läufen, Vorhafen und Außentief. Am Dangastersiel markieren Flutsteine die hier beobachteten Sturmflutwasserstände der:

Allerheiligenflut 1570	NN +4,80 m,
Weihnachtsflut 1717	NN +4,89 m,
Februarflut 1825	NN +5,26 m und
Märzflut 1906	NN +5,35 m.

Aufgrund der herrschenden Windlage wurde hier bei der Sturmflut 1962 kein höherer Wasserstand erreicht.

Dangast ist auch Ausgangspunkt für eine Wattwanderung zum Leuchtturm Arngast, der N der ehemaligen Geestinseln Klein und Groß Arngast im Jadebusenwatt liegt. Die Route beginnt E des Ortes an der Deichüberfahrt in den Nordender Groden und verläuft von dort nach N und NNE. Diese mit Hin- und Rückweg ca. 12 km lange Wanderung sollte nicht ohne ortskundige Führung unternommen werden.

Von Varel aus ist E-wärts auf der B 437 auch das **Sehestedter Außendeichsmoor** gut zu erreichen. Dabei quert man zunächst eine im 14. Jh. entstandene, heute wieder verlandete Wattenbucht mit dem Flüßchen

Jade, zweigt dann bei Diekmannshausen nach NE ab und fährt binnendeichs bis zum Sehestedter Moor. Der außendeichs liegende Rest eines ehemals größeren Hochmoores ist ein Naturdenkmal, das bei Sturmfluten aufschwimmt, und an dem es heute noch zur Entstehung von Klappklei kommt. Von der Deichkrone überblickt man das unter Naturschutz stehende Moor, das vermutlich in wenigen Jahrzehnten vollständig erodiert sein wird. Am S-Rand des Moores kann man das in Torf eingeschnittene Erosionskliff erkennen sowie die dort losgeschlagenen und verdrifteten Torfschollen, sog. Dargen, die teils als überwachsene Buckel im Deichvorland liegen.

10. Schriftenverzeichnis

AIGNER, T. & REINECK, H.-E. (1982): Proximality trends in modern storm sands from the Helgoland Bight (North Sea) and their implications for basin analysis.- Senckenbergiana marit., **14**, 5/6: 183-215, 10 Abb., 3 Taf.; Frankfurt a.M.

AMBROGGI, R.P. (1980): Wasserversorgung.- Spektrum der Wiss., **11**: 37-48, 10 Abb.; Weinheim.

ANDERSON, H.-J. (1964): Die miocäne Reinbek-Stufe in Nord- und Westdeutschland und ihre Molluskenfauna.- Fortschr. Geol. Rheinld. Westfalen, **14**: 31-368, 18 Abb., 3 Tab., 52 Taf.; Krefeld.

ARENDS, F. (1824): Erdgeschichte des Fürstentums Ostfriesland und des Harlinger Landes.- 3 Bde.; Emden.

AUSSCHUSS „KÜSTENSCHUTZWERKE" DER DEUTSCHEN GESELLSCHAFT FÜR ERD- UND GRUNDBAU E.V. SOWIE DER HAFENBAUTECHNISCHEN GESELLSCHAFT E.V. (1981): Empfehlungen A: Äußere Belastungen als Grundlage für die Planung und Bemessung von Küstenschutzbauwerken.- Die Küste, **36**: 4-103, 65 Abb., 15 Tab.; Heide i. Holst.

BACKHAUS, H. (1943): Die ostfriesischen Inseln und ihre Entwicklung. Ein Beitrag zu den Problemen der Küstenbildung im südlichen Nordseegebiet.- Schr. Wirtschaftswiss. Ges. Studium Niedersachsens, Reihe A, **12**: 143 S., 74 Abb.; Hannover – Göttingen.

BÄSEMANN, H. (1979): Feinkiesanalytische und morphometrische Untersuchungen an Oberflächensedimenten der Deutschen Bucht.- Diss., Univ. Hamburg: 1-143; Hamburg.

BARCKHAUSEN, J. (1969): Entstehung und Entwicklung der Insel Langeoog – Beiträge zur Quartärgeologie und Paläogeographie eines ostfriesischen Küstenabschnittes – Oldenburger Jb., **68**: 239-281, 13 Kt.; Oldenburg i.O.

BARCKHAUSEN, J. (1970): Geologische Karte von Niedersachsen 1:25000, Erl. Bl. Baltrum Nr. 2210, Bl. Ostende Langeoog Nr. 2211: 44 S., 5 Abb., 4 Tab., 2 Taf., 1 Kt.; Hannover.

BARCKHAUSEN, J. (1984): Geologische Karte von Niedersachsen 1:25000, Erl. Bl. 2609 Emden: 109 S., 9 Abb., 5 Tab., 3 Kt.; Hannover.

BARCKHAUSEN, J., LOOK, E.-R., VINKEN, R. & VOSS, H.-H. (1975): Symbolschlüssel Geologie, Symbole für die Dokumentation und Automatische Datenverarbeitung -ADV- geologischer Feld- und Aufschlußdaten.- Nieders. Landesamt für Bodenforsch. u. Bundesanstalt für Geowiss. u. Rohstoffe, 135 S.; Hannover.

BARCKHAUSEN, J. & MÜLLER, H. (1984): Ein Pollendiagramm aus der Leybucht.- Probl. Küstenforsch. südl. Nordseegebiet, **15**: 127-134, 3 Abb.; Hildesheim.
BARCKHAUSEN, J., PREUSS, H. & STREIF, H. (1977): Ein lithologisches Ordnungsprinzip für das Küstenholozän und seine Darstellung in Form von Profiltypen.- Geol. Jb., **A 44**: 45-77, 7 Abb., 3 Tab.; Hannover.
BARCKHAUSEN, J. & STREIF, H. (1978): Geologische Karte Niedersachsen 1:25000, Erl. Bl. 2608 Emden West: 80 S., 5 Abb., 1 Tab., 3 Kt.; Hannover.
BARNETT, T.P. (1983): Global sea level estimating and explaining apparent changes.- Coastal Zone'83, Proceed. Third Symp. on Coastal and Ocean Management, **3**: 2777-2783; San Diego.
BEHRE, K.-E. (1970): Die Entwicklungsgeschichte der natürlichen Vegetation im Gebiet der unteren Ems und ihre Abhängigkeit von den Bewegungen des Meeresspiegels.- Probl. Küstenforsch. südl. Nordseegebiet, **9**: 13-47, 10 Abb., 5 Tab., 6 Taf.; Hildesheim.
BEHRE, K.-E. (1978): Die Geschichte des Jadebusens und der Jade.- In: Reineck, H-E. (Hrsg.): Das Watt – Ablagerungs- und Lebensraum: 39-49, Abb. 15-19; Frankfurt a.M.
BEHRE, K.-E. (1979): Zur Rekonstruktion ehemaliger Pflanzengesellschaften an der deutschen Nordseeküste.- Ber. internat. Symp. internat. Ver. Vegetationskde.: 181-207, 4 Abb. , 3 Tab.; Vaduz (Cramer).
BEHRE, K.-E. (1985): Die ursprüngliche Vegetation in den deutschen Marschengebieten und deren Veränderung durch prähistorische Besiedlung und Meeresspiegelbewegungen.- Verh. Ges. Ökologie, **XII** (Bremen 1983): 85-96, 6 Abb.; Göttingen.
BEHRE, K.-E. (1986): Meeresspiegelverhalten und Besiedlung während der Zeit um Christi Geburt in den Nordseemarschen.- Offa, **43**: 45-53, 2 Abb.; Neumünster.
BEHRE, K.-E. (1989): Biostratigraphy of the last glacial period in Europe.- Quaternary Science Reviews, **8**: 25-44, 10 Abb., 1 Tab.; London.
BEHRE, K.-E., DÖRJES, J. & IRION, G. (1984): Ein datierter Sedimentkern der südlichen Nordsee.- Probl. Küstenforsch. südl. Nordseegebiet, **15**: 135-148, 6 Abb., 2 Tab.; Hildesheim.
BEHRE, K.-E. & LADE, U. (1986): Eine Folge von Eem und 4 Weichsel-Interstadialen in Oerel/Niedersachsen und ihr Vegetationsablauf.- Eiszeitalter u. Gegenwart, **36**: 11-36, 12 Abb., 2 Tab., 2 Taf.; Hannover.
BEHRE, K.-E. & MENKE, B. (1969): Pollenanalytische Untersuchungen an einem Bohrkern der südlichen Doggerbank.- Dt. Akad. Wiss. Berlin, Beiträge zur Meereskunde, **24/25**: 122-129, 2 Abb., 1 Tab.; Berlin.
BEHRE, K.-E., MENKE, B. & STREIF, H. (1979): The Quaternary development of the German part of the North Sea.- In: OELE, E., SCHÜTTENHELM, R.T.E. & WIGGERS, A.J. (Hrsg.): The Quaternary History of the North Sea. Acta Univ. Ups. Symp. Univ. Ups. Annum Quingentesimum Celebrantis, **2**: 85-113, 9 Abb.; Uppsala.

Schriftenverzeichnis 333

BEHRE, K.-E. & STREIF, H. (1980): Kriterien zu Meeresspiegel- und darauf bezogene Grundwasserabsenkungen.- Eiszeitalter u. Gegenwart, **30**: 153-160; Hannover.

BENDA, L. (1971): Diatomeenanalyse.- In: STREIF, H.: Stratigraphie und Faziesentwicklung im Küstengebiet von Woltzeten in Ostfriesland: 27-31, 1 Tab.; Hannover.

BENNEMA, J., GEUZE, E.C.W.A., SMITS, H. & WIGGERS, A.J. (1954): Soil compaction in relation to Quaternary movements of sea-level and subsidence of the land, especially in the Netherlands.- Geol. en Mijnb., N.S., **16**: 173-178; Delft.

BINOT, F. (1988): Strukturentwicklung des Salzkissens Helgoland.- Z. dt. geol. Ges., **139**: 51-62, 5 Abb.; Hannover.

BLOOM, A.L. (1971): Glacial-eustatic and isostatic controls of sea level since the last glaciation.- In: TUREKIAN, K.K.: The Late Cenocoic glacial ages: 355-379, 4 Abb., 2 Tab.; New Haven, London (Yale University Press).

BRAND, E. & HOFFMANN, K. (1963): Stratigraphie und Fazies des nordwestdeutschen Jura und Bildungsbedingungen seiner Erdöllagerstätten.- Erdöl & Kohle, **16**. Jg.: 437-450, 14 Abb.; Hamburg.

BRAND, G., HAGEMAN, B.P., JELGERSMA, S. & SINDOWSKI, K.-H. (1965): Die lithostratigraphische Unterteilung des marinen Holozäns an der Nordseeküste.- Geol. Jb., **82**: 365-384, 10 Abb., 3 Tab.; Hannover.

BRANDT, K. (1977): Handelsplätze des frühen und hohen Mittelalters in der Marsch zwischen Ems- und Wesermündung. Ein Vorbericht über archäologisch-historische Untersuchungen.- Z. Archäologie des Mittelalters, Jg. 5/1977: 121-144, 13 Abb.; Bonn.

BRANDT, K. (1978): Küstenhandelsplätze des frühen und hohen Mittelalters zwischen Ems und Weser.- Berichte z. dt. Landeskde, **52**: 159-176; Meisenheim (Glan).

BRANDT, K. (1981 a): Historisch-archäologische Untersuchungen in mittelalterlichen Handelsorten in der Marsch zwischen Ems- und Wesermündung.- In: Vereniging voor oudheidkundig bodem onderzoek in West-Vlaanderen, Handlingen van het internatio naal colloquium Kortrijk 28-30 oktober 1980: 249-264, 6 Abb.; Kortrijk.

BRANDT, K. (1981 b): Siedlungsgeschichte und historische Entwicklung.- In: STREIF, H: Geol. Karte Niedersachsen 1:25000, Erl. Bl. 2414 Wilhelmshaven: 73-83; Hannover.

BRANDT, K. (1983): Archäologische Untersuchungen in hochmittel alterlichen Seehandelsorten an der Nordseeküste zwischen Ems- und Wesermündung.- Lübecker Schr. z. Archäol. u. Kulturgesch., **7**: 11-117; Lübeck.

BRANDT, K. (1984): Siedlungsentwicklung.- In: BARCKHAUSEN, J: Geol. Karte Niedersachsen 1:25000, Erl. Bl. 2609 Emden: 66-75, 1 Abb.; Hannover 1984.

BRANDT, W. (1956): Berechnete und beobachtete Setzungen der Schilf- und Seggentorfe durch künstlich aufgelagerte Sedimente.- Geol. Jb., **71**: 543-558, 11 Abb.; Hannover.

BROCKMANN, C. (1932): Die Diatomeen aus dem Interglazial von Oldenbüttel.- Abh. Preuß. Geol. L.-A., N.F., **140**: 45–58, 1 Tab., 3 Taf.; Berlin.
BURGER, A.W. (1986) Sedimentpetrographie am Morsum Kliff, Sylt (Norddeutschland).- Meded. Werkgr. Tert. Kwart. Geol., **23**, 3: 99-109, 3 Abb., 2 Tab.; Leiden.
CAMERON, T.D.J., LABAN, C., MESDAG, C.S. & SCHÜTTENHELM, R.T.E. (1984): Indefatigable sheet 53° N-02° E, 1:250000 Quaternary Geology.- British Geological Survey, Rijks Geologische Dienst; Keyworth.
CAMERON, T.D.J., STOKER, M.S. & LONG, D. (1987): The history of Quaternary sedimentation in the UK sector of the North Sea Basin. – Jour. Geol. Soc., London, **144**: 43-58, 9 Abb.; London.
CAMPBELL, A.C. (1987): Der Kosmos Strandführer – Das lebt im Meer an Europas Küsten.- 320 S., Abb.; Stuttgart (Franckh).
CHOWDHURI, K.R. & REINECK, H.-E. (1978): Primary sedimentary structures and their sequence in the shoreface of barrier island Wangerooge (North Sea).- Senckenbergiana marit., **10**, 1/3: 15-29, 3 Abb., 3 Tab., 1 Taf.; Frankfurt a.M.
DAHL, H.-J. & HECKENROTH, H. (1978): Landespflegerisches Gutachten zu geplanten Deichbaumaßnahmen in der Leybucht.- Naturschutz u. Landschaftspflege in Niedersachsen, **7**: 176 S., 31 Abb., 16 Tab., 1 Kt. 1 : 20000; Hannover.
DECHEND, W. (1954): Eustatische und tektonische Einflüsse im Quartär der südlichen Nordseeküste.- Geol. Jb., **68**: 501-516; Hannover.
DECHEND, W. (1955): Ergebnisse der Bohrungen im Bereich der Hallig Bant auf dem Kooper Sand südlich Juist.- Forschungsstelle Norderney, Jahresber. 1954,**VI**: 7-14, 4 Anl.; Norderney.
DECHEND, W. (1956): Der Ablauf der holozänen Nordsee-Transgression im oldenburgisch-ostfriesischen Raum insbesondere im Gebiet von Jever i.O.- Geol. Jb., **72**: 295-314, 5 Abb.; Hannover.
DECHEND, W. & GRONWALD, W. (1962): Krustenbewegungen und Meeresspiegelschwankungen im Küstenbereich der südlichen Nordsee. – Geol. Jb., **79**: 23-60, 3 Abb., 1 Tab., 4 Taf.; Hannover.
DECHEND, W. & SINDOWSKI, K.-H. (1956): Die Gliederung des Quartärs im Raum Krummhörn-Dollart (Ostfriesland) und die geologische Entwicklung der Unteren Ems.- Geol. Jb., **71**: 461-490, 14 Abb., 10 Tab.; Hannover.
DEILMANN (1977): Hamburger Sand Z1 Erdgasbohrung mit der Hubinsel Transocean Nr. 4.- Deilmann Unser Betrieb, 25 Jg., 3: 3-5, 5 Abb.; Bad Bentheim.
DEWERS, F. (1941): In: DEWERS, F., GRIPP, K. & OVERBECK, F: Das Känozoikum in Niedersachsen.- S. 268-454, Abb. 117-190, Tab. 7-15; Oldenburg.
DHI (1966): Nordsee-Handbuch östlicher Teil – Von Hanstholm bis zur Ems.- 13. Aufl.: 564 S., 198 Ansichten, 68 Kt., Abb., 1 Beih.; Hamburg.
DIEREN, J.W. van (1934): Organogene Dünen. Eine geomorphologische Analyse der Dünenlandschaft der West-Friesischen Insel Terschelling mit pflanzensoziologischen Methoden.- 304 S.; The Hague (Martinus Nijhoff).

DIETZE, W. (1983): Die Veränderung der Wasserstände in den großen deutschen Tideflüssen seit 100 Jahren.- Dt. Gewässerk. Mitt., **27**, 1: 7-12, 8 Abb.; Koblenz.

DIJKEMA, K.S. & WOLFF, W.J. (1983): Flora and vegetation of the Wadden Sea islands and coastal areas.- 413 S., Abb., Tab., Anl.; Rotterdam (Balkema).

DITTMER, E. (1941): Das nordfriesische Eem. Ein Beitrag zur Geschichte der junginterglazialen Nordsee.- Kieler Meeresforsch., **5**, 1: 168-199, 11 Abb., 4 Tab.; Kiel.

DITTMER, E. (1951): Das Eem des Treenetals.- Schr. naturwiss. Ver. Schleswig-Holstein, **25**: 91-99; Kiel.

DITTMER, E. (1954): Eine eemzeitliche Austernbank bei Leck und die Entwicklung des oberen Eems.- Meyniana, **2**: 70-79; Kiel.

DÖRJES, J. (1978): Das Watt als Lebensraum.- In REINECK, H.-E. (Hrsg.): Das Watt – Ablagerungs- und Lebensraum: 107-143, Abb.; Frankfurt (Kramer).

EHLERS, J. (1984): Platenwanderung an der ostfriesischen Küste? – Ergebnisse der Luftbildauswertung von zwei Befliegungen der Wichter Ee (zwischen Norderney und Baltrum) im Sommer 1982.- Mitt. Geol.-Paläont. Inst. Univ. Hamburg, **57**: 123-129, 5 Abb., 1 Taf.; Hamburg.

EHLERS, J. (1986): Phasen der Dünenbildung auf den Inseln des Wattenmeeres.- Berliner Geogr. Studien, **20**: 27-38, 4 Abb.; Berlin.

EHLERS, J. (1988): The Morphodynamics of the Wadden Sea.- 397 S., 393 Abb., 40 Taf.; Rotterdam (Balkema).

EHLERS, J. & LINKE, G. (1986): Bohrung Hamburg-Billbrook.- In: LINKE, G. (Hrsg.): INQUA Holstein-Symposium 1986, Hamburg, Guidebook to the excursions: 51-59, 4 Abb.; Hamburg.

EHLERS, J. & MENSCHING, H. (1983): Besonderheiten geomorphologischer Kartierung im Wattenmeer, dargestellt am Beispiel des Blattes 10 der GMK 25 Wangerooge.- Z. Geomorph. N.F., **2**, 4: 495-510, 4 Abb., 1 Kt. 1:25000; Berlin, Stuttgart.

EHRMANN, W.U. (1986): Zum Sedimenteintrag in das zentrale nordwesteuropäische Oberkreidemeer.- Geol. Jb., **A 97**: 3-139, 25 Abb., 10 Tab., 16 Tab., Anhang; Hannover.

EISMA, D., MOOK, W.G. & LABAN, C. (1981): An early Holocene tidal flat in the Southern Bight.- Spec. Publ. int. Ass. Sediment., **5**: 229-237, 6 Abb., 1 Tab.; Oxford.

ELLENBERG, H. (1978): Vegetation Mitteleuropas mit den Alpen in ökologischer Sicht.- 2 Aufl.: 981 S., 499 Abb., 130 Tabel.; Stuttgart (Ulmer).

EMERY, K.O. (1969): The continental shelves.- Scientific Amer., **221**, 3: 107-122, 11 Abb.; New York.

EMMIUS, U. (1982): Führung durch Ostfriesland d.h. genaue geographische Beschreibung Ostfrieslands, das sich vom Dollart und der Ems bis zur Weser erstreckt.- Übersetzung von REEKEN, E. von (1982): 109 S., 1 Kt.; Frankfurt (Wörner).

ERCHINGER, H.F. (1986): Strandaufspülungen als aktiver Küstenschutz vor Schutzwerken und Dünen auf Norderney und Langeoog.- Die Küste, **43**: 181-204, 17 Abb., 4 Tab.; Heide i. Holst.

ERCHINGER, H.F. (1987 a): Funktion und Bedeutung der Salzwiesen.- In: Niedersächsisches Umweltministerium (Hrsg.) – Umwelt Vorsorge Nordsee: 303-316, 8 Abb.; Hannover.

ERCHINGER, H.F. (1987 b): Der Dünenabbruch an der Bill.- 54. Tagung der Arbeitsgemeinschaft Nordwestdeutscher Geologen, Norderney, 9. bis 12. Juni 1987, Führer zu Exkursion A4: 11-12; Hannover.

ERCHINGER, H.F., COLDEWEY, H.-G. & PROBST, K. (1988): Empfehlungen für eine wirksame Außentiefräumung als Ergebnis des Forschungsvorhabens „Tiefstabilisierung von Außentiefs".- Die Küste, **47**: 246-294, 34 Abb., 6 Tab.; Heide i.Holst.

ERCHINGER, H.F. & UKENA, R. (1987): Der Abbruch der Insel Baltrum bis zum Bau der Schutzwerke ab 1872.- Ostfriesland – Kalender für Jedermann: 140-147, 11 Abb.; Norden (Soltau).

ERONEN, M. (1983): Late Weichselian and Holocene shore displacement in Finland.- In: SMITH, D.E. & DAWSON, A.G. (Hrsg.): Shoreline and Isostasy.- Institute of British Geogr., Spec. Publ. **16**: 183-207, 14 Abb.; London (Academic Press).

FIGGE, K. (1980): Das Elbe-Urstromtal im Bereich der Deutschen Bucht (Nordsee).- Eiszeitalter u. Gegenwart, **30**: 203-211, 6 Abb.; Hannover.

FIGGE, K. (1981): Begleitheft zur Karte der Sedimentverteilung in der Deutschen Bucht.- 13 S., 1 Abb., 1 Kt. Nr. 2900, 1:250000; Hamburg (Deutsches Hydrographisches Institut).

FIRBAS, F. (1949/1952): Spät- und nacheiszeitliche Waldgeschichte Mitteleuropas nördlich der Alpen.- **1**: 480 S., 163 Abb., **2**: 256 S., 18 Abb.; Jena (Fischer).

FLOHN, H. (1985): Das Problem der Klimaänderungen in Vergangenheit und Zukunft.- Erträge der Forschung: 228 S., 35 Abb., 12 Tab.; Darmstadt (Wissenschaftliche Buchgesellschaft).

FORSCHUNGSSTELLE FÜR INSEL- UND KÜSTENSCHUTZ (1970): Reisefibel.- 2. Aufl., 149 S., Abb., Tab., Kt.; Niedersächs. Wasserwirtschaftsverwaltung; Norderney.

FREDE, G. (1937): Die Arbeiten zur Verbesserung des Fahrwassers der Jade.- Jb. Hafenbautechn. Ges., **16**: 39-46, 10 Abb.; Berlin.

FÜCHTBAUER, H. (1959): Zur Nomenklatur der Sedimentgesteine.- Erdöl u. Kohle, **12**: 605-613; Hamburg.

FÜHRBÖTER, A. & JENSEN, J. (1985): Säkularänderungen der mittleren Tidewasserstände in der Deutschen Bucht.- Die Küste, **42**: 78-101, 14 Abb., 2 Taf.; Heide i. Holst.

FÜLSCHER, J. (1905): Über Schutzbauten zur Erhaltung der ost- und nordfriesischen Inseln.- Z. Bauwesen, Jg. **1905**: 3-186, 26 Abb., 4 Taf.; Berlin (Ernst & Sohn).

GAYE, J. & WALTHER, F. (1935): Die Wanderung der Sandriffe vor den ostfriesischen Inseln.- Die Bautechnik, **41**: 1-13; Berlin.

GERHARDY, H. (1970): Grundwasserverhältnisse.- In: BARCKHAUSEN, J.: Geologische Karte von Niedersachsen 1:25000, Erl. Bl. Baltrum Nr. 2210, Bl. Ostende Langeoog: 32-36, 2 Abb., 1 Tab.; Hannover.

GERHARDY, H. (1981): Hydrogeologie.- In: STREIF, H.: Geologische Karte von Niedersachsen 1 : 25 000, Erl. Bl. Nr. 2414 Wilhelmshaven: 92-96, 1 Tab.; Hannover.

GEYH, M.A. (1971): Die Anwendung der ^{14}C-Methode.- Clausthaler tektonische Hefte 11: 118 S., 12 Abb.; Clausthal-Zellerfeld.

GOMM, H., KRICK, G. & KÜHN, G. (1973): Bundesrohölreserve im Salzstock Etzel.- Oel – Z.f.d. Mineralölwirtschaft, 11, 6: 158-161, 6 Abb.; Hamburg.

GRAHLE, O. (1936): Die Ablagerungen der Holstein-See (Mar. Interglaz. I), ihre Verbreitung, Fossilführung und Schichtenfolge in Schleswig-Holstein.- Abh. preuß. geol. L.-A., N.F., 172: 110 S., 14 Abb., 1 Taf.; Berlin.

GRAHLE, O. & STAESCHE, U. (1964): Die natürlichen Seen Niedersachsens (Geologische Untersuchungen an niedersächsischen Binnengewässern I).- Geol. Jb., 81: 809-838, 1 Abb., 7 Tab., 1 Taf.; Hannover.

GRIPP, K. (1944): Entstehung und künftige Entwicklung der Deutschen Bucht.- Aus dem Archiv der Deutschen Seewarte und Marine Observatorium, 63, 2: 1-45; Hamburg.

GRIPP, K. (1952): Die heutige Nordsee und ihre zwei eiszeitlichen Vorgänger, ein erdgeschichtlicher Vergleich.- Abh. naturw. Ver. Bremen, 33: 5-18; Bremen.

GROHNE, U. (1952): Zur Datierung der Küstenmoore zwischen Jadebusen und Dollart.- Abh. naturw. Ver. Bremen, 33: 121-132, 2 Abb.; Bremen.

GROHNE, U. (1957): Zur Entwicklungsgeschichte des ostfriesischen Küstengebietes auf Grund botanischer Untersuchungen.- Probl. Küstenforsch. südl. Nordseegebiet, 6: 1-48, 10 Abb., 1 Tab., 20 Taf.; Hildesheim.

GRONWALD, W. (1960): Welche Erkenntnisse zur Frage der vermuteten neuzeitlichen Nordseeküstensenkung hat die Wiederholung des Deutschen Nordseeküstennivellements gebracht? – Die Küste, 8: 66-82, 12 Abb.; Heide i. Holst.

GUENTHER, E.W. (1958): Der Zahn eines Waldelefanten aus dem Wattgebiet östlich von Borkum.- Schrift. Naturwiss. Ver. Schleswig-Holstein, 29: 35-38, 2 Abb.; Kiel.

HAARNAGEL, W. (1950): Das Alluvium an der deutschen Nordseeküste. – Probl. Küstenforsch. südl. Nordseegebiet, 4: 146 S., 25 Abb., 12 Taf.; Hildesheim.

HAARNAGEL, W. (1953): Bericht über das Ergebnis der Bohrungen im Juister Watt.- Forschungsstelle Norderney, Jahresber. 1952, IV: 21-38. 3 Anl.; Norderney.

HAARNAGEL, W. (1969): Die Ergebnisse der Grabung auf der ältereisenzeitlichen Siedlung Boomborg/Hatzum, Kr. Leer, in den Jahren von 1965 bis 1967.- Neue Ausgrabungen und Forsch. Niedersachsen, 4: 58-97, 10 Abb.; Hildesheim.

HAARNAGEL, W. (1984): Die frühgeschichtliche Handelssiedlung Emden und ihre Entwicklung bis zum Mittelalter. Archäologische und naturwissenschaftliche Untersuchungen an Siedlungen im deutschen Küstengebiet, 2 Handelsplätze des

frühen und hohen Mittelalters: 114-135, Abb. 53-59; Weinheim (Acta humaniora).
HAGEMAN, B.P. (1969): Development of the western part of the Netherlands during the Holocene.- Geologie en Mijnbouw, **48**, 4: 373-388, 9 Abb.; Leiden.
HANISCH, J. (1980): Neue Meeresspiegeldaten aus dem Raum Wangerooge.- Eiszeitalter u. Gegenwart, **30**: 221-228, 5 Abb.; Hannover.
HANISCH, J. (1981): Sand transport in the tidal inlet between Wangerooge and Spiekeroog (W.-Germany).- Spec. Publ. int. Ass. Sediment., **5**: 175-185, 10 Abb.; Oxford.
HARTUNG, W. (1983): Die Leybucht (Ostfriesland) – Probleme ihrer Erhaltung als Naturschutzgebiet.- N. Arch. Nds., **32**, 4: 355-387, 11 Abb.; Göttingen.
HECHT, F. (1930): Ausgeworfene Muscheln (*Mya arenaria* L.) in Lebensstellung zur Beurteilung eines Beweismittels in der Küstensenkungs-Frage.- Senckenbergiana, **12**: 274-278, 1 Abb.; Frankfurt a.M.
HECK, H.-L. (1932): Die Eem- und ihre begleitenden Junginterglazial-Ablagerungen bei Oldenbüttel in Holstein.- Abh. preuß. geol. L.-A., N.F., **140**: 1-80; Berlin.
HEDEMANN, H.-A. & TEICHMÜLLER, R. (1971): Die paläogeographische Entwicklung des Oberkarbons.- Fortschr. Geol. Rheinld. Westfalen, **19**: 129-142; Krefeld.
HEDEMANN, H.-A. (1978): Oberkarbon (Silesium).- In: BARCKHAUSEN, J. & STREIF, H.: Geologische Karte von Niedersachsen 1:25000, Erl. Bl. Emden West: 9-10; Hannover.
HEDEMANN, H.-A., STANCU-KRISTOFF, G., LÖSCH, J. & SCHUSTER, A. (1984): Die Verbreitung der Kohleflöze des Oberkarbons in Nordwestdeutschland und ihre stratigraphische Einstufung.- Fortschr. Geol. Rheinld. Westfalen, **32**: 39-88, 16 Abb.; Krefeld.
HEMPEL, L. (1980): Zur Genese von Dünengenerationen an Flachküsten. Beobachtungen auf den Nordseeinseln Wangerooge und Spiekeroog.- Z. Geomorph. N.F., **24**, 4: 428-447, 6 Abb., 2 Tab., 8 Fot.; Stuttgart.
HEMPEL, L. (1985): Erläuterungen zur Geomorphologischen Karte 1:100000 der Bundesrepublik Deutschland, GMK 100 Blatt 4 C 2310/ C 2314 Esens/Langen.- 87 S., 23 Abb., 28 Tab., 1 Kt. 1:100000; Berlin.
HERTERICH, K. & SARTHEIN, M. (1984): Brunhes time scale: tuning by rates of calcium-carbonate dissolution and cross spectral analysis with solar insolation.- In: BERGER et al. (Hrsg.): Milankovitch and climate, Part 1: 447-466, 12 Abb., 3 Tab.; Dordrecht etc. (Reidel).
HERTWECK, G. (1983): Das Schlickgebiet in der inneren Deutschen Bucht. Aufnahme mit dem Sedimentechographen.- Senckenbergiana marit., **15**, 4/6: 219-249, 2 Abb., 3 Taf.; Frankfurt a.M.
HILTERMANN, H. (1966): Klassifikation rezenter Brack- und Salinar-Wässer in ihrer Anwendung für fossile Bildungen.- Z. dt. geol. Ges., Jg. 1963, **115**, 2/3: 463-496, 7 Abb., 4 Tab., 2 Taf.; Hannover.

HINSCH, W. (1970): Kleine Übersicht über Stratigraphie und leitende Molluskengruppen im Obermiozän und Unterpliozän des östlichen Nordseebeckens.- Geschiebesammler, Jg. **5**, 2: 35-51, 3 Abb., Taf. ; Hamburg.

HINSCH, W. (1985): Molluskenfauna des Eem-Interglazials von Offenbüttel-Schnittlohe (Nord-Ostsee-Kanal) Westholstein.- Geol. Jb., **A 86**: 49-62, 1 Abb., 4 Tab.; Hannover.

HINSCH, W. (1986): Molluskenfauna in Typusprofilen des Holstein-Interglazials.- INQUA Holstein-Symposium Hamburg 1986, Abstracts: 11-12; Hamburg.

HINSCH, W. & ORTLAM, D. (1974): Stand und Probleme der Gliederung des Tertiärs in Nordwestdeutschland.- Geol. Jb., **A 16**: 3-25, 6 Abb., 3 Tab.; Hannover.

HOMEIER, H. (1962): Beiheft zu: Niedersächsische Küste, Historische Karte 1:50000 Nr. 7.- 29 S., 6 Anl.; Norderney.

HOMEIER, H. (1963 a): Die Strandinsel Lütje Hörn an der Osterems.- Forschungsstelle Norderney, Jahresber. 1962, **VIV**: 41-46, 6 Abb., 7 Anl.; Norderney.

HOMEIER, H. (1963 b): Beiheft zu: Niedersächsische Küste, Historische Karte 1:50000 Nr. 6.- 28 S., 2 Abb., 5 Anl.; Norderney.

HOMEIER, H. (1964): Beiheft zu: Niedersächsische Küste, Historische Karte 1:50000 Nr. 5.- 28 S., 2 Abb., 5 Anl.; Norderney.

HOMEIER, H. (1965): Historisch-morphologische Untersuchungen der Forschungsstelle Norderney über langfristige Gestaltungsvorgänge im Bereich der Niedersächsischen Küste.- Forschungsstelle Norderney, Jahresber. 1964, **XVI**: 7-40, 6 Anl.; Norderney.

HOMEIER, H. (1969): Der Gestaltwandel der ostfriesischen Küste im Laufe der Jahrhunderte.- In: Ostfriesland im Schutze des Deiches, **2**: 3-385, 95 Abb., 31 Kt.; Pewsum.

HOMEIER, H. (1973): Die morphologische Entwicklung im Bereich der Harle und ihre Auswirkung auf das Westende von Wangerooge. –Forschungsstelle für Insel- u. Küstenschutz, Jahresber. 1972, **XXIV**: 15-44, 23 Anl.; Norderney.

HOMEIER, H. (1974): Beiheft zu: Niedersächsische Küste, Historische Karte 1:50000 Nr. 8.- 20 S., 2 Abb., 6 Anl.; Norderney.

HOMEIER, H. & KRAMER, J. (1957): Verlagerung der Platen im Riffbogen vor Norderney und ihre Anlandung an den Strand.- Forschungsstelle Norderney, Jahresber. 1956, **VIII**: 37-60; Norderney.

HOMEIER, H. & LUCK, G. (1977): Untersuchungen zur Nordstrandentwicklung von Borkum als Grundlage für den Inselschutz.- Forschungsstelle für Insel- und Küstenschutz, Jahresber. 1976, **XXVIII**: 83-100, 13 Anl.; Norderney.

HORN, D.A. von (1862): Versuch einer Geologie der Ostfriesischen Marschen besonders im Amte Emden, sowie einer daran angeknüpften näheren Erörterung der vorzüglichsten Mittel zur Verbesserung und Beförderung der Ostfriesischen Abwässerung und Schiffahrt im Bereiche der Unter-Ems.- 164 S., Abb., 1 Kt.; Emden (Hahn Wwe.).

HÄNTZSCHEL, W., BRAND, E., BROCKMANN, C., OLDEWAGE, H. & PFAFFENBERG, K. (1941): Zur jüngsten geologischen Entwicklung der Jade-Bucht.- Senckenbergiana, **23**, 1/3: 33-122, 13 Abb., 6 Tab., 1 Taf.; Frankfurt a.M.

HÖFLE, H.-C., MERKT, J. & MÜLLER, H. (1985): Die Ausbreitung des Eem-Meeres in Nordwestdeutschland.- Eiszeitalter u. Gegenwart, **35**: 49-59, 4 Abb.; Hannover.

INTERNATIONALE QUARTÄRKARTE VON EUROPA 1:2500000 (1970): Blatt 6 Kopenhagen; Hannover.

JANDEL, A. (1977): Leybucht Z1 Probleme beim Inproduktionssetzen und Testen der Rotliegend-Bohrung.- Deilmann Unser Betrieb, 25. Jg., 2: 3-7, 5 Abb.; Bad Bentheim.

JANKE, K. & KREMER, B.P. (1988): Düne, Strand und Wattenmeer.- Kosmos Naturführer: 319 S., Abb.; Stuttgart (Franckh).

JANSEN, J.H.F. (1976): Late Pleistocene and Holocene history of the northern North Sea, based on acoustic reflection records.- Neth. J. Sea Res., **10**, 1: 1-43, 14 Abb.; Den Helder.

JANSEN, J.H.F., van WEERING, T.C.E. & EISMA, D. (1979): Late Quaternary sedimentation in the North Sea.- In: OELE et al. (Hrsg.): The Quaternary History of the North Sea. Acta Univ. Ups. Symp. Univ. Ups. Annum Quingentesimum Celebrantis, **2**: 175-187, 5 Abb.; Uppsala.

JANUS, H. (1974): Das Watt – Reiseführer für Naturfreunde.- Kosmos Bibliothek, **281**: 64 S., 52 Abb.; Stuttgart.

JARDINE, G. (1979): The western (United Kingdom) shore of the North Sea in Late Pleistocene and Holocene times.- In: OELE et al. (Hrsg.): The Quaternary History of the North Sea. Acta Univ. Ups. Symp. Univ. Ups. Annum Quingentesimum Celebrantis, **2**: 159-174, 4 Abb.; Uppsala.

JARITZ, W. (1969): Epirogenese in Nordwestdeutschland im höheren Jura und in der Unterkreide.- Geol. Rdsch., **59**: 114-124, 1 Taf.; Stuttgart.

JARITZ, W. (1970): Der präquartäre Untergrund.- In: BARCKHAUSEN, J.: Geologische Karte von Niedersachsen 1:25000, Erl. Bl. Baltrum Nr. 2210 und Ostende-Langeoog Nr. 2211: 12-15, 1 Abb.; Hannover.

JARITZ, W. (1973): Zur Entstehung der Salzstrukturen Nordwestdeutschlands.- Geol. Jb., **A 10**: 77 S., 3 Abb., 1 Tab., 2 Taf.; Hannover.

JARITZ, W. (1980): Einige Aspekte zur Entwicklungsgeschichte der nordwestdeutschen Salzstöcke.- Z. dt. geol. Ges., **131**, 2: 387-408, 8 Abb.; Hannover.

JARITZ, W. (1987): The origin and development of salt structures in northwest Germany.- In: LERCHE, I. & O'BRIEN, J.J. (Hrsg.): Dynamical geology of salt and related structures: 479-493, 6 Abb.; Orlando, San Diego etc. (Academic Press).

JELGERSMA, S., OELE, E. & WIGGERS, A.J. (1979): Depositional history and coastal development in the Netherlands and the adjacent North Sea since the Eemian.- In: OELE et al. (Hrsg.): The Quaternary history of the North Sea. Acta Univ. Ups. Symp. Univ. Ups. Annum Quingentesimum Celebrantis, **2**: 115-142, 13 Abb.; Uppsala.

JELGERSMA, S. (1979): Sea-level changes in the North Sea basin.- In: OELE et al. (Hrsg.): The Quaternary History of the North Sea. Acta Univ. Ups. Symp. Univ. Ups. Annum Quingentesimum Celebrantis, **2**: 233-248, 7 Abb.; Uppsala.
JONG de, J.D. (1984): Age and vegetational history of the coastal dunes in the Frisian islands, The Netherlands.- Geol. en Mijnbouw, **63**, 3: 269-275, 4 Abb., 1 Tab.; Leiden.
JOSOPAIT, V. (1985): Hydrogeologie.- In: STREIF, H.: Geologische Karte von Niedersachsen 1:25000, Erl. Bl. 2314 Hooksiel: 72-74; Hannover.
JÜRGENS, H.-J. (1977): Wangerooge − Zeugnisse aus alter Zeit.- 112 S., Abb.; Harsewinkel (Rohde).
KEMPER, E. & ZIMMERLE, W. (1978): Die anoxischen Sedimente der präoberaptischen Unterkreide NW-Deutschlands und ihr paläogeographischer Rahmen.- Geol. Jb., **A 45**: 3-41, 2 Abb., 1 Tab., 3 Taf.; Hannover.
KNUDSEN, K.L. (1985): Foraminiferal stratigraphy of Quaternary deposits in the Roar, Skjold and Dan fields, central North Sea.- Boreas, **14**: 311-324, 9 Abb.; Oslo.
KNUDSEN, K.L. (1986): Middle and Late Quaternary foraminiferal stratigraphy in the southern and central North Sea area.- Striae, **24**: 201-205, 4 Abb.; Uppsala.
KNUDSEN, K.L. (1988): Marine interglacial deposits in the Cuxhaven area, NW Germany: a comparison of the Holsteinian, Eemian and Holocene foraminiferal faunas.- Eiszeitalter u. Gegenwart, **38**: 69-77, 8 Abb.; Hannover.
KOCH, E. (1954): Vom Untergrund Hamburgs.- Mitt. Geol. Staatsinstitut Hamburg, **23**: 10-17, 8 Abb.; Hamburg.
KÖNIG, D. (1953): Diatomeen aus dem Eem des Treenetales.- Schr. naturw. Ver. Schleswig-Holstein, **26**: 124-132; Kiel.
KOLP, O. (1974): Submarine Uferterrassen in der südlichen Ost- und Nordsee als Marken eines stufenweise erfolgten holozänen Meeresspiegelanstiegs.- Baltica, **5**: 11-40, 4 Abb., 11 Tab.; Vilnius.
KOLP, O. (1975): Die submarinen Uferterrassen der südlichen Ost- und Nordsee und ihre Beziehung zum eustatischen Meeresspiegelanstieg.- Beitr. Meereskde., **35**: 1-48; Berlin.
KOLP, O. (1976): Submarine Uferterrassen in der südlichen Ost- und Nordsee als Marken des holozänen Meeresanstieges und der Überflutungsphasen der Ostsee.- Petermanns Geogr. Mitt., 120 Jg., 1: 1-23, 15 Abb., 13 Tab., 1 Taf.; Gotha/Leipzig.
KONRADI, P.B. (1976): Foraminifera in Eemian deposits at Stensigmose, southern Jutland.- Dan. Geol. Unders. II, 105: 57 S., 3 Abb., 2 Tab., 5 Taf.; Kopenhagen.
KOSMAHL, W. (1981): Salz.- In: STREIF, H.: Geologische Karte von Niedersachsen 1:25000, Erl. Bl. 2414 Wilhelmshaven: 83-86; Hannover.
KOSSACK, B. & LANGE, W. (1985): Das Eem-Vorkommen von Offenbüttel/Schnittlohe und die Ausbreitung des Eem-Meeres zwischen Nord- und Ostsee.- Geol. Jb., **A 86**: 3-17, 2 Abb., 1 Taf.; Hannover.

KRAMER, J. (1984): Sturmfluten – Küstenschutz zwischen Ems und Weser.- 172 S., 161 Abb.; Norden (Soltau).
KROG, H. (1979): Late Pleistocene and Holocene shorelines in Western Denmark.- In: OELE et al. (Hrsg.): The Quaternary History of the North Sea. Acta Univ. Ups. Symp. Univ. Ups. Annum Quingentesimum Celebrantis, **2**: 75-83, 3 Abb.; Uppsala.
KUCKUCK, P. (1974): Der Strandwanderer – Die wichtigsten Strandpflanzen, Meeresalgen und Seetiere.- 11 Aufl., 264 S., 32 Taf., 111 Abb.; Hamburg, Berlin (Parey).
KÜNNEMANN, C. (1941): Das Sehestedter Moor und die Ursachen seiner Zerstörung. Ein Beitrag zur Geologie der Nordseemarsch.- Probl. Küstenforsch. südl. Nordseegebiet, **2**: 37-58, 29 Abb.; Hildesheim.
KUNZ, H. (1987): History of seawalls and revetments on the island of Norderney.- Coastal Sediments 87; 974-989, 1 Abb.; New Orleans/USA.
KUSTER, H. & MEYER, K.-D. (1979): Glaziäre Rinnen im mittleren und nordöstlichen Niedersachsen.- Eiszeitalter u. Gegenwart. **29**: 135-156, 5 Abb., 3 Tab., 1 Kt.; Hannover.
LABAN, C., CAMERON, T.D.J. & SCHÜTTENHELM, R.T.E. (1984): Geologie van het kwartair in de zuidelijke bocht van de Noordzee. – Meded. Werkgr. Tert. Kwart. Geol., **21**, 3: 139-154, 11 Abb.; Leiden.
LACKNER, E. (1959): Entwurf und Baudurchführung der großen neuen Ölumschlagsbrücke in Wilhelmshaven.- Jb. Hafenbautech. Ges., **23** u. **24**, Jg. 1955/57: 160-213, 62 Abb.; Berlin, Göttingen, Heidelberg (Springer).
LAFRENZ, H.R. (1963): Foraminiferen aus dem marinen Riß-Würm-Interglazial (Eem) in Schleswig-Holstein.- Meyniana, **13**: 10-45, 2 Abb., 7 Tab., 4 Taf.; Kiel.
LAMCKE, K. (1938): Mineralogische und chemische Untersuchungen an Erzseifen der deutschen Nord- und Ostseeküsten.- Geol. Rundsch., **29**: 301-306; Stuttgart.
LANGE, W. (1962): Die Mikrofauna einiger Störmeer-Absätze (I-Interglazial) Schleswig-Holsteins.- N. Jb. Geol.-Pal. Abh., **115**: 222-242; Stuttgart.
LANGE, W. & MENKE, B. (1967): Beiträge zur frühglazialen erd- und vegetationsgeschichtlichen Entwicklung im Eidergebiet, insbesondere zur Flußgeschichte und zur Genese des sogenannten Basistorfes.- Meyniana, **17**: 29-44, 8 Abb., 1 Tab.; Kiel.
LASSEN, H., LINKE, G. & BRAASCH, H.W. (1984): Säkularer Meeresspiegelanstieg und tektonische Senkungsvorgänge an der Nordseeküste.- Vermessungswesen u. Raumordnung, 46. Jg., 2: 106-126, 2 Abb.; Bonn.
LEEGE, O. (1935): Werdendes Land in der Nordsee.- Schriften des Dt. Naturkundever., N.F. **2**: 1-84; Oehringen (Rau).
LEERHOFF, H. (1985): Niedersachsen in alten Karten.- 179 S., Taf., Abb.; Neumünster (Wachholtz).
LEUSCHNER, H.-H., DELORME, A., TÜXEN, J. & HÖFLE, H.-C. (1986): Über Eichenwaldhorizonte in küstennahen Mooren Ostfrieslands.- Telma, **16**: 61-82, 9 Abb.; Hannover.

LIEDTKE, H. (1975): Die nordischen Vereisungen in Mitteleuropa.- Forsch. dt. Landeskde., **204**: 160 S., 37 Abb., 13 Tab., 1 Kt. 1:100 000 (1969); Bonn-Bad Godesberg.

LINDE-SUDEN, H. von & WORF, H. (1972): Mehr Kavernen in Rüstringen.- Z. Oel, **10**: 330-333, 6 Abb.; Hamburg.

LINKE, G. (1979): Ergebnisse geologischer Untersuchungen im Küstenbereich südlich Cuxhaven.- Ein Beitrag zur Diskussion holozäner Fragen.- Probl. Küstenforsch. südl. Nordseegebiet, **13**: 39-83, 18 Abb., 1 Tab.; Hildesheim.

LINKE, G. (1981): Ergebnisse und Aspekte zur Klimaentwicklung im Holozän.- Geol. Rundsch., **70**, 2: 774-783, 6 Abb.; Stuttgart.

LINKE, G. (1982): Der Ablauf der holozänen Transgression der Nordsee aufgrund von Ergebnissen aus dem Gebiet Neuwerk/Scharhörn. – Probl. Küstenforsch. südl. Nordseegebiet, **14**: 123-157, 13 Abb., 2 Tab.; Hildesheim.

LINKE, G. (1986): INQUA Holstein-Symposium. Guidebook to the excursions of September 22, 23 and 26, 1986.- 89 S., Abb.; Hamburg (Geologisches Landesamt).

LINKE, G., KATZENBERGER, O. & GRÜN, R. (1986): Description and ESR dating of the Holsteinian interglaciation.- Quaternary Science Reviews, **4**: 319-331, 6 Abb., 1 Tab.; London.

LONG, D., LABAN, C., STREIF, H., CAMERON, T.D.J. & SCHÜTTENHELM, R.T.E. (1988): The sedimentary record of climatic variation in the southern North Sea.- Phil. Trans. Roy. Soc. London, **B 318**: 523-537, 4 Abb.; London.

LOSECKE, W., KNÖDEL, K. & MÜLLER, W. (1979): The conductivity distribution in the North German sedimentary basin derived from widely spaced areal magnetotelluric measurements.- Geophys. Jour. Royal astronomical Soc., **58**: 169-179, 9 Abb.; Oxford.

LUCK, G. (1966): Zur morphologischen Gestaltung der Seegaten zwischen den Ostfriesischen Inseln.- Neues Arch. Niedersachsen, **15**, 3: 206-212, 4 Abb.; Göttingen.

LUCK, G. (1975): Der Einfluß der Schutzwerke der ostfriesischen Inseln auf die morphologischen Vorgänge im Bereich der Seegaten und ihrer Einzugsgebiete.- Mitt. Leichtweiß-Institut f. Wasserbau T.U. Braunschweig, **47**: 122 S.; Braunschweig.

LUCK, G. (1976): Protection of the littoral and seabed against erosion – Fallstudie Norderney.- Forschungsstelle für Insel- und Küstenschutz, Jahresber. 1975, **XXVII**: 9-78, 11 Tab., 29 Anl.; Norderney.

LUCK, G. & STEPHAN, H.-J. (1983): Verlagerung morphologischer Großformen nördlich der Osterems und deren Einfluß auf das Westende von Juist.- Forschungsstelle für Insel- u. Küstenschutz, Jahresber. 1982, **XXXIV**: 11-29, 17 Anl.; Norderney.

LUCK, G. & WITTE, H.H. (1974): Erfassung morphologischer Vorgänge der ostfriesischen Riffbögen in Luftbildern.- Forschungsstelle für Insel- und Küstenschutz, Jahresber. 1973, **XXV**: 33-54, 6 Anl.; Norderney.

LUDWIG, G. & FIGGE, K. (1979): Schwermineralvorkommen und Sandverteilung in der Deutschen Bucht.- Geol. Jb., **D 32**: 23-68, 6 Abb., 4 Tab., 10 Kt.; Hannover.
LUDWIG, G., MÜLLER, H. & STREIF, H. (1979): Neuere Daten zum holozänen Meeresspiegelanstieg im Bereich der Deutschen Bucht.- Geol. Jb., **D 32**: 3-22, 2 Abb., 7 Tab.; Hannover.
LÜDERS, K. (1934): Ueber das Wandern der Priele.- Abh. Nat. Ver. Bremen, **29**, 1/2: 19-32, 5 Abb., 1 Taf.; Bremen.
LÜDERS, K. (1936): Über das Ansteigen der Wasserstände an der deutschen Nordseeküste.- Zentralbl. d. Bauverwaltung u. Z. f. Bauwesen, 56 Jg., 50: 1386-1389, 5 Abb., 1 Tab.; Berlin.
LÜDERS, K. (1937): Die Zerstörung der Oberahneschen Felder im Jadebusen.- Abh. Naturwiss. Ver. Bremen, **30** (1/2): 5-20, 7 Abb., 3 Taf.; Bremen.
LÜDERS, K. (1952): Die Wirkung der Buhne H in Wangerooge-West auf das Seegat „Harle".- Die Küste, **1**: 21-26, 5 Abb.; Heide i. Holst.
LÜDERS, K. (1953): Die Entstehung der ostfriesischen Inseln und der Einfluß der Dünenbildung auf den geologischen Aufbau der ostfriesischen Küste.- Probl. Küstenforsch. südl. Nordseegebiet, **5**: 5-14, 4 Abb.; Hildesheim.
LÜDERS, K. (1977): „Wangerooch hett'n hooge toren, ..." – Forschungsstelle für Insel- und Küstenschutz, Jahresber. 1976, **XXVIII**: 11-38, 17 Anl.; Norderney.
LÜDERS, K. & LUCK, G. (1976): Kleines Küstenlexikon – Natur und Technik an der deutschen Nordseeküste.- 3. Aufl.: 240 S., 315 Abb., 2 Taf.; Hildesheim (Lax).
LÜTTIG, G. (1974): Seifenlagerstätten an der niedersächsischen Küste.- Glückauf, Jg. 110, **5**: 169-171; Essen.
MACLAREN, C. (1842): The glacial theory of Professor AGASSIZ.- Amer. J. Sci. and Arts, **42**: 346-365; New Haven.
MADSEN, V., NORDMANN, V. & HARTZ, N. (1908): Eem-Zonerne. Danm. geol. Unders., 5 Raekke, 4: 225 S.; Kopenhagen.
MARSCHALLECK, K.H. (1973): Die Salzgewinnung an der friesischen Nordseeküste.- Probl. Küstenforsch. südl. Nordseegebiet, **10**: 127-150, 5 Abb.; Hildesheim.
MENKE, B. (1970): Ergebnisse der Pollenanalyse zur Pleistozän-Stratigraphie und zur Plio-Pleistozän-Grenze in Schleswig- Holstein.- Eiszeitalter u. Gegenwart, **21**: 5-21; Öhringen/Württ.
MENKE, B. (1985): Palynologische Untersuchungen zur Transgression des Eem-Meeres im Raum Offenbüttel/Nord-Ostsee-Kanal.- Geol. Jb., **A 86**: 19-26, 1 Abb., 1 Taf.; Hannover
MENKE, B. & TYNNI, R. (1984): Das Eeminterglazial und das Weichselfrühglazial von Rederstall/ Dithmarschen und ihre Bedeutung für die mitteleuropäische Jungpleistozän-Gliederung.- Geol. Jb., **A 76**: 3-120, 18 Abb., 7 Tab., 9 Taf.; Hannover.
MERKT, J., LÜTTIG, G. & SCHNEEKLOTH, H. (1971): Vorschlag zur Gliederung und Definition der limnischen Sedimente.- Geol. Jb., **89**: 607-623, 1 Taf.; Hannover.

MEYER, K.-D. (1970): Zur Geschiebeführung des Ostfriesisch-Oldenburgischen Geestrückens.- Abh. naturw. Ver. Bremen, **37**: 227-246, 4 Abb., 1 Tab.; Bremen.
MEYER, K.-D. (1983): Saalian end moraines in Lower Saxony. In: EHLERS, J. (Hrsg.): Glacial deposits in north-west Europe: 335-342, 8 Abb.; Rotterdam (Balkema).
MEYER, K.-D. & STREIF, H. (1977): Geologischer Überblick des Raumes zwischen Unterweser und Ems.- Mitt. Dt. Bodenkdl. Ges., **24**: 3-10; Bremen
MEYER, K.-J. (1971, 1972): Unveröff. pollenanalytischer Bericht, Archiv BGR/NLFB; Hannover.
MEYER, K.-J. (1981): Zur Stratigraphie des kontinentalen Pliozäns in NW Deutschland mittels pollenanalytischer Untersuchungen.- Newsl. Stratigr., **10**, 1: 1-19, 3 Abb., 4 Taf.; Berlin, Stuttgart.
MITCHELL, G.F. (1977): Raised beaches and sea-levels. In: SHOTTON, F.W. (Hrsg.): British Quaternary Studies Recent Advances 169-186, 3 Abb.; Oxford (Clarendon Press).
MÜLLER, W. (1962): Der Ablauf der holozänen Meerestransgression an der südlichen Nordseeküste und Folgerungen in bezug auf eine geochronologische Holozängliederung.- Eiszeitalter u. Gegenwart, **13**: 197-219, 6 Abb., 1 Tab.; Öhringen/Württ.
MÜLLER, W. (1977): Geologie.- In: Exkursion A (=E) Wesermarsch. – Mitt. Dt. Bodenkdl. Ges., **24**: 15-29, 4 Abb.; Bremen.
NIEMEIER, G. (1972): Ostfriesische Inseln.- Samml. geograph. Führer, **8**: 189 S., 27 Abb.; Berlin, Stuttgart (Borntraeger).
NUMEDAL, P. & PENLAND, S. (1981): Sediment Dispersal in Norderneyer Seegat, West Germany.- Spec. Publ. Int. Assoc. Sedimentology, **5**: 187-210, 25 Abb.; Oxford etc.
OELE, E. (1971): Late Quaternary geology of the North Sea southeast of the Dogger Bank.- Inst. Geol., Sci. Rep. No 70/15: 25-34, 3 Abb.; Haarlem.
OELE, E. & SCHÜTTENHELM, R.T.E. (1979): Development of the North Sea after the Saalian glaciation.- In: OELE et al. (Hrsg.): The Quaternary History of the North Sea. Acta Univ. Ups. Symp. Univ. Ups. Annum Quingentesimum Celebrantis, **2**: 191-215, 2 Abb.; Uppsala.
OLDEWAGE, H. (1969): Wurten, Deiche und alte Marschenwege im Stadtgebiet Wilhelmshaven.- Oldenburg. Jb., **68**: 171-237, 1 Kt.; Oldenburg.
ORTLAM, D. & VIERHUFF, H. (1978): Aspekte zur Geologie des höheren Känozoikums zwischen Elbe und Weser-Aller.- N. Jb. Geol. Paläont. Mh., **1978**, 7: 408-426, 7 Abb., 1 Tab.; Stuttgart.
OVERBECK, F. (1975): Botanisch-geologische Moorkunde unter besonderer Berücksichtigung der Moore Nordwestdeutschlands als Quellen zur Vegetations-, Klima- und Siedlungsgeschichte.- 719 S., 263 Abb.; Neumünster (Wachholtz).
PAEPE, R. & BAETEMAN, C. (1979): The Belgian coastal plain during the Quaternary.- In: OELE et al. (Hrsg.): The Quaternary History of the North Sea. Acta

Univ. Ups. Symp. Univ. Ups. Annum Quingentesimum Celebrantis, **2**, 143-146; Uppsala.

PENCK, A. (1882): Schwankungen des Meeresspiegels.- Jber. geogr. Ges. München, VI: 1–70 18; München.

PENCK, A. (1894): Morphologie der Erdoberfläche.- Bibliothek der geographischen Handbücher, T 2: 696 S., 38 Abb.; Stuttgart (Engelhorn).

PFAFFENBERG, K. (1941): Über einige Moore aus der jüngsten Hebungsstufe in der Umgebung von Wilhelmshaven.- Probl. Küstenforsch. südl. Nordseegebiet, **2**: 22-36, 4 Abb.; Hildesheim.

PREUSS, H., STREIF, H., TABAT, W. & VINKEN, R. (1981): Abschlußbericht zum DFG-Forschungsvorhaben „Meeresspiegelschwankungen der Nordsee im Jungpleistozän und Holozän".- 116 S., 41 Abb.,9 Tab.; Hannover (unveröff.).

QUEDENS, G. (1988): Strand- und Wattenführer – Tiere und Pflanzen an Nord- und Ostsee – Ein Biotopführer.- BLV Naturführer: 127 S., Taf., Abb.

REINECK, H.-E. (1958): Longitudinale Schrägschichten im Watt.- Geol. Rundschau, **47**: 73-82, 4 Abb., 1 Taf.; Stuttgart.

REINECK, H.-E. (1960): Über den Transport des Riffsandes.- Forschungsstelle Norderney, Jahresber. 1959, **XI**: 21-38, 6 Anl.; Norderney.

REINECK, H.-E. (1963): Sedimentgefüge im Bereich der südlichen Nordsee.- Abh. Senckenberg Naturforsch. Ges., 505: 1-138, 21 Abb., 18 Tab., 15 Kt., 52 Abb.; Frankfurt a.M.

REINECK, H.-E. (1966): Primärgefüge, Bioturbation und Makrofauna als Indikatoren des Sandversatzes im Seegebiet vor Norderney (Nordsee). I Zonierung von Primärgefügen und Bioturbation.- Seckenberg. marit., **8**: 155-169, 3 Abb., 1 Tab., 1 Taf.; Frankfurt a.M.

REINECK, H.-E. (Hrsg. 1978): Das Watt – Ablagerungs- und Lebensraum.- 2. Aufl.: 185 S., 88 Abb.; Frankfurt a. M. (Kramer).

REINECK, H.-E. (1984): Aktuogeologie klastischer Sedimente.- 348 S., 250 Abb., 12 Tab.; Frankfurt a.M. (Kramer).

REINECK, H.-E. & SIEFERT, W. (1980): Faktoren der Schlickbildung im Sahlenburger und Neuwerker Watt.- Die Küste, **35**: 26-51, 18 Abb., 2 Tab.; Heide i. Holst.

REINECK, H.-E. & SINGH, I.B. (1980): Depositional sedimentary environments.- 2. Aufl.: 1-549, 683 Abb., 38 Tab.; Berlin/Heidelberg/ New York (Springer).

REINHARD, H. (1974): Genese des Nordseeraumes im Quartär.- Fennia, **129**: 95 S., 10 Abb., 2 Beil.; Helsinki.

REINHARDT, W. (1958): Zum Bodenaufbau des Quartärs, besonders des Holozäns, der ostfriesischen Küste von Juist bis Langeoog.- Forschungsstelle Norderney, Jahresber. 1957, **IX**: 11-30, 6 Anl.; Norderney.

REINHARDT, W. (1979): Küstenentwicklung und Deichbau während des Mittelalters zwischen Maade, Jade und Jadebusen.- Jb. Ges. Bildende Kunst Vaterländ. Altertümer Emden, **59**: 17-61, 3 Abb., 1 Kt.; Aurich.

REXHÄUSER, H. (1968): Ein Beitrag zum Setzungsverhalten von Böden. – Geol. Jb., **85**: 731-742, 4 Abb., 9 Tab.; Hannover.

RGD (1986): Glaciale afzettingen en morfologie uit het Saalien in Nederland.- Karte 1:50000; Haarlem. (Rijks Geologische Dienst)

RICHTER, W., SCHNEIDER, H. & WAGER, R. (1950): Die saaleeiszeitliche Stauchzone von Itterbeck-Uelsen (Grafschaft Bentheim).- Z. dt. geol. Ges., **102**, 1: 60-75, 5 Abb., 1 Taf; Stuttgart.

RICHTER-BERNBURG, G. (1972): Saline deposits in Germany: a review and general introduction to the excursions.- Geology of saline deposits, Proc. Hanover Symp. 1968: 275-287, 13 Abb.; Paris.

ROELEVELD, W. (1974): The Groningen coastal area: a study in Holocene geology and low-land physical geography.- Ber. Rijksdienst Oudheidsk. Bodemonderzoek, **24**: 7-132, 66 Abb., 28 Tab., 3 Taf., 2 Kt., 1 Foto.

ROHDE, H. (1975): Wasserstandsbeobachtungen im Bereich der deutschen Nordseeküste vor der Mitte des 19. Jahrhunderts.- Die Küste, **28**: 1-96, 26 Abb., 2 Tab.; Heide i. Holst.

ROHDE, H. (1977): Sturmfluthöhen und säkularer Wasserstandsanstieg an der deutschen Nordseeküste.- Die Küste, **30**: 52-143, 17 Abb., 5 Tab.; Heide i. Holst.

RÜLKE, O. (1969): Die Auswirkungen der Sturmflut von 1962 auf ein Süßwasservorkommen auf der Insel Baltrum.- Geol. Jb., **87**: 427-444, 11 Abb., 1 Tab.; Hannover.

SAMU, G. (1982): Zur Morphogenese des Seegebietes vor Borkum und des Südwestrandes der Insel.- Die Küste, **37**: 37-57, 11 Abb., 1 Tab.; Heide i. Holst.

SARNTHEIN, M., STREMME, H.E. & MANGINI, A. (1986) The Holstein interglaciation: time-stratigraphic position and correlation to stable-isotope stratigraphy of deep-sea sediments.- Quaternary Research, **26**: 283-298, 5 Abb., 3 Tab.; New York.

SATTLER, S. (1981): Bau des Präquartär.- In: STREIF, H.: Geologische Karte von Niedersachsen 1:25000, Erl. Bl. 2414 Wilhelmshaven: 34-37, 2 Abb.; Hannover

SATTLER-KOSINOWSKI, S. (1985): Bau des Präquartär.- In: STREIF, H.: Geologische Karte von Niedersachsen 1:25000, Erl. Bl. 2314 Hooksiel: 30-33, 2 Abb.; Hannover.

SCHÄFER, W. (1962): Aktuo-Paläontologie nach Studien in der Nordsee.- 666 S., 277 Abb., 36 Taf.; Frankfurt a.M. (Kramer).

SCHEER, K. (1953): Die Bedeutung von Phragmites communis Trin. für die Fragen der Küstenbildung.- Probl. Küstenforsch. südl. Nordseegebiet, **5**: 15-25, 4 Abb.; Hildesheim.

SCHMIDT-THOMÉ, P. (1987): Helgoland – Seine Düneninsel, die umgebenden Klippen und Meeresgründe.- Samml. geol. Führer, **82**: 111 S., 53 Abb., 4 Beil.; Berlin, Stuttgart (Borntraeger).

SCHRAPS, G.W. (1962): Das Quartär des Jadegebietes.- Diss. Nat.-Phil. Fak. TH Carolo-Wilhelmina Braunschweig: 123 S., 54 Abb.; Braunschweig.

SCHRÖDER, L. (1978): Erdgas.- In: BARCKHAUSEN, J. & STREIF, H.: Geologische Karte von Niedersachsen 1:25000, Erl. Bl. Emden West Nr. 2608: 60-62, 1 Abb.; Hannover.
SCHUBERT, K. (1970): Ems und Jade.- Die Küste, **19**: 29-67, 25 Abb.; Heide i. Holst.
SCHUCHT, F. (1903): Beitrag zur Geologie der Wesermarschen.- Inaugural. Diss. Universität Rostock: 80 S., 4 Abb., Geol. Karte 1 :300000; Halle a.S. (Karras).
SCHUCHT, F. (1908): Der Lauenburger Ton als leitender Horizont für die Gliederung und Altersbestimmung des nordwestdeutschen Diluviums.- Jb. Königl. Preuß. Geol. L.-A., **29**, 1: 130-150, 1 Kt.; Berlin.
SCHUCHT, F. (1911): Die Harlebucht und ihre Entstehung und Verlandung.- Abh. Vorträge zur Geschichte Ostfrieslands, **16**: 44 S., 6 Abb., 1 Kt. 1:166000; Aurich (Friemann).
SCHÜTTE, H. (1908): Neuzeitliche Senkungserscheinungen an unserer Nordseeküste.- Jb. Oldenburger Ver. Altertumskde. Landesgeschichte, **16**: 398-441, 2 Abb.; Oldenburg.
SCHÜTTE, H. (1913): Geologie der Heimat.- In: Heimatkde. Herzogtum Oldenburg, **1**: 137-218, 13 Abb.; Oldenburg.
SCHÜTTE, H. (1927): Küstenbewegungen an der deutschen Nordseeküste.- Aus der Heimat, **40**, 11: 325-356, 26 Abb.; Stuttgart.
SCHÜTTE, H. (1931): Der Aufbau des Weser-Jade-Alluviums.- Schriften Ver. Naturkde. Unterweser, N.F., **V**: 3-40; Bremerhaven.
SCHÜTTE, H. (1934): Blatt 5-8.- In: Atlas Niedersachsen. Natur und Bevölkerung, Siedlungs-, Wirtschafts- und Verkehrsverhältnisse eines deutschen Kultur- und Lebensraumes – Übersichten f. Wirtschafts- u. Siedlungsplanung. 121 Bl., 1 Beilageblatt. Hrsg. GESSNER, Bearb. BRÜNING, K.; Oldenburg i.O. (Stalling).
SCHÜTTE, H. (1935): Das Alluvium des Jade-Weser-Gebietes.- Ein Beitrag zur Geologie der deutschen Nordseemarschen.- Wirtschaftswiss. Ges. Stud. Niedersachsens, B **13** (2 Teile) Teil 1: 147 S., 1 Abb.; Teil 2: 100 S., 8 Beil.; Oldenburg i. O.
SCHÜTTE, H. (1937): Die Entstehung und Verlandung der Harlebucht. – Abh. Nat. Ver. Bremen, **30**, 1/2: 209-237, 2 Abb.; Bremen.
SCHÜTTE, H. (1939): Sinkendes Land an der Nordsee? – Schr. Dt. Naturkundever. NF., **9**: 144 S., 164 Abb.; Öhringen/Württ. (Rau).
SCHWEDHELM, E. & IRION, G. (1985): Schwermetalle und Nährelemente in den Sedimenten der deutschen Bucht.- Courier Forschungsinst. Senckenberg, **73**: 119 S., 34 Abb., 53 Tab.; Frankfurt a.M.
SELLE, W. (1957): Das letzte Interglazial in Niedersachsen.- Ber. Naturhist. Ges. Hannover, **103**: 77-89; Hannover.
SELLE, W. (1962): Geologische und vegetationskundliche Untersuchungen an einigen wichtigen Vorkommen des letzten Interglazials in Nordwestdeutschland.- Geol. Jb., **79**: 195-352, 17 Abb., 11 Tab., 1 Taf.; Hannover.

SELLO, G. (1928): Östringen und Rüstringen, Studien zur Geschichte von Land und Volk.- Oldenburg.
SHACKLETON, N.J. & OPDYKE, N.D. (1973): Oxygen isotope and paleomagnetic stratigraphy of equatorial Pacific core V 28 – 238: oxygen isotope temperatures and ice volumes on a 10^5 years and 10^6 years scale.- Quatern. Research, 3, 1: 39-55, 9 Abb., 4 Tab.; New York.
SHOTTON, F.W., BANHAM, P.H. & BISHOP, W.W. (1977): Glacial-interglacial stratigraphy of the Quaternary in Midland and eastern England.- In: British Quaternary Studies, Recent Advances: 267-282, 3 Abb.; Oxford.
SICKENBERG, O. (1966): Ein weiterer Fund eines Backenzahnes von Palaeoloxodon antiquus (FALC.) aus dem Boden der Nordsee.- Veröff. Überseemus. Bremen, Reihe A, 3, 5: 268-272, 1 Taf.; Bremen.
SIEBERT, E. (1969): Entwicklung des Deichwesens vom Mittelalter bis zur Gegenwart.- In: Ostfriesland im Schutze des Deiches, II: 79-385, 94 Abb.; Pewsum.
SIEBERTZ, H. (1984): Die Stellung der Stauchwälle von Kleve-Kranenburg im Rahmen der saalezeitlichen Gletschervorstöße am Niederrhein.- Eiszeitalter u. Gegenwart, 34: 163-178, 8 Abb., 1 Tab.; Hannover.
SIEFERT, W. & LASSEN, H. (1985): Gesamtdarstellung der Wasserstandsverhältnisse im Küstenvorfeld der Deutschen Bucht nach neuen Pegelauswertungen.- Die Küste, 42: 1-77, 30 Abb.; Heide i. Holst.
SINDOWSKI, K.-H. (1958): Das Eem im Wattgebiet zwischen Norderney und Spiekeroog, Ostfriesland.- Geol. Jb., 76: 151-174, 10 Abb., 3 Tab.; Hannover.
SINDOWSKI, K.-H. (1963): Zur Frage der Ostwanderung aller ostfriesischen Inseln.- Geogr. Rdsch., 15: 448-455, 2 Abb., 3 Tab.; Braunschweig.
SINDOWSKI, K.-H. (1965): Das Eem im ostfriesischen Küstengebiet.- Z. dt. geol. Ges., 115, 1: 163-166, 2 Abb.; Hannover.
SINDOWSKI, K.-H. (1968): Gliederungsmöglichkeiten im sandig ausgebildeten Küsten-Holozän Ostfrieslands.- Eiszeitalter u. Gegenwart, 19: 208-218, 4 Abb., 3 Tab.; Öhringen/Württ.
SINDOWSKI, K.-H. (1970 a): Das Quartär im Untergrund der Deutschen Bucht (Nordsee).- Eiszeitalter u. Gegenwart, 21: 33-46, 8 Abb., 8 Tab.; Öhringen/Württ.
SINDOWSKI, K.-H. (1970 b): Geologische Karte von Niedersachsen 1:25000.- Erl. Bl. Spiekeroog Nr. 2212: 56 S., 18 Abb., 19 Tab., 1 Kt.; Hannover.
SINDOWSKI, K.-H. (1973): Das ostfriesische Küstengebiet – Inseln, Watten und Marschen.- Samml. Geol. Führer, 57: 162 S., 56 Abb.; Berlin, Stuttgart (Borntraeger).
SINDOWSKI, K.-H. & STREIF, H. (1974): Die Geschichte der Nordsee am Ende der letzten Eiszeit und im Holozän.- In: WOLDSTEDT, P. & DUPHORN, K.: Norddeutschland und angrenzende Gebiete im Eiszeitalter: 411-431, 2 Abb., 2 Tab.; Stuttgart (Köhler).
SOMMÉ, J. (1979): Quaternary coastlines in northern France.- In: OELE et al. (Hrsg.):

The Quaternary History of the North Sea. Acta Univ. Ups. Symp. Ups. Annum Quingentesimum Celebrantis, **2** : 147-158, 7 Abb.; Uppsala.
STAALDUINEN, C.J. (Hrsg. 1977) Geologisch onderzoek van het nederlanda Waddengebied.- Rijks Geol. Dienst: 77 S., Abb., Anlagenband; Haarlem.
STANCU-KRISTOFF, G. & STEHN, O. (1984): Ein großregionaler Schnitt durch das nordwestdeutsche Oberkarbon-Becken vom Ruhrgebiet bis in die Nordsee.- Fortschr. Geol. Rheinld. u. Westf., **32**: 35-38, 1 Taf.; Krefeld.
STOKER, M.S. & LONG, D. (1984): A relict ice-scoured erosion surface in the central North Sea.- Marine Geology, **61**: 85-93, 6 Abb.; Amsterdam.
STRAATEN, L.M.J.U. van (1955): Composition and structure of recent marine sediments in the Netherlands.- Leidse Geol. Mededel., **XIX**, 1954: 1-110, 26 Abb., 10 Tab., 11 Taf.; Leiden.
STREIF, H. (1971): Stratigraphie und Faziesentwicklung im Küstengebiet von Woltzeten in Ostfriesland.- Beih. geol. Jb., **119**: 59 S., 10 Abb., 6 Tab., 2 Taf.; Hannover.
STREIF, H. (1981): Geologische Karte von Niedersachsen 1:25000, Erl. Bl. 2414 Wilhelmshaven.- 111 S., 5 Abb., 3 Tab., 3 Kt.; Hannover.
STREIF, H. (1982): The occurrence and significance of peat in the Holocene deposits of the German North Sea coast.- ILRI publication 30, Proceed. of the symposium on peat lands below sea level: 31-41; Wageningen.
STREIF, H. (1984): Dodo Wildvangs Befunde und Deutungen zur Geologie des Emsmündungsgebietes aus heutiger Sicht.- Veröff. Naturforsch. Ges. Emden, 1984, 3, Beitr. z. Geol. (1): 1-34, 3 Abb., 1 Tab.; Emden.
STREIF, H. (1985 a): Geologische Karte von Niedersachsen 1:25000, Erl. Bl. 2314 Hooksiel.- 102 S., 4 Abb., 2 Tab., 4 Kt.; Hannover.
STREIF, H. (1985 b): Südliche Nordsee im Eiszeitalter – Überflutungen und Eisvorstöße.- Forsch. Mitt. DFG, **1** (85): 9-11, 1 Abb.; Weinheim.
STREIF, H. (1986): Zur Altersstellung und Entwicklung der Ostfriesischen Inseln.- Offa, **43**: 29-44, 3 Abb., 6 Tab.; Neumünster (Wachholtz).
STREIF, H. (1990): Zum Ausmaß und Ablauf eustatischer Meeresspiegelschwankungen im südlichen Nordseegebiet seit Beginn des letzten Interglazials.- Im Druck.
STREIF, H. & KÖSTER, R. (1978): Zur Geologie der deutschen Nordseeküste.- Die Küste, **32**: 30-49, 7 Abb.; Heide i. Holst.
STREIF, H., UFFENORDE, H. & VINKEN, R. (1983): Untersuchungen zum pleistozänen und holozänen Transgressionsgeschehen im Bereich der südlichen Nordsee.- Unveröff. Ber. NLfB: 109 S., 37 Abb., 8 Tab.; Hannover.
STREIF, H. & ZIMMERMANN, B. (1973): Das Küstenholozän von Rysum/Knock im Gebiet der Emsmündung (Nordsee).- Geol. Jb., **A 9**: 3-20, 4 Abb., 1 Tab.; Hannover.
TRASK, P.D. (1932): Origin and environment of source sediments of petroleum.- 1-323; Houston (Gulf Publ. Co.).
TRUSHEIM, F. (1929): Zur Bildungsgeschwindigkeit geschichteter Sedimente im Wat-

tenmeer, besonders solcher mit schräger Parallelschichtung.- Senckenbergiana, 11: 47-56, 7 Abb.; Frankfurt a.M.

TRUSHEIM, F. (1935): Eine Titaneisenerz-Seife von Wangeroog.- Senckenbergiana, 17: 62-72, ; Frankfurt a. M.

TRUSHEIM, F. (1959): Ergebnisse der Tiefbohrung Groothusen Z 1 bei Emden (Ostfriesland).- Z. Erdöl, 75: 273-278, 3 Abb.; Wien, Hamburg.

UFFENORDE, H. (1982): Zur Gliederung des klastischen Holozäns im mittleren und nordwestlichen Teil der Deutschen Bucht (Nordsee) unter besonderer Berücksichtigung der Foraminiferen.- Eiszeitalter u. Gegenwart, 32: 177-202, 8 Abb.; Hannover.

VALENTIN, H. (1957): Glazialmorphologische Untersuchungen in Ostengland, ein Beitrag zum Problem der letzten Vereisung im Nordseeraum.- Abh. Geogr. Inst., Freie Univ. Berlin, 4: 1-86, 28 Bild., 2 Diagr., 10 Kt.; Berlin.

VEENSTRA, H.J. (1982): Size, shape and origin of the sands of the East Frisian Islands (North Sea, Germany).- Geol. Mijnbouw, 61, 2: 141-146, 6 Abb., 1 Tab.; Amsterdam.

VINKEN, R. (Hrsg. 1988): The Northwest European Tertiary Basin – Results of the International Geological Correlation Programme Project No. 124.- Geol. Jb., A 100: 507 S., 267 Abb., 3 Tab., 7 Kt.; Hannover.

WETZEL, V. (1975): Erfahrungen über das Verhalten künstlich vertiefter Fahrrinnen in Tideästuaren am Beispiel der Wasserstraße Jade.- Die Küste, 27: 102-108, 4 Abb.; Heide i. Holst.

WILDVANG, D. (1911): Eine prähistorische Katastrophe an der deutschen Nordseeküste und ihr Einfluß auf die spätere Gestaltung der Alluviallandschaft zwischen der Ley und dem Dollart.- 67 S., 5 Abb., 1 Taf., 1 Kt. 1 : 50 000; Emden und Borkum (Haynel).

WILDVANG, D. (1915): Das Alluvium zwischen der Ley und der nördlichen Dollartküste.- Selbstverlag: 236 S., 6 Taf., 15 Fig., 6 Beilagen, Aurich.

WILDVANG, D. (1934): Versuch einer stratigraphischen Eingliederung der ostfriesischen Marschenmoore im Alluvialprofil und die sich dabei ergebenden Folgerungen in Bezug auf Bodenschwankungen.- Jb. preuß. geol. L.-A., 54: 642-685, 13 Abb., 2 Taf.; Berlin.

WILDVANG, D. (1936): Der tiefere Untergrund der ostfriesischen Nordseeinseln.- Ver. Naturwiss. Ges. Emden: 1-56, 10 Abb., 1 Taf., 1 Lageplan 1:200000; Emden.

WILDVANG, D. (1938): Die Geologie Ostfrieslands.- Abh. preuß. geol. L.-A., N.F., H. 181: 211 S., 36 Abb., 23 Taf., 1 geol. Übersichtskt. 1:100000; Berlin.

WOEBCKEN, C. (1934): Die Entstehung des Jadebusens.- Niedersächsischer Ausschuß für Heimatschutz, 7: 62 S., 5 Abb., 1 Kt.; Aurich.

WOEBCKEN, C. (1941): Die großen Sturmfluten an der deutschen Nordseeküste bis zum Ausgang des Mittelalters.- Probl. Küstenforsch. südl. Nordseegebiet, 2: 91-97; Hildesheim.

WOLDSTEDT, P. & DUPHORN, K. (1974): Norddeutschland und angrenzende Gebiete im Eiszeitalter.- 500 S., 91 Abb., 26 Tab.; Stuttgart.

WOSZIDLO, H. (1962): Foraminiferen und Ostrakoden aus dem marinen Elster-Saale-Interglazial in Schleswig-Holstein.- Meyniana, **12**: 65-96, 3 Abb., 3 Tab., 5 Taf.; Kiel.

WURSTER, P. (1968): Paläogeographie der deutschen Trias und die paläogeographische Orientierung der Lettenkohle in Südwestdeutschland.- Eclogae geol. Helv., **61**, 1: 157-166, 7 Abb.; Basel.

ZAGWIJN, W.H. (1959): Zur stratigraphischen und pollenanalyti schen Gliederung der pliozänen Ablagerungen im Roertal-Gra ben und Venloer Graben der Niederlande.- Fortschr. Geol. Rheinld. u. Westf., **4**: 5-26, 4 Abb., 3 Tab., 3 Taf.; Krefeld.

ZAGWIJN, W.H. (1975): De palaeogeografische ontwickeling van Nederland in de laatste drie miljoen jaar.- K.N.A.G. Geografisch Tijdschrift IX, Nr. **3**: 181-200, 11 Abb., 10 Kt. 1:2500000.

ZAGWIJN, W.H. (1979): Early and Middle Pleistocene coastlines in the southern North Sea basin.- In: OELE et al. (Hrsg.): The Quaternary History of the North Sea. Acta. Univ. Ups. Symp. Univ. Ups. Annum Quingentesimum Celebrantis, **2**: 31-42, 8 Abb.; Uppsala.

ZIEGELMEIER, E. (1962): Die Muscheln (Bivalvia) der deutschen Meeresgebiete.- Helgoländer wiss. Meeresuntersuchungen, **6**, 1: 1-56, 3 Abb., 14 Taf.; List auf Sylt; Hamburg.

ZIEGELMEIER, E. (1966/1973): Die Schnecken (Gastropoda, Prosobranchia) der deutschen Meeresgebiete und brackischen Küstengewässer.- Helgoländer wiss. Meeresuntersuchungen, **13**, 1/2: 1-61, 7 Abb., 1 Tab., 20 Taf.; Hamburg.

ZIEGLER, P.A. (1982): Geological atlas of Western and Central Europe.- Shell Internat. Petroleum Maatschappij B.V.: 130 S., 39 Abb., 40 Beil.; Amsterdam (Elsevier).

Sachregister

Ziffern in normaler Textschrift = Seitenzahlen
Ziffern in Kursivschrift = Abbildungsnummern
Ziffern mit Sternchen = Tabellen-Nummern

Abra alba 42
Ackergänsedistel (*Sonchus arvensis*) 16, 135
ältere Eisenzeit 93
Ältere Tundrenzeit (Dryaszeit) 4*, 59
Älteste Tundrenzeit (Dryaszeit) 4*
Ästuar 164, 169
Agropyron junceum (Binsenquecke) 134, 229
Ahne-Lockfleth-Rinne 88, 287, 292-293
Alb 23
Algenmatte *29*, 232, 233, 306
Algonkium 11, 74
Alleröd-Interstadial 4*, 59, *7*
Aller-Serie 16
Altes Greetmer Siel 314
Altes Knockster Siel/Tief 309
Altpleistozän 28, 2*, 31-33
Amersfort-Interstadial 56, 4*
Ammocalamagrostis baltica (Baltischer Helm) 135
Ammonia batavus 39
Ammonia beccarii 43, 167
Ammophila arenaria (Schmaler Helm) 134, 202
Amphidromiepunkt 82, *9*, 85, 86
Andel *20*, 162
Andelzone *20*, 162
Anhydrit 15

Antidune 121
Apt 23
Aquifer 276
Arctica islandica 42, 49
Arenicola marina (Pierwurm) 158, 159, 161
Artemisia maritima (Strandbeifuß) 162
Astarte montagui 42, 43, 44
Aster tripolium (Strandaster) *20*, 162, 251
Atlantikum 5*, *7*, 110, 111, 113, 187, 192, 201, 204, 206, 212, 219, 232, 267
Atriplex hastata (Keilmelde) 134
Atriplex littorale (Strandmelde) 134, 162
Aubignyna perlucida 43, 44
Auenwaldbildungen/-fazies 151, 169-171, *24*, 173, 248-249, 252, 262, 310
Auftragsschichten 93, 310
Augit 103
Ausblasungswanne 130, 136, 149, 208, 301, 305

Balje 106, 116, 119, 124, 152, 153-154, 266
Baltischer Helm (*Ammocalamagrostis baltica*) 135
Baltrum-Schichten 5*, 212

Banter Kirchwurt 287
Barchan 229
Barnea candida 153
Barrême 23
Barriere-Insel 9, 84, 86, 111, 113, 114, 116, 152, 194, 200, 203, 210, 303
Basaltorf/-moor 55, 69, 110, 113, 151, 173, 176, 181, 182, 187, 192, 201, 206, 207, 218, 219, 225, 226, 231, 254, 266, 269, 280, 281, 303, 310
Basistorf/-moor 173-174
Bauamt für Küstenschutz, Norden 316
Bäumchenröhrenwurm (*Lanice conchilega*) 124, 125, 158
Beckenton/-schluff 37
Bernstein 26
Besenheide (*Calluna vulgaris*) 136
Betula pubescens (Moorbirke) 16
Binnenentwässerung 82, 95, 257, 258, 309, 314, 322
Binsenquecke (Dünenquecke, *Agropyron junceum*) 16, 132, 134, 20, 229
Bioturbation 26, 158, 252
Bittium reticulatum 52
Blauer Helm (*Elymus arenarius*) 134
Blauer Strahl 172
Bockwindmühle 317
Bohrmuschel 153
Bohrung Leybucht Z1 244
Bohrung Groothusen Z1 243
Bolboschoenus (Scirpus) maritimus (Meersimse) 166, 288
Bölling-Interstadial 4*, 59, 60
Boreal 5*, 7, 69, 110, 113, 204, 206, 219, 267, 269
Borstenwurm 158

Brackwasserablagerungen 164-166, 25
Brandenburger Stadium 58
Brauner Sand 62
Braunkohlenflöze 25, 32, 224, 277
Braunkohlensande 24, 25
Braunmoos 175
Breiter Helm (*Elymus arenarius*) 134
Brörup-Interstadial 56, 4*,
Brown Bank Formation 51
Bronzezeit 93, 171
bruchtektonische Bewegungen 75, 80
Bruchwaldtorf 174, 175-176, 201, 205, 225, 283, 288, 319
Brunssumien 25
Buccinum undatum (Wellhornschnecke) 153
Bucella frigida 43
Buchtenwatt 118, 243, 247, 255-262, 273, 292, 310
Bucht von Campen 255, 256
Bucht von Dornum 8, 88
Bucht von Hilgenriede 8
Bucht von Nesse 8
Bucht von Sielmönken 255-256, 263, 264, 310-311
Buhne 125, 141-143, 189, 198, 209, 215, 227, 232, 236, 238, 241, 242, 300, 301, 306
Buhne H 239, 306
Bulimina gibba/elongata 43
Bulimina marginata 43
Buliminella elegantissima 43
Buntsandstein 13, 21, 185, 192, 205, 210, 216, 245
Buschbuhne 140, 141, 209, 238
Buschzaun 149, 198, 202, 239, 240, 242

Sachregister

Cakile maritima (Meersenf) 134
Caledonische Massive 11
Calluna vulgaris (Besenheide) 136
Calystegia soldanella 135
Campan 23
Candona angulata 167
Cardium echinatum 100
Carex arenaria (Sandsegge) *16*, 135
Carex rostrata 175
Carex stricta 175
Cassidulina crassa 38
Cenoman 23
Cerastoderma (Cardium) edule (Herzmuschel) 42, 99, 159
Cladium mariscus (Schneidried) 174
Classopollis 38
Coniac 23
Corbula gibba 100
Corynephorus canescentis 135
Cribrononion articulatum 167
Cromerian 2*, 33
Cyperaceae 38
Cyprideis torosa 167
Cytheromorpha fuscata 167
Cytherura gibba 167

Dala-Porphyr 34
Damm Buhne H 125, 143, 239, 302, 306
Darg 3, 168, 175, 219
Dargen 177, 284, 330
Dauerfrostboden 61, 62, 278
Deckwerk 143, 144-145, 189, 198, 215, 228
Deflationswanne 136, 301
Deich 82, 87, 89, 90
Deichbau 73, 95, 164, 291, 292
Deichbruch 95, 189, 190, 308

Denekamp-Interstadial 4*, 58
Devon 11, 13
Diapir/-stadium/-phase/ 18, 21, 76, 245, 269, 274
Dinoflagellaten-Zysten 38, 60
Diploneis didyma 194
Diploneis interrupta 194
Diploneis ovalis 194
Disthen 103
Dogger 12, 22, 224, 230
Dornum-Schichten 5*
Dosinia exoleta 42
Drenthe-Hauptvorstoß 2*, 45, 46
Drenthe-Stadium 2*, 45, 46, 47, 192, 217
dreieckige Platen 121-122
Dünen 62, 114, 115, 116, 117, 128, *16*, 130, 131-136, 239
Dünenabbruch 148, 199, 238
Dünenbaumaßnahmen 140, 197, 199, 213, 298, 299, 303
Dünenschutz 149-150
Dünenschutzwerk/-deckwerk 141, 189, 209, 215, 227
Dwog 172, *25*, 254, *42*

Ebbdelta 84, 86, 119
Ebersdorf-Stadial 4*
Echinocardium cordatum (Herzigel) 119, 157
Eem Formation 49
Eem-Meer 49, *5*, 246, 265
Eem-Warmzeit 2*, 42, 43, 47-56, 3*, 4*, 186, 192, 206, 211, 218, 225-226, 231, 265, 266, 278
Egmond Ground Formation 44
Einsiedlerkrebs (*Eupagurus bernhardus*) 153
Eiskeil/-struktur 61, 62

Ekofisk-Gasleitung 199
Elbe-Urstromtal 60, 61, 98, 101, 103
Elphidium albiumbilicatum 43
Elphidium asklundi 43
Elphidium bartletti 43
Elphidium excavatum 38, 39, 43
Elphidium groenlandicum 43
Elphidium incertum 43, 286
Elphidium ustulatum 43
Elphidium voorthuyseni 43
Elphidium williamsoni 43
Elster-Kaltzeit 2*, 33-39, 46, 206, 211, 217, 224, 230, 245, 277, 328
Elymus arenarius (Breiter Helm, Blauer Helm) 134
Emder Heringsgesellschaft 309
Empetrum nigrum (Krähenbeere) 136
Englisches Schlickgras (*Spartina townsendi*) 20, 162
Entwässerungsverband Emden 258, 261, 309
Entwässerungsverband Norden 258
Eozän 12, 23, 230
Epidot 103
epirogenetische Bewegungen 10, 74-75, 80
Erdgas 14, 16
Erdgasaufbereitungsanlage 309
Erdgasfeld 16, *1*, 51
Erdgasfeld Greetsiel 243
Erdgasfeld Groningen 244
Erdgasfeld Groothusen 244, 310
Erdgasfeld Leybucht 243, 314
Erdgasfeld Uttum 234
Erdgas-Speicher 276
Erdgas-Speicher Krummhörn 244, 310

Erdgas-Speicher Nüttermoor 245
Erholungszone 296
Erica tetralix (Glockenheide) 136
Eriophorum vaginatum (Wollgras) 176
Erlenbruchwaldtorf 55
Erosionskliff 178, 249, 330
Eryngium maritimum (Stranddistel) *16*, 135
Escher 3, 252, 310
Eulitoral 117, 153, *20*, 161, 164
Eupagurus bernhardus (Einsiedlerkrebs) 153
eustatische Meeresspiegelschwankungen 77-78
eustatische Prozesse 29, 60
Evaporit 15, 21

Festlandsperiode 249, 254
Festuca rubra (Roter Schwingel) *20*, 135, 162
Fething 264, 322
Feuerstein 23, 54
Fieberklee (*Menyanthes trifoliata*) 175
Findlingsquaderkirche 308, 323, 329
Fissurina 43
Flachsiedlung 93, 94, 262, 286, 289, 322, 326
Flaserschichtung 99, 157, 158, 159
Fließerde 62, 247, 278
Flint 23
Flugsand 62, 132, 219, 231, 234, 247
Flutdelta 86, 119, 125-126
Fluthaken 213, 215, 222, 230
Flutmarke/-stein 89, 90, 128, *16*, 311
fluviatiles Alluvium 169
Forchhammersche Linie 79
Formkörperwerk 145

Sachregister

Forschungsinstitut Seckenberg, Wilhelmshaven 325
Forschungsstelle Küste, Norderney 300
Frankfurter Stadium 58, 59
Freepsumer Meer 251, 311
Friesensalz 204
Friesland-Serie 16

Geestkern/-aufragung 111, 112, 113
Geestkern-Insel 84, 86, 111, 113, 114, 117
Geestinsel 265
Geestinsel von Asel 320, 321
Geestinsel von Ellens 291
Geestinsel von Dornum 316
Geestinsel von Westeraccum 316
Geestinsel/-vorsprung von Dangast 287, 48
Geestinsel/-vorsprung von Esens 265, 268, 269, 319
Geestinsel/-vorsprung von Norden 265, 315
Geestvorsprung von Burhafe-Wittmund 268
Geestvorsprung von Jever-Sillenstede 268, 321
Geoid 76
Geschiebedecksand 62, 278
Geschiebelehm 28, 125
Geschiebelehm (Elster-Kaltzeit) 33-36, 230, 277, 328
Geschiebelehm (Saale-Kaltzeit, Drenthe-Stadium) 45-46, 186, 192, 193, 206, 211, 217, 224, 231, 246, 265, 269, 277, 313, 319
Geschiebemergel 28
geschütztes Watt 116, 152

Gezeiten 82-87
Gipslager 21
Glaux maritima (Milchkraut) 162, 193
Glinde-Interstadial 4*, 58
Glockenheide (*Erica tetralix*) 16, 136
Goldene Linie 227, 235, 273
Gotlandium 11
Gramineae 38
Gram-Stufe 24
Granat 103, 131
Grasdüne *16*, 132, 135-136, 298
Grasnelke (*Armeria maritima*) 162
Graudüne 132, 135-136, 215
Groden 117, 161, 163, 164, *29*
Grodenschichten/-ablagerungen 52, 114, 206, 216, 232, 10*, 234, 283, 306
Große Seeschleuse (Emder Seeschleuse) 118, 170, 263
Großrippel/-schichtung 99, 121, 126, 158
Großsegge (*Carex*) 174, 175
Grundmoräne 28
Grundmoräne (Elster) 34
Grundwasserblänke 250
Grüppe 163

Hallig 203, 205
Halliginsel 204
Halokinese 18, 230
Hammerich 249
Harle-Riffbogen 121
Hartholzaue 170, *24*, 248
Hauterive 23, 224, 269
Heete-Rinne 88, 287, 292
Helgoland-Evaporite 15
Helgoländer Schlickgebiet 98, 103
Heller 117, 161

Hellerschichten/-ablagerungen 206, 232, 299, 306
Hemmoor-Stufe 24
Hengelo-Interstadial 4*, 58
Herning-Stadial 4*
Herzigel (*Echinocardium cordatum*) 119, 157
Heteromastus filiformis 160, 161
Hinia reticulata 226
Hippophae rhamnoides (Sanddorn) 16, 135
Hochland 3, 81, 252, 310
Hochmoor 173, 204, 251, 269, 330
Hochmoorsee 250-251, 315
Hochmoortorf 168, 176-177, 205, 283
Hoher Turm 235-236, 306
Holländer-Windmühle 314, 317, 318, 329
Holozän 28, 2*, 43, 49, 4*, 60, 61, 75, 78, 86, 92
Holozänbasis/-fläche 106-110, *14*, 111, 112, 151, 219, 231, 241, 259, 280, 281, 319, 321, 322
Holstein-Meer 40, 43, 277
Holstein-Warmzeit 2*, 40-45, *4*, 43, 49, 64, 206, 211, 217, 224, 277
Hornblende 103
Humusdwog 172
Hydrobia stagnalis 99, 161, 166
Hydrobia ulvae 99, 161, 163, 220
Hydrobienbank 114, *29*, 219-220, *36*, 303
Hydrobienhorizont 233

Ilmenit 103, 127, 131
Inselheller/-groden 115, 194, 195, 208, 213, 216, 220, 223, 226, 228, 304, 306
Inselschutz 128, 140-150, 162, 215, 216, 227, 238, 300, 307, 316
Internationales Wattenmeersekretariat 325
Inversionsrücken 81
Islandiella islandica 43
isostatische Ausgleichsbewegungen 45, 78-80

Jüngere Tundrenzeit (Dryaszeit) 4*, 59, 60, 65, *7*, 267
Jungpleistozän 28
Juister Profil 215, 302
Juister Doppelrinne 109, *28*
Jura 12, 16, 22, 75, 80, 274

Känozoikum 12
Kalisalzflöz 20, 275
Kalisalzkraut (*Salsola kali*) 16, 134
Kalisalzlager 16
Kambrium 11, 14
Kaolinsand 25, 32, 245, 265, 277
Karbon 11, 13, 15, 243
Kaverne 16, 20, 244, 245, 274-275
Kavernenfeld Etzel 274, 275, 328
Kavernenfeld Nüttermoor 245
Kavernenfeld Rüstringen 275, 327
Keilmelde (*Atriplex hastata*) 134
Kesselschleuse Emden 308
Keuper 13, 21, 75, 185, 192, 205, 216, 224, 230, 245, 269, 274
Klappklei 3, 92, 177-178, 284, 312, 330
Klei 3, 161, 201
Kleibank 114, *29*, 220, *36*, 303
Kleine Banter Wierth 289, 326
Kleine Eiszeit 72, 92

Sachregister

Kleinseggen 175, 250
Kleinrippelschichtung 99, 119, 127, 157, 158
Kliff 108, 284, 312
Klinker 277, 318, 328
Klinkerzentrum, Bockhorn 328
Knick 3
Koeleria albescens (Weißliches Schillergras) 16, 135
Kohle 14
Kohleflöze 14, 15
Kohlenkalkplattform 11
Korngrößenverteilung 97
Kornrundung 97
Krähenbeerenheide (*Empetrum nigrum*) 136
Kreide 12, 22, 23, 75, 185, 192, 206, 211, 216, 224, 230, 245, 269
Kriechweide (*Salix repens*) 135
Kryoturbationsstrukturen/-prozesse 47, 62
küstenferne Stillwasser- bis Bewegtwasser-Ablagerungen 99
Küstenmuseum Juist 299
Küstenmuseum der Stadt Wilhelmshaven 326
küstennahe Bewegtwasser-Ablagerungen 99
küstennahe Stillwasser-Ablagerungen 98
Küstennivellement 80
Küstenschutz/-maßnahme 72, 87, 95, 151, 162, 163, 164, 230, 257, 300, 302, 316
Kurbrandenburgisch-Afrikanische Handelskompagnie 309

Längswerk 140, 141, 143-146, 147, 215, 238, 300, 302, 306

Lagestabilität der Inseln 113-115
lagunäre Sedimente/Fazies 166-169, 23, 173, 179, 25, 252, 310
Lahnung 163, 299, 303, 314
laminierte Schichtung 126, 127
Lanice conchylega (Bäumchenröhrenwurm) 124, 125, 158
Langenfelde-Stufe 24
Langwurt 263, 264, 267, 317
Laomedea flexuosa 153
Larrelter Kolk 259, 308
Lathyrus maritimus (Strand-Platterbse) 135
Lauenburger Ton 2*, 36-39, 124, 206, 211, 217, 224, 230, 231, 246, 269, 277, 318, 328
Lebensspuren 98, 119
Legde 136, 213, 228
Leine-Serie 16
Lias 12, 22, 217, 224, 274
Limoneum vulgare (Strandflieder) 20, 162
Linsenschichtung 159
Littorina littorea 161
Löffelkraut (*Cochlearia anglica*) 162
longitudinale Schrägschichtung 154

Maadebucht 286, 287, 289, 291, 325, 326
Maastricht 23
Macoma balthica 42, 99, 159
magnetotellurische Messungen 10
Makrotiden 84
Malm 12, 22, 230
marine Schlicktondecke 169
Marschrandmoor 151, 182, 183
Marschrandsee 175, 178, 249-250, 307, 312
Mean sea level 71

Meeresspiegelanstieg 3, 53, 65-96, 7, 8, 25
Meersenf (*Cakile maritima*) 134
Meersimse (*Bolboschoenus (Scirpus) maritimus*) 166, 288
Meerstranddreizack (*Triglochin maritima*) 20, 162, 288
Meerstrands-Wegerich (*Plantago maritima*) 162, 234
Megarippeln 126
Mesolithikum 93
Mesotiden 84
Mesozoikum 12, 13, 20
Metridium senile 153
Midlum-Schichten 5*, 113
Mikrotiden 84
Milchkraut (*Glaux maritima*) 162, 193
Mineralzone von Nieuweschans 25
Mineralzone von Scheemda 25
Miozän 12, 24, 25, 26, 217
Mischwatt *21*, 159-160
Mittelalter 264, 286, 289, 310
Mittelpleistozän 28, 2*, 31-33
mittlerer Meeresspiegel 71
Moershoofd-Interstadial 4*, 58
Moorbirke (*Betula pubescens*) 16
Moorwachstum 248, 254
Mudde 168, 169, 173, 178-179, 252, 312
Muschelbank 160
Muschelkalk 13, 21, 185, 205, 210, 211, 224, 230, 269, 274
Mya arenaria (Sandklaffmuschel) 159, 163
Mytilus edulis (Miesmuschel) 160

Nährelemente 103, 105-106
Namur 14
Nasser Strand 116, 117, 128, *16*, 141, 236, 298
Nationalpark Niedersächsisches Wattenmeer 296, 301
Nationalparkverwaltung Niedersächsisches Wattenmeer 163, 296, 325
Naturwissenschaftliche Gesellschaft zu Emden 315
Nehrung 115
Nehrungsinsel 115
Nephthys hombergi 158, 160, 161
Neptunisten 3
Nereis diversicolor 158, 160, 161
neuzeitliche Küstensenkung 4, 280, 288
Niedermoor 173, 251, 269, 270, 271
Niedermoortorf 55, 168, 172, 174-176, 177, 223, 267, 283, 288, 319
Niedersächsisches Becken 23
Niedersächsisches Hafenamt Emden 308
Niedersächsisches Hafenamt Wilhelmshaven 325
Niedersächsisches Institut für historische Küstenforschung 325
Niedersächsisches Institut für Vogelforschung 326
Niederterrasse 246
Nonion asterzians 286
Nonion barleeanum 43
Nonion depressulum 167
Nonion germanicum 43
Norddeutsches Hauptbecken 16
Norderney-Hilgenrieder Rinne 109, 206, 266, 267
Norderneyer S-Profil 144, 215, 302
Nordisches Kristallin 54
Nordstranddünen 140
Nyssa 38

Sachregister

Oberer Glimmerton 24
obere Moorerdebank 29, 220, 36, 303
oberer Torf von Wilhelmshaven 176, 281-283, 285, 288
Observatoriumswurt 286, 289, 291, 326
Odderade-Interstadial 56, 4*
Oerel-Interstadial 4*, 58
offenes Watt 99, 116
Ohre-Serie 16
Ohrlöffel-Leimkraut (*Silene otites*) 135
Oldenburger Mauer 144
Oligozän 12, 24
Ordovizium 11, 14
Organische Basalsequenz 98
Orthopyroxen 103
Oslo-Kristallin 34
Ostfriesische Landschaft, Aurich 312
Ostfriesisches Landesmuseum Emden 308
Ostfriesisch-Oldenburgische Geest 8, 26, 33, 34, 46, 61, 62, 106, 110, 175, 278, 315
oxidativer Torfverzehr 183

Palaeoloxodon antiquus (Waldelefant) 55, 186
Paläozoikum 14
Paleozän 12, 23, 75
Pediastrum 38
Pegelauswertungen/-daten 71, 72, 73
Periglazialklima/-bildungen/-prozesse 47, 61, 247
Periglaziärgebiet 62
perimarines Milieu 172-173
Perm 13, 15
Petricola pholadiformis 153
Pewsum-Schichten 5*

Pfahlwerk 145, 215, 227, 302
Phelum arenarium (Sand-Lieschgras) 135
Phragmites communis (Schilfrohr) 140, 168, 174-175, 252
Plantago coronopus 194
Plate 116, 117, 119, 120, 132, 213
Pleistozän 28, 119, 153, 206, 226
Platenwanderung/-anlandung 120, 122, 223
Pliozän 12, 25, 26, 34, 186, 206, 217, 224, 265, 276
Plutonisten 3
Podsol 108, 136
Pommersches Stadium 59
Pompeckj'sche Scholle 22
Präboreal 5*, 7, 69, 113, 187, 204, 212, 219, 267, 269
prähistorische Katastrophe 169, 249, 252
Präkambrium 10, 11, 14
Prielverlagerung 154
Primärdüne 16, 132-134, 149, 298
Pierwurm (*Arenicola marina*) 158, 159
Protelphidium orbiculare 39, 43
Puccinellia maritima (Andel) 162
Pygospio elegans 158

Queckendüne 132-134
Queller/-zone 20, 161, 234

Randdüne 135, 136, 139, 140, 143, 147, 148, 149, 150, 199, 209, 215, 222, 223, 228, 240, 299, 300, 303, 305, 306
Randsenke 18, 76, 192, 216
Rederstall-Stadial 4*
regressive Überlagerung 180-184, 25

24 Geol. Führer, Bd.57

reifes Watt 115
Reinbek-Stufe 24
Reisertorf 278
relative Meeresspiegelschwankungen 72-73, 82
Restkissen 16
Revierzentrale Knock 261
Reuverien/Reuver-Stufe 25, 217
Rhombenporphyr 34, 35
Rhythmit 37
Riesenrippeln 98, 119
Riffbogen 106, 118-122, 147, 185, 300, 301
Riffstirn 126, 128
Ringdeich 95, 267, 290, 291, 320, 326
Rinnenablagerung/-fazies/-sediment 153, 25, 247-248, 251
Ripstrom 127, 128
römische Kaiserzeit 93, 94, 171, 263, 264, 286, 289, 310, 321, 322, 323, 326
Rohrfestpunkt 80
Roter Sandwurm (*Scoloplos armiger*) 158
Roter Schwingel (*Festuca rubra*) 20, 162
Rotliegendes 13, 15, 243, 244
Rotschwingelzone 20, 162
Rückseitenwatt 116, 152
Ruhezone 296, 301
Rutil 103

Saale-Kaltzeit 2*, 33, 38, 45-47, 49, 61, 186, 211, 231, 265, 269, 277, 313, 319
Sabellaria spinosula 125, 153
Sägezahnriff 126, 127
säkulare Senkung 74
Salicornia 162

Salinarfolge 21
Salix repens (Kriechweide) 135
Salsola kali (Kalisalzkraut) 16, 134
Salzbinse (*Juncus gerardi*) 162
Salzkissen 16, 75, 224, 230, 269, 274
Salzkissen Borkum-Riffgrund 185
Salzlager 21
Salzmauer 16, 192, 210
Salzmelde (*Suaeda maritima*) 162
Salzstock/-struktur 16, 1, 18, 20, 22, 75, 76, 205, 273
Salzstock/-struktur Arngast 1, 274
Salzstock/-struktur Barkholt 1, 216, 265
Salzstock/-struktur Berdum-Jever 1, 269, 274
Salzstock/-struktur Borkum 1, 185
Salzstock/-struktur Borkum-Nord 1, 185
Salzstock/-struktur Brockzetel 1, 216
Salzstock/-struktur Bunde-Jengum-Leer-Scharrel 1, 76, 245
Salzstock/-struktur Emden 1, 245
Salzstock/-struktur Emden Süd 1, 245
Salzstock/-struktur Ems II 1, 244
Salzstock/-struktur Ems III 1, 192
Salzstock/-struktur Etzel 1, 274, 275
Salzstock/-struktur Groothusen 1, 244
Salzstock/-struktur Harle-Riff, 1, 230
Salzstock/-struktur Juist-Ost 1, 192
Salzstock/-struktur Juist-West 1, 192
Salzstock/-struktur Landschaftspolder 1, 245
Salzstock/-struktur Langeoog 1, 216-217, 265

Sachregister

Salzstock/-struktur Mole Norddeich *1*, 192
Salzstock/-struktur Rüstringen *1*, 274, 275
Salzstock/-struktur Scharhörn-Eversand-Mellum *1*, 274
Salzstock/-struktur Spiekeroog *1*, 224
Salzstock/-struktur Strackholt *1 u. 2*, 18
Salzstock/-struktur Wangerooge *1*, 230, 273
Salzstock/-struktur Westdorf *1*, 210, 265
Salzstock/-struktur Westermarsch *1*, 244
Salzstock/-struktur Wichter Ee *1*, 210
Salzstock/-struktur Wybelsum *1*, 245
Salz-/Süßwassergrenze *18*, 138-139
Salztektonik 18, 20, 75, 80
Salztorf/abbau/-gewinnung 204, 205
Salzwasser-Wellenkanal 316
Salzwasserintrusion 276
Salzwiese 111, 113, 114, 115, 117, 131, 150, *20*, 161, 162-164, 202, 234, 288, 298, 302, 303, 304, 305
Sanddorn (*Hippophae rhamnoides*) *16*, 135
Sandkoralle 125, 153
Sand-Lieschgras (*Phelum arenarium*) 135
Sandschwingel 135
Sandsegge *16*, 135
Sandwanderung 120-122
Sandwatt *21*, 158-159, 160
Sandwellen 126
Santon 23

Schalkholz-Stadial 4*
Schilfröhricht 140, 170, 250
Schilfrohr (*Phragmites communis*) 140, 168, 174-175, 252
Schilftorf (Phragmitestorf) 52, 152, 174-175, 179, 212, 231, 252, 283, 288, 319
Schlauchwerk 146, 148, 223, 304
Schlickwatt *21*, 160-161, 261
Schlopp 136, 195, 213, 228, 299, 303, 305
Schloß- und Heimatmuseum Jever 321
Schloß Lütetsburg 317
Schmaler Helm (*Ammophila arenaria*) 134, 202
Schneidried (*Cladium mariscus*) 174
Schoenus nigricans (Schwarzes Kopfried) 140
Schöpfwerk 95, 152, 164
Schöpfwerk Wangerland 324
Schrägwerk 215, 302
Schreibkreidefazies 23
Schwarzdüne 132, 135-136, 215
Schwarze Schnur 172
Schwarzes Kopfried (*Schoenus nigricans*) 140
Schwermetalle 103-105
Schwerminerale 103, 127, 130, 298
Schwermineralseifen 127
schwimmender Torf 69, *8*, 151, 175, 176, 178, *25*, 182
Schwingrasen 251
Sciadopitys 38, 277
Scirpus lacustris (Teichbinse) 174
Scirpus (*Bolboschoenus*) *maritimus* (Meersimse) 166, 288
Scoloplos armiger (Roter Sandwurm) 158

Scrobicularia plana (Pfeffermuschel) 161, 166, 232, 233, 288
Sediment Decke 280
Seegat 106, 109, 112, 117, 118-126, 152, 185, 270
Seegraszone 20
Seeigel 157
Seenelke 153
Seewasseraquarium Wilhelmshaven 326
Seggentorf 175, 278
Sekundärdüne *16*, 132, 134-135, 136, 228, 298
Semicytherura cf. striata 167
Senkungskurve/-phase 4, 74, 270, 288
Senkungsrate 74, 75
Sequoia 38
Sertularia cupressina 153
Setzung 71, 80, 81-82, 95, 174, 251, 252, *41*, 292
Sichelriff 120, 121
Siebetsburg 326
Siedlungsschichten/-horizonte 93, 310
Siel 95, 152, 164, 190, 258, 268, 273
Siel- und Schöpfwerk 273
Siel- und Schöpfwerk Borssum 261
Siel- und Schöpfwerk Greetsiel 261, 314
Siel- und Schöpfwerk Harlesiel 319
Siel- und Schöpfwerk Knock 261, 309
Sietland 3, 81, 82, 249, 250, 258, 311
Silbergras (*Corynephorus canescentis*) *16*, 135
Silene otites (Ohrlöffel-Leimkraut) 135
Sillimanit 103

Silur 11, 14
Simsenröhricht 166
Slochteren-Formation 244
Sohlenpflaster 153
Sole 18, 20
Sommerstrand 130
Sonchus arvensis (Ackergänsedistel) *16*, 135
Sortierung 97
Solifluktionsmaterial/-prozesse 47
Spartina townsendi (Englisches Schlickgras) *20*, 162
Speicherbecken/-polder/-see 258, 268, 303, 316, 324, 329
Speicherkavernen 274
Sphagnum (Torfmoos) 176
Spisula subtruncata 42
Spülfeld 82, 261
Spülsaum 128, 298
Spülsiel 268, 303, 316
Staatliches Museum für Naturkunde und Vorgeschichte Oldenburg 307
Staßfurt-Serie 16
Staßfurt-Steinsalz 275
Staurolith 103
Steenklippensteert 190
Steinkohlenbergbau 14
Steinsalz 15, 20
Steinsalzlager 16, 244
Steinsohle 62
Stephan 15
Strand 128-131, 141
Strandaster (*Aster tripolium*) *20*, 251
Strandaufspülung 146-149, 210, 223, 238, 301
Strandbarchan 132, 229
Strand-Beifuß (*Artemisia maritima*) 162
Strandbuhne 141

Sachregister

Stranddistel (*Eryngium maritimum*) 16, 135
Strandernährung 146-149
Strandflieder (*Limoneum vulgare*) 20, 162
Strand-Grasnelke (*Armeria maritima*) 162
Strandhafer (*Ammophila arenaria*) 16, 134, 135
Strandhaferdüne 132, 134-135
Strandinsel 190
Strandmauer 144, 215, 238
Strandmelde (*Atriplex littorale*) 134, 162
Strandmilchkraut 251
Strandnelkenrasen 234
Strand-Platterbse (*Lathyrus maritimus*) 135
Strandpriel 122, 128, 130, 140, 141, 148, 223, 298, 300, 303
Strandriff 122, 128, 130, 298, 300, 303
Strandroggen (Breiter Helm, *Elymus arenarius*) 134, 135
Strandseife 130
Strandwall 115, 116
Strandwallsystem 84, 86
Strandweizen (Binsenquecke, *Agropyron junceum*) 132, 229
Strandwinde (*Calystegia soldanella*) 135
Strombau/-maßnahme 86, 164, 259
Strombauwerke 86, 95
Strombuhne 141
Strombuhne H 125, 143, 239
Sturmflut/Orkanflut 3, 87-93, 95, 125, 134, 140, 145, 148, 163, 171, 177, 187, 189, 190, 208, 209, 213, 215, 222, 223, 227, 228, 236, 238, 240, 254, 258, 267, 284, 285, 286, 304, 305, 313, 316, 319, 320, 323, 326, 330
Sturmfluthäufigkeit 91-92, 169
Sturmflutmarke/-daten/-grenze/-wasserstand 69, 71, 87, 89, 91, *16*, 130, 148, 162, 329
Sturmflutschichten 164
Sturmflutspiegel 71
Subatlantikum 5*, *7*, 113, 193, 201, 204, 220, 267, 280, 283
Subboreal 5*, *7*, 111, 204, 280, 283
Sublitoral 117, 153
Subrosion 18
Subrosionsprozesse 76
Subrosionssenke 19
Süßwasserlinse *18*, 138-140, *19*
Süßwasserblänke 139
Süßwasser-Gezeitenbereich 165, 168, 171
Süßwassersee 139, 300
Sumpfdreizack 251
Supralitoral 111, 117, 153, *20*, 161, 164, 232, 234
Susterien 25, 26
Swarte Bank Formation 39
Sylt-Stufe 24

Teichbinse (*Scirpus lacustris*) 174
Tempestit-Sequenzen 100
Ten-Boer-Formation 244
Tertiär 10, 23, 74, 192, 206, 211, 217, 224, 230
Tertiärdüne *16*, 132, 135-136, 228, 240, 298
Tetrapodenwall/-schüttung 145, 227
Tidehub 84, *10*, 86, 116, 118, 164, 168, 169, 175
Tidewelle 82, 86, 118

Tiglian 2*, 33
Tönning-Klei 114, 226, 232
Torfbrand-Klinker 318
Torfmoos (*Sphagnum*) 176
Torfzersetzungshorizont 183
Transgressionsschichten 280
transgressive Überlagerung 180-184, 25
Treibhauseffekt/-gas 71, 96
Treibselwall *16*, 130
Trias 13, 21, 75, 224, 274
Triglochin maritima (Meerstranddreizack) 20, 162, 288
Trockener Strand 117, 128, *16*, 130, 132, 141, 149, 298, 303
Tsuga 277
Tüpfelfarn (*Polypodium vulgare*) 16
Tuffsteinkirche 308, 315, 317, 318
Turmalin 103
Turon 23
Turritella communis 100

Überflutungsfächer 195, 222, 228, 305
Überflutungsperiode 249
Uferwall 2, 93, 170-172, 248, 262, 318
Uferwallfazies 170-172, 248-249
unreifes Watt 115
untere Moorerdebank 114, *29*, 220, *36*, 303
Unterer Glimmerton 24
Unterschöpfwerk 251, 261, 312
Unterwasserbuhne 141
Upstalsboom 313
Ur-Jade 109, 231, 285
Ur-Jadebusen 285-286

Valangin 22

Varistische Gebirgsbildung 15
Venerupis senescens 49, 52, 54, 218, 226, 301
Venus gallina 100
Verklappen 105, 146
Verlandungsschichten 280
Verlandungszone 162
Viergliederung des Marschalluviums 249, 311
Vierland-Stufe 24
Völkerwanderungszeit 94, 262, 264, 289
Vordüne *16*, 130, 132-134, 298, 300, 305
Vorland 161-164, 314, 316
vorrömische Eisenzeit 93, 171, 262
Vorschüttsande 28, 206, 230
Vorstrand 99, 117, 122, 126-128, *16*, 141, 146, 147, 301
Vorstrandriff 126, 303
Vulkanit 15

Waalian 2*, 33
Waldelefant (*Palaeoloxodon antiquus*) 55
Wanderdüne 136, 149, 208, 220, 301
Warft 93
Warmzeit 29
Warthe-Stadium 2*, 45, 47
Wasserschloß Gödens 328
Wasser- und Schiffahrtsamt Emden 307, 312
Wasser- und Schiffahrtsamt Wilhelmshaven 312, 325
Wasser- und Schiffahrtsdirektion Nordwest 312
Wasserwirtschaftsamt Aurich 312
Watteinzugsgebiet 122, *15*

Sachregister

Wattführergemeinschaft Niedersächsische Nordseeküste 295
Wattsedimente/-fazies 154-161, *21, 22, 25,* 252, 254, 255
Wattwanderroute/-ung 122, 295, 296, 302, 303, 305, 329
Wattwasserscheide 122, *15*
Wealden 22
Wechselschichtung 159
Wehl 189, 259, 297, 308, 320
Weichholzaue 170, *24,* 248
Weichsel-Frühglazial 56, 4*, 60
Weichsel-Hochglazial 4*, 59, 60, 61
Weichsel-Interstadial 56-59, 4*, 60, 265
Weichsel-Kaltzeit 2*, 38, 47, 56-63, 186, 192, 206, 211, 218, 226, 231, 246, 269, 278
Weichsel-Pleniglazial 56, 4*, 58
Weichsel-Spätglazial 56, 4*, 59, 64, 78, 173, 181
weichselzeitliche Niederterrasse 61, 62
Weißdüne *16,* 132, 134-135, 215, 298, 305
Weißliches Schillergras (*Koeleria albescens*) *16,* 135
Wellhornschnecke (*Buccinum undatum*) 153
Werra-Serie 16
Westfal 14
Westturm Wangerooge 90, 232, 235-236, *39,* 238, 240, 306
Windmulde 136, 149
Winterstrand 130
Wollgras (*Eriophorum vaginatum*) 176
Wühlgefüge 126, 127
Wurt/-ensiedlung 1, 2, 4, 82, 93-94, 204, 256, 262, 263, 264, 286, 289, 309, 310, 312, 316, 321, 322, 323, 326
Wurtenbau 183, 262
Wurzelböden 15

Zechstein 16, 216, 224, 244, 273, 275
Zirkon 103, 127
zungenförmiges Riff 126, 127
Zwischenzone 296

Ortsregister

Abelitz 312
Accum 289
Accumer Ee 109, 120, 122, 124, 8*, 210, *33*, 212, 216, 217, *35*, 266
Ahmdeich 291
Ahne 281
Ahne-Lockfleth-Rinne 88, 287, 292-293
Alkmaar 84
Alte Ems 118
Alte Harle 227, 228
Altendeich 321, 322
Altfunnixsiel 271, 320
Altgarmssiel 270, 322
Altharlingersiel 271, 320
Amrum 36, 86, 111
Amrum-Bank 36
Amrum-Grund 36
Amsterdam 116
Arle 37, 318
Arngast 287, 288
Asel *45*, 272, 320
Augustendüne 299
Aurich 15, 25, 26, 89, 216, 250, 312-313
Außenems 118, 261
Außenjade 119, 273, 294

Baltrum 90, 109, 110, 111, 114, 120, 8*, 125, 131, *17*, 138, 144, 145, 200, 210-216, *33-34*, 218, 266, 268, 302-303
Baltrumer Balje 302
Bansmeer 250, 307
Bant 88, 203-205, 287, 293, 326
Banter Deich 326

Banter Kirchwurt 287
Banter See 326
Banter Seedeich 326-327
Bantjedünen 190, *26*, 297
Bantsbalje 204, 205
Behrumfehn 315
Behrumfehner Moor 250
Bensersiel 266, 269, 271, 319
Bensersieler Fahrwasser 269, 303
Bensersieler Rinne 266
Bensersieler Watt 110
Bentumersiel 262
Berum 258, 259
Berdum *45*, 320
Bettewehr 90, 259
Billdünen 149, *28*, 195, 199, 299
Billheller 299
Billpolder 197
Billriff 150, 191, 199, 299
Blåvands Huk 84
Blaue Balje 42, 44, 230, 241, 242, 277
Blauort 86
Bockhorn 37, 277, *48*, 328
Boomborg-Hatzum 262
Borkum 103, 110, 111, 118, 8*, 125, 127, 131, *17*, 139, 143, 148, 162, 185-190, *26-27*, 192, 203, 296, 297-299, 307
Borkumer Inselmuseum „Dykhus" 297
Borkum-Riff 35, 55, 110
Borkum-Riffgrund 101, 106, 186, 203
Borkumer Watt 52
Borßum 170

Ortsregister

Brauer Platen 191
Bremen 86, 234
Breepott-Kloster 267
Buise 112, 200-201, 203, 207
Buisetief 200
Bunde 258, *44*
Busetief 201
Burchana 203-205
Burhafe 37, 271, 320
Buttforde 270, *45*
Butjadingen 89, 286, 287, 292

Campen 256
Canhusen 256
Canum 264, 311
Carel Coenrad-Polder 261
Carolinensiel 225, 226, 270, 319, 322
Cirkwehrum 264, 311
Coldewei 275
Conrebbersweg 259
Crildumersiel 324
Crildumer Tief 280, *47*, 322, 323
Cuxhaven 312

Dangast 90, 285, 287, 288, *48*
Dangastersiel 329
Dauens 286
Deutsche Bucht 84, 86, 98-106, 116
Dobbe 251, 315
Diekmannshausen 330
Doeke Gat 118
Doggerbank 38, 43, 51, 59, 64, 65, 67
Dollart 2, 5, 8, 88, 105, 106, 118, 166, 174, 243, 244, 245, 247, 249, 254, 256, 258-262, *44*, 273, 307
Dollarthafen 263, 308
Dorfgroden 240
Dorfgrodendeich 240
Dornum 24, 315, 316, 317, 318

Dornumergrode 265, 267, 316
Dornumer Nacken 218
Dornumer Rinne 266, 316, 318
Dornumersiel 265, 266
Dortmund-Ems-Kanal 250
Dove Harle 125, 143, 239
Dreebargen-Dünen 222
Drewert 259
Dykhausen 286

Eckwarderhörne 118, 286, 325
Ee 258
Eggelingen 271, *45*, 272, 320, 321
Eider 86
Eiderstedt 84, 86
Eilsum *43*, 314
Elisabethgroden 273, 320
Ellenser Damm *48*, 291-292, 327
Ellenserdamm-Tief 292, 327
Elsfleth 4
Elbe 36, 53, 91, 105, 164
Emden 15, 24, 25, 53, 62, 81, 82, 88, 170, 199, 245, 248, 249, 250, 254, *42*, 259, *44*, 262, 263, 297, 309
Emder Fahrwasser 118
Emder Hafen 250, 259, 307, 308
Emder Seeschleuse (Große Seeschleuse) 118, 170, 308
Ems 2, 3, 8, 53, 60, 76, 87, 164, 182, 243, 246, 247, 249, 252, 256, 258, 263, 308, 312
Emsfahrwasser 261, 263, 308
Ems-Jade-Kanal 250, 263, 308, 327
Emsland 25
Emsmündung 5, 35, 55, 106, 116, 118, 192, 203, 244, 245, 255
Emsschlinge/-schleife 88, 170, 259, 263, 308
Engerhafe *43*

Esens 25, 34, 37, 110, 267, 270, 271, 45, 318-319
Evermanngat 187, 190, 191
Eversmeer 315
Ewiges Meer 250, 251, 315

Fanø 86
Fehntjer Tief 308
Fedderwarden 275, 289, 48
Fedderwardergroden 275, 327
Finsterwolde 259, 44
Fletum 258, 259
Fliegerdeich 327
Flinthörn 218, 219, 222
Flinthörndeich 222
Flinthörn-Düne 222
Folkertswehr 259
Föhr 111
Förriesdorf 321
Freepsum 251, 264, 311
Freepsumer Meer 251, 311
Friedeburg 26, 287, 48, 328
Friesische Balje 287
Frische Ems 259
Funnens 270
Funnix 320
Funnixer Großeriege 271, 320

Geise 246, 261
Geisesteert 245
Georgsheil 312, 313
Glop 189
Golzwarden 287
Greetsiel 2, 43, 258, 314
Greetsieler Nacken 258, 312, 314
Greune Stee 188, 298
Gröninger Häuser 271, 319
Grohdedeich 210
Grohdepolder 301

Groningen 2, 42, 54, 89, 244
Groothusen 256, 43, 264, 310, 311
Groß Arngast 329
Großes Meer 175, 178, 179, 249, 43, 312
Großes Schlopp 136, 216, 222, 304
Groß Holum 271
Groß-Midlum 5, 251, 264
Groß Wassens 280

Haak 191, 299
Haakdünen 115, 192, 195, 199, 299
Haaksgat 191
Hafendeich 210, 301
Hage 32, 33, 42, 206, 265, 266, 317, 318
Hager Marsch 267
Haiddünen 195
Halbemond 315
Hamburger Sand 199
Hammer 140
Hammerdeich 140, 149, 197
Hammerdurchbruch 195, 197
Hammersee 89, 136, 140, 28, 195, 198, 299-300
Harle 110, 8*, 125, 143, 223, 224, 227, 228, 230, 237, 239, 319, 322
Harlebucht 8, 88, 227, 228, 231, 268-273, 45, 316, 319-321, 321, 322
Harlehörn 240
Harlesiel 269, 45, 273, 305, 319, 320
Harlerinne 109, 125
Harlingerland 8, 90, 316, 319
Harz 11
Hauen 258
Hauptdamm 242
Heete-Rinne 88, 287, 292
Helgoland 15, 20, 21, 23, 36, 38, 51, 61, 75, 102, 105, 312

Ortsregister

Heidmühle *48*
Heppens 290, 293, 326
Heppenser Groden 293, 325
Heppenser Rinne 118, 293
Herrenhus Dünen 216, 222, 303
Hessens 289
Hiewe 175, 250
Hilgenriede 265, 266
Hilgenriedersiel 206, 266
Hindenburgdamm 27, 189, 298
Hinte 256, 310, 311
Hinterwall *27*, 189, 298
Hochland 249
Hohe Bank 224, 305
Hohenkirchen 270, *45*, 273, 322
Hohenstief 323
Holtgast 37
Hooksiel 34, 53, 276, 277, 278, 285, 286, 323, 324
Hooksieler Binnentief 294, 324
Hooksieler Tief 323
Hooksieler Watt 323
Hopp 190, 297
Hornsbalje 191
Horsten 328
Horumersiel 323, 324
Horumersieler Watt 324
Horumer Tief 323
Hoven 287
Hullsbalje 304
Hubert Gat 118

Ibbenbüren 14
Idagroden 292
Innenjade 273, 274, 281, 285, 294
Itterbeck-Uelsen 45
Itzendorfplate 205

Jade 4, 8, 23, 53, 86, 88, 89, 105, 106, 118, 148, 231, 241, 242, 268, 270, 271, 273, 274, 276, 277, 278, 280, 283, 285-288, 312, 322-327, 330
Jadebusen 8, 88, 89, 90, 106, 118, 168, 177, 262, 273, 275, 277, 278, 280, 281, 283, 284, 285-288, 289, *48*, 292, 322-327, 328
Jadefahrwasser 148, 238, 241, 277, 293, 294, 324
Jadeleh 288
Jadeplate 231
Janssand 224
Janssum 258
Jemgum 262
Jemgum Kloster 262
Jemgumer Geise 258
Jennelt 264, 311
Jever 25, 34, 272, *45*, 280, *48*, 320, 321, 322, 323
Jeverland 4, 8, 89, 226, 235, 268, 273, 291, 321, 322, 323
Juist 54, 89, 103, 110, 111, 112, 113, 114, 115, 8*, 127, 131, *17*, 136, 140, 143, 149, 150, 162, 187, 191-200, *28-30*, 200, 201, 203, 216, 298, 299-300
Juister Balje 201, *31*
Juister Doppelrinne 109, *28*
Juister Watt 122

Kachellot Plate 191
Kaiser Wilhelm Polder 259, 309
Kalfamer *28*, 300
Kalfamer Dünen *28*, 193
Kalfamergat 191, 201
Kaapdüne 216, 223
Kapdüne 215
Keukenmeer 251
Kiewietzdelle 139, 188, 298

Klein Arngast 329
Kleines Eversmeer 251, 315
Kleines Schlopp 136, 216, 222
Kloster Langen 259
Knechtsand 86
Knock 118, 246, 252, *44,* 263, 309
Knockster Tief 251
Kobbedünen 298
Kopersand 110, 204, 205
Krefeld-Kleve 45
Krummhörn 5, 82, 90, 166, 243, 244, 245, 247, 249-255, *41-42,* 259, 263
Kuchenbäcker Polder 268

Land Wursten 89
Langeoog 36, 89, 109, 110, 111, 113, 114, 115, 116, 120, 8*, 127, 131, *17,* 136, *19,* 143, 148, 163, *29,* 216-223, *35-36,* 265, 266, 303-304
Langeooger Plate 304
Langeooger Rinne *35*
Langeooger Watt 219
Landbalje 305
Larrelt 259, *44,* 263, 308
Larrelter Kolk 259, 308
Larrelter Polder 246, 259, 309
Leda-Jümme-Niederung 8
Leer 2, 25, 26, 245
Leerhafe 320
Ley 191, 205, 256
Leybucht 8, 53, 55, 88, 192, 243, 244, 246, 256-258, *43,* 307, 314
Leybuchtpolder 257
Leybuchtsiel 258
Leybuchtwatt 243, 314
Leysiel 258, 312, 314
Linteler Marsch 267, 316
Lockfleth 292
Logum 259

Loog 195, 197, 299
Loogdünen 299
Loppersum 251, *43*
Loppersumer Meer 175, 249, 250, 251
Loquard 263, 310
Lütje Hörn 187, 190-191, 297, 298
Lütjeoog 227, 304
Lütjeoogdünen 304

Maade 325, 327
Maadebucht 286, 287, 289, 291, 325, 326
Maadesiel 327
Maihauser Groden 278
Manslagt 256, *43,* 310
Marienchor 258, 259
Marienhafe 256, *43,* 313-314
Marienhöhe 209
Mariensiel *48,* 326, 327
Martensplate 225
Marx 37, 277, 328
Meerhusener Moor 251
County 322
Mederns 322
Medernser Altendeich 322
Melkhörndüne 216, 222
Mellum 42, 86, 273, 274
Memmert 55, 110, 192, 201-203, *31,* 299
Memmertbalje 201, 205
Memmertsand 199, 201, *31*
Middels 37
Middoge *45*
Minsen 269, 271, 322
Minsener Oog 42, 44, 148, 241-242, 294, 305, 306
Mitteldorf 213
Mittelplate 217
Mormerland 8, 170

Ortsregister

Möwendüne 206, 209, 301
Möwensteert 203
Muschelfeld 27, 189

Neiderplate 218
Nenndorf 280, 47, 318
Nesse 259, 262, 266, 267, 317, 318
Nesserland 88, 259, 44, 308
Nesserlander Schleuse 259, 263
Neßmer Neuland 268
Neßmersiel 265, 266, 267, 268, 302, 316
Neßmersieler Balje 268
Neßmersieler Rinne 267, 317
Neuenburg 37, 277, 328
Neuende 293
Neues Siel 314
Neu-Friederikengroden 319
Neufunnixsiel 45, 320
Neuharlingersiel 224, 225, 226, 270, 271, 45, 304, 319
Neuschoo 37
Neustadt-Gödens 292, 327
Nikolai-Dorf 234, 39
Nisum-Fjord 86
Nördlicher Grund 36, 61
Norddeich 268, 313, 316
Norddünen 189
Norden 8, 26, 88, 256, 43, 258, 267, 313, 315-316, 317
Nordender Groden 329
Nordenham 287
Norderaltendeich 322
Norder Ee 200
Norderland 8, 89, 90, 316
Norderley 258
Norder Marsch 243
Norderney 110, 111, 112, 114, 122, 8*, 125, 127, 131, 17, 136, 139, 140, 141, 143, 144, 146, 147, 162, 187, 201, 205-210, 32, 212, 216, 265, 296, 300-302
Norderney-Hilgenrieder Rinne 109, 206, 32, 266, 267
Norderneyer Fischerhausmuseum 300
Norderneyer Seegat 109, 120, 122, 125, 8*, 126, 193, 201, 205, 266, 300
Norderneyer Watt 55
Norderoogsand 86
Norder Tief 315
Nordfriesisches Watt 105, 131, 204
Nordhelmbecken 136, 209
Nordland-Watt 201
Nymindegab 84

Oberahnesche Felder 288
Olde Dünen 189, 298
Oldemanns Olde Dünen 298
Oldenburg 4, 226, 235, 273, 291, 293, 307
Oldendorp 262
Oldensum 286
Oldeoog 227
Ostbense 89, 319
Ostdorf 213, 267
Osteel 43, 314-315
Osterbur 89
Osterems 109, 122, 8*, 185, 190, 191, 205
Osterende 200, 203, 207
Ostergroen 228, 304, 316
Osterhook 216, 218, 33 u. 35, 302
Osterloog 266, 267
Ostermarsch 206, 266, 267, 268
Ostermarscher Neuland 268
Osterreide 258, 259

Ostfriesisches Gatje 118
Ostfriesland 88, 235, 268, 312, 314
Ostinnengroden 240
Ostland 185, *26*, 187, *27*, 189, 298-299
Ostlandpolder 190
Ostplate 224, 228, 239
Östringen 234
Otzum 270, 319
Otzumer Balje 109, 122, 124, 8*, 216, *35*, 223, 224, 226
Ovelgönne 292

Pewsum *43*, 264, 310, 311
Pilsum 199, 254, *42-43*, 256, 264, 310, 311
Pilsumer Watt 199
Pirolatal 223
Poggenburger Leide 322
Pogum 258, *44*, 262
Punt van Reide 246, *44*

Randzelgat 109, 118, 185
Randzel-Watt 185, 187, *26*, 190
Rattendüne 208
Rahe 313
Rauhe Dünen 216, 303
Reepsholt *48*
Reichsdeich 238
Reichsmauer 238
Reitlanderzoll 293
Rheiderland 8, 170, 177, 243, 246, 248, 258
Rhein-Maas-Mündung 84
Richel-Deich 227
Riepe 250
Riepster Hammerich 250, 307, 308
Riffgat 301
Ringkøbing-Fjord 86
Robbenplate 303

Roffhausen 285
Roggenstede 266
Rømø 86
Rottumeroog 118
Rüstersiel 285, 291, 325, 327
Rüstersieler Groden 293, 324
Rüstringen 293
Ruteplate 110, 218
Rysum 166, 252, *44*, 263, 264, 309-310
Rysumer Nacken 199, 244, 246, 261, 309

Sahlenburg 91
Salzendeich 287
Sande 286, 287, *48*, 327
Sandel 320
Sander Groden 292
Sandwater 250, 307
Scharhörn 86, 91
Schillbalje 226
Schillhörn 319, 320
Schillig 273, 277
Schillighörn 118
Schleen 266
Schwarzes Brack 88, 287, *48*, 291-292, 327, 329
Schweinshammer 195
Schlüchtens 289
Schortens *48*
Schwei 285
Seefeld 285, 287
Sehestedter Außendeichsmoor 177, 254, 283-284, 285, 329-330
Sengwarden 289, *48*, 323
Sillenstede 323
Simonswolde 250
Spiekeroog 103, 109, 110, 111, 112, 114, 120, 121, 8*, 127, 131, *17*, 136,

Ortsregister

162, 216, 223-229, *37-38*, 239, 270, 304-305
Spiekerooger Watt 55, 224
Stadland 287, 292
Stedesdorf 271, 320
Steinbalje 241
Steinker Tief 293
Stichbuhne 241
Störtebekerdeich 257, 314
Störtebeker-Tief 256
Stollham 287, 293
Sturmeck 227
Süddamm 241
Süddünen 223
Süderdünen 227, 304
Südergroen 304
Süderoog Sand 84, 86
Südstrandpolder 210, 301
Südwestmauer 238
Suurhusen 89, 311-312
Swinnplate 224, 225, 305
Sylt 84, 86, 111
Sylt-Innengrund 36

Tannenhausener Moor 251
Termunten *44*, 258
Terschelling 84
Tertius 86
Tettens 270, 271, 321
Texel 84, 111
Theener 267
Thunum 270, 271, 320
Tidofeld 55, 278, 289
Timmermannsgat 213, 214
Torum 258, 259
Trischen 86
Tüskendörsee/-skill *26-27*, 190, 297, 298, 299
Tüßkendör 189

Uhlsmeer 251
Unterems 8, 118, 166, 169, 170, 174, 176, 245, 247-249, 251, 262, 264
Upholmdünen 297
Uphusen 246
Uphuser Meer 250, 307
Upleward 244, 256, 310
Utbeerte 259
Uterpogum 258, 259
Uttum 264, 311
Utlandshörn 192

Varel 37, 277, 285, *48*, 328, 329
Vareler Fahrwasser 293
Vlieland 84
Visquard *43*, 264, 311
Voslapper Groden 42, 277, 278, 294, 324

Waddewarden 271, *47*
Wangerländer Deich 271
Wangerland 8, 268, 280, 321, 323, 324
Wangerooge 35, 38, 41, 44, 67, 69, 84, 90, 109, 111, 112, 113, 114, 115, 118, 120, 121, 8*, 125, 131, *17*, 138, 141, 143, 145, 148, 149, 227, 228, 229-240, 10*, *39-40*, 241, 270, 305
Wangertief 324
Wapel 273, 287
Waterdelle 139, 188
Weener Geise 258
Weiße Bank 61, 101, 103
Weiße Düne 136, 206, 208, 209, 301
Werdum 271, 272, *45*
Weser 36, 47, 60, 86, 87, 88, 89, 91, 105, 164, 182, 281, 287, 312
Weserdelta 285
Wesergebiet/-marsch 4, 285
Westbalje 191

Westbense 271, 319
Westdeich 210
Westdorf 213, 215, 236, 238, 267
Westdüne *33*
Westeel 88, 256
Westerbalje 185
Westerems 109, 118, 185, 186, 205, 298
Westergroen 228, 304
Westerholt 250, 315, 318
Westerloog 267
Westerreide 258, 259
Westerwoldsche Aa 261
Westfriesische Inseln 131
Westinnengroden 240
Westland 185, *26,* 187, *27,* 297-298
Westufermauer 238
Westrum 271
Wiarder Altendeich 323
Wichter Ee 109, 124, 200, 205, 210, *32-33,* 212, 301
Wiefels 271, 320, 321

Wilhelmshaven 4, 15, 25, 26, 34, 55, 118, 166, 176, 238, 241, 275, 276, 277, 278, *46,* 280, 285, 286, 287, 289, *48,* 290, 292-293, 294, 324, 325-327
Wirdum *43*
Wittmund 37, 272, *45,* 320
Wittmunder Forst 25, 26
Wittmunder Tief 320
Wilgum 258, 259
Woldedünen 190
Woltzeten 81, 249, 251, 254, *42,* 256
Woquard 264
Wüppelser Altendeich 323
Wybelsum *44,* 245
Wybelsumer Polder 261, 309
Wynham 258

Zetel 26, 34, *48,* 292, 328
Ziallerns *45,* 322
Zissenhausen 321